Hugo Delegto Rösner 5adb

Die Republik Österreich stellt Ihnen Buch und SbX für Ihre Ausbildung zur Verfügung.
Ihre Professorinnen und Professoren helfen Ihnen, den Stoff zu erlernen und so eine gute Basis für Ihr späteres Berufsleben oder Ihr Studium zu legen. Übernehmen Sie aber auch selbst Verantwortung für Ihren Lernerfolg und nutzen Sie die vielfältigen Möglichkeiten, die Ihnen dieses Buch und das zugehörige SbX zum Lernen, Üben, Sichern und Wissen bieten.

Buch-Nr. 185614 | 185947 mit digi4school

Autorinnen und Autoren:

LSI OStR Mag. Klaus-Peter Haberl
Landesschulrat für Kärnten

Dir. Mag. Dr. Gerhard Veidl
BHAK/BHAS Wolfsberg

Prof. Mag. Helmut Bauer
BHAK/BHAS I Salzburg

OStR Prof. Mag. Rudolf Lechner
BHAK/BHAS Wiener Neustadt

unter Mitarbeit von
Prof. Mag. Sandra Maria Kuchling, MSc.

Wien 2018

Dieses Lern- und Arbeitsbuch wurde vom Bundesministerium für Bildung mit Bescheid vom 16. Oktober 2017, Geschäftszahl 5.025/0027-IT/3/2017, für den Unterricht an Handelsakademien, V. Jahrgang, im Unterrichtsgegenstand Unternehmensrechnung für geeignet erklärt.

Printed in the EU, ISBN 978-3-7068-5499-3

Das vorliegende Buch wurde auf chlorfrei gebleichtem Papier gedruckt.

Umschlaggestaltung: buero8, Wien

MANZ

Herzlich willkommen!
Das ist Ihr neues Schülerbuch von MANZ.

Dieses Schülerbuch steht Ihnen nicht nur gedruckt, sondern auch als E-Book zur Verfügung.

SbX Im Rahmen dieses E-Books gibt es vielfältige **Online-Ergänzungen** (SbX-Inhalte) sowie ein Lernmanagementsystem, den **MANZ Lernraum**.

Ihr Schülerbuch als E-Book mit SbX

Aktivieren Sie Ihr Schülerbuch als E-Book
inklusive SbX-Inhalten und MANZ Lernraum:

www.wirlernenmitmanz.at

1. Registrieren bzw. anmelden.
2. Die Lasche „Meine Lernmedien" öffnen.
3. Startcode eingeben:

54993BnrQanY

Das innovative MANZ Lernpaket

Als führender Verlag im berufsbildenden Schulwesen wissen wir, dass Sie Lernpakete benötigen, die Sie zielgerichtet zum Lernerfolg – zu Wissen und Kompetenz – führen. Wir wollen, dass Sie nach Abschluss Ihrer Ausbildung Ihre persönlichen Chancen am Arbeitsmarkt bestmöglich wahrnehmen können.
Wir arbeiten täglich an der Produktion zeitgemäßer Lernpakete und stehen dabei im ständigen Dialog mit erfahrenen Schulbuchautorinnen und -autoren sowie Wissenschaftlerinnen und Wissenschaftlern.

Ihr **Lernpaket** besteht aus

- einem übersichtlich gegliederten Schülerbuch,
- abwechslungsreichen digitalen Ergänzungen inklusive des MANZ Lernraums im E-Book und
- einem **Übungsbuch** mit zusätzlichen Übungsbeispielen und Lösungen zur Selbstkontrolle, damit Sie jede Schularbeit und jede Prüfung leicht schaffen können.

Alle Teile des Lernpakets sind aufeinander abgestimmt und folgen dem **MANZ 4-Schritte-Lernmodell.**

Das MANZ 4-Schritte-Lernmodell

Dieses Buch ist ein speziell für Sie gestaltetes, modernes Lern- und Arbeitsbuch. Der Lernstoff ist in diesem Buch in Kapitel und innerhalb der Kapitel in Lerneinheiten gegliedert. Die Lerneinheiten sind nach dem MANZ 4-Schritte-Lernmodell aufgebaut und ein spezielles Leitsystem erleichtert die „Navigation" im Buch.

LERNEN **(Input)**
Information aufnehmen, Zusammenhänge erkennen, Theorie erfassen

ÜBEN **(Anwendung)**
Routine erwerben, Zusammenhänge verstehen, Erfahrung sammeln

SICHERN **(Festigung)**
Gelerntes zusammenfassen, Übersicht gewinnen, Inhalte wiederholen

WISSEN **(Kontrolle)**
Wissen testen, Kompetenz überprüfen, Können beweisen

Dem Verlag MANZ ist es ein grundlegendes Anliegen …

… Chancengleichheit wo immer möglich zu fördern. Frauen und Männer werden in den Texten und Beispielen dieses Buches gleichberechtigt behandelt. Um den Lesefluss nicht zu stören, wird aber – wo nötig – auf das Nebeneinander weiblicher und männlicher Formen verzichtet.

Inhaltsverzeichnis

Unternehmensrechnung HAK V

Der Kompetenzerwerb – Ihr Weg zum Ziel

Ziel Ihrer Ausbildung an der Handelsakademie ist es, Wirtschaftskompetenz zu erwerben. Diese umfasst Kenntnisse und Fähigkeiten, welche Sie benötigen, um die Anforderungen des Wirtschaftslebens bewältigen zu können. Wesentlich sind in diesem Zusammenhang zwei Faktoren: Inhaltskompetenz und Handlungskompetenz.

Um eine Aufgabe im wirtschaftlichen Leben bewältigen zu können, müssen Sie also in mehrerer Hinsicht über Kompetenzen verfügen.

Auf welchen unterschiedlichen Ebenen kann man kompetent sein?

Bei manchen Aufgaben reicht es aus, Fachwissen wiederzugeben, beispielsweise zu erklären, was ein Skonto ist und in welcher Form er gewährt werden kann.

Sie werden in Ihrem späteren Berufsleben aber auch mit anspruchsvolleren Aufgaben konfrontiert sein, in denen Sie nicht nur Fachwissen wiedergeben, sondern die Kompetenz haben müssen, eigenständig neue Lösungen zu entwickeln. Das ist zum Beispiel der Fall, wenn Sie eine neue Lagerbuchführung aufbauen müssen.

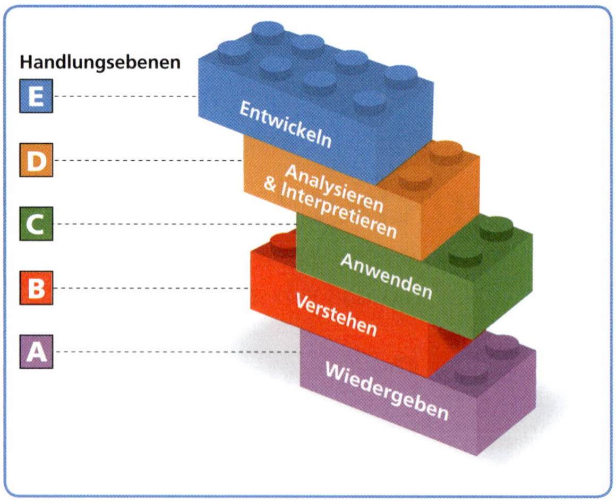

Abhängig von der Art und Weise, welche Kenntnisse und Fähigkeiten Sie einsetzen müssen, spricht man von unterschiedlichen Handlungsebenen. Diese werden zur leichteren Unterscheidung mit Buchstaben versehen.

- **A Wiedergeben:** Sie können grundlegende Inhalte des Rechnungswesens, die Sie gelernt haben, wiedergeben, beschreiben und einordnen (z. B. erklären, wie man eine Bilanz erstellt und welche Arbeitsschritte hierfür nötig sind).
- **B Verstehen:** Sie können Gelerntes auf bestimmte Sachverhalte beziehen und damit vergleichen oder etwas in anderer Form zusammenfassend darstellen (z. B. Bezeichnungen von Konten vornehmen und Zusammenhänge zwischen Buchungen und Beleg herstellen).
- **C Anwenden:** Sie können praxisnahe Aufgabenstellungen mithilfe gelernter Verfahren und Werkzeuge bearbeiten (z. B. Buchungen auf aktiven und passiven Bestandskonten mithilfe der Buchungsregeln durchführen).
- **D Analysieren & Interpretieren:** Sie können Gelerntes neu strukturieren und nach eigenen Kriterien beurteilen (z. B. eine Bilanz unter Berücksichtigung eines vorhandenen Geschäftsfalles aufstellen).
- **E Entwickeln:** Sie können eigenständig Neues entwickeln (z. B. eine für Ihr Unternehmen passende Mahnorganisation entwickeln).

Was Sie am Ende Ihrer Ausbildung können werden

Der Lehrplan, nach dem Sie unterrichtet werden, enthält für jeden Unterrichtsgegenstand die Bildungs- und Lehraufgabe sowie den Lehrstoff. Im **Lehrstoff** werden die **Inhalte des Unterrichtsgegenstandes** angeführt, die **Bildungs- und Lehraufgaben** legen die **Kompetenzen,** die Sie im Rahmen Ihrer Ausbildung an der Handelsakademie erwerben, **als Inhalts- und Handlungsdimension** fest.

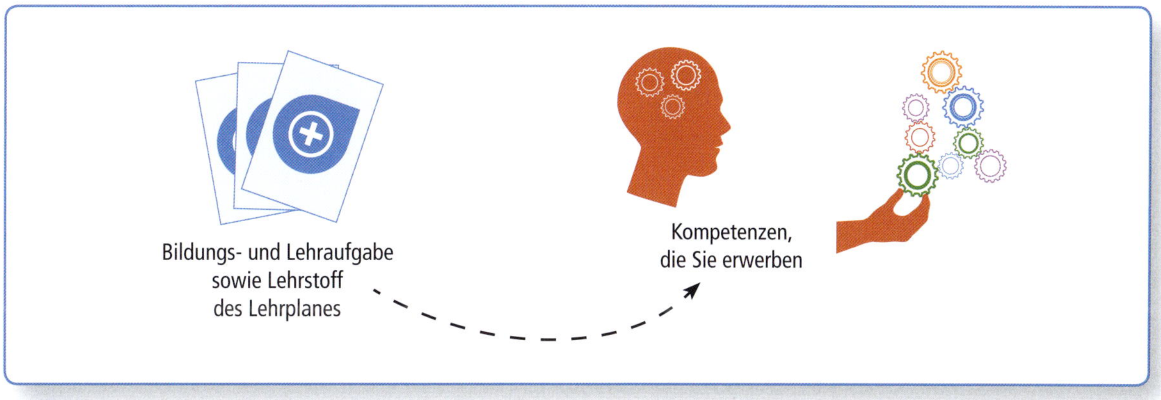

Sie sollen wissen, welche Kompetenzen Sie durch die Bearbeitung des jeweiligen Kapitels erlangen! Dazu finden Sie am Anfang jedes Kapitels die **Bildungs- und Lehraufgabe** aus dem **aktuellen Lehrplan** mit den jeweiligen **Kompetenzen** als Zielvorgabe. Das nebenstehende **Symbol „Kompetenzorientierung"** macht darauf aufmerksam.

Ihre Lehrerinnen und Lehrer und dieses Lern- und Arbeitsbuch helfen Ihnen, **diese Kompetenzen nach und nach aufzubauen. Übungsaufgaben, Fallbeispiele** und **Aufgaben zur Lernkontrolle** bieten die Möglichkeit, **Ihre Kompetenzen zu festigen und zu überprüfen.** Viel Erfolg!

9. SEMESTER

Der Lehrplan der Handelsakademie gliedert die in der Bildungs- und Lehraufgabe angeführten Kompetenzen und den dazugehörenden Lehrstoff in Semester.

Im 9. Semester sind dazu für den Unterrichtsgegenstand Unternehmensrechnung die Bereiche

- Jahresabschlussanalyse und Jahresabschlusskritik und
- Controlling

vorgesehen. Diese werden in den Kapiteln 1 und 2 dieses Lern- und Arbeitsbuches dargestellt.

Die Zahl der Übungsbeispiele wurde in diesen Kapiteln so gewählt, um ein Erreichen der in der Bildungs- und Lehraufgabe geforderten Kompetenzen zu gewährleisten.

Je nach individuellem Bedarf bzw. Schwerpunktsetzung im Unterricht finden Sie weitere interessante Übungsmöglichkeiten in Form von

- **Fallbeispielen,** die die vernetzte Anwendung der erworbenen Kompetenzen aus allen Jahrgängen fördern, in **Kapitel 3** ab Seite 109 sowie
- zahlreichen **weiteren Übungsbeispielen** mit Lösungen zur Selbstkontrolle im **Übungsbuch.**

Dieses Semester umfasst folgende Kapitel:

1 Jahresabschlussanalyse und Jahresabschlusskritik

2 Controlling

3 Einfache betriebswirtschaftliche Fallstudien

1 JAHRESABSCHLUSS-ANALYSE UND JAHRESABSCHLUSSKRITIK

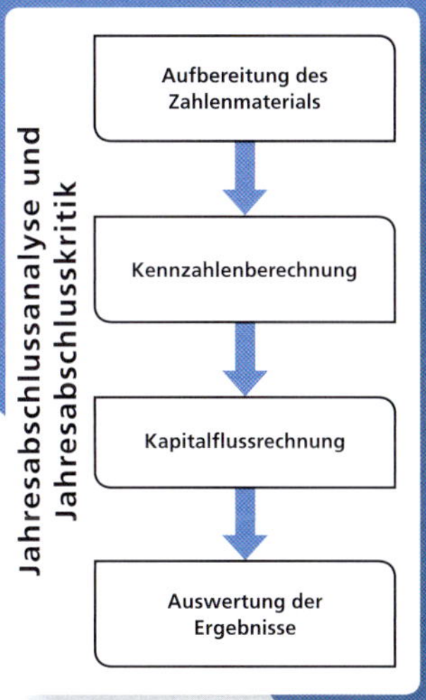

Worum geht's in diesem Kapitel?

Rechnungslegungspflichtige Unternehmen haben jeweils zum Abschlussstichtag einen Jahresabschluss, bestehend aus Bilanz, Gewinn- und Verlustrechnung und Anhang, sowie gegebenenfalls einen Lagebericht zu erstellen.

Aufgabe der Jahresabschlussanalyse ist es, Informationen aus dem Jahresabschluss zu gewinnen. Mithilfe von Kennzahlen, der Kapitalflussrechnung und der sich daraus ergebenden Auswertungen sollen im Rahmen der Jahresabschlusskritik Aufschlüsse über die wirtschaftliche Lage des Unternehmens sowie dessen Entwicklung gewonnen werden.

Mit nebenstehender Grafik werden diese Bereiche verdeutlicht, wobei zu Beginn einer Lerneinheit jenes Modul der Grafik hervorgehoben (mit Farbe unterlegt) wird, das darauffolgend behandelt wird.

Bildungs- und Lehraufgabe sowie **Lehrstoff** des **Lehrplanes**
↓
Kompetenzen, die Sie erwerben

Mit der Bearbeitung dieses Kapitels erwerben Sie die in der **Bildungs- und Lehraufgabe** des aktuellen **Lehrplanes** für den **Bereich Jahresabschlussanalyse und Jahresabschlusskritik** angeführten **Kompetenzen.** Sie können

- **das Zahlenmaterial in einer Prozentbilanz, prozentuellen Gewinn- und Verlustrechnung, Bewegungsbilanz und Erfolgsveränderungsrechnung aufbereiten,**
- **finanzwirtschaftliche und erfolgswirtschaftliche Kennzahlen berechnen und interpretieren,**
- **Kapitalflussrechnungen (z. B. Cashflow-Rechnung) erstellen,**
- **die Ergebnisse der Jahresabschlussanalyse mit Instrumenten der Gefahrenfrüherkennung (z. B. Quicktest, multiple Diskriminanzanalyse) auswerten und**
- **eine Jahresabschlusskritik erstellen.**

Diesen Kompetenzen liegt folgender **Lehrstoff** zugrunde:

- **Jahresabschlussanalyse und Jahresabschlusskritik**
  Aufbereitung und Darstellung des Zahlenmaterials, Errechnung und Interpretation von Kennzahlen

A B C D E

In diesem Kapitel finden Sie Übungsbeispiele und Aufgaben zum Kompetenzerwerb und zur Kompetenzüberprüfung auf den Handlungsebenen A **Wiedergeben,** B **Verstehen,** C **Anwenden** und D **Analysieren & Interpretieren.**

Dieses Kapitel umfasst folgende Lerneinheiten:

1 Rechnungswesen als Grundlage für unternehmerische Entscheidungen

2 Aufbereitung des Zahlenmaterials

3 Kennzahlenberechnung

4 Kapitalflussrechnung

5 Auswertung der Ergebnisse

6 Jahresabschlussanalyse und Jahresabschlusskritik – Fallbeispiele

Lerneinheit 1

Rechnungswesen als Grundlage für unternehmerische Entscheidungen

SbX
Alle SbX-Inhalte zu dieser Lerneinheit finden Sie unter der ID: 1010.

Unternehmerische Entscheidungsprozesse basieren auf Informationen, die aus internen oder externen Daten gewonnen werden. Diese werden u.a. aus der Betriebsstatistik, der Jahresabschlussanalyse und deren Auswertungen sowie dem Bilanzvergleich abgeleitet.

Lernen

1 Einführung

Markieren Sie im nachfolgenden Text die Antworten auf folgende Fragen:

- **Warum tritt die Planungs- und Entscheidungsfunktion des Rechnungswesens immer mehr in den Vordergrund?**
- **Womit erfolgt die Auswertung der intern und extern gewonnenen Daten?**

EDV-Systeme und das **Internet** haben der **Planungs- und Entscheidungsfunktion des Rechnungswesens** eine völlig neue Dimensionen verliehen. Für eine umfassende Unternehmensbeurteilung stehen **vielfältige Möglichkeiten der Aufbereitung und Auswertung von Datenmaterial** zur Verfügung. Einer der Hauptvorteile des EDV-Einsatzes ist die **wesentliche Beschleunigung** in der Berechnung der erforderlichen Werte, der Durchführung von Analysen und Auswertungen sowie von Simulationen. **Betriebswirtschaftliche Vergleiche** können nicht nur auf einbetrieblicher Ebene, sondern auch auf überbetrieblicher Ebene durchgeführt werden. Über das **Internet** ist ein schneller und kostengünstiger Austausch von Daten möglich.

Das Rechnungswesen löst sich somit aus der Vergangenheitsorientierung und wird zu einem **Instrument des betrieblichen Entscheidungsprozesses.** Voraussetzung dafür ist eine entsprechende **Auswertung der intern** – von der Buchführung und der Kostenrechnung – **und extern gewonnenen Daten.**

Dies ist vor allem Aufgabe der

- **Betriebsstatistik** (betriebswirtschaftliche Statistik), der
- **Jahresabschlussanalyse** (Bilanzanalyse) sowie der Auswertung dieser Ergebnisse in Form der **Jahresabschlusskritik** und des
- **Betriebsvergleiches.**

2 Betriebsstatistik

Markieren Sie im nachfolgenden Text die Antworten auf folgende Fragen:

- **Was ist die Aufgabe der Betriebsstatistik?**
- **Welche Arten der Betriebsstatistik werden hinsichtlich der Informationsquellen unterschieden?**
- **Welche Schritte sind bei der Erstellung der Betriebsstatistik notwendig?**

Betriebsstatistik

Aufgabe der **Betriebsstatistik** ist im Allgemeinen die **statistische Aufbereitung des intern oder extern anfallenden Zahlenmaterials** zum Zwecke der **Planung und Kontrolle** unternehmerischer Entscheidungen. Die Aufbereitung erfolgt z. B. mithilfe von Kennzahlen, Tabellen und Grafiken.

Arten der Betriebsstatistik

Bezüglich der **Informationsquellen** unterscheidet man folgende **Arten der Betriebsstatistik:**

- **Interne Betriebsstatistik**
  Es werden **betriebsinterne Daten** erfasst und verarbeitet, und zwar meist **gegliedert nach den einzelnen Funktionsbereichen** des Unternehmens, z. B. Beschaffungsstatistik, Produktionsstatistik, Vertriebsstatistik oder finanzwirtschaftliche Statistik.
- **Externe Betriebsstatistik**
  Diese erfasst **außerbetriebliche Daten,** die jedoch **betrieblich relevant** sind, z. B. Branchenwerte, Daten über die Entwicklung von Märkten und über das Konsumverhalten.

Um eine **aussagekräftige Betriebsstatistik** erstellen zu können, ist im Wesentlichen das **Vorgehen in drei Schritten** erforderlich:

Arbeitsschritte der Betriebsstatistik

Festlegung des Zieles	„Was soll mit den Zahlen dargestellt (erläutert) werden?“ **Beispiel:** Umsatzentwicklung im Jahr 2018
↓ **Erfassung** des Zahlenmaterials	„Welche Informationsquellen sind vorhanden?“ **Beispiele:** innerbetriebliche Daten (z. B. Lagerbestand), außerbetriebliche Daten (z. B. Branchenentwicklung)
↓ **Aufbereitung** des Zahlenmaterials	„Wie kann das Zahlenmaterial dargestellt werden?“ **Beispiele:** Kennzahlen, Tabellen, Diagramme

3 Jahresabschlussanalyse und Jahresabschlusskritik

Markieren Sie im nachfolgenden Text die Antworten auf folgende Fragen:

- **Was versteht man unter der Jahresabschlussanalyse?**
- **Welche Aufgabe hat die Jahresabschlussanalyse?**
- **Was ist ein Jahresabschlussvergleich?**
- **Was versteht man unter der Jahresabschlusskritik?**
- **Welcher Arbeitsablauf ergibt sich bei der Durchführung der Jahresabschlussanalyse und der Auswertung der Ergebnisse (Jahresabschlusskritik)?**

Jahresabschlussanalyse

Unter der **Jahresabschlussanalyse** versteht man die **Aufbereitung der Zahlen des Jahresabschlusses** (Bilanz, Gewinn- und Verlustrechnung und Anhang) **sowie des Lageberichtes,** um sie für die Beurteilung durch die am Jahresabschluss interessierten Personen und Organisationen (z. B. Gläubiger, Eigentümer, Unternehmensleitung) aussagefähiger zu machen.

In der Fachliteratur und in der Praxis wird anstatt Jahresabschlussanalyse auch der Begriff **Bilanzanalyse** verwendet. Es ist aber zutreffender, die Bezeichnung **Jahresabschlussanalyse** zu gebrauchen, da die Analyse den gesamten Jahresabschluss umfasst.

Aufgabe der Jahresabschlussanalyse ist es, **Aufschlüsse über die** wirtschaftliche Lage des Unternehmens, insbesondere über die **Vermögens-, Finanz- und Ertragslage** sowie über die **Entwicklung des Unternehmens** zu gewinnen. Dies erfolgt vorwiegend mithilfe der

- **Investitions- und Finanzierungsanalyse,**
- **Liquiditätsanalyse,**
- **Ergebnis-, Rentabilitäts- und Break-even-Analyse** und
- **Kapitalflussrechnung.**

Je nach zur Verfügung stehendem Zahlenmaterial erfolgt eine Jahresabschlussanalyse entweder für **ein oder mehrere Geschäftsjahre.** Man unterscheidet dazu:

Jahresabschlussanalyse
→ **ein** Jahresabschluss

- **Jahresabschlussanalyse**
  Die Analyse hat nur **einen Jahresabschluss** zur Grundlage. Es wird somit die **Lage des Unternehmens zu einem bestimmten Zeitpunkt** untersucht. Eine Aussage über Veränderungen im Unternehmen bzw. über die Entwicklung des Unternehmens ist damit nicht möglich. Die Analyse wird daher, sofern dies möglich ist, durch einen Jahresabschlussvergleich ergänzt.

Jahresabschlussvergleich
→ **mehrere** Jahresabschlüsse

- **Jahresabschlussvergleich**
  Von einem Jahresabschlussvergleich spricht man, wenn die **Jahresabschlüsse verschiedener** (meist aufeinanderfolgender) **Geschäftsjahre** miteinander verglichen und die Veränderungen und deren Ursachen analysiert werden.
  Der **interne Jahresabschlussvergleich,** bei dem nur Jahresabschlüsse desselben Unternehmens berücksichtigt werden, kann durch einen **externen Jahresabschlussvergleich** mit mehreren Unternehmen ergänzt werden.

Jahresabschlusskritik

Aufgabe der **Jahresabschlusskritik** ist die **Bildung eines Urteils über die Lage** und **die bisherige Entwicklung** des Unternehmens. Die gewonnenen Erkenntnisse werden in Form eines Berichtes festgehalten.

Arbeitsablauf – Jahresabschlussanalyse und Jahresabschlusskritik

Im Rahmen der **Jahresabschlussanalyse,** des **Jahresabschlussvergleiches** und der darauf aufbauenden **Jahresabschlusskritik** ergibt sich folgender **Arbeitsablauf:**

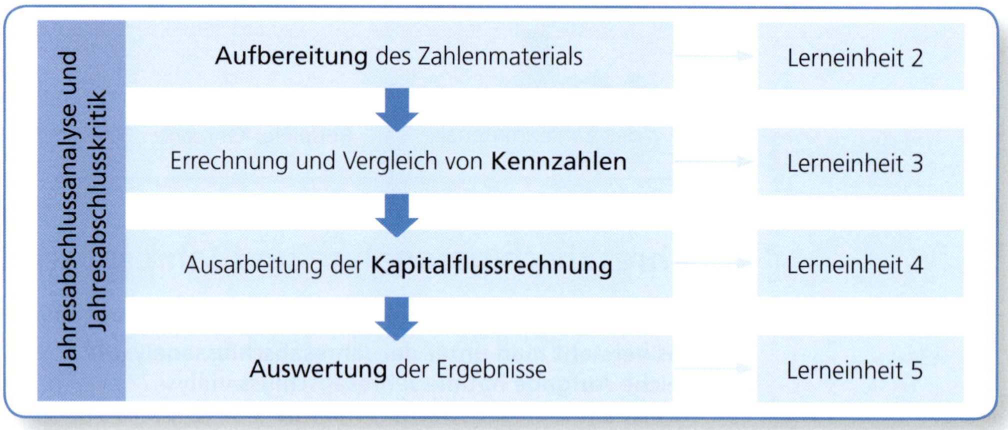

4 Betriebsanalyse und Betriebsvergleich

Markieren Sie im nachfolgenden Text die Antworten auf folgende Fragen:

- **Was versteht man unter einer Betriebsanalyse?**
- **Was ist ein Betriebsvergleich?**

Nähere Ausführungen zur Betriebsanalyse erfolgen im Gegenstand Betriebswirtschaft.

Die folgenden Ausführungen sollen die **Zusammenhänge zwischen Jahresabschlussanalyse und Jahresabschlusskritik** einerseits sowie **Betriebsanalyse** und **Betriebsvergleich** andererseits aufzeigen.

Betriebsanalyse

Unter **Betriebsanalyse** versteht man die zu einem bestimmten Zeitpunkt vorgenommene **Durchleuchtung eines Betriebes** bzw. seiner Teilbereiche zur Überprüfung der Produktivität und der Wirtschaftlichkeit der Leistungserstellung, der Marketingkonzeption, der ertragsmäßigen und finanziellen Situation etc.

Das Ziel der Untersuchungen ist die Aufdeckung von Mängeln, z. B. von Verlustquellen, und die Erstellung von Vorschlägen zu deren Beseitigung.

Dazu sind z. B. folgende Analysen erforderlich:

- **Analyse der Marketingpolitik,** insbesondere der Produktpolitik, der Preispolitik, der Distributions- und der Kommunikationspolitik und der kurz- und langfristigen (strategischen) Planung
- **Analyse der organisatorischen Tatbestände** – Stellengliederung, Instanzenweg, Abgrenzung der Funktionen der Mitarbeiter, Arbeitsablauf etc. – auf ihre Zweckmäßigkeit
- **Analyse des Personaleinsatzes,** z. B. im Hinblick auf Kenntnisse, Eignung und Leistung der einzelnen Mitarbeiter
- **Analyse des Zustandes und des Einsatzes der Betriebsmittel**
- **Kostenanalyse**
- **Jahresabschlussanalyse** (inkl. Errechnung von Kennzahlen) und **Jahresabschlusskritik**

Jahresabschlussanalyse und Jahresabschlusskritik sind **somit ein Teil der Betriebsanalyse.**

Die **Betriebsanalyse** sollte vor allem **zukunftsorientiert** sein (Analyse der Zukunftsaussichten des Unternehmens). Die **Jahresabschlussanalyse** ist im Gegensatz dazu primär **vergangenheitsorientiert.**

Betriebsvergleich

Unter **Betriebsvergleich** versteht man den **Vergleich wirtschaftlicher Vorgänge und Entwicklungen innerhalb eines Betriebes** oder **zwischen verschiedenen Betrieben zu verschiedenen Zeiten** mit dem Ziel der Beurteilung dieser Tatbestände.

Unter **Benchmarks** versteht man Richtwerte für Vergleichszwecke.

Im Rahmen des Betriebsvergleiches wird sehr häufig z. B. ein Kennzahlenvergleich mit anderen Unternehmen oder mit Branchendurchschnittswerten durchgeführt. In der Praxis wird der Vergleich des eigenen Unternehmens mit anderen Unternehmen als **Benchmarking** bezeichnet.

Durch den **kontinuierlichen Vergleich** z. B. von Kennzahlen des eigenen Unternehmens **mit dem Klassenbesten der Konkurrenzanbieter** soll festgestellt werden, welche **Unterschiede** z. B. in der Kostenstruktur bestehen, warum diese Unterschiede bestehen und welche **Verbesserungsmöglichkeiten** es gibt. Es soll aufgezeigt werden, wie die „Besten der Besten" bestimmte Betriebsabläufe ausführen. Der Vergleich ist dabei aber nicht nur auf die Mitbewerber der eigenen Branche beschränkt, sondern ist häufig allgemein auf Unternehmen gerichtet, die bestimmte Methoden und Abläufe am besten beherrschen.

In verschiedenen Branchen werden Betriebsvergleiche durch kooperierende Unternehmen in **Erfahrungsaustauschgruppen (ERFA-Gruppen)** durchgeführt.

Beispiel

Betriebsvergleich durch ERFA-Gruppen

Der Möbeleinzelhändler Franz Antoni e. U. ist mit dem Jahresergebnis seines Unternehmens nicht zufrieden. Er beschließt daher, sich einer ERFA-Gruppe mit vergleichbarer Umsatzhöhe und Personalstruktur anzuschließen, um die Zahlen seiner Gewinn- und Verlustrechnung besser analysieren zu können. Im Möbeleinzelhandelsbetrieb Franz Antoni e. U. sind mit dem Unternehmer 16 Personen beschäftigt. Die Fläche des Geschäftsraumes umfasst ca. 3.000 m², davon sind ca. 1.800 m² Verkaufsfläche.

Herr Antoni erstellt eine prozentuelle GuV-Rechnung, vergleicht die ermittelten Werte mit den Durchschnittswerten der ERFA-Gruppe, errechnet und analysiert die Abweichungen.

An ERFA-Gruppen beteiligen sich Unternehmen mit vergleichbarer Unternehmensstruktur einer Branche. Dabei werden nicht nur Jahresabschlussanalysen der zur ERFA-Gruppe gehörenden Unternehmen durchgeführt, sondern es erfolgt ein genereller branchenspezifischer Erfahrungsaustausch. Nähere Ausführungen dazu erfolgen im Gegenstand Betriebswirtschaft.

Die Umsatzerlöse werden gleich hundert gesetzt und die weiteren Positionen der GuV-Rechnung in Prozent davon angegeben.

Lösung:

GuV-Rechnung Franz Antoni e. U. per 31. Dez. (vereinfacht)		Franz Antoni e. U.	ERFA-Gruppen-durchschnitt	Abweichungen ± (Prozentpunkte, €)
Umsatzerlöse	3.000.000,00	100 %	100 %	
– Handelswareneinsatz	– 1.890.000,00	63 %	59 %	+ 4
Bruttogewinn (Handelsspanne)	1.110.000,00	37 %	41 %	– 4
– Personalaufwand	– 690.000,00	23 %	18 %	+ 5
– Abschreibungen	– 30.000,00	1 %	1 %	—
– Kfz-Betriebsaufwand	– 30.000,00	1 %	1 %	—
– Werbeaufwand	– 30.000,00	1 %	5 %	– 4
– Sonstige betriebliche Aufwendungen	– 180.000,00	6 %	5 %	+ 1
– Zinsenaufwand	– 120.000,00	4 %	6 %	– 2
Ergebnis vor Steuern	30.000,00	1 %	5 %	– 4
Umsatz (inkl. USt) je Beschäftigten		225.000,00	279.200,00	– 54.200,00
Umsatz (inkl. USt) je m² Geschäftsfläche		1.200,00	1.250,00	– 50,00
Umsatz (inkl. USt) je m² Verkaufsfläche		2.000,00	1.750,00	+ 250,00
Anteil der Verkaufsfläche an der Geschäftsfläche		60 %	73 %	– 13

Abweichungsanalyse:

Die größten Abweichungen sind bei den Einstandspreisen (Handelswareneinsatz) und dem Personalaufwand zu verzeichnen. Beide Abweichungen betragen insgesamt neun Prozentpunkte der Umsatzerlöse. Bedingt durch diese starken Erhöhungen konnte im laufenden Geschäftsjahr ein positives Ergebnis der Geschäftstätigkeit nur durch den niedrigen Zinsenaufwand und durch die kurzfristige Senkung des Werbeaufwandes erzielt werden.

Der dringendste Handlungsbedarf ist daher im Bereich der Beschaffungspolitik zu sehen. Das Auffinden von günstigeren Bezugsquellen ist notwendig, da die Handelsspanne mit 37 % erheblich unter dem Branchenschnitt von 41 % liegt.

Weiters sollte im Personalbereich nach Rationalisierungspotenzialen (z. B. Personalfreisetzung, Maßnahmen zur Steigerung des Umsatzes pro Beschäftigten) gesucht werden. Die Ursachenanalyse hat jedoch ergeben, dass die Lagerräumlichkeiten im Verhältnis zur Verkaufsfläche zu groß sind. Die Verkaufsfläche ist daher entsprechend zu vergrößern. Dies wird in der Regel zu einer Umsatzerhöhung führen, da die bisherige Verkaufsfläche wesentlich besser als im Branchenschnitt genutzt wurde. Eine Personalfreisetzung erscheint nicht erforderlich, jedoch sollte das bisherige Entlohnungssystem durch verkaufsfördernde Anreize, wie z. B. durch ein umsatzabhängiges Provisionssystem, ergänzt werden.

Sichern

SbX ID: 1013

Betriebsstatistik
- Aufgabe

Aufgabe der Betriebsstatistik ist die **statistische Aufbereitung des intern oder extern anfallenden Zahlenmaterials** zur **Planung und Kontrolle** unternehmerischer Entscheidungen.

- Arten

Nach der Informationsquelle unterscheidet man die **interne Betriebsstatistik** (Verarbeitung betriebsinterner Daten) und die **externe Betriebsstatistik** (Erfassung außerbetrieblicher Daten).

- Arbeitsschritte zur Erstellung einer aussagekräftigen Betriebsstatistik

Festlegung des Zieles
Erfassung des Zahlenmaterials
Aufbereitung des Zahlenmaterials

Jahresabschlussanalyse

Begriff – Die Jahresabschlussanalyse ist die **Aufbereitung der Zahlen des Jahresabschlusses und des Lageberichtes,** um sie für die Beurteilung durch die Gläubiger, Eigentümer und Unternehmensleitung aussagekräftiger zu machen.

Aufgabe – Die Aufgabe der Jahresabschlussanalyse ist die **Gewinnung von Aufschlüssen** insbesondere über die **Vermögens-, Finanz- und Ertragslage** sowie die **Entwicklung des Unternehmens.**

Jahresabschlussvergleich – Beim **internen** Jahresabschlussvergleich werden Jahresabschlüsse verschiedener Geschäftsjahre **eines Unternehmens** herangezogen. Der **externe** Jahresabschlussvergleich erfolgt durch eine Gegenüberstellung von Jahresabschlüssen **mehrerer Unternehmen.**

Jahresabschlusskritik – Aufgabe der Jahresabschlusskritik ist die **Bildung eines Urteils über die Lage** und **die bisherige Entwicklung des Unternehmens.**

Arbeitsablauf – Jahresabschlussanalyse und Jahresabschlusskritik

- **Aufbereitung** des Zahlenmaterials
- Errechnung und Vergleich von **Kennzahlen**
- Ausarbeitung der **Kapitalflussrechnung**
- **Auswertung** der Ergebnisse

Betriebsanalyse – Die Betriebsanalyse ist die zu einem bestimmten Zeitpunkt vorgenommene **Durchleuchtung eines Betriebes** z. B. zur Überprüfung der Wirtschaftlichkeit der Leistungserstellung.

Betriebsvergleich – Bei einem Betriebsvergleich werden **wirtschaftliche Vorgänge und Entwicklungen innerhalb eines Betriebes** oder **zwischen verschiedenen Betrieben zu verschiedenen Zeiten** verglichen und beurteilt.

SbX ID: 1013

Zusätzlich zu dieser Zusammenfassung finden Sie im SbX eine Bildschirmpräsentation.

Wissen

SbX ID: 1014

A B C D E

SbX
Aufgaben mit automatischer Aufgabenkontrolle
ID: 1014

W 1.01: Ergänzen Sie den nachstehenden Satz: A

Aufgabe der Betriebsstatistik ist im Allgemeinen die statistische ______ des intern oder extern anfallenden Zahlenmaterials zum Zwecke der ______ und der ______.

W 1.02: Bringen Sie die nachstehenden Arbeiten zur Durchführung einer Jahresabschlussanalyse durch Eintragung der entsprechenden Nummer in die richtige Reihenfolge. B

Arbeiten zur Durchführung der Jahresabschlussanalyse und Jahresabschlusskritik	Reihenfolge
Ausarbeitung der Kapitalflussrechnung	
Errechnung und Vergleich von Kennzahlen	
Aufbereitung des Zahlenmaterials	
Auswertung der Ergebnisse	

W 1.03: Ordnen Sie einander richtig zu. D

Definition	Begriff	Zuordnung
A. Unter der ______ versteht man die Aufbereitung der Zahlen des Jahresabschlusses sowie des Lageberichtes, um sie für die Beurteilung durch die am Jahresabschluss interessierten Personen und Organisationen aussagefähiger zu machen.	a) Betriebsanalyse	A. +

Definition	Begriff	Zuordnung
B. Unter ________ versteht man den Vergleich wirtschaftlicher Vorgänge und Entwicklungen innerhalb eines Betriebes oder zwischen verschiedenen Betrieben zu verschiedenen Zeiten mit dem Ziel der Beurteilung dieser Tatbestände.	b) Jahresabschlusskritik	B. +
C. Unter ________ versteht man die zu einem bestimmten Zeitpunkt vorgenommene Durchleuchtung eines Betriebes bzw. seiner Teilbereiche.	c) Jahresabschlussanalyse	C. +
D. Aufgabe der ________ ist die Bildung eines Urteils über die Lage und die bisherige Entwicklung des Unternehmens.	d) Betriebsvergleich	D. +

SbX
ID: 1014

Weitere Möglichkeiten zur Kompetenzüberprüfung im SbX

Wiederholungsfragen | **Weitere Aufgaben mit automatischer Aufgabenkontrolle**

Ein kurzer Kompetenz-Check, bevor's weitergeht!

Kompetenz-Check

	☺	😐	☹
Ich kann die Aufgabe der Betriebsstatistik erläutern.			
Ich kann die Arbeitsschritte der Betriebsstatistik nennen.			
Ich kann die Begriffe Jahresabschlussanalyse, Jahresabschlussvergleich und Jahresabschlusskritik unterscheiden.			
Ich kann den Arbeitsablauf im Rahmen der Jahresabschlussanalyse, des Jahresabschlussvergleiches und der Jahresabschlusskritik beschreiben.			
Ich kann erläutern, was man unter Betriebsanalyse und Betriebsvergleich versteht.			

Lerneinheit 2

Aufbereitung des Zahlenmaterials

SbX
Alle SbX-Inhalte zu dieser Lerneinheit finden Sie unter der ID: 1020.

Aufgabe der Jahresabschlussanalyse und Jahresabschlusskritik ist es, Aufschlüsse über die wirtschaftliche Lage des Unternehmens sowie dessen Entwicklung zu gewinnen. Dazu ist es erforderlich, das zur Verfügung stehende Datenmaterial, wie Bilanz und GuV-Rechnung, aufzubereiten.

Lernen

SbX ID: 1021

A B C D E

1 Einführung

Markieren Sie im nachfolgenden Text die Antwort auf folgende Frage:

- **Wie ist bei der Aufbereitung des Zahlenmaterials im Allgemeinen vorzugehen?**

In den folgenden Lerneinheiten wird die Jahresabschlussanalyse eingeschränkt auf die Analyse der Bilanz und Gewinn- und Verlustrechnung dargestellt.

Bevor mit der Analyse des Jahresabschlusses begonnen werden kann, ist oft eine **Aufbereitung des Zahlenmaterials in formaler und sachlicher Hinsicht** erforderlich. Dabei sind der **Aufbau** und die **Form des Jahresabschlusses,** die klare und richtige **Kontenbezeichnung** in der Bilanz und GuV-Rechnung und die Angaben im Anhang und Lagebericht **auf Vollständigkeit hin zu überprüfen.**

Ist der **Jahresabschluss nach den Vorschriften des UGB gegliedert,** wird eine Aufbereitung des Zahlenmaterials im Allgemeinen ohne Schwierigkeiten möglich sein. Wurden die **Gliederungsvorschriften des UGB bei der Jahresabschlusserstellung nicht beachtet,** sind **Korrekturen** erforderlich.

Korrekturen des Zahlenmaterials

- Die in der Bilanz gesondert ausgewiesenen **Wertberichtigungen** (z. B. Einzelwertberichtigungen zu Lieferforderungen) sind gegen die entsprechenden Positionen der Aktivseite der Bilanz aufzulösen.
- Weiters sind je nach Erfordernis die **in der Bilanz und GuV-Rechnung ausgewiesenen Posten zu aussagekräftigen** und **in der Kennzahlenanalyse sinnvoll verwendbaren Größen zusammenzufassen** (z. B. werden die aktiven Rechnungsabgrenzungsposten als kurzfristiges Umlaufvermögen, die passiven Rechnungsabgrenzungsposten als kurzfristiges Fremdkapital ausgewiesen).

Die Aufbereitung des Zahlenmaterials findet in der Regel zusammen mit der Erstellung der **Prozentbilanz und prozentuellen GuV-Rechnung,** der **Bewegungsbilanz** und **Erfolgsveränderungsrechnung** statt.

Nach der Aufbereitung des Zahlenmaterials kann die eigentliche Jahresabschlussanalyse beginnen.

2 Prozentbilanz und prozentuelle GuV-Rechnung

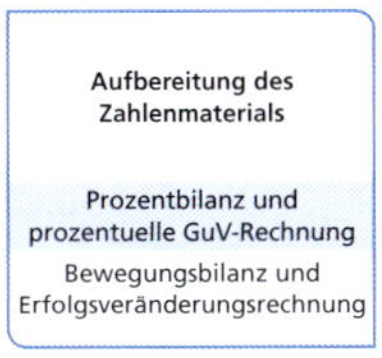

Markieren Sie im nachfolgenden Text die Antworten auf folgende Fragen:

- **Was versteht man unter einer Prozentbilanz bzw. einer prozentuellen GuV-Rechnung?**
- **Wie wird eine Prozentbilanz bzw. eine prozentuelle GuV-Rechnung erstellt?**

Prozentbilanz

In der **Prozentbilanz** werden die einzelnen **Aktiv- und Passivposten der Bilanz in Prozent der Bilanzsumme** angegeben.

Durch die Darstellung in Prozentzahlen erhält man einen **besseren Einblick in die Vermögens- und Kapitalstruktur** des Unternehmens. Besondere Bedeutung hat die Prozentbilanz auch im Rahmen des Bilanzvergleiches.

Prozentuelle GuV-Rechnung

In der **prozentuellen GuV-Rechnung** werden die entsprechend gegliederten **Aufwände und Erträge in Prozent der Betriebsleistung** angegeben.

Die **Betriebsleistung** ergibt sich aus folgender Berechnung:

Umsatzerlöse
± Bestandsveränderungen
\+ aktivierte Eigenleistungen
\+ sonstige betriebliche Erträge
Betriebsleistung

In der Position **Sonstige betriebliche Erträge** sind Erträge aus dem Abgang vom Anlagevermögen, der Zuschreibung zum Anlagevermögen (ausgenommen Finanzanlagevermögen) sowie Erträge aus der Auflösung von Rückstellungen und übrige Erträge enthalten.

Die sonstigen betrieblichen Erträge können, insbesondere wenn sie betragsmäßig nicht ins Gewicht fallen, als Betriebsleistung betrachtet werden. Diese in der Praxis übliche Vorgangsweise **wird bei den folgenden Lehr- und Übungsbeispielen angewendet.**

Beim EDV-Ausdruck von Bilanz und GuV-Rechnung werden meist bei den einzelnen Positionen auch die zugehörigen Prozentsätze angegeben, da der Vergleich der Prozentsätze verschiedener Jahre sehr aussagekräftig ist.

Lehrbeispiel
Oskar Schober e. U.

SbX
Excel
ID: 1021

Gliederung der Bilanz und GuV-Rechnung gemäß dem im UGB für Kapitalgesellschaften vorgeschriebenen Schema

L 1.01: Prozentbilanzen und prozentuelle GuV-Rechnungen

Die Bilanzen und GuV-Rechnungen der Jahre 2017 und 2018 des Einzelhandelsbetriebes Oskar Schober e. U., Wien, zeigen folgende Werte:

	Bilanz per 31. Dez. 2017		Bilanz per 31. Dez. 2018	
	absolut	%	absolut	%
AKTIVA				
Anlagevermögen				
1. Fahrzeuge	40.000,00	*4,1*	50.000,00	*5,0*
2. Geschäftsausstattung	214.000,00	*22,2*	232.000,00	*23,1*
Umlaufvermögen				
1. Warenvorrat	344.000,00	*35,6*	326.000,00	*32,5*
2. Lieferforderungen	264.000,00	*27,3*	282.000,00	*28,1*
3. Sonstige Forderungen	16.000,00	*1,7*	14.000,00	*1,4*
4. Kassa, Bank	66.000,00	*6,8*	82.000,00	*8,1**
Aktive Rechnungsabgrenzung	22.000,00	*2,3*	18.000,00	*1,8*
	966.000,00	100,0	1.004.000,00	100,0

PASSIVA				
Kapital	346.000,00	*35,8*	410.000,00	*40,8*
Rückstellungen	20.000,00	*2,1*	18.000,00	*1,8*
Verbindlichkeiten				
1. Darlehen	220.000,00	*22,8*	200.000,00	*19,9*
2. Lieferverbindlichkeiten	320.000,00	*33,1*	308.000,00	*30,7*
3. Sonstige Verbindlichkeiten	60.000,00	*6,2*	68.000,00	*6,8*
	966.000,00	100,0	1.004.000,00	100,0

* Die zweite Dezimale wurde bei händischer Berechnung zum Ausgleich der Rundungsdifferenzen abgerundet. Wegen der Vergleichbarkeit der Ergebnisse ist jener Wert abzurunden, bei dem die 2. Dezimale (bzw. 2. + 3. Dezimale) am niedrigsten ist. Im umgekehrten Fall ist jener Wert aufzurunden, bei dem die 2. Dezimale am größten ist.

Die Basis für die Berechnung der Prozentsätze der prozentuellen GuV-Rechnungen ist die **Betriebsleistung.**

Erträge
− Aufwendungen
Betriebserfolg
± **Finanzerfolg**
Ergebnis vor Steuern
− Steuern vom Einkommen und Ertrag
Ergebnis nach Steuern
− Sonstige Steuern
Jahresüberschuss/Jahresfehlbetrag
± Veränderungen von Rücklagen
Bilanzgewinn/Bilanzverlust

Da keine Steuern vom Einkommen und Ertrag, sonstige Steuern bzw. Veränderungen bei Rücklagen ausgewiesen sind, entspricht das **Ergebnis vor Steuern** dem Ergebnis nach Steuern, **dem Jahresüberschuss** bzw. **dem Bilanzgewinn.**

Bei Kapitalgesellschaften ist bei der Berechnung des Jahresüberschusses in der Regel noch die Körperschaftsteuer zu berücksichtigen.

Die Lösung ist neben den absoluten Werten angegeben und farbig unterlegt.

	GuV-Rechnung 2017			GuV-Rechnung 2018		
	absolut	% Aufwände	% Erträge	absolut	% Aufwände	% Erträge
Warenerlöse	2.387.000,00		*99,8*	2.708.000,00		*99,9*
+ Sonstige betriebl. Erträge	+ 4.000,00		*0,2*	+ 3.000,00		*0,1*
Betriebsleistung	2.391.000,00		*(100,0)*	2.711.000,00		*(100,0)*
− Wareneinsatz	− 1.620.000,00	*67,7*		− 1.800.000,00	*66,4*	
− Personalaufwand	− 420.000,00	*17,6*		− 534.000,00	*19,7*	
− Abschreib. auf Sachanlagen	− 36.000,00	*1,5*		− 34.000,00	*1,3*	
− Sonstige betriebl. Aufwend.	− 112.000,00	*4,7*		− 123.000,00	*4,5*	
Betriebserfolg	203.000,00	*(8,5)*		220.000,00	*(8,1)*	
− Zinsenaufwand	− 14.000,00	*0,6*		− 12.000,00	*0,4*	
Bilanzgewinn = (= Ergebnis vor Steuern = = Jahresüberschuss)	189.000,00	*7,9*		208.000,00	*7,7*	
		100,0	100,0		100,0	100,0

Die Beispiele

L 1.01: Prozentbilanzen und prozentuelle GuV-Rechnungen,
L 1.02: Bewegungsbilanz und Indexrechnung (Seite 14),
L 1.03: Erfolgsveränderungsrechnung und Indexrechnung (Seite 15),
L 1.04, L 1.05 und L 1.06: Errechnung von Kennzahlen (Seite 29, 36 und 44),
L 1.07: Cashflow-Rechnung (Seite 59),
L 1.08: Geldflussrechnung (Seite 60),
L 1.09: Quicktest (Seite 67),
L 1.10: Multiple Diskriminanzanalyse (Seite 69) und
L 1.11: Jahresabschlusskritik (Seite 70)
bilden in Summe die komplette Jahresabschlussanalyse samt Jahresabschlusskritik von Oskar Schober e. U. Die Beispiele sind aus methodischen und fachlichen Gründen jeweils nach der betreffenden Theorie angeordnet.

Aufgabe: Erstellen Sie die Prozentbilanzen und die prozentuellen GuV-Rechnungen 2017 und 2018. C

Aufbereitung des Zahlenmaterials

Prozentbilanz und prozentuelle GuV-Rechnung
Bewegungsbilanz und Erfolgsveränderungsrechnung

3 Bewegungsbilanz und Erfolgsveränderungsrechnung

Markieren Sie im nachfolgenden Text die Antworten auf folgende Fragen:

- **Was versteht man unter einer Bewegungsbilanz, einer Erfolgsveränderungsrechnung sowie einer Indexrechnung?**
- **Wie wird eine Bewegungsbilanz bzw. eine Erfolgsveränderungsrechnung samt Indexrechnung erstellt?**

Kapitalflussrechnung siehe Seite 57.

Die **Bewegungsbilanz** und die **Erfolgsveränderungsrechnung** stellen **einfache Formen der Kapitalflussrechnung** dar. Als Ergänzung der Darstellung der Bestände (Bilanz) bzw. der erfolgswirksamen Positionen (GuV-Rechnung) zu einem bestimmten Stichtag werden damit die **Veränderungen während einer Abrechnungsperiode** aufgezeigt.

Bewegungsbilanz

Die **Bewegungsbilanz** weist die **betragsmäßigen Veränderungen der Vermögens- und Kapitalposten** in der Abrechnungsperiode aus. Die Sollseite zeigt die **Mittelverwendung** (Erhöhung der Aktivposten, Verminderung der Passivposten), die Habenseite die **Mittelherkunft** (Verminderung der Aktivposten, Erhöhung der Passivposten).

Darstellung: Mittelherkunft und Mittelverwendung – Übersicht

Bewegungsbilanz

Mittelverwendung	Mittelherkunft
Aktiva ↑	Aktiva ↓
Passiva ↓	Passiva ↑
Verlust	Gewinn

Die Bewegungsbilanz ermittelt den Gewinn (Verlust) aus den Veränderungen der Bestände. Sie macht sichtbar, welche Veränderungen zum Gewinn (Verlust) geführt haben, und zeigt, in welchen Positionen sich der Gewinn (Verlust) niedergeschlagen hat. Weiters werden mit der Bewegungsbilanz die Finanzierungsvorgänge im Unternehmen aufgedeckt und Auskunft über die Veränderungen der Liquidität gegeben.

Indexrechnung

Die Bewegungsbilanz kann durch eine **Indexrechnung** ergänzt werden. Dabei werden die **Zahlen der Bilanz eines Jahres gleich 100 gesetzt** und **die Werte der Bilanz des folgenden Jahres** (der folgenden Jahre) **in Prozent davon angegeben.**

Lehrbeispiel

Oskar Schober e. U.
Fortsetzung von L 1.01

SbX
Excel
ID: 1021

L 1.02: Bewegungsbilanz und Indexrechnung

Bei den Fahrzeugen wurden 2018 € 20.000,–, bei der Geschäftsausstattung € 42.000,– investiert; Privatentnahmen 2018 € 144.000,–.

Aufgabe: Erstellen Sie die Bewegungsbilanz 2018 samt Indexrechnung (Indizes auf Ganze genau). C

Lösung:

Bewegungsbilanz inklusive Indexrechnung für 2018 in 1.000 €

Bilanzposition	Bilanz 2017	Bilanz 2018	Mittelverwendung	Mittelherkunft	Indexrechnung
AKTIVA					
Anlagevermögen					
1. Fahrzeuge	40	50	*20*[1]	*10*[2]	*125*
2. Geschäftsausstattung	214	232	*42*[1]	*24*[2]	*108*
Umlaufvermögen					
1. Warenvorrat	344	326		*18*	*95*
2. Lieferforderungen	264	282	*18*		*107*
3. Sonstige Forderungen	16	14		*2*	*88*
4. Kassa, Bank	66	82	*16*		*124*
5. Aktive Rechnungsabgrenzung[3]	22	18		*4*	*82*
	966	1.004			*104*

Erläuterungen

[1] Investitionen

[2] Abschreibungen (und Abgänge, Verkäufe etc.) z. B. bei den Fahrzeugen: 40 + 20 – 50 = 10

[3] Die aktiven Rechnungsabgrenzungsposten werden im Rahmen der Jahresabschlussanalyse in der Regel dem Umlaufvermögen zugerechnet.

Bewegungsbilanz inklusive Indexrechnung für 2018 in 1.000 €

Bilanzposition	Bilanz 2017	Bilanz 2018	Mittelverwendung	Mittelherkunft	Indexrechnung
PASSIVA					
Eigenkapital					
1. Kapital	346	410		*(64)*[4]	*118*
2. Privatentnahmen			*144*		
3. Gewinn				*208*	
Fremdkapital					
1. Rückstellungen	20	18	*2*		*90*
2. Verbindlichkeiten					
Darlehen	220	200	*20*		*91*
Lieferverbindlichkeiten	320	308	*12*		*96*
Sonstige Verbindlichkeiten	60	68		*8*	*113*
	966	1.004	*274*	*274*	*104*

Erläuterungen

[4] Gewinn 208 – Privatentnahmen 144 = 64

Bei **Kapitalgesellschaften** ist in der Zeile Gewinn der Bilanzgewinn als Mittelherkunft und der vorjährige Bilanzgewinn (abzüglich Gewinnvortrag) als Mittelverwendung einzutragen.

Aus der vorstehenden **Bewegungsbilanz** sind u. a. folgende **Veränderungen der Vermögens- und Kapitalposten** ersichtlich:

- Bei den Fahrzeugen wurden € 20.000,–, bei der Geschäftsausstattung € 42.000,– investiert.
- Der Warenvorrat ist um € 18.000,– gesunken.

- Die Lieferforderungen sind um € 18.000,– gestiegen.
- Beim Darlehen wurden € 20.000,– zurückgezahlt.
- Die Lieferverbindlichkeiten sind um € 12.000,– gesunken.

Erfolgsveränderungsrechnung

Die **Erfolgsveränderungsrechnung** weist die **betragsmäßigen Veränderungen der Aufwands- und Ertragsposten** zweier (oder mehrerer) aufeinanderfolgender GuV-Rechnungen aus.

Mit der Erfolgsveränderungsrechnung können die **absoluten und prozentmäßigen Veränderungen** hinsichtlich folgender **Ursachen** analysiert werden:

- Preisänderungen
- Mengenmäßige Verbrauchsänderungen – z. B. gestiegener Brennstoffverbrauch für die Heizung
- Änderung des Beschäftigungsgrades

Zur Indexrechnung siehe Seite 14.

Die Erfolgsveränderungsrechnung wird durch eine **Indexrechnung** ergänzt.

Lehrbeispiel

Oskar Schober e. U. Fortsetzung von L 1.01

SbX Excel ID: 1021

L 1.03: Erfolgsveränderungsrechnung und Indexrechnung

Aufgabe: Erstellen Sie die Erfolgsveränderungsrechnung 2018 inklusive Indexrechnung (Indizes auf Ganze genau). C

Lösung:

Erfolgsveränderungsrechnung inklusive Indexrechnung für 2018 in 1.000 €

Erfolgsposition	GuV 2017	GuV 2018	Veränderungen positiv	Veränderungen negativ	Indexrechnung
Warenerlöse	2.387	2.708	*321*		*113*
+ Sonstige betriebliche Erträge	+ 4	+ 3		*1*	*75*
Betriebsleistung	2.391	2.711			*113*
– Wareneinsatz	– 1.620	– 1.800		*180*	*111*
– Personalaufwand	– 420	– 534		*114*	*127*
– Abschreibungen auf Sachanlagen	– 36	– 34	*2*		*94*
– Sonstige betriebl. Aufwendungen	– 112	– 123		*11*	*110*
Betriebserfolg	203	220			*108*
– Zinsenaufwand	– 14	– 12	*2*		*86*
Bilanzgewinn (= Ergebnis vor Steuern = Jahresüberschuss)	189	208		*19**	*110*
			325	*325*	

* Eine Vergrößerung des Gewinnes ist in der Spalte „Veränderungen negativ" einzutragen, damit sich Summengleichheit ergibt.

In der vorstehenden **Erfolgsveränderungsrechnung** sind u. a. folgende **Werte** von Interesse:

- Der Umsatz ist 2018 gegenüber 2017 um € 321.000,– (13 %) gestiegen. Der Wareneinsatz ist infolgedessen um € 180.000,– (11 %) gestiegen.
- Der Personalaufwand ist sehr stark (um € 114.000,–, d. s. 27 %) gestiegen. Diesbezüglich sind weitere Untersuchungen erforderlich.
- Der Gewinn 2018 ist um € 19.000,– größer als 2017.

Üben

SbX ID: 1022

A B C D E

Erika Neumann e. U.

SbX
Excel
ID: 1022

Ü 1.01: Prozentbilanzen und prozentuelle GuV-Rechnungen

Erika Neumann e. U., Fachgeschäft für Küchenmöbel, Linz, erstellt für 2017 und 2018 folgende Bilanzen und GuV-Rechnungen:

	Bilanz per 31. Dez. 2017		Bilanz per 31. Dez. 2018	
	absolut	%	absolut	%
AKTIVA				
Anlagevermögen				
1. Fahrzeuge	40.000,00		30.000,00	
2. Geschäftsausstattung	82.000,00		76.000,00	
Umlaufvermögen				
1. Warenvorrat	240.000,00		260.000,00	
2. Lieferforderungen	160.000,00		170.000,00	
3. Kassa, Bank	34.000,00		42.000,00	
Aktive Rechnungsabgrenzung	12.000,00		16.000,00	
	568.000,00	100,0	594.000,00	100,0

PASSIVA				
Kapital	280.000,00		288.000,00	
Rückstellungen	16.000,00		14.000,00	
Verbindlichkeiten				
1. Darlehen	80.000,00		70.000,00	
2. Lieferverbindlichkeiten	160.000,00		180.000,00	
3. Sonstige Verbindlichkeiten	32.000,00		42.000,00	
	568.000,00	100,0	594.000,00	100,0

	GuV-Rechnung 2017			GuV-Rechnung 2018		
	absolut	% Aufwände	% Erträge	absolut	% Aufwände	% Erträge
Warenerlöse	1.990.000,00			2.240.000,00		
+ Sonstige betriebl. Erträge	+ 4.000,00			+ 3.000,00		
Betriebsleistung	1.994.000,00			2.243.000,00		
– Wareneinsatz	– 1.240.000,00			– 1.464.000,00		
– Personalaufwand	– 400.000,00			– 424.000,00		
– Abschreib. auf Sachanlagen	– 38.000,00			– 32.000,00		
– Sonstige betriebl. Aufwend.	– 113.000,00			– 128.000,00		
Betriebserfolg	203.000,00			195.000,00		
– Zinsenaufwand	– 9.000,00			– 8.000,00		
Bilanzgewinn = (= Ergebnis vor Steuern = = Jahresüberschuss)	194.000,00			187.000,00		
		100,0	100,0		100,0	100,0

Die Basis für die Berechnung der Prozentsätze der prozentuellen GuV-Rechnungen ist die **Betriebsleistung.**

Da keine Steuern vom Einkommen und Ertrag, sonstige Steuern bzw. Veränderungen bei Rücklagen ausgewiesen sind, entspricht das **Ergebnis vor Steuern** dem Ergebnis nach Steuern, **dem Jahresüberschuss** bzw. **dem Bilanzgewinn.**

Bei Kapitalgesellschaften ist bei der Berechnung des Jahresüberschusses in der Regel noch die Körperschaftsteuer zu berücksichtigen.

Aufgabe: Erstellen Sie die Prozentbilanzen und die prozentuellen GuV-Rechnungen 2017 und 2018. C

Erika Neumann e. U.
Fortsetzung von Ü 1.01

SbX
Excel
ID: 1022

Ü 1.02: Bewegungsbilanz und Indexrechnung

Bei der Geschäftsausstattung wurden 2018 € 16.000,– investiert; Privatentnahmen 2018 € 179.000,–.

Aufgabe: Erstellen Sie die Bewegungsbilanz 2018 inklusive Indexrechnung (Indizes auf Ganze genau). C

Lösung:

Die aktiven Rechnungsabgrenzungsposten werden im Rahmen der Jahresabschlussanalyse in der Regel dem Umlaufvermögen zugerechnet.

Bewegungsbilanz inklusive Indexrechnung für 2018 in 1.000 €

Bilanzposition	Bilanz 2017	Bilanz 2018	Mittelverwendung	Mittelherkunft	Indexrechnung
AKTIVA					
Anlagevermögen					
1. Fahrzeuge	40	30			
2. Geschäftsausstattung	82	76			
Umlaufvermögen					
1. Warenvorrat	240	260			
2. Lieferforderungen	160	170			
3. Kassa, Bank	34	42			
4. Aktive Rechnungsabgrenzung	12	16			
	568	594			

Bilanzposition	Bilanz 2017	Bilanz 2018	Mittelverwendung	Mittelherkunft	Indexrechnung
PASSIVA					
Eigenkapital					
1. Kapital	280	288			
Fremdkapital					
1. Rückstellungen	16	14			
2. Verbindlichkeiten					
Darlehen	80	70			
Lieferverbindlichkeiten	160	180			
Sonstige Verbindlichkeiten	32	42			
	568	594			

Erika Neumann e. U.
Fortsetzung von Ü 1.01

SbX
Excel
ID: 1022

Ü 1.03: Erfolgsveränderungsrechnung und Indexrechnung

Aufgabe: Erstellen Sie die Erfolgsveränderungsrechnung 2018 inklusive Indexrechnung (Indizes auf Ganze genau). C

Lösung:

Erfolgsveränderungsrechnung inklusive Indexrechnung für 2018 in 1.000 €

Erfolgsposition	GuV 2017	GuV 2018	Veränderungen positiv	Veränderungen negativ	Index-rechnung
Warenerlöse	1.990	2.240			
+ Sonstige betriebliche Erträge	+ 4	+ 3			
Betriebsleistung	1.994	2.243			
– Wareneinsatz	– 1.240	– 1.464			
– Personalaufwand	– 400	– 424			
– Abschreibungen auf Sachanlagen	– 38	– 32			
– Sonstige betriebl. Aufwendungen	– 113	– 128			
Betriebserfolg	203	195			
– Zinsenaufwand	– 9	– 8			
Bilanzgewinn (= Ergebnis vor Steuern = Jahresüberschuss)	194	187			

Fritz Moser e. U.

SbX
Excel
ID: 1022

Ü 1.04: Prozentbilanzen und prozentuelle GuV-Rechnungen

Dipl.-Ing. Fritz Moser e. U., Warenhaus in Retz, erstellt für 2017 und 2018 folgende Bilanzen und GuV-Rechnungen:

	Bilanz per 31. Dez. 2017 absolut	Bilanz per 31. Dez. 2017 %	Bilanz per 31. Dez. 2018 absolut	Bilanz per 31. Dez. 2018 %
AKTIVA				
Anlagevermögen				
1. Fahrzeuge	30.000,00		20.000,00	
2. Geschäftsausstattung	60.000,00		50.000,00	
Umlaufvermögen				
1. Warenvorrat	262.000,00		290.000,00	
2. Lieferforderungen	124.000,00		108.000,00	
3. Kassa, Bank	18.000,00		12.000,00	
Aktive Rechnungsabgrenzung	6.000,00		8.000,00	
	500.000,00	100,0	488.000,00	100,0

PASSIVA				
Kapital	242.000,00		200.000,00	
Rückstellungen	20.000,00		22.000,00	
Verbindlichkeiten				
1. Darlehen	60.000,00		80.000,00	
2. Lieferverbindlichkeiten	164.000,00		162.000,00	
3. Sonstige Verbindlichkeiten	14.000,00		24.000,00	
	500.000,00	100,0	488.000,00	100,0

Die Basis für die Berechnung der Prozentsätze der prozentuellen GuV-Rechnungen ist die **Betriebsleistung.**

Da keine Steuern vom Einkommen und Ertrag, sonstige Steuern bzw. Veränderungen bei Rücklagen ausgewiesen sind, entspricht das **Ergebnis vor Steuern** dem Ergebnis nach Steuern, **dem Jahresüberschuss** bzw. **dem Bilanzgewinn.**

Bei Kapitalgesellschaften ist bei der Berechnung des Jahresüberschusses in der Regel noch die Körperschaftsteuer zu berücksichtigen.

	GuV-Rechnung 2017			GuV-Rechnung 2018		
	absolut	%		absolut	%	
		Aufwände	Erträge		Aufwände	Erträge
Warenerlöse	1.562.000,00			1.673.000,00		
+ Sonstige betriebl. Erträge	+ 4.000,00			+ 3.000,00		
Betriebsleistung	1.566.000,00			1.676.000,00		
– Wareneinsatz	– 919.000,00			–1.027.000,00		
– Personalaufwand	– 320.000,00			– 360.000,00		
– Abschreib. auf Sachanlagen	– 29.000,00			– 30.000,00		
– Sonstige betriebl. Aufwend.	– 106.000,00			– 120.000,00		
Betriebserfolg	192.000,00			139.000,00		
– Zinsenaufwand	– 7.000,00			– 6.000,00		
Bilanzgewinn (= Ergebnis vor Steuern = = Jahresüberschuss)	185.000,00			133.000,00		
		100,0	100,0		100,0	100,0

Aufgabe: Erstellen Sie die Prozentbilanzen und die prozentuellen GuV-Rechnungen 2017 und 2018. C

Fritz Moser e. U.
Fortsetzung von Ü 1.04

SbX
Excel
ID: 1022

Ü 1.05: Bewegungsbilanz und Indexrechnung

2018 wurden bei der Geschäftsausstattung € 10.000,– investiert; Privatentnahmen 2018 € 175.000,–.

Ende des Abschlussjahres wurde ein neues Darlehen von € 30.000,– aufgenommen, das jährlich mit € 6.000,– zurückzuzahlen ist (ab 1. Nov. 2019). Das alte Darlehen ist jährlich mit € 10.000,– zurückzuzahlen (Ende des Jahres).

Aufgabe: Erstellen Sie die Bewegungsbilanz 2018 inklusive Indexrechnung (Indizes auf Ganze genau). C

Lösung:

Die aktiven Rechnungsabgrenzungsposten werden im Rahmen der Jahresabschlussanalyse in der Regel dem Umlaufvermögen zugerechnet.

Bewegungsbilanz inklusive Indexrechnung für 2018 in 1.000 €					
Bilanzposition	Bilanz 2017	Bilanz 2018	Mittelverwendung	Mittelherkunft	Indexrechnung
AKTIVA					
Anlagevermögen					
1. Fahrzeuge	30	20			
2. Geschäftsausstattung	60	50			
Umlaufvermögen					
1. Warenvorrat	262	290			
2. Lieferforderungen	124	108			
3. Kassa, Bank	18	12			
4. Aktive Rechnungsabgrenzung	6	8			
	500	488			

Bewegungsbilanz inklusive Indexrechnung für 2018 in 1.000 €					
Bilanzposition	**Bilanz 2017**	**Bilanz 2018**	**Mittel-verwendung**	**Mittel-herkunft**	**Index-rechnung**
PASSIVA					
Eigenkapital					
1. Kapital	242	200			
Fremdkapital					
1. Rückstellungen	20	22			
2. Verbindlichkeiten					
Darlehen	60	80			
Lieferverbindlichkeiten	164	162			
Sonstige Verbindlichkeiten	14	24			
	500	488			

Fritz Moser e. U.
Fortsetzung von Ü 1.04
SbX
Excel
ID: 1022

Ü 1.06: Erfolgsveränderungsrechnung und Indexrechnung

Aufgabe: Erstellen Sie die Erfolgsveränderungsrechnung 2018 inklusive Indexrechnung (Indizes auf Ganze genau). C

Lösung:

Erfolgsveränderungsrechnung inklusive Indexrechnung für 2018 in 1.000 €					
Erfolgsposition	**GuV 2017**	**GuV 2018**	**Veränderungen**		**Index-rechnung**
			positiv	**negativ**	
Warenerlöse	1.562	1.673			
+ Sonstige betriebliche Erträge	+ 4	+ 3			
Betriebsleistung	1.566	1.676			
– Wareneinsatz	– 919	– 1.027			
– Personalaufwand	– 320	– 360			
– Abschreibungen auf Sachanlagen	– 29	– 30			
– Sonstige betriebl. Aufwendungen	– 106	– 120			
Betriebserfolg	192	139			
– Zinsenaufwand	– 7	– 6			
Bilanzgewinn (= Ergebnis vor Steuern = Jahresüberschuss)	185	133			

Weitere Übungsbeispiele finden Sie im Kapitel 3 bzw. mit Lösungen zur Selbstkontrolle im Übungsbuch.

Sichern

SbX ID: 1023

Aufbereitung des Zahlenmaterials

Bei der formalen und sachlichen Aufbereitung des Zahlenmaterials sind der **Aufbau** und die **Form des Jahresabschlusses,** die **Kontenbezeichnung** und die **Vollständigkeit** von Anhang und Lagebericht zu überprüfen.

● Prozentbilanz

In der Prozentbilanz werden die einzelnen **Aktiv- und Passivposten der Bilanz in Prozent der Bilanzsumme** angegeben.

● Prozentuelle GuV-Rechnung

In der prozentuellen GuV-Rechnung werden die entsprechend gegliederten **Aufwände und Erträge in Prozent der Betriebsleistung** angegeben.

● Bewegungsbilanz

Die Bewegungsbilanz ist eine Darstellung der **betragsmäßigen Veränderungen der Vermögens- und Kapitalposten** der Abrechnungsperiode hinsichtlich **Mittelverwendung** und **Mittelherkunft.**

● Erfolgsveränderungsrechnung

In der Erfolgsveränderungsrechnung werden die **betragsmäßigen Veränderungen der Aufwands- und Ertragsposten** zweier aufeinanderfolgender GuV-Rechnungen angegeben.

● Indexrechnung

Die Bewegungsbilanz und die Erfolgsveränderungsrechnung können durch eine Indexrechnung ergänzt werden. Dabei werden die **Zahlen der Bilanz (GuV-Rechnung) eines Jahres gleich 100 gesetzt** und die **Werte der Bilanz (GuV-Rechnung) des folgenden Jahres in Prozent davon angegeben.**

SbX
ID: 1023

Zusätzlich zu dieser Zusammenfassung finden Sie im SbX eine Bildschirmpräsentation.

Wissen

SbX ID: 1024

A B C D E

SbX
Aufgaben mit automatischer Aufgabenkontrolle
ID: 1024

W 1.04: Erstellen Sie die Bewegungsbilanz und die Indexrechnung. Die entsprechenden Spalten sind zu beschriften. C

Bewegungsbilanz inklusive Indexrechnung für 2018 in 1.000 €

Bilanzposition	Bilanz 2017	Bilanz 2018			
AKTIVA					
Anlagevermögen	300	320[1]			
Umlaufvermögen					
1. Warenvorrat	200	180			
2. Lieferforderungen	100	130			
3. Kassa, Bank	50	60			
	650	690			

PASSIVA					
Eigenkapital					
1. Kapital	290	320			
2. Privatentnahmen[2]					
3. Gewinn[3]					
Fremdkapital					
Verbindlichkeiten	360	370			
	650	690			

[1] Beim Anlagevermögen wurden € 80.000,– investiert.

[2] Privatentnahmen € 160.000,–

[3] Gewinn € 190.000,–

W 1.05: Erstellen Sie die Erfolgsveränderungsrechnung und die zugehörige Indexrechnung. Die entsprechenden Spalten sind zu beschriften. C

Erfolgsveränderungsrechnung inklusive Indexrechnung für 2018 in 1.000 €					
Erfolgsposition	**GuV 2017**	**GuV 2018**			
Warenerlöse	2.000	2.100			
+ Sonstige betriebliche Erträge	+ 50	+ 40			
Betriebsleistung	2.050	2.140			
– Wareneinsatz	– 1.400	– 1.470			
– Personalaufwand	– 250	– 260			
– Abschreibungen auf Sachanlagen	– 54	– 60			
– Sonstige betriebl. Aufwendungen	– 168	– 153			
Betriebserfolg	178	197			
– Zinsenaufwand	– 8	– 7			
Bilanzgewinn (= Ergebnis vor Steuern = Jahresüberschuss)	170	190			

SbX ID: 1024

Weitere Möglichkeiten zur Kompetenzüberprüfung im SbX

Wiederholungsfragen | **Weitere Aufgaben mit automatischer Aufgabenkontrolle** | $H_2Ö$ MUSTERUNTERNEHMEN

Ein kurzer Kompetenz-Check, bevor's weitergeht!

Kompetenz-Check

	☺	😐	☹
Ich kann erklären, was man unter einer Prozentbilanz und einer prozentuellen GuV-Rechnung versteht.			
Ich kann Prozentbilanzen und prozentuelle GuV-Rechnungen erstellen.			
Ich kann den Aufbau einer Bewegungsbilanz beschreiben.			
Ich kann Bewegungsbilanzen erstellen.			
Ich kann die Erfolgsveränderungsrechnung erläutern.			
Ich kann Erfolgsveränderungsrechnungen erstellen.			
Ich kann Indexrechnungen durchführen.			

Lerneinheit 3
Kennzahlenberechnung

SbX
Alle SbX-Inhalte zu dieser Lerneinheit finden Sie unter der ID: 1030.

Nach der Aufbereitung des Zahlenmaterials folgt, als eigentliche Jahresabschlussanalyse, die Kennzahlenberechnung. Mithilfe finanz- und erfolgswirtschaftlicher Kennzahlen werden Informationen über die Kapitalverwendung und Kapitalaufbringung sowie die Ertragskraft des Unternehmens gewonnen.

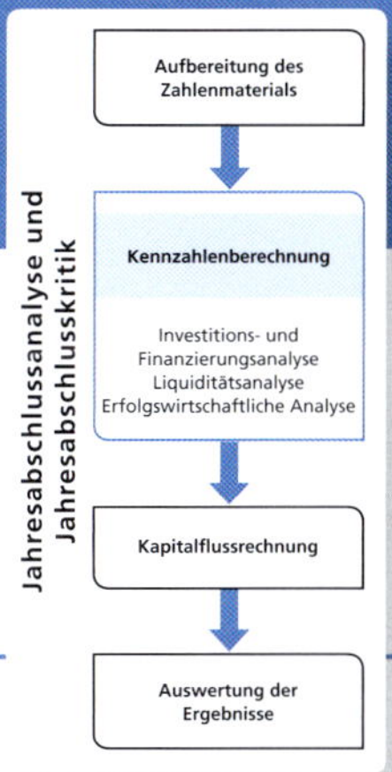

Lernen

SbX ID: 1031

Einführung

Markieren Sie im nachfolgenden Text die Antworten auf folgende Fragen:

- **Wie kann man eine kennzahlenorientierte Jahresabschlussanalyse gliedern?**
- **Was versteht man unter einem Zeitvergleich, Branchenvergleich und Soll-Ist-Vergleich?**
- **Warum ist bei der Angabe von Kennzahlen die verwendete Formel anzuführen?**

Aufgabe der Jahresabschlussanalyse siehe Seite 5.

Nach der Aufbereitung des Zahlenmaterials wird der Jahresabschluss in der Regel mithilfe von Kennzahlen analysiert. Entsprechend der Aufgabe der Jahresabschlussanalyse können die Kennzahlen in **finanzwirtschaftliche** und **erfolgswirtschaftliche Kennzahlen** eingeteilt werden.

Finanzwirtschaftliche Kennzahlen

Mithilfe der **finanzwirtschaftlichen Kennzahlen** werden Informationen über die Kapitalverwendung **(Investitionsanalyse)**, die Kapitalaufbringung **(Finanzierungsanalyse)** und über den Zusammenhang zwischen Kapitalaufbringung und -verwendung **(Liquiditätsanalyse)** gewonnen.

Erfolgswirtschaftliche Kennzahlen

Durch die **erfolgswirtschaftlichen Kennzahlen** soll der Einblick in die Ertragskraft **(Ergebnis-, Rentabilitäts- und Break-even-Analyse)** von Unternehmen verbessert werden.

Darstellung: Teilbereiche der kennzahlenorientierten Jahresabschlussanalyse – Analyse und Informationen

Finanzwirtschaftliche Kennzahlen	
Investitionsanalyse	Informationen über die Kapitalverwendung
Finanzierungsanalyse	Auskunft über die Kapitalaufbringung
Liquiditätsanalyse	Darstellung des Zusammenhanges zwischen Kapitalaufbringung und Kapitalverwendung

Erfolgswirtschaftliche Kennzahlen	
Ergebnisanalyse	Einblick in die Ertragskraft des Unternehmens
Rentabilitätsanalyse	
Break-even-Analyse	

Auswertung der errechneten Kennzahlen
einbetrieblicher Zeitvergleich
Betriebs- oder Branchenvergleich

Der Kennzahlenrechnung folgt die **Jahresabschlusskritik** (Kennzahlenauswertung). Um die durch die Kennzahlenrechnung ermittelten Zahlen beurteilen zu können, sind **Vergleichswerte** notwendig. Werden die errechneten Zahlen mit den entsprechenden Werten **desselben Unternehmens** aus dem Vorjahr (aus den Vorjahren) verglichen, so liegt ein **(einbetrieblicher) Zeitvergleich** vor. Werden sie mit den Werten anderer **Unternehmen der gleichen Branche** verglichen, so spricht man von einem **Betriebs- oder Branchenvergleich.** Dienen Vorgabewerte als Vergleichsgrundlage, liegt ein **Soll-Ist-Vergleich vor.**

Angabe von Kennzahlen → **Formel anführen!**

Aus der großen Zahl möglicher Kennzahlen wird im Folgenden eine Auswahl der wichtigsten angeführt. Es ist zu beachten, dass sich auf dem Gebiet der Kennzahlen keine **einheitliche Terminologie** herausgebildet hat und dass es für den gleichen Begriff oft verschiedene Berechnungsarten oder Formeln gibt bzw. inhaltsgleiche Kennzahlen mit verschiedenen Bezeichnungen versehen werden. **Bei der Angabe von Kennzahlen (z. B. in einem Bericht) empfiehlt es sich daher, auch die verwendete Formel anzuführen.**

Hinweis!

Aus methodischen Gründen wird jeweils nach den theoretischen Erklärungen die Berechnung der einzelnen Kennzahlen anhand der Daten der **Bilanz** und der **GuV-Rechnung des Jahres 2018 aus dem Lehrbeispiel L 1.01** (Seiten 12 und 13) dargestellt. Die dafür jeweils erforderlichen Zahlen des L 1.01 sind nochmals angeführt und mit Farbe unterlegt, wodurch die Lösung wesentlich erleichtert wird.

Schlussfolgerungen und Erkenntnisse aus den **ermittelten Kennzahlenwerten,** als Teil der **Jahresabschlusskritik,** werden laufend angeführt. Die Jahresabschlusskritik in ausführlicher Form ist im L 1.11 auf den Seiten 70 und 71 dargestellt.

Kennzahlenberechnung
Investitions- und Finanzierungsanalyse
Liquiditätsanalyse
Erfolgswirtschaftliche Analyse

2 Investitions- und Finanzierungsanalyse

Markieren Sie im nachfolgenden Text die Antworten auf folgende Fragen:

- **Was versteht man unter der Investitions- und der Finanzierungsanalyse?**
- **Wie errechnet man bestimmte Vermögens- und Kapitalkennzahlen?**

Investitionsanalyse

Mit der **Investitionsanalyse** wird die **Art und Zusammensetzung des Vermögens** und die Zeitspanne, **wie lange eine Vermögensposition im Unternehmen verbleibt,** untersucht.

Grundlage bilden die **Kennzahlen aus der Aktivseite der Bilanz** und die entsprechenden **Umschlagskennzahlen** (z. B. Kennzahlen des Warenumschlages).

Finanzierungsanalyse

Die **Finanzierungsanalyse** gibt Auskunft über die **Herkunft und Zusammensetzung des Kapitals.**

Grundlage sind die **Kennzahlen aus der Passivseite der Bilanz** mit den dazugehörenden **Umschlagskennzahlen** (z. B. Kennzahlen des Kapitalumschlages).

Kennzahlen der Aktivseite der Bilanz

Anteil des Anlagevermögens (Anlagenintensität)

$$\frac{\text{Anlagevermögen}}{\text{Gesamtvermögen}} \cdot 100\ (\%)$$

Diese Kennzahl zeigt den **Anteil der langfristig gebundenen Vermögensgüter am Gesamtvermögen** und damit den Teil des Vermögens, der vorwiegend Fixkosten verursacht.

Anteil des Anlagevermögens (Anlagenintensität)

Branche	Beurteilung		
	gut	mittel	schlecht
Industrie (Erzeugung)	> 40 %	20–40 %	< 20 %
Gewerbe (Handwerk)	< 20 %	20–40 %	> 40 %
Großhandel	< 15 %	15–30 %	> 30 %
Einzelhandel	< 15 %	15–30 %	> 30 %

Quelle der in diesem Kapitel angeführten Branchenkennzahlen: Kralicek, Böhmdorfer, Kralicek; Kennzahlen für Geschäftsführer, 5. Auflage, mi-Fachverlag

Je niedriger das Anlagevermögen, **desto flexibler** kann sich das Unternehmen an **unterschiedliche Auslastungen anpassen.** In **Produktionsbetrieben** zeigt eine **niedrige Anlagenintensität,** dass **Investitionen zur Verbesserung bzw. Modernisierung der Anlagen verabsäumt** wurden, was in Zukunft Ertragseinbußen nach sich ziehen kann. Eine **niedrige Anlagenintensität** kann auch auf vermehrte **Leasingfinanzierung** zurückzuführen sein.

Ein **hohes Anlagevermögen** kann sich einerseits aus **Fehlinvestitionen,** andererseits auch aus durchgeführten **Rationalisierungsinvestitionen** ergeben.

Die **aktiven Rechnungsabgrenzungsposten** werden im Rahmen der Jahresabschlussanalyse in der Regel **dem Umlaufvermögen zugerechnet.**

Anteil des Umlaufvermögens

$$\frac{\text{Umlaufvermögen}}{\text{Gesamtvermögen}} \cdot 100\ (\%)$$

Mit dieser Kennzahl wird der **Anteil des Umlaufvermögens am Gesamtvermögen** angegeben.

Je größer der Anteil des Umlaufvermögens ist, **umso leichter** kann sich im Allgemeinen das Unternehmen an **Beschäftigungsschwankungen anpassen.** Jedoch kann ein **zu hoher Wert** auch auf **überhöhte Lagerbestände** (z. B. Produktion auf Lager, Ladenhüter) hinweisen.

Beispiel

Kennzahlen der Aktivseite der Bilanz für 2018

Aktiva — Bilanz per 31. Dez. 2018 (in 1.000 €) — Passiva

Aktiva			Passiva		
Anlagevermögen			Kapital		410
1. Fahrzeuge	50		Rückstellungen		18
2. Geschäftsausst.	232	282			
Umlaufvermögen			Verbindlichkeiten		
1. Warenvorrat	326		1. Darlehen	200	
2. Lieferforderungen	282		2. Lieferverbindlichk.	308	
3. Sonstige Ford.	14		3. Sonstige Verbindl.	68	576
4. Kassa, Bank	82				
5. Akt. Rechn.-Abgr.	18	722			
		1.004			1.004

Anteil des Anlagevermögens

$$= \frac{282.000}{1.004.000} \cdot 100 = 28{,}1\ \%$$

Anteil des Umlaufvermögens

$$= \frac{722.000}{1.004.000} \cdot 100 = 71{,}9\ \%$$

Kennzahlen der Passivseite der Bilanz

Anteil des Eigenkapitals (Eigenmittelquote, Eigenkapitalquote)

Kapital (Grund-, Stammkapital)
\+ Kapitalrücklagen
\+ Gewinnrücklagen
\+ nicht ausgeschütteter Gewinn (soweit nicht bereits im Kapital oder in den Rücklagen enthalten)

Eigenkapital

$$\frac{\text{Eigenkapital}}{\text{Gesamtkapital}} \cdot 100\ (\%)$$

Die Eigenmittelquote drückt den **Grad der finanziellen Unabhängigkeit** bzw. der **Eigenfinanzierung** aus.

Anteil des Eigenkapitals

Branche	Beurteilung gut	mittel	schlecht
Industrie (Erzeugung)	> 20 %	> 10 %	< 10 %
Gewerbe (Handwerk)	> 15 %	> 10 %	< 10 %
Großhandel	> 15 %	> 10 %	< 10 %
Einzelhandel	> 10 %	< 10 %	< 7 %

Je höher der Anteil des Eigenkapitals, umso größer ist die **finanzielle Unabhängigkeit des Unternehmens.**

In den letzten Jahren ist z. B. in der Industrie der Anteil des Eigenkapitals laufend gesunken. Eine allgemeine Regel über das optimale Verhältnis zwischen Eigen- und Fremdkapital gibt es nicht. Es sind insbesondere Risiko- und Rentabilitätsgesichtspunkte zu beachten.

Nach Ansicht von Vertretern der Kreditinstitute soll der **Anteil des Eigenkapitals mindestens 20 % betragen,** da aus der bisherigen Erfahrung damit **zumindest drei Verlustjahre abgedeckt werden** können. In Österreich sind die Werte zum Teil viel niedriger. Dieser niedrige Anteil des Eigenkapitals am Gesamtkapital ist für die betreffenden Unternehmen und für die gesamte Wirtschaft äußerst bedenklich.

Anteil des Fremdkapitals (Fremdkapitalquote)

Rückstellungen
\+ Verbindlichkeiten

Fremdkapital

$$\frac{\text{Fremdkapital}}{\text{Gesamtkapital}} \cdot 100\ (\%)$$

Die Fremdkapitalquote drückt den **Grad der Verschuldung** aus.

Je höher die Fremdkapitalquote eines Unternehmens, **desto höher** ist sein **Risiko** sowie seine **Abhängigkeit von fremden Kapitalgebern** und **umso größer** sind die **Zinsenbelastungen** des Unternehmens.

Kassenbestand
\+ Guthaben bei Kreditinstituten
Zahlungsmittel

Zum **Cashflow** siehe Seite 34.

Fiktive Schuldentilgungsdauer (Entschuldungsdauer)

$$\frac{\text{Fremdkapital} - \text{Zahlungsmittel}}{\text{Cashflow}}$$

Die fiktive Schuldentilgungsdauer gibt an, **in wie vielen Jahren** das Unternehmen, mithilfe des erzielten Cashflow, seine **Schulden zurückzahlen** könnte.

Fiktive Schuldentilgungsdauer (in Jahren)

Branche	Beurteilung		
	gut	mittel	schlecht
Industrie (Erzeugung)	< 5 J.	< 12 J.	> 12 J.
Gewerbe (Handwerk)	< 5 J.	< 12 J.	> 12 J.
Großhandel	< 6 J.	< 12 J.	> 12 J.
Einzelhandel	< 7 J.	< 12 J.	> 12 J.

Je kürzer die Schuldentilgungsdauer, **desto liquider** erscheint das Unternehmen.

Beispiel

Kennzahlen der Passivseite der Bilanz für 2018

Der Cashflow für das Jahr 2018 beträgt € 241.000,–.

Aktiva — Bilanz per 31. Dez. 2018 (in 1.000 €) — Passiva

Aktiva			Passiva		
Anlagevermögen			**Kapital**		410
1. Fahrzeuge	50				
2. Geschäftsausst.	232	282	**Rückstellungen**		18
Umlaufvermögen			**Verbindlichkeiten**		
1. Warenvorrat	326		1. Darlehen	200	
2. Lieferforderungen	282		2. Lieferverbindlichk.	308	
3. Sonstige Ford.	14		3. Sonstige Verbindl.	68	576
4. Kassa, Bank	82				
5. Akt. Rechn.-Abgr.	18	722			
		1.004			1.004

Anteil des Eigenkapitals (Eigenmittelquote)

$$= \frac{410.000}{1.004.000} \cdot 100 = \mathbf{40{,}8\,\%}$$

Anteil des Fremdkapitals

$$= \frac{594.000}{1.004.000} \cdot 100 = \mathbf{59{,}2\,\%}$$

Fiktive Schuldentilgungsdauer

$$= \frac{594.000 - 82.000}{241.000} = \mathbf{2{,}1\ Jahre}$$

Beziehungszahl zwischen Vermögen und Kapital

Goldene Bilanzregel
langfr. Kapital : langfr. Vermögen = **1 : 1**

Zur Aufrechterhaltung des finanziellen Gleichgewichtes ist nicht nur das Verhältnis Eigen- zu Fremdkapital zu beachten, sondern in erster Linie die **Fristenentsprechung** (Fristenkongruenz) **von Vermögen und Kapital.** Zur Feststellung der Fristenentsprechung werden **statische** (zeitpunktbezogene) und **dynamische** (zeitraumbezogene) **Finanzierungsregeln** herangezogen. Bei **statischen Finanzierungsregeln** gilt z. B., dass das Anlagevermögen dem Eigen- und langfristigen Fremdkapital zu entsprechen hat **(Goldene Finanzierungsregel). Dynamische Finanzierungsregeln** berücksichtigen hingegen die **Zahlungsströme einer Periode** (siehe 3 Liquiditätsanalyse).

Eigenkapital
\+ langfristiges Fremdkapital (z. B. Darlehen)
langfristiges Kapital

Anlagendeckung (Goldene Finanzierungsregel)

$$\frac{\text{langfristiges Kapital}}{\text{Anlagevermögen}} \cdot 100\ (\%)$$

Die Anlagendeckung zeigt, inwieweit das **langfristig gebundene Anlagevermögen mit langfristig zur Verfügung stehendem Kapital finanziert** wurde.

Anlagendeckung

Branche	Beurteilung		
	gut	mittel	schlecht
Industrie (Erzeugung)	> 150 %	110–150 %	< 110 %
Gewerbe (Handwerk)	> 140 %	110–140 %	< 110 %
Großhandel	> 200 %	120–200 %	< 120 %
Einzelhandel	> 170 %	110–170 %	< 110 %

Da das **Anlagevermögen langfristig finanziert** werden soll, darf die **Anlagendeckung nicht unter 100 %** sinken.

Beispiel

Anlagendeckung für 2018

Die Rückstellungen sind zur Hälfte langfristig.

Aktiva	Bilanz per 31. Dez. 2018 (in 1.000 €)		Passiva		
Anlagevermögen			**Kapital**		410
1. Fahrzeuge	50				
2. Geschäftsausst.	232	282	**Rückstellungen**		18
Umlaufvermögen			Verbindlichkeiten		
1. Warenvorrat	326		1. Darlehen	200	
2. Lieferforderungen	282		2. Lieferverbindlichk.	308	
3. Sonstige Ford.	14		3. Sonstige Verbindl.	68	576
4. Kassa, Bank	82				
5. Akt. Rechn.-Abgr.	18	722			
		1.004			1.004

Anlagendeckung

Eigenkapital	€	410.000,00
langfristige Rückst.	€	9.000,00
Darlehen	€	200.000,00
langfristiges Kapital	€	619.000,00

$$= \frac{619.000}{282.000} \cdot 100 = \mathbf{219{,}5\,\%}$$

Umschlagskennzahlen

Umschlagskennzahlen

Umschlagskennzahlen werden durch Gegenüberstellung von Bestandsgrößen (z. B. durchschnittlicher Lagerstand) und Bewegungsgrößen (z. B. Wareneinsatz) berechnet. Dabei können die **Umschlagshäufigkeit** und die **Umschlagsdauer** ermittelt werden.

Umschlagskennzahlen geben darüber Auskunft, **wie oft** sich eine **Bestandsgröße im Abrechnungszeitraum umschlägt** bzw. in **wie vielen Tagen** sich der **Bestand im Durchschnitt umschlägt.** Sie geben damit Auskunft über die Bindungsdauer von einzelnen Bilanzpositionen und auch Informationen über den Kapitalbedarf. Sie gehören zu den wichtigsten Kennzahlen für die Beurteilung eines Unternehmens.

Kennzahlen des Lagerumschlages

Lagerumschlagskennzahlen

$$\text{Lagerumschlagshäufigkeit} = \frac{\text{Wareneinsatz}}{\text{Durchschnittslager}}$$

$$\text{Lagerumschlagsdauer} = \frac{365}{\text{Lagerumschlagshäufigkeit}}$$

Lagerumschlagskennzahlen geben an **wie oft Waren** während des Geschäftsjahres **verkauft (umgeschlagen) werden** bzw. **wie lange Waren** im Durchschnitt **auf Lager liegen.**

Lagerumschlagsdauer (in Tagen)

Branche	Beurteilung gut	Beurteilung mittel	Beurteilung schlecht
Industrie (Erzeugung)	< 120 Tg.	120–180 Tg.	> 180 Tg.
Gewerbe (Handwerk)	< 50 Tg.	50–100 Tg.	> 100 Tg.
Großhandel	< 50 Tg.	50–100 Tg.	> 100 Tg.
Einzelhandel	< 100 Tg.	100–150 Tg.	> 150 Tg.

Je höher die **Umschlagshäufigkeit des Lagers** ist, d. h. je öfter die Waren verkauft werden, **umso geringer** ist die **Gefahr des Verderbs** und der modischen oder technischen **Entwertung der Waren** und **umso kleiner** ist das **im Lager gebundene Kapital.**

Eine **kurze Lagerdauer** besagt, dass die **Handelswaren schnell** wieder **in liquide Mittel umgewandelt** werden.

$$\textbf{Durchschnittslager} = \frac{\text{Anfangsbestand} + \text{Endbestand}}{2}$$

Entspricht der Bestand zum 31. Dez. nicht annähernd dem durchschnittlichen Lagerbestand (z. B. Saisonbetriebe), dann ist diese Formel nicht zweckmäßig. In diesem Fall sollten die Monatsendbestände (falls vorhanden) für die Berechnung des Durchschnittslagers herangezogen werden.

Kennzahlen der Debitorenbewegung

Durchschnittliche Lieferforderungen = $\frac{\text{Anfangsbestand + Endbestand}}{2}$

Debitorenumschlagskennzahlen

$$\text{Debitorenumschlagshäufigkeit} = \frac{\text{Umsatz + Umsatzsteuer}}{\text{durchschn. Lieferforderungen}}$$

$$\text{Debitorenumschlagsdauer} = \frac{365}{\text{Debitorenumschlagshäufigkeit}}$$

Debitorenumschlagskennzahlen geben **Aufschluss über das Zahlungsverhalten der Kunden.**

Die Umschlagshäufigkeit der Debitoren zeigt auf, **wie oft** sich der **Debitorenstand während eines Jahres erneuert.**

Die Debitorenumschlagsdauer gibt die **durchschnittliche Frist** an, innerhalb der die **Lieferforderungen beglichen** werden.

Debitorenumschlagsdauer (in Tagen)			
Branche	Beurteilung		
	gut	mittel	schlecht
Industrie (Erzeugung)	< 30 Tg.	30–80 Tg.	> 80 Tg.
Gewerbe (Handwerk)	< 30 Tg.	30–80 Tg.	> 80 Tg.
Großhandel	< 20 Tg.	20–80 Tg.	> 80 Tg.
Einzelhandel	< 5 Tg.	5–25 Tg.	> 25 Tg.

Eine **niedrige Debitorenumschlagsdauer** kann **kurzzeitige Zahlungsschwierigkeiten ausgleichen.** Umgekehrt kann eine **hohe Debitorenumschlagsdauer** zu **Zahlungsschwierigkeiten** und zur **Illiquidität** führen.

Kennzahlen der Kreditorenbewegung

Durchschnittliche Lieferverbindlichkeiten = $\frac{\text{Anfangsbestand + Endbestand}}{2}$

Kreditorenumschlagskennzahlen

$$\text{Kreditorenumschlagshäufigkeit} = \frac{\text{Lieferungen (und sonstige Leistungen) an uns + Vorsteuer}}{\text{durchschn. Lieferverbindlichkeiten}}$$

$$\text{Kreditorenumschlagsdauer} = \frac{365}{\text{Kreditorenumschlagshäufigkeit}}$$

Kreditorenumschlagskennzahlen zeigen das **Zahlungsverhalten des eigenen Unternehmens.**

Die Umschlagshäufigkeit der Kreditoren zeigt auf, **wie oft** sich die **Lieferverbindlichkeiten** während eines Jahres erneuern.

Die Kreditorenumschlagsdauer gibt die **durchschnittliche Frist** an, innerhalb der die **Lieferverbindlichkeiten beglichen** werden, und ist ein **Maß für die Finanzierungspolitik durch Lieferantenkredite.**

Kreditorenumschlagshäufigkeit (in Tagen)			
Branche	Beurteilung		
	gut	mittel	schlecht
Industrie (Erzeugung)	< 40 Tg.	40–100 Tg.	> 100 Tg.
Gewerbe (Handwerk)	< 40 Tg.	40–100 Tg.	> 100 Tg.
Großhandel	< 30 Tg.	30–90 Tg.	> 90 Tg.
Einzelhandel	< 20 Tg.	20–60 Tg.	> 60 Tg.

Eine **steigende Kreditorenumschlagsdauer** bedeutet, dass **anstelle** der (günstigen) **Kreditfinanzierung** die (teure) **Lieferantenfinanzierung** verwendet wird.

Der Wert sollte dann **niedrig sein, wenn Lieferanten attraktive Skonti gewähren.**

Kennzahl des Kapitalumschlages

Durchschnittliches Gesamtkapital = $\frac{\text{Anfangsbestand + Endbestand}}{2}$

Kapitalumschlagshäufigkeit

$$\frac{\text{Umsatz}}{\text{durchschnittliches Gesamtkapital}}$$

Der Kapitalumschlag besagt, **wie oft** sich das **investierte Kapital** im Abrechnungszeitraum **durch Umsatzerlöse umgeschlagen** hat.

Kapitalumschlagshäufigkeit			
Branche	Beurteilung		
	gut	mittel	schlecht
Industrie (Erzeugung)	> 1,75	1–1,75	< 1
Gewerbe (Handwerk)	> 2	1–2	< 1
Großhandel	> 2,5	1,25–2,5	< 1,25
Einzelhandel	> 3	1,5–3	< 1,5

Je höher der Kapitalumschlag, **desto produktiver wird das investierte Kapital eingesetzt.** Bei einer Kapitalumschlagshäufigkeit z. B. von 2 wird mit einem Euro des eingesetzten Kapitals ein Umsatz von zwei Euro erzielt.

Ursachen für einen unterdurchschnittlichen Kapitalumschlag können in einem zu hohen Kapitaleinsatz liegen, verursacht z. B. durch zu hohe Forderungen, nicht ausgelastetes Anlagevermögen oder durch eine zu geringe Betriebsleistung, hervorgerufen z. B. durch eine schlechte Auslastung des Betriebes, ein schlechtes Preisniveau und durch Fehlkalkulationen.

Beispiel

Im L 1.01 sowie im Ü 1.01 und Ü 1.04 werden die Handelswareneinkäufe auf Ziel getätigt. Die in den sonstigen betrieblichen Aufwendungen enthaltenen Lieferungen und sonstigen Leistungen an uns wurden bar bezahlt.

Die Handelswareneinkäufe des L 1.01 für 2018 werden wie folgt berechnet:

Wareneinsatz	€ 1.800.000,00
+ Warenvorrat per 31.12.2018	€ 326.000,00
– Warenvorrat per 1.1.2018	€ 344.000,00
HW-Einkäufe für 2018	€ 1.782.000,00

Umschlagskennzahlen für 2018

Anfangsbestände per 1. Jan. 2018: Warenvorrat € 344.000,–, Lieferforderungen € 264.000,–, Lieferverbindlichkeiten € 320.000,–, Gesamtkapital € 966.000,–; die HW-Einkäufe betragen im Jahr 2018 € 1.782.000,– (exkl. USt).

Aktiva — Bilanz per 31. Dez. 2018 (in 1.000 €) — Passiva

Aktiva			Passiva		
Anlagevermögen			**Kapital**		410
1. Fahrzeuge	50				
2. Geschäftsausst.	232	282	**Rückstellungen**		18
Umlaufvermögen			**Verbindlichkeiten**		
1. Warenvorrat	326		1. Darlehen	200	
2. Lieferforderungen	282		2. Lieferverbindlichk.	308	
3. Sonstige Ford.	14		3. Sonstige Verbindl.	68	576
4. Kassa, Bank	82				
5. Akt. Rechn.-Abgr.	18	722			
		1.004			1.004

- **Kennzahlen des Lagerumschlages**

Durchschnittslager

$= \frac{344.000 + 326.000}{2} =$

$= € 335.000,00$

Lagerumschlagshäufigkeit

$= \frac{1.800.000}{335.000} = \mathbf{5,4}$

Lagerumschlagsdauer

$= \frac{365}{5,4} \approx$ **68 Tage** (gerundet)

Gewinn- und Verlustrechnung 2018 (in 1.000 €)

Warenerlöse	2.708
+ Sonst. betriebliche Erträge	+ 3
Betriebsleistung	2.711
– Wareneinsatz	– 1.800
– Personalaufwand	– 534
– Abschr. auf Sachanlagen	– 34
– Sonst. betr. Aufwendungen	– 123
Betriebserfolg	220
– Zinsenaufwand	– 12
Bilanzgewinn = (= Ergebnis vor Steuern = = Jahresüberschuss)	208

- **Kennzahlen der Debitorenbewegung**

Durchschnittliche Lieferforderungen

$= \frac{264.000 + 282.000}{2} = € 273.000,00$

Debitorenumschlagshäufigkeit

$= \frac{2.708.000 \cdot 1,20}{273.000} = \mathbf{11,9}$

Debitorenumschlagsdauer

$= \frac{365}{11,9} =$ **31 Tage** (auf ganze Tage gerundet)

- **Kennzahlen der Kreditorenbewegung**

Durchschnittliche Lieferverbindlichkeiten

$= \frac{320.000 + 308.000}{2} = € 314.000,00$

Kreditorenumschlagshäufigkeit

$= \frac{1.782.000 \cdot 1,20}{314.000} = \mathbf{6,8}$

Kreditorenumschlagsdauer

$= \frac{365}{6,8} =$ **54 Tage** (auf ganze Tage gerundet)

- **Kapitalumschlagshäufigkeit**

Durchschnittliches Gesamtkapital

$= \frac{966.000 + 1.004.000}{2} = € 985.000,00$

Kapitalumschlagshäufigkeit

$= \frac{2.708.000}{985.000} = \mathbf{2,7}$

SbX
Formular ID: 1031

Zur Bearbeitung der Beispiele dieses Kapitels finden Sie im SbX das Formular **Kennzahlen der Investitions- und Finanzierungsanalyse.**

Lehrbeispiel

Oskar Schober e. U. Fortsetzung von L 1.01, L 1.02 und L 1.03

L 1.04: Errechnung von Kennzahlen – Investitions- und Finanzierungsanalyse

Aktiva — Bilanz per 31. Dez. 2017 (in 1.000 €) — Passiva

Aktiva			Passiva		
Anlagevermögen			**Kapital**		346
1. Fahrzeuge	40				
2. Geschäftsausst.	214	254	**Rückstellungen**		20
Umlaufvermögen			**Verbindlichkeiten**		
1. Warenvorrat	344		1. Darlehen	220	
2. Lieferforderungen	264		2. Lieferverbindlichk.	320	
3. Sonstige Ford.	16		3. Sonstige Verbindl.	60	600
4. Kassa, Bank	66				
5. Akt. Rechn.-Abgr.	22	712			
		966			966

GuV-Rechnung 2017 (in 1.000 €)

Warenerlöse	2.387
+ Sonst. betriebliche Erträge	+ 4
Betriebsleistung	2.391
– Wareneinsatz	–1.620
– Personalaufwand	– 420
– Abschr. auf Sachanlagen	– 36
– Sonst. betr. Aufwendungen	– 112
Betriebserfolg	203
– Zinsenaufwand	– 14
Bilanzgewinn = (= Ergebnis vor Steuern = = Jahresüberschuss)	189

Aktiva	Bilanz per 31. Dez. 2018 (in 1.000 €)		Passiva		
Anlagevermögen			**Kapital**		410
1. Fahrzeuge	50				
2. Geschäftsausst.	232	282	**Rückstellungen**		18
Umlaufvermögen			**Verbindlichkeiten**		
1. Warenvorrat	326		1. Darlehen	200	
2. Lieferforderungen	282		2. Lieferverbindlichk.	308	
3. Sonstige Ford.	14		3. Sonstige Verbindl.	68	576
4. Kassa, Bank	82				
5. Akt. Rechn.-Abgr.	18	722			
		1.004			1.004

GuV-Rechnung 2018	(in 1.000 €)
Warenerlöse	2.708
+ Sonst. betriebliche Erträge	+ 3
Betriebsleistung	2.711
– Wareneinsatz	–1.800
– Personalaufwand	– 534
– Abschr. auf Sachanlagen	– 34
– Sonst. betr. Aufwendungen	– 123
Betriebserfolg	220
– Zinsenaufwand	– 12
Bilanzgewinn = (= Ergebnis vor Steuern = = Jahresüberschuss)	208

Es sind folgende Tatbestände zu berücksichtigen:

1. Das Darlehen hat eine Laufzeit von acht Jahren und ist mit € 20.000,– jährlich zurückzuzahlen (2. Nov.).
2. Die Rückstellungen haben zu 50 % kurzfristigen, zu 50 % langfristigen Charakter. Die Lieferanten gewähren zwei bis drei Monate Ziel. Die Sonstigen Verbindlichkeiten sind zu 70 % kurzfristig und zu 30 % mittelfristig.
3. Der Cashflow beträgt 2017 € 227.000,–, 2018 € 241.000,–.
4. Anfangsbestände 2017: Warenvorrat € 304.000,–, Lieferforderungen € 236.000,–, Lieferverbindlichkeiten € 300.000,–, Gesamtkapital € 936.000,–
5. Die HW-Einkäufe betragen 2017 € 1.660.000,– (exkl. USt) und 2018 € 1.782.000,– (exkl. USt).
6. Umsatzsteuer einheitlich 20 %

Lesen Sie vorher bei den entsprechenden Erläuterungen zu den Kennzahlen der Investitions- und Finanzierungsanalyse nach.

Aufgabe: a) Geben Sie die Kennzahlen der Investitions- und Finanzierungsanalyse für die Jahresabschlüsse 2017 und 2018 an und berechnen Sie diese. C

b) Geben Sie in möglichst kurzen Sätzen eine Beurteilung zu folgenden Kennzahlen ab. D

- Anteil des Umlaufvermögens
- Eigenmittelquote und fiktive Schuldentilgungsdauer
- Lagerumschlagsdauer (Lagerumschlagsdauer 2015 77 Tage, 2016 74 Tage; Branchendurchschnitt 2018 70 Tage)
- Kreditorenumschlagsdauer (Kreditorenumschlagsdauer 2015 59 Tage, 2016 60 Tage; Branchendurchschnitt 2018 56 Tage)

Lösung:

a) Kennzahlen

	2017	2018
Kennzahlen der Aktivseite der Bilanz		
Anteil des Anlagevermögens = $\frac{\text{Anlagevermögen}}{\text{Gesamtvermögen}} \cdot 100\ (\%)$	$\frac{254.000}{966.000} \cdot 100 =$ **26,3 %**	$\frac{282.000}{1.004.000} \cdot 100 =$ **28,1 %**
Anteil des Umlaufvermögens = $\frac{\text{Umlaufvermögen}}{\text{Gesamtvermögen}} \cdot 100\ (\%)$	$\frac{712.000}{966.000} \cdot 100 =$ **73,7 %**	$\frac{722.000}{1.004.000} \cdot 100 =$ **71,9 %**
Kennzahlen der Passivseite der Bilanz		
Anteil des Eigenkapitals = $\frac{\text{Eigenkapital}}{\text{Gesamtkapital}} \cdot 100\ (\%)$	$\frac{346.000}{966.000} \cdot 100 =$ **35,8 %**	$\frac{410.000}{1.004.000} \cdot 100 =$ **40,8 %**
Anteil des Fremdkapitals = $\frac{\text{Fremdkapital}}{\text{Gesamtkapital}} \cdot 100\ (\%)$	$\frac{620.000}{966.000} \cdot 100 =$ **64,2 %**	$\frac{594.000}{1.004.000} \cdot 100 =$ **59,2 %**
Fiktive Schuldentilgungsdauer = $\frac{\text{Fremdkapital} - \text{Zahlungsmittel}}{\text{Cashflow}}$	$\frac{620.000 - 66.000}{227.000} =$ = **2,4 Jahre**	$\frac{594.000 - 82.000}{241.000} =$ = **2,1 Jahre**

	2017	2018
Beziehungszahl zwischen Vermögen und Kapital		
Anlagendeckung Eigenkapital langfristige Rückstellungen Darlehen langfristiges Kapital	 346.000,00 10.000,00 220.000,00 576.000,00	 410.000,00 9.000,00 200.000,00 619.000,00
Anlagendeckung = $\frac{\text{langfristiges Kapital}}{\text{Anlagevermögen}} \cdot 100\ (\%)$	$\frac{576.000}{254.000} \cdot 100 =$ **226,8 %**	$\frac{619.000}{282.000} \cdot 100 =$ **219,5 %**
Umschlagskennzahlen		
● **Kennzahlen des Lagerumschlages** Durchschnittslager = $\frac{\text{Anfangsbestand + Endbestand}}{2}$	$\frac{304.000 + 344.000}{2} =$ = 324.000,00	$\frac{344.000 + 326.000}{2} =$ = 335.000,00
Lagerumschlagshäufigkeit = $\frac{\text{Wareneinsatz}}{\text{Durchschnittslager}}$	$\frac{1.620.000}{324.000} =$ **5,0**	$\frac{1.800.000}{335.000} =$ **5,4**
Lagerumschlagsdauer = $\frac{365}{\text{Lagerumschlagshäufigkeit}}$	$\frac{365}{5,0} =$ **73 Tage***	$\frac{365}{5,4} =$ **68 Tage***
● **Kennzahlen der Debitorenbewegung** Durchschnittliche Lieferforderungen = $\frac{\text{Anfangsbestand + Endbestand}}{2}$	$\frac{236.000 + 264.000}{2} =$ = 250.000,00	$\frac{264.000 + 282.000}{2} =$ = 273.000,00
Debitorenumschlagshäufigkeit = $\frac{\text{Umsatz + Umsatzsteuer}}{\text{durchschnittliche Lieferforderungen}}$	$\frac{2.387.000 \cdot 1,20}{250.000} =$ **11,5**	$\frac{2.708.000 \cdot 1,20}{273.000} =$ **11,9**
Debitorenumschlagsdauer = $\frac{365}{\text{Debitorenumschlagshäufigkeit}}$	$\frac{365}{11,5} =$ **32 Tage***	$\frac{365}{11,9} =$ **31 Tage***
● **Kennzahlen der Kreditorenbewegung** Durchschnittliche Lieferverbindlichkeiten = $\frac{\text{Anfangsbestand + Endbestand}}{2}$	$\frac{300.000 + 320.000}{2} =$ = 310.000,00	$\frac{320.000 + 308.000}{2} =$ = 314.000,00
Kreditorenumschlagshäufigkeit = $\frac{\text{Lieferungen an uns + Vorsteuer}}{\text{durchschnittliche Lieferverbindlichkeiten}}$	$\frac{1.660.000 \cdot 1,20}{310.000} =$ **6,4**	$\frac{1.782.000 \cdot 1,20}{314.000} =$ **6,8**
Kreditorenumschlagsdauer = $\frac{365}{\text{Kreditorenumschlagshäufigkeit}}$	$\frac{365}{6,4} =$ **57 Tage***	$\frac{365}{6,8} =$ **54 Tage***
● **Kennzahl des Kapitalumschlages** Durchschnittliches Gesamtkapital = $\frac{\text{Anfangsbestand + Endbestand}}{2}$	$\frac{936.000 + 966.000}{2} =$ = 951.000,00	$\frac{966.000 + 1.004.000}{2} =$ = 985.000,00
Kapitalumschlagshäufigkeit = $\frac{\text{Umsatz}}{\text{durchschnittliches Gesamtkapital}}$	$\frac{2.387.000}{951.000} =$ **2,5**	$\frac{2.708.000}{985.000} =$ **2,7**

* Auf ganze Tage gerundet

* Auf ganze Tage gerundet

* Auf ganze Tage gerundet

b) Beurteilung der Kennzahlen

- Der **Anteil des Umlaufvermögens** beträgt 2018 71,9 %. Er hat sich gegenüber 2017 nur geringfügig verändert.
- Für 2018 wurde die **Eigenmittelquote** mit 40,8 %, die **fiktive Schuldentilgungsdauer** mit 2,1 Jahren errechnet. Beide Werte haben sich gegenüber dem Vorjahr noch weiter verbessert.
- Die **Lagerumschlagsdauer** ist gegenüber den Vorjahren (2015 77 Tage, 2016 74 Tage, 2017 73 Tage) stetig gesunken. Sie beträgt 2018 68 Tage und liegt damit auch erstmalig unter dem Branchendurchschnitt von 70 Tagen. Die Bindungsdauer des Vermögens wurde gesenkt, was als überaus günstig bezeichnet werden kann.
- Die **Kreditorenumschlagsdauer** konnte 2018 auf 54 Tage gesenkt werden. Sie hat damit im Vergleichszeitraum 2015 bis 2018 den tiefsten Wert erreicht und liegt auch unter dem Branchendurchschnitt 2018 von 56 Tagen. Es werden offenbar vermehrt die Verbindlichkeiten innerhalb der Skontofrist bezahlt. Dies ist günstig, zumal das Ausnutzen des Lieferantenzieles meist die teuerste Form der Finanzierung darstellt.

Kennzahlenberechnung

Investitions- und Finanzierungsanalyse
Liquiditätsanalyse
Erfolgswirtschaftliche Analyse

3 Liquiditätsanalyse

Markieren Sie im nachfolgenden Text die Antworten auf folgende Fragen:

- **Welche Aufgabe hat die Liquiditätsanalyse?**
- **Was versteht man unter statischer und dynamischer Liquiditätsbeurteilung?**
- **Wie werden bestimmte Liquiditätskennzahlen errechnet?**

Liquiditätsanalyse

Durch die **Liquiditätsanalyse** soll festgestellt werden, ob das Unternehmen in der Lage ist, **seinen Zahlungsverpflichtungen fristgerecht** und ohne wesentliche Beeinträchtigung des Betriebsablaufes **nachzukommen.**

Die Beurteilung der Liquidität kann auf zwei Arten erfolgen:

Statische (bestandsorientierte) Liquiditätsbeurteilung

Diese erfolgt aufgrund der **Zahlen der Bilanz** (Bestände) **mittels Kennzahlen.** Generell kann gesagt werden, dass die **statische Liquiditätsbeurteilung problematisch** ist, da wichtige kurzfristig fällige Ausgaben und Einnahmen, z. B. Lohnzahlungen, und eventuelle Kreditreserven nur schwer oder überhaupt nicht berücksichtigt werden können.

Im Rahmen der statischen Liquiditätsanalyse werden folgende **Liquiditätskennzahlen** ermittelt, die Auskunft darüber geben, **welche Finanzmittel den Zahlungsverpflichtungen gegenüberstehen.**

Liquiditätsgrade

$$\text{Liquidität 1. Grades (Barliquidität)} = \frac{\text{Zahlungsmittel}}{\text{kurzfristige Verbindlichkeiten}} \cdot 100\ (\%)$$

$$\textbf{Liquidität 2. Grades} = \frac{\text{Zahlungsmittel + kurzfristig gebundenes Vermögen}}{\text{kurzfristige Verbindlichkeiten}} \cdot 100\ (\%)$$

$$\text{Liquidität 3. Grades} = \frac{\text{Zahlungsmittel + kurz- und mittelfristig gebundenes Vermögen}}{\text{kurz- und mittelfristige Verbindlichkeiten}} \cdot 100\ (\%)$$

Zur **Beurteilung der Liquidität** werden im Allgemeinen **drei Liquiditätsgrade** eingesetzt. Diese erlauben eine **Bewertung,** wie rasch das Unternehmen seinen **kurz- und mittelfristigen Zahlungsverpflichtungen nachkommen** kann.

Dazu werden **Vermögenswerte mit unterschiedlicher Bindungsdauer** den **Verbindlichkeiten mit verschiedenen Fälligkeiten gegenübergestellt.**

Liquidität 2. Grades

Branche	Beurteilung gut	mittel	schlecht
Industrie (Erzeugung) Gewerbe (Handwerk) Großhandel Einzelhandel	> 110 %	90–110 %	< 90 %

Die **Liquidität 1. Grades** sollte **zwischen 5 % und 10 %** liegen. Bei dieser Kennzahl ist Vorsicht geboten, da der Zahlungsmittelbestand starken Schwankungen unterliegt.

Für die **Liquidität 2. Grades** gilt im Allgemeinen, dass **bei einem Wert größer als 100 % die Liquidität als ausreichend angesehen** werden kann (siehe die angeführten Branchenwerte).

Ist die **Liquidität 3. Grades größer als 150 %,** ist diese ausreichend, ist sie **kleiner als 120 %,** gilt diese als knapp.

Working Capital

Liquide Mittel
\+ kurzfristige Forderungen
\+ Warenvorrat
Umlaufvermögen

Die aktiven Rechnungsabgrenzungsposten (ARA) werden bei der Ermittlung des Umlaufvermögens für die Kennzahl Working Capital nicht berücksichtigt.

  Umlaufvermögen
– kurzfristige Verbindlichkeiten
  Working Capital

Das Working Capital zeigt, **wie viel vom Umlaufvermögen mit langfristig zur Verfügung stehendem Kapital finanziert** ist.

Ein **positives Working Capital** wird im Allgemeinen als **günstig** angesehen. Es sollte möglichst **30 % bis 50 % des Umlaufvermögens** betragen.

Gliederung **Vermögenswerte → Liquidierbarkeit**

Zur Errechnung der Kennzahlen müssen die Vermögenswerte nach ihrer **Liquidierbarkeit (Bindung),** die Verbindlichkeiten nach ihrer **Fälligkeit (Dringlichkeit)** geordnet werden.

Gliederung des Vermögens nach der Liquidierbarkeit z. B. in:

Zahlungsmittel:	Kassenbestand Bank- und PSK-Guthaben
Kurzfristig gebundenes Vermögen (bis drei Monate):	Forderungen mit einer entsprechenden Fälligkeit (z. B. Lieferforderungen) veräußerbare Wertpapierbestände
Mittelfristig gebundenes Vermögen (drei bis zwölf Monate):	Waren, Roh-, Hilfs- und Betriebsstoffe unfertige und fertige Erzeugnisse Forderungen mit einer entsprechenden Fälligkeit
Langfristig gebundenes Vermögen (über zwölf Monate):	langfristig gewährte Darlehen etc.
Illiquides Vermögen:	Anlagevermögen, das nur z. B. bei Betriebsaufgabe veräußerbar ist.

Gliederung **Verbindlichkeiten → Fälligkeit**

Gliederung des Fremdkapitals nach der Dringlichkeit z. B. in:

Kurzfristige Verbindlichkeiten (bis drei Monate):	Lieferverbindlichkeiten kurzfristige Bankschulden kurzfristige Rückstellungen (z. B. Steuerrückstellungen) sonstige kurzfristige Verbindlichkeiten
Mittelfristige Verbindlichkeiten (drei bis zwölf Monate):	Verbindlichkeiten mit einer entsprechenden Laufzeit oder Kündigungsfrist
Langfristige Verbindlichkeiten (über zwölf Monate):	Hypotheken langfristige Darlehen Rückstellungen für Abfertigungen und Pensionen

Dynamische (stromgrößenorientierte) Liquiditätsbeurteilung

Die dynamische Liquiditätsrechnung berücksichtigt in ihren Berechnungen, welche **Finanzmittel** im Laufe des Geschäftsjahres **aus dem Betriebsprozess erwirtschaftet** und wie diese **wieder verwendet** werden. Diese gibt damit **Auskunft über die Finanzmittelbewegungen** (Mittelherkunft und Mittelverwendung) einer Periode (Stromgrößen) und ist ein wesentliches Instrument einer in die Zukunft gerichteten **entscheidungsorientierten Liquiditätsrechnung.**

Frei übersetzt bedeutet Cashflow den Zufluss von Mitteln in die Geschäftskasse.

Die dynamische Liquiditätsrechnung umfasst im Allgemeinen die Berechnung des **Cashflows,** die **Kapitalflussrechnung** und die **Finanzplanung.** In diesem Kapitel wird der **Cashflow in einer vereinfachten Form** behandelt. Die genaueren Berechnungsmethoden des Cashflows und die Kapitalflussrechnung werden in der Lerneinheit 4, der Finanzplan im Kapitel 2 dargestellt.

Cashflow

Für die Berechnung des Cashflows ist eine weltweite Vereinheitlichungstendenz festzustellen. Die folgende vereinfachte Darstellung basiert auf den dem internationalen Trend folgenden Berechnungsmethoden der ÖVFA (Österreichische Vereinigung für Finanzanalyse und Asset Management). Weitere Informationen zur Berechnung von Kennzahlen sind auf der Homepage **www.oevfa.at** zu finden.

Unter **Cashflow** versteht man im Allgemeinen den **aus der Geschäftstätigkeit erwirtschafteten finanziellen Überschuss,** der für **Investitionen,** für die **Tilgung von** (langfristigen) **Verbindlichkeiten** und für **Eigenkapitalentnahmen** oder **Gewinnausschüttungen** zur Verfügung steht.

Cashflow	
Betriebseinzahlungen – Betriebsauszahlungen Cashflow	Die Ermittlung des Cashflows erfolgt über eine Analyse der **Zahlungsströme (Betriebseinzahlungen** bzw. **-auszahlungen).**

Cashflow	
Jahresüberschuss (-fehlbetrag) – Gewinne (+ Verluste) aus dem Abgang von Anlagevermögen + Abschreibungen auf das Anlagevermögen + Bildung (– Auflösung) langfristiger Rückstellungen ± sonstige zahlungsunwirksame Aufwendungen/Erträge **Cashflow aus dem Ergebnis** – Zunahme (+ Abnahme): Warenvorrat Geleistete Anzahlungen ARA Lieferforderungen Sonstige Forderungen + Zunahme (– Abnahme): Erhaltene Anzahlungen PRA Lieferverbindlichkeiten Sonstige Verbindlichkeiten kurz- und mittelfristige Rückstellungen **Operativer Cashflow** (Cashflow aus der laufenden Geschäftstätigkeit)	Da die Betriebseinzahlungen und -auszahlungen in der doppelten Buchführung nicht gesondert ausgewiesen werden, ist zur Ermittlung des Cashflows nebenstehender **Rechengang** erforderlich. Der **Operative Cashflow** besagt, wie viel **Geldmittel** zur **Aufrechterhaltung der laufenden Geschäftstätigkeit,** für **Investitionen,** zur **Kredittilgung,** ohne Inanspruchnahme von Mitteln aus dem Finanzierungsbereich, **zur Verfügung** stehen. Neben dem Operativen Cashflow können der **Investitions-Cashflow,** der **Finanzierungs-Cashflow** und der **Unternehmens-Cashflow** berechnet werden. Dies ergibt dann die **komplette Cashflow-Rechnung** (siehe Seite 58), die dem internationalen Trend folgend, auch in Österreich immer häufiger aufgestellt wird.

Diese vereinfachte Methode ist dann zweckmäßig, wenn die sonstigen Einflussgrößen nicht ins Gewicht fallen bzw. sich in Summe annähernd ausgleichen.

Cashflow (Praktiker-Formel)

	Jahresüberschuss (-fehlbetrag)
+	Abschreibungen
+	Bildung von langfristigen Rückstellungen
–	Auflösung von langfristigen Rückstellungen
	Cashflow

In der Praxis wird der Cashflow häufig nach nebenstehender vereinfachter Formel **(Praktiker-Formel)** ermittelt.

Zur Ermittlung des Cashflows muss der **Jahresüberschuss um** die **Abschreibungen und** um die **Veränderungen der langfristigen Rückstellungen korrigiert** werden. Abschreibungen und Rückstellungen haben keine Auswirkung auf die Liquidität, da es zu keinen realen Mittelbewegungen (Geldflüssen) kommt.

Der **Cashflow** ist eine **sehr gebräuchliche Kennzahl,** die vor allem durch den Vergleich verschiedener Perioden oder durch den Vergleich mit anderen Unternehmen derselben Branche aussagekräftig wird. Auch wird der Cashflow zu verschiedenen **anderen Werten in Beziehung** gesetzt, wobei sich aussagekräftige Kennzahlen ergeben.

Umsatzerlöse
± Bestandsveränderungen
+ aktivierte Eigenleistungen
+ sonstige betriebl. Erträge

Betriebsleistung

Cashflow in Prozent der Betriebsleistung

$$\frac{\text{Cashflow}}{\text{Betriebsleistung}} \cdot 100\ (\%)$$

Der Cashflow in Prozent der Betriebsleistung gibt Aufschluss über die **finanzielle Leistungsfähigkeit des Unternehmens;** es wird die **Innenfinanzierung** dargestellt.

Cashflow in Prozent der Betriebsleistung

Branche	Beurteilung gut	mittel	schlecht
Industrie (Erzeugung)	>9 %	>5 %	<5 %
Gewerbe (Handwerk)	>9 %	>5 %	<5 %
Großhandel	>5 %	>3 %	<3 %
Einzelhandel	>6 %	>5 %	<5 %

Je **höher** der ermittelte Wert, **desto mehr Geldmittel** stehen für **Investitionen,** zur **Tilgung von Verbindlichkeiten** usw. zur Verfügung.

Fiktive Schuldentilgungsdauer

Für die Liquiditätsanalyse ist z. B. die Relation des Cashflow zu den Schulden von Bedeutung. Es kann dazu die Kennzahl **Fiktive Schuldentilgungsdauer (Entschuldungsdauer)** ermittelt werden.

Fiktive Schuldentilgungsdauer (Entschuldungsdauer)

$$\frac{\text{Fremdkapital} - \text{Zahlungsmittel}}{\text{Cashflow}}$$

Siehe dazu Seite 27.

Beispiel

Liquiditätsanalyse für 2018

Die Lieferforderungen, die Sonstigen Forderungen und die Lieferverbindlichkeiten sind kurzfristig. Die Rückstellungen haben zu 50 % kurzfristigen, zu 50 % langfristigen Charakter. Die Sonstigen Verbindlichkeiten sind zu 70 % kurzfristig.

Bilanz per 31. Dez. 2017 (in 1.000 €)

Aktiva			Passiva		
Anlagevermögen			**Kapital**		346
1. Fahrzeuge	40				
2. Geschäftsausst.	214	254	**Rückstellungen**		20
Umlaufvermögen			**Verbindlichkeiten**		
1. Warenvorrat	344		1. Darlehen	220	
2. Lieferforderungen	264		2. Lieferverbindlichk.	320	
3. Sonstige Ford.	16		3. Sonstige Verbindl.	60	600
4. Kassa, Bank	66				
5. Akt. Rechn.-Abgr.	22	712			
		966			966

Aktiva	Bilanz per 31. Dez. 2018 (in 1.000 €)		Passiva		
Anlagevermögen			**Kapital**		410
1. Fahrzeuge	50				
2. Geschäftsausst.	232	282	**Rückstellungen**		18
Umlaufvermögen			**Verbindlichkeiten**		
1. Warenvorrat	326		1. Darlehen	200	
2. Lieferforderungen	282		2. Lieferverbindlichk.	308	
3. Sonstige Ford.	14		3. Sonstige Verbindl.	68	576
4. Kassa, Bank	82				
5. Akt. Rechn.-Abgr.	18	722			
		1.004			1.004

GuV-Rechnung 2018	(in 1.000 €)
Warenerlöse	2.708
+ Sonst. betriebliche Erträge	+ 3
Betriebsleistung	2.711
– Wareneinsatz	–1.800
– Personalaufwand	– 534
– Abschr. auf Sachanlagen	– 34
– Sonst. betr. Aufwendungen	– 123
Betriebserfolg	220
– Zinsenaufwand	– 12
Bilanzgewinn = (= Ergebnis vor Steuern = = Jahresüberschuss)	208

Zahlungsmittel (Kassa, Bank)	€ 82.000,00
Lieferforderungen	€ 282.000,00
Sonstige Forderungen	€ 14.000,00
kurzfristig geb. Vermögen	€ 296.000,00
Rückstellungen (50 %)	€ 9.000,00
Lieferverbindlichkeiten	€ 308.000,00
Sonstige Verbindlichkeiten (70 %)	€ 47.600,00
kurzfristige Verbindlichkeiten	€ 364.600,00

Liquidität 2. Grades

$$= \frac{82.000 + 296.000}{364.600} \cdot 100 = \mathbf{103{,}7\,\%}$$

Working Capital

Umlaufvermögen (ohne ARA)	€ 704.000,00
– kurzfristige Verbindlichkeiten	€ 364.600,00
	€ 339.400,00

Cashflow

Jahresüberschuss		€ 208.000,00
+ Anlagenabschreibung	+	€ 34.000,00
– Auflösung langfr. Rückstell.	–	€ 1.000,00
Cashflow aus dem Ergebnis		€ 241.000,00
– Zunahme (+ Abnahme):		
Warenvorrat	+	€ 18.000,00
ARA	+	€ 4.000,00
Lieferforderungen	–	€ 18.000,00
Sonstige Forderungen	+	€ 2.000,00
+ Zunahme (– Abnahme):		
Lieferverbindlichkeiten	–	€ 12.000,00
Sonstige Verbindlichkeiten	+	€ 8.000,00
kurzfr. Rückstellungen	–	€ 1.000,00
Operativer Cashflow 2018		**€ 242.000,00**

Cashflow (Praktiker-Formel)

Jahresüberschuss		€ 208.000,00
+ Anlagenabschreibung	+	€ 34.000,00
– Auflösung langfr. Rückst.	–	€ 1.000,00
Cashflow 2017		**€ 241.000,00**

Cashflow in Prozent der Betriebsleistung

$$= \frac{241.000}{2.711.000} \cdot 100 = \mathbf{8{,}9\,\%}$$

SbX Formular ID: 1031

Zur Bearbeitung der Beispiele dieses Kapitels finden Sie im SbX das Formular **Kennzahlen der Liquiditätsanalyse.**

Lehrbeispiel

Oskar Schober e. U. Fortsetzung von L 1.01, L 1.02 und L 1.03

SbX Excel ID: 1031

L 1.05: Errechnung von Kennzahlen – Liquiditätsanalyse

Aktiva	Bilanz per 31. Dez. 2017 (in 1.000 €)		Passiva		
Anlagevermögen			**Kapital**		346
1. Fahrzeuge	40				
2. Geschäftsausst.	214	254	**Rückstellungen**		20
Umlaufvermögen			**Verbindlichkeiten**		
1. Warenvorrat	344		1. Darlehen	220	
2. Lieferforderungen	264		2. Lieferverbindlichk.	320	
3. Sonstige Ford.	16		3. Sonstige Verbindl.	60	600
4. Kassa, Bank	66				
5. Akt. Rechn.-Abgr.	22	712			
		966			966

GuV-Rechnung 2017	(in 1.000 €)
Warenerlöse	2.387
+ Sonst. betriebliche Erträge	+ 4
Betriebsleistung	2.391
– Wareneinsatz	–1.620
– Personalaufwand	– 420
– Abschr. auf Sachanlagen	– 36
– Sonst. betr. Aufwendungen	– 112
Betriebserfolg	203
– Zinsenaufwand	– 14
Bilanzgewinn = (= Ergebnis vor Steuern = = Jahresüberschuss)	189

Aktiva	Bilanz per 31. Dez. 2018 (in 1.000 €)				Passiva
Anlagevermögen			**Kapital**		410
1. Fahrzeuge	50				
2. Geschäftsausst.	232	282	**Rückstellungen**		18
Umlaufvermögen			**Verbindlichkeiten**		
1. Warenvorrat	326		1. Darlehen	200	
2. Lieferforderungen	282		2. Lieferverbindlichk.	308	
3. Sonstige Ford.	14		3. Sonstige Verbindl.	68	576
4. Kassa, Bank	82				
5. Akt. Rechn.-Abgr.	18	722			
		1.004			1.004

GuV-Rechnung 2018	(in 1.000 €)
Warenerlöse	2.708
+ Sonst. betriebliche Erträge	+ 3
Betriebsleistung	2.711
– Wareneinsatz	–1.800
– Personalaufwand	– 534
– Abschr. auf Sachanlagen	– 34
– Sonst. betr. Aufwendungen	– 123
Betriebserfolg	220
– Zinsenaufwand	– 12
Bilanzgewinn =	
(= Ergebnis vor Steuern =	
= Jahresüberschuss)	208

Es sind folgende Tatbestände zu berücksichtigen:

1. Den Kunden wird ein Ziel von maximal zwei Monaten gewährt.
2. Die Sonstigen Forderungen sind kurzfristig.
3. Die Lieferanten gewähren zwei bis drei Monate Ziel.
4. Die Rückstellungen haben zu 50 % kurzfristigen, zu 50 % langfristigen Charakter.
5. Die Sonstigen Verbindlichkeiten sind zu 70 % kurzfristig, zu 30 % mittelfristig.
6. Anfangsbestände 2017: Warenvorrat € 304.000,–, Lieferforderungen € 236.000,–, Sonstige Forderungen € 18.000,–, ARA € 16.000,–, Rückstellungen € 16.000,–, Lieferverbindlichkeiten € 300.000,–, Sonstige Verbindlichkeiten € 60.000,–

Lesen Sie vorher bei den entsprechenden Erläuterungen zu den Kennzahlen der Liquiditätsanalyse nach.

Aufgabe: a) Berechnen Sie die Kennzahlen zur Liquiditätsanalyse für die Jahresabschlüsse 2017 und 2018. C

b) Geben Sie in möglichst kurzen Sätzen eine Beurteilung zu folgenden Kennzahlen ab. D

- Liquidität 2. Grades (Liquidität 2. Grades 2015 90,3 %, 2016 88,7 %; Branchendurchschnitt 2018 130,5 %)
- Working Capital
- Operativer Cashflow

Lösung:

a) Kennzahlen

	2017	**2018**
Statische Liquiditätsbeurteilung		
Liquidität Zahlungsmittel	66.000,00	82.000,00
Lieferforderungen Sonstige Forderungen kurzfristig gebundenes Vermögen	264.000,00 16.000,00 280.000,00	282.000,00 14.000,00 296.000,00
Rückstellungen (50 %) Lieferverbindlichkeiten Sonstige Verbindlichkeiten (70 %) kurzfristige Verbindlichkeiten	10.000,00 320.000,00 42.000,00 372.000,00	9.000,00 308.000,00 47.600,00 364.600,00
Liquidität 2. Grades = $\frac{\text{Zahlungsmittel + kurzfristig gebundenes Vermögen}}{\text{kurzfristige Verbindlichkeiten}} \cdot 100\ (\%)$	$\frac{346.000}{372.000} \cdot 100 =$ **93,0 %**	$\frac{378.000}{364.600} \cdot 100 =$ **103,7 %**
Working Capital = Umlaufvermögen (ohne ARA) – kurzfristige Verbindlichkeiten Working Capital	 690.000,00 – 372.000,00 **318.000,00**	 704.000,00 – 364.600,00 **339.400,00**

	2017	2018
Dynamische Liquiditätsbeurteilung		
Cashflow		
Jahresüberschuss	189.000,00	208.000,00
+ Anlagenabschreibung	+ 36.000,00	+ 34.000,00
+ Bildung (– Auflösung) langfr. Rückst.	+ 2.000,00	– 1.000,00
Cashflow aus dem Ergebnis	227.000,00	241.000,00
– Zunahme (+ Abnahme):		
Warenvorrat	– 40.000,00	+ 18.000,00
ARA	– 6.000,00	+ 4.000,00
Lieferforderungen	– 28.000,00	– 18.000,00
Sonstige Forderungen	+ 2.000,00	+ 2.000,00
+ Zunahme (– Abnahme):		
Lieferverbindlichkeiten	+ 20.000,00	– 12.000,00
Sonstige Verbindlichkeiten	0,00	+ 8.000,00
kurzfristige Rückstellungen	+ 2.000,00	– 1.000,00
Operativer Cashflow	**177.000,00**	**242.000,00**
Cashflow (Praktiker-Formel)		
Jahresüberschuss	189.000,00	208.000,00
+ Abschreibungen	+ 36.000,00	+ 34.000,00
+ Bildung (– Auflösung) langfr. Rückst.	+ 2.000,00	– 1.000,00
Cashflow	**227.000,00**	**241.000,00**
Cashflow in Prozent der Betriebsleistung = $\frac{\text{Cashflow (Praktiker-Formel)}}{\text{Betriebsleistung}} \cdot 100\ (\%)$	$\frac{227.000}{2.391.000} \cdot 100 =$ **9,5 %**	$\frac{241.000}{2.711.000} \cdot 100 =$ **8,9 %**

b) Beurteilung der Kennzahlen

- Die **Liquidität 2. Grades** beträgt 2018 103,7 %. Sie liegt im Vergleich zu den Vorjahren (2015 90,3 %, 2016 88,7 %, 2017 93,0 %) erstmalig über 100 %, ist aber noch weit vom Branchendurchschnitt 2018 mit 130,5 % entfernt.
- Das **Working Capital** ist im Jahr 2018 gegenüber dem Vorjahr um 6,7 % auf € 339.400,– gestiegen. Dies ist günstig.
- Der **Operative Cashflow** ist 2018 gegenüber dem Vorjahr um € 65.000,– gestiegen. Dies ist sehr günstig, denn damit wurde das Innenfinanzierungspotenzial, z. B. für Investitionen und Tilgung von Verbindlichkeiten, erheblich vergrößert.

Kennzahlenberechnung

Investitions- und Finanzierungsanalyse
Liquiditätsanalyse
Erfolgswirtschaftliche Analyse

4 Erfolgswirtschaftliche Analyse

Markieren Sie im nachfolgenden Text die Antworten auf folgende Fragen:

- **Was versteht man unter der erfolgswirtschaftlichen Analyse?**
- **Wie werden bestimmte erfolgswirtschaftliche Kennzahlen errechnet?**

Erfolgswirtschaftliche Analyse

Mit der **erfolgswirtschaftlichen Analyse** soll die **Ertragskraft** des Unternehmens, insbesondere die Fähigkeit eines Unternehmens, in Zukunft Erfolge zu erwirtschaften, beurteilt werden.

Arten der erfolgswirtschaftlichen Analyse

Instrumente der erfolgswirtschaftlichen Analyse:

- Ergebnisanalyse
- Rentabilitätsanalyse
- Break-even-Analyse

Ergebnisanalyse

Mit der **Ergebnisanalyse (Aufwands- und Ertragsanalyse)** wird u. a. die **Struktur der Aufwands-** und **Ertragsgrößen** analysiert und das Gesamtergebnis nach seinen Ursachen in Teilergebnisse zerlegt **(Ergebnisquellenanalyse).** Dabei ist zu beachten, dass der in der GuV-Rechnung ausgewiesene Bilanzgewinn (Bilanzverlust) in der Regel durch bilanzpolitische Maßnahmen (z. B. Bildung und Auflösung von Rücklagen) beeinflusst wurde.

Rentabilitätsanalyse

Bei der **Rentabilitätsanalyse** wird eine den Erfolg darstellende Größe zu einer sie maßgeblich bestimmenden Einflussgröße in Relation gesetzt (z. B. der Jahresüberschuss zum Umsatz). Diese relative Erfolgsbeurteilung ist in der Regel aussagekräftiger als die absolute Darstellung. Insbesondere kann eine Schwachstellenanalyse damit wirksamer als mit absoluten Zahlen durchgeführt werden. Diese Kennzahlen gehören zu den bedeutendsten im Zusammenhang mit der erfolgswirtschaftlichen Jahresabschlussanalyse.

Break-even-Analyse

Die **Break-even-Analyse** (Gewinnschwellenanalyse) wurde im III. Jahrgang behandelt.

Ergebnisanalyse (Aufwands- und Ertragsanalyse)

Aufwandskennzahlen

Material-/Warenintensität

$$\frac{\text{Material- bzw. Wareneinsatz}}{\text{Betriebsleistung}} \cdot 100\ (\%)$$

Die Material- bzw. Warenintensität drückt den **Material- bzw. Wareneinsatz in Prozent der Betriebsleistung** aus.

Material-/Warenintensität

Branche	Beurteilung		
	gut	mittel	schlecht
Industrie (Erzeugung)	< 35 %	35–50 %	> 50 %
Gewerbe (Handwerk)	< 35 %	35–50 %	> 50 %
Großhandel	< 60 %	60–70 %	> 70 %
Einzelhandel	< 60 %	60–80 %	> 80 %

Die Entwicklung der Material- bzw. Warenintensität ist über eine **Zeitspanne von mehreren Jahren** zu betrachten. **Ursachen für eine Reduktion** können z. B. Änderungen im Produktionsprogramm, neue Produktionsverfahren oder günstigere Einkaufsquellen sein.

Personalintensität

$$\frac{\text{Personalaufwand}}{\text{Betriebsleistung}} \cdot 100\ (\%)$$

Die Personalintensität drückt den **Personalaufwand in Prozent der Betriebsleistung** aus.

Personalintensität

Branche	Beurteilung		
	gut	mittel	schlecht
Industrie (Erzeugung)	< 25 %	25–40 %	> 40 %
Gewerbe (Handwerk)	< 25 %	25–45 %	> 45 %
Großhandel	< 7 %	7–20 %	> 20 %
Einzelhandel	< 12 %	12–22 %	> 22 %

Die Personalintensität ist eine sehr aussagekräftige Kennzahl, da der **Erfolg eines Unternehmens** in der Regel stark **von der Entwicklung des Personalaufwandes abhängt.** Der Personalaufwand stellt neben dem Materialaufwand bzw. dem Wareneinsatz **meist die größte Aufwandsart** dar, die häufig **relativ rasch beeinflussbar (abbaubar)** ist.

Für beide Kennzahlen sind Vergleichswerte schwer zu ermitteln, da diese praktisch in jeder Branche unterschiedlich hoch sind und in der gleichen Branche, aufgrund der Besonderheiten der Betriebe, erheblich schwanken können.

Grobe Richtwerte besagen, dass bei **Industrie- und Handwerksbetrieben** die **Personal- und Materialintensität zusammen nicht höher als 75 %, bei Großhandels- und Einzelhandelsunternehmen nicht höher als 80 % sein soll.**

Ertragskennzahlen

Auf der Ertragsseite spielen vor allem folgende Umsatzkennzahlen eine besondere Rolle.

Umsatzkennzahlen

$$\text{Umsatz je Beschäftigten} = \frac{\text{Umsatz*}}{\text{Zahl der Beschäftigten}}$$

$$\text{Umsatz je Arbeiter} = \frac{\text{Umsatz*}}{\text{Zahl der Arbeiter}}$$

Die Kennzahlen Umsatz je Beschäftigten bzw. Umsatz je Arbeiter sind insbesondere **im Zeitvergleich** und **im Vergleich mit anderen Unternehmen** von größter Bedeutung.

Eine Beurteilung dieser Kennzahl ist nur mittels eines **internen** und eines **externen Jahresabschlussvergleiches** möglich. Im Einzelhandel beträgt z. B. der Umsatz je Beschäftigten je nach Branche in der Regel zwischen € 80.000,– und € 180.000,–. In der Industrie liegt die Untergrenze bei ca. € 70.000,–.

* Es kann der Umsatz exkl. USt oder der Umsatz inkl. USt herangezogen werden.

Erlöse (exkl. bzw. inkl. USt)
– Retourwaren
– Wareneinsatz
Bruttogewinn

Der **Bruttogewinn** sollte die **Gemeinkosten** abdecken sowie einen **angemessenen Gewinn** und **gegebenenfalls** die **Umsatzsteuer** enthalten.

Handelsspanne, Rohaufschlag, Gewinn

Handelsspanne, Rohaufschlag

Handelsspanne, Rohaufschlag

$\text{Handelsspanne} = \dfrac{\text{Bruttogewinn}}{\text{Erlöse (exkl. bzw. inkl. USt)} - \text{Retourwaren}} \cdot 100\ (\%)$	Die Handelsspanne ist die **prozentmäßige Differenz** zwischen dem **Wareneinsatz** und den **Erlösen** (exkl. bzw. inkl. USt) **abzüglich Retourwaren, bezogen auf die Erlöse** (exkl. bzw. inkl. USt).
$\text{Rohaufschlag} = \dfrac{\text{Bruttogewinn}}{\text{Wareneinsatz}} \cdot 100\ (\%)$	Die Ermittlung des Rohaufschlages erfolgt mithilfe des **Bruttogewinnes, bezogen auf den Wareneinsatz.**

Die Handelsspanne und der Rohaufschlag **differieren stark nach Branche und Unternehmensgröße.** So beträgt im Durchschnitt z. B. in kleineren Unternehmen im Einzelhandel mit Möbeln der Rohaufschlag 60 %, die Handelsspanne 38 %, in kleinen Zimmereien der Rohaufschlag 120 %, die Handelsspanne 55 %.

Gewinn (Verlust)

Beim Gewinn (Verlust) sind insbesondere folgende Begriffe zu unterscheiden:

Gewinn (Verlust)

Ergebnis vor Steuern	Betriebserfolg ± Finanzerfolg **Ergebnis vor Steuern**	Das Ergebnis vor Steuern ergibt sich aus der **Summe des Betriebs- und Finanzerfolges** und stellt den **betriebswirtschaftlichen Erfolg des Unternehmens** dar.
Jahresüberschuss (Jahresfehlbetrag)	Ergebnis vor Steuern – Steuern vom Einkommen und vom Ertrag Ergebnis nach Steuern – Sonstige Steuern **Jahresüberschuss (Jahresfehlbetrag)**	Der Jahresüberschuss (Jahresfehlbetrag) errechnet sich ausgehend vom **Ergebnis vor Steuern** durch Berücksichtigung der **Steuern vom Einkommen und vom Ertrag** sowie der **sonstigen Steuern.**
Bilanzgewinn (Bilanzverlust)	Jahresüberschuss (Jahresfehlbetrag) ± Veränderungen von Rücklagen ± Gewinnvortrag (Verlustvortrag) **Bilanzgewinn (Bilanzverlust)**	Der Bilanzgewinn (Bilanzverlust) ist der in der Bilanz ausgewiesene Gewinn (Verlust). Dieser errechnet sich aus dem **Jahresüberschuss (Jahresfehlbetrag)** unter Berücksichtigung der **Veränderungen von Rücklagen** und dem **Gewinn- bzw. Verlustvortrag.**

Nachstehende Gewinnbegriffe sind noch von allgemeiner Bedeutung:

Unversteuerter Gewinn	Der unversteuerte Gewinn ist der Gewinn vor Abzug der gewinnabhängigen Steuern.
Versteuerter Gewinn	Der versteuerte Gewinn ist der Gewinn nach Abzug der gewinnabhängigen Steuern.
Unternehmensgewinn	Das ist der ausgewiesene Bilanzgewinn (= Erträge – Aufwendungen).
Betriebsgewinn	Das ist der Gewinn laut Kostenrechnung (= Leistungen – Kosten).
Unternehmensrechtlicher Gewinn	Das ist der ausschließlich nach unternehmensrechtlichen Vorschriften berechnete Gewinn.
Steuerrechtlicher Gewinn	Das ist der unter Beachtung der steuerlichen Vorschriften ermittelte steuerpflichtige Gewinn.

In veröffentlichten Geschäftsberichten von Kapitalgesellschaften kommen u.a. noch folgende Begriffe vor:

EBIT (earnings before interest, taxes)	Der EBIT entspricht annähernd dem **Betriebserfolg.**
EBT (earnings before taxes)	Der EBT entspricht dem **Ergebnis vor Steuern.**
EBITDA (earnings before interest, taxes, depreciation and amortization)	Der EBITDA entspricht einer Annäherung an den **Cashflow** (Ergebnis vor Abzug der Zinsen, der Ertragsteuern und der Abschreibungen). Dabei wird unterschieden zwischen der Abschreibung von Firmenwerten (amortization) und der planmäßigen Abschreibung auf das restliche Anlagevermögen (depreciation).

Beispiel

Ergebnisanalyse (Aufwands- und Ertragsanalyse) für 2018

Im Jahr 2018 beträgt die Zahl der Dienstnehmer elf Personen. Der Unternehmer Oskar Schober arbeitet voll mit, die Gesamtzahl der Beschäftigten beträgt daher zwölf Personen.

	GuV-Rechnung 2018	(in 1.000 €)
	Warenerlöse	2.708
+	Sonst. betriebl. Erträge	+ 3
	Betriebsleistung	2.711
–	Wareneinsatz	– 1.800
–	Personalaufwand	– 534
–	Abschr. auf Sachanlagen	– 34
–	Sonst. betr. Aufwendungen	– 123
	Betriebserfolg	220
–	Zinsenaufwand (Finanzerfolg)	– 12
	Ergebnis vor Steuern	208
–	Steuern vom Einkommen und Ertrag	0
	Ergebnis nach Steuern	208
–	Sonstige Steuern	0
	Jahresüberschuss	208
±	Veränderungen von Rücklagen	0
±	Gewinnvortrag/Verlustvortrag	0
	Bilanzgewinn	208

Material-/Warenintensität

$$= \frac{1.800.000}{2.711.000} \cdot 100 = \mathbf{66,4\,\%}$$

Personalintensität

$$= \frac{534.000}{2.711.000} \cdot 100 = \mathbf{19,7\,\%}$$

Umsatz je Beschäftigten

$$= \frac{2.708.000}{12} \approx \text{€ } \mathbf{225.700,00} \text{ (auf 100 € genau)}$$

	Warenerlöse	€ 2.708.000,00
–	Wareneinsatz	€ 1.800.000,00
	Bruttogewinn	€ **908.000,00**

Handelsspanne

$$= \frac{908.000}{2.708.000} \cdot 100 = \mathbf{33,5\,\%}$$

Rohaufschlag

$$= \frac{908.000}{1.800.000} \cdot 100 = \mathbf{50,4\,\%}$$

Rentabilitätsanalyse

Rentabilität des Eigenkapitals

Rentabilität des Eigenkapitals

$$\frac{\text{Ergebnis vor Steuern}}{\text{durchschnittliches Eigenkapital}} \cdot 100\ (\%)$$

Unter der Rentabilität des Eigenkapitals versteht man das **prozentuelle Verhältnis** zwischen **Gewinn** (in der Regel wird das Ergebnis vor Steuern herangezogen) und dem **durchschnittlichen Eigenkapital.** Die Rentabilität des Eigenkapitals gibt an, **wie sich das Eigenkapital verzinst.**

Durchschnittliches Eigenkapital = $\frac{\text{Anfangsbestand + Endbestand}}{2}$

Rentabilität des Eigenkapitals

Branche	Beurteilung gut	mittel	schlecht
Industrie (Erzeugung)	> 30 %	10–30 %	< 10 %
Gewerbe (Handwerk)	> 30 %	10–30 %	< 10 %
Großhandel	> 20 %	10–20 %	< 10 %
Einzelhandel	> 30 %	10–30 %	< 10 %

Die Kennzahl ist z.B. **für den Vergleich mit anderen Investitionsmöglichkeiten des Kapitals** (z.B. Kauf von Wertpapieren) von Interesse. Die erzielbaren **Werte** sind **in den einzelnen Wirtschaftszweigen und Branchen sehr unterschiedlich** (ca. 10 bis 30 %). **Innerhalb einzelner Branchen differieren** sie **ebenfalls stark,** da hier **viele Einflussgrößen** (Marktlage, Standort, Konkurrenzverhältnisse, Qualität der Unternehmensleitung usw.) eine Rolle spielen.

Bei Kapitalgesellschaften wird das **Ergebnis vor Steuern abzüglich der Körperschaftsteuer,** also das **Ergebnis nach Steuern,** herangezogen. Für eine realistische Beurteilung der Rentabilität einer Kapitalanlage ist letzten Endes nur der Gewinn nach Abzug aller Steuern maßgebend.

Durchschnittliches Gesamtkapital = $\frac{\text{Anfangsbestand + Endbestand}}{2}$

Rentabilität des Gesamtkapitals

Rentabilität des Gesamtkapitals

$$\frac{\text{Ergebnis vor Steuern + + Fremdkapitalzinsen}}{\text{durchschnittliches Gesamtkapital}} \cdot 100\ (\%)$$

Die Gesamtkapitalrentabilität gibt an, **mit welcher Effizienz das im Unternehmen eingesetzte Gesamtkapital,** unabhängig von seiner Finanzierung, arbeitet.

Rentabilität des Gesamtkapitals			
Branche	Beurteilung		
	gut	mittel	schlecht
Industrie (Erzeugung)	> 12 %	> 8 %	< 8 %
Gewerbe (Handwerk)	> 15 %	> 8 %	< 8 %
Großhandel	> 12 %	> 8 %	< 8 %
Einzelhandel	> 14 %	> 8 %	< 8 %

Es gilt – **je höher** der Prozentsatz, **desto günstiger** ist der errechnete Wert für das Unternehmen.

Weitere Erläuterungen zum Leverage-Effekt siehe im Gegenstand Betriebswirtschaft.

Liegt die Gesamtkapitalrentabilität über dem Fremdkapitalzinssatz, steigt bei zunehmender Finanzierung mit Fremdkapital die Eigenkapitalrentabilität. Dies wird als **Leverage-Effekt** bezeichnet.

Umsatzrentabilität

Umsatzrentabilität

$$\frac{\text{Ergebnis vor Steuern + + Fremdkapitalzinsen}}{\text{Umsatz}} \cdot 100\ (\%)$$

Die Umsatzrentabilität gibt Auskunft über den **Erfolg der betrieblichen Tätigkeit** und damit die **Ertragsfähigkeit des Unternehmens im Verhältnis zum Umsatz.**

Umsatzrentabilität			
Branche	Beurteilung		
	gut	mittel	schlecht
Industrie (Erzeugung) Gewerbe (Handwerk) Großhandel Einzelhandel	> 5 %	1–5 %	< 1 %

Bei der Umsatzrentabilität spielt die **Größe des Unternehmens eine Rolle. Je größer** das Unternehmen, **desto niedriger** ist in der Regel die Umsatzrentabilität.

Die Umsatzrentabilität ist insbesondere für zwischenbetriebliche Vergleiche von großem Interesse. Sie beträgt z. B. bei Großbetrieben des Lebensmitteleinzelhandels nur 1 bis 3 %. Bei kleinen und mittleren Unternehmen liegt die Umsatzrentabilität meist viel höher und sollte 5 % bis 6 % betragen.

Return on Investment (ROI)

Return on Investment (ROI)

Umsatzrentabiliät · Kapitalumschlagshäufigkeit

Der Return on Investment (ROI) zeigt die **jährliche Rentabilität des investierten Kapitals** und entspricht der **Gesamtkapitalrentabilität** des Unternehmens.

Return on Investment (ROI)			
Branche	Beurteilung		
	gut	mittel	schlecht
Industrie (Erzeugung)	> 8,75 %	1–8,75 %	< 1 %
Gewerbe (Handwerk)	> 10 %	1–10 %	< 1 %
Großhandel	> 12,5 %	1,25–12,5 %	< 1,25 %
Einzelhandel	> 15 %	1,5–15 %	< 1,5 %

Der Return on Investment (ROI) gibt Auskunft darüber, ob **Veränderungen der Gesamtkapitalrentabilität** auf **Veränderungen der Umsatzrentablilität und/oder der Kapitalumschlagshäufigkeit zurückzuführen** sind.

Eine Jahresabschlussanalyse mithilfe von Kennzahlen ist in der Regel dann aussagekräftig, wenn die entsprechenden Werte zueinander in Beziehung gesetzt werden. Dies ermöglichen sogenannte **Kennzahlensysteme.** Das bekannteste Kennzahlensystem ist das **ROI-Kennzahlensystem,** das vom US-amerikanischen Du-Pont-Konzern entwickelt wurde.

Werden die beiden Faktoren **Umsatzrentabilität** und **Kapitalumschlagshäufigkeit** in ihre einzelnen Einflussgrößen zerlegt, entsteht das **ROI-Kennzahlensystem.**

Mit dem nachfolgend dargestellten ROI-Kennzahlensystem können einerseits **Auswirkungen von Änderungen einzelner Vermögens-, Ertrags- und Aufwandspositionen auf die Rentabilität** dargestellt werden, andererseits kann ausgehend von der Spitzenkennzahl, dem ROI, eine **detaillierte Ursachenanalyse bei einer geänderten Rendite** durchgeführt werden.

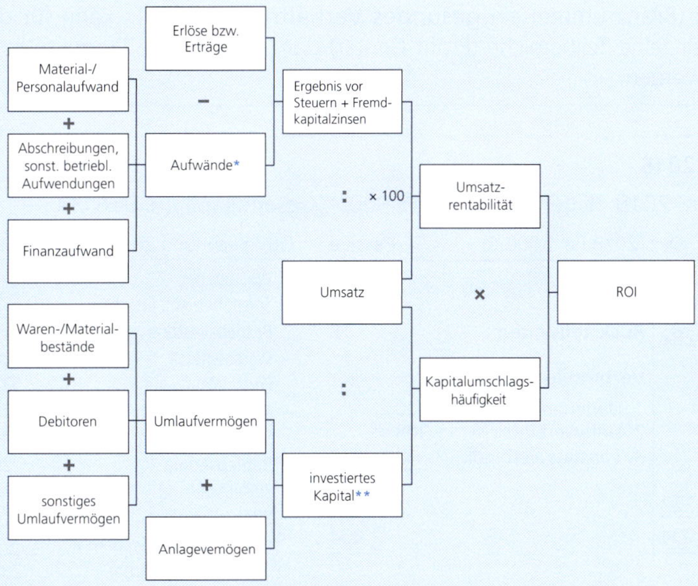

UR × KU = ROI

Kennzahl	Branche	Beurteilung gut	mittel	schlecht
Umsatzrendite	Industrie (Erzeugung) Gewerbe (Handwerk) Großhandel Einzelhandel	> 5 %	1–5 %	< 1 %
Kapitalumschlag	Industrie (Erzeugung)	> 1,75 %	1–1,75 %	< 1 %
	Gewerbe (Handwerk)	> 2 %	1–2 %	< 1 %
	Großhandel	> 2,5 %	1,25–2,5 %	< 1,25 %
	Einzelhandel	> 3 %	1,5–3 %	< 1,5 %
Return on Investment (ROI)	Industrie (Erzeugung)	> 8,75 %	1–8,75 %	< 1 %
	Gewerbe (Handwerk)	> 10 %	1–10 %	< 1 %
	Großhandel	> 12,5 %	1,25–12,5 %	< 1,25 %
	Einzelhandel	> 15 %	1,5–15 %	< 1,5 %

Erläuterungen:

* Anstelle der Aufwände könnten auch die Kosten herangezogen werden. Es ergibt sich dann der ROI auf Basis des Betriebsgewinnes.

** = investiertes Vermögen = Gesamtkapital (Manche Fachleute berechnen den ROI auf der Grundlage des Eigenkapitals.)

Zur Ermittlung des Return on Investment werden in das vorstehende Schema die entsprechenden Zahlen eingesetzt. Das sich ergebende Kennzahlensystem zeigt die Faktoren, welche die Rentabilität des investierten Kapitals verursachen.

Beispiel

Return on Investment (ROI)

Anfangsbestände per 1. Jan. 2018: Anlagevermögen € 254.000,– , Umlaufvermögen € 712.000,– , Gesamtkapital € 966.000,–

Aktiva — Bilanz per 31. Dez. 2018 (in 1.000 €) — Passiva

Aktiva			Passiva		
Anlagevermögen			**Kapital**		410
1. Fahrzeuge	50				
2. Geschäftsausst.	232	282	**Rückstellungen**		18
Umlaufvermögen			**Verbindlichkeiten**		
1. Warenvorrat	326		1. Darlehen	200	
2. Lieferforderungen	282		2. Lieferverbindlichk.	308	
3. Sonstige Ford.	14		3. Sonstige Verbindl.	68	576
4. Kassa, Bank	82				
5. Akt. Rechn.-Abgr.	18	722			
		1.004			1.004

GuV-Rechnung 2018 (in 1.000 €)

	Warenerlöse	2.708
+	Sonst. betriebliche Erträge	+ 3
	Betriebsleistung	2.711
–	Wareneinsatz	– 1.800
–	Personalaufwand	– 534
–	Abschr. auf Sachanlagen	– 34
–	Sonst. betr. Aufwendungen	– 123
	Betriebserfolg	220
–	Zinsenaufwand	– 12
	Bilanzgewinn = (= Ergebnis vor Steuern = = Jahresüberschuss)	208

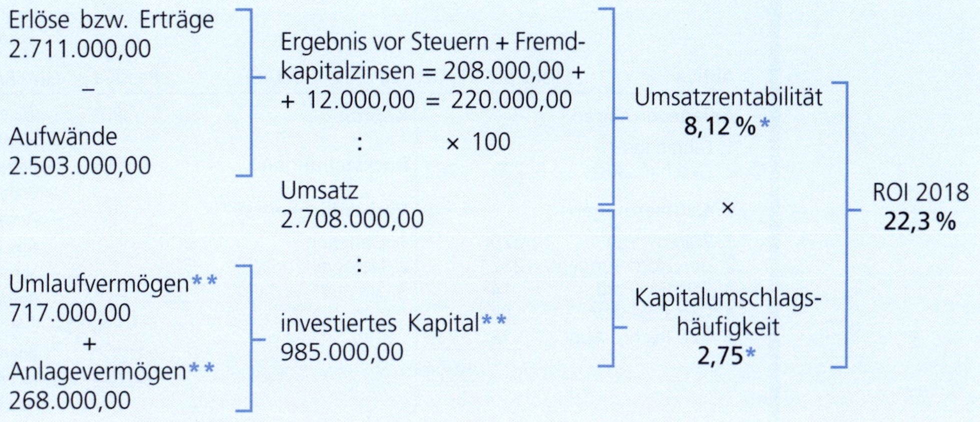

* Im vorliegenden Beispiel werden die Kennzahlen Umsatzrentabilität und Kapitalumschlagshäufigkeit aufgrund der Genauigkeit auf 2 Dez. gerechnet.

** Durchschnittliches Umlaufvermögen bzw. Anlagevermögen bzw. investiertes Kapital

Der **Return on Investment** zeigt, ob zwischen **Umsatz, Umsatzrentabilität** und bereitgestelltem (investiertem) **Kapital** (Bilanzsumme) ein **gesundes Verhältnis** besteht. Er kann für das ganze Unternehmen, für einzelne Teilbereiche (Profit-Center) oder für einzelne Produkte bzw. Produktgruppen ermittelt werden.

Beispiel

Rentabilitätsanalyse für 2018

Anfangsbestände per 1. Jan. 2018: Eigenkapital € 346.000,–, Gesamtkapital € 966.000,–

Aktiva — Bilanz per 31. Dez. 2018 (in 1.000 €) — Passiva

Aktiva			Passiva		
Anlagevermögen			**Kapital**		410
1. Fahrzeuge	50				
2. Geschäftsausst.	232	282	**Rückstellungen**		18
Umlaufvermögen			**Verbindlichkeiten**		
1. Warenvorrat	326		1. Darlehen	200	
2. Lieferforderungen	282		2. Lieferverbindlichk.	308	
3. Sonstige Ford.	14		3. Sonstige Verbindl.	68	576
4. Kassa, Bank	82				
5. Akt. Rechn.-Abgr.	18	722			
		1.004			1.004

GuV-Rechnung 2018 (in 1.000 €)

Warenerlöse	2.708
+ Sonst. betriebl. Erträge	+ 3
Betriebsleistung	2.711
− Wareneinsatz	−1.800
− Personalaufwand	− 534
− Abschr. auf Sachanlagen	− 34
− Sonst. betr. Aufwendungen	− 123
Betriebserfolg	220
− Zinsenaufwand	− 12
Bilanzgewinn = (= Ergebnis vor Steuern = = Jahresüberschuss)	208

Durchschnittliches Eigenkapital = $\frac{346.000 + 410.000}{2}$ = € 378.000,00

Rentabilität des Eigenkapitals = $\frac{208.000}{378.000} \cdot 100$ = **55,0 %***

* Zu beachten ist, dass dieser Wert auf Basis des Gewinnes vor Abzug der Einkommensteuer berechnet wurde.

Durchschnittliches Gesamtkapital = $\frac{966.000 + 1.004.000}{2}$ = € 985.000,00

Rentabilität des Gesamtkapitals = $\frac{208.000 + 12.000}{985.000} \cdot 100$ = **22,3 %**

Umsatzrentabilität = $\frac{208.000 + 12.000}{2.708.000} \cdot 100$ = **8,1 %**

Return on Investment (ROI) = 8,12 · 2,75 = **22,3 %**

Umsatzrentabiliät · Kapitalumschlagshäufigkeit

SbX Formular ID: 1031

Zur Bearbeitung der Beispiele dieses Kapitels finden Sie im SbX das Formular **Kennzahlen der erfolgswirtschaftlichen Analyse.**

Lehrbeispiel

Oskar Schober e. U. Fortsetzung von L 1.01, L 1.02 und L 1.03

SbX Excel ID: 1031

L 1.06: Errechnung von Kennzahlen – Erfolgswirtschaftliche Analyse

Aktiva — Bilanz per 31. Dez. 2017 (in 1.000 €) — Passiva

Aktiva			Passiva		
Anlagevermögen			**Kapital**		346
1. Fahrzeuge	40				
2. Geschäftsausst.	214	254	**Rückstellungen**		20
Umlaufvermögen			**Verbindlichkeiten**		
1. Warenvorrat	344		1. Darlehen	220	
2. Lieferforderungen	264		2. Lieferverbindlichk.	320	
3. Sonstige Ford.	16		3. Sonstige Verbindl.	60	600
4. Kassa, Bank	66				
5. Akt. Rechn.-Abgr.	22	712			
		966			966

GuV-Rechnung 2017 (in 1.000 €)

Warenerlöse	2.387
+ Sonst. betriebliche Erträge	+ 4
Betriebsleistung	2.391
− Wareneinsatz	−1.620
− Personalaufwand	− 420
− Abschr. auf Sachanlagen	− 36
− Sonst. betr. Aufwendungen	− 112
Betriebserfolg	203
− Zinsenaufwand	− 14
Bilanzgewinn = (= Ergebnis vor Steuern = = Jahresüberschuss)	189

Aktiva — Bilanz per 31. Dez. 2018 (in 1.000 €) — Passiva

Aktiva			Passiva		
Anlagevermögen			**Kapital**		410
1. Fahrzeuge	50				
2. Geschäftsausst.	232	282	**Rückstellungen**		18
Umlaufvermögen			**Verbindlichkeiten**		
1. Warenvorrat	326		1. Darlehen	200	
2. Lieferforderungen	282		2. Lieferverbindlichk.	308	
3. Sonstige Ford.	14		3. Sonstige Verbindl.	68	576
4. Kassa, Bank	82				
5. Akt. Rechn.-Abgr.	18	722			
		1.004			1.004

GuV-Rechnung 2018 (in 1.000 €)

Warenerlöse	2.708
+ Sonst. betriebliche Erträge	+ 3
Betriebsleistung	2.711
− Wareneinsatz	−1.800
− Personalaufwand	− 534
− Abschr. auf Sachanlagen	− 34
− Sonst. betr. Aufwendungen	− 123
Betriebserfolg	220
− Zinsenaufwand	− 12
Bilanzgewinn = (= Ergebnis vor Steuern = = Jahresüberschuss)	208

Es sind folgende Tatbestände zu berücksichtigen:

1. Anfang 2018 wurde ein Angestellter neu aufgenommen. Der Personalstand beträgt im Jahr 2018: neun Angestellte, zwei Arbeiter. Der Unternehmer arbeitet voll mit.
2. Anfangsbestände 2017: Kapital € 312.000,–, Gesamtkapital € 936.000,–

Aufgabe: a) Geben Sie die zur erfolgswirtschaftlichen Analyse behandelten Kennzahlen für die Jahresabschlüsse 2017 und 2018 an und berechnen Sie diese. C

b) Geben Sie in möglichst kurzen Sätzen eine Beurteilung zu folgenden Kennzahlen ab. D

Lesen Sie vorher die entsprechenden Erläuterungen zu den Kennzahlen der erfolgswirtschaftlichen Analyse.

- Umsatz je Beschäftigten (Branchendurchschnitt 2018 € 212.000,–)
- Rohaufschlag (Rohaufschlag 2015 44,8 %, 2016 44,9 %; Branchendurchschnitt 2018 44 %)
- Umsatzrentabilität (Umsatzrentabilität 2015 8,5 %, 2016 8,3 %; Branchendurchschnitt 2018 7,5 %)

Lösung:

a) Kennzahlen

	2017	**2018**
Ergebnisanalyse (Aufwands- und Ertragsanalyse)		
● Aufwandskennzahlen Material-/Warenintensität = $\frac{\text{Material- bzw. Wareneinsatz}}{\text{Betriebsleistung}} \cdot 100\ (\%)$	$\frac{1.620.000}{2.391.000} \cdot 100 = \mathbf{67{,}8\ \%}$	$\frac{1.800.000}{2.711.000} \cdot 100 = \mathbf{66{,}4\ \%}$
Personalintensität = $\frac{\text{Personalaufwand}}{\text{Betriebsleistung}} \cdot 100\ (\%)$	$\frac{420.000}{2.391.000} \cdot 100 = \mathbf{17{,}6\ \%}$	$\frac{534.000}{2.711.000} \cdot 100 = \mathbf{19{,}7\ \%}$
● Ertragskennzahl Umsatz je Beschäftigten = $\frac{\text{Umsatz}}{\text{Zahl der Beschäftigten}}$	$\frac{2.387.000}{10 + 1^{**}} = \mathbf{217.000{,}00}$	$\frac{2.708.000}{11 + 1^{**}} = \mathbf{225.700{,}00}^{*}$
● Handelsspanne, Rohaufschlag, Gewinn Bruttogewinn = Erlöse – Wareneinsatz	2.387.000 – 1.620.000 = = 767.000,00	2.708.000 – 1.800.000 = = 908.000,00
Handelsspanne = $\frac{\text{Bruttogewinn}}{\text{Erlöse} - \text{Retourwaren}} \cdot 100\ (\%)$	$\frac{767.000}{2.387.000} \cdot 100 = \mathbf{32{,}1\ \%}$	$\frac{908.000}{2.708.000} \cdot 100 = \mathbf{33{,}5\ \%}$
Rohaufschlag = $\frac{\text{Bruttogewinn}}{\text{Wareneinsatz}} \cdot 100\ (\%)$	$\frac{767.000}{1.620.000} \cdot 100 = \mathbf{47{,}3\ \%}$	$\frac{908.000}{1.800.000} \cdot 100 = \mathbf{50{,}4\ \%}$
Rentabilitätsanalyse		
● Rentabilität des Eigenkapitals Durchschnittliches Eigenkapital = $\frac{\text{Anfangsbestand} + \text{Endbestand}}{2}$	$\frac{312.000 + 346.000}{2} =$ = 329.000,00	$\frac{346.000 + 410.000}{2} =$ = 378.000,00
$\frac{\text{Ergebnis vor Steuern}}{\text{durchschnittl. Eigenkapital}} \cdot 100\ (\%)$	$\frac{189.000}{329.000} \cdot 100 = \mathbf{57{,}4\ \%}$	$\frac{208.000}{378.000} \cdot 100 = \mathbf{55{,}0\ \%}$
● Rentabilität des Gesamtkapitals Durchschnittliches Gesamtkapital = $\frac{\text{Anfangsbestand} + \text{Endbestand}}{2}$	$\frac{936.000 + 966.000}{2} =$ = 951.000,00	$\frac{966.000 + 1.004.000}{2} =$ = 985.000,00
$\frac{\text{Ergebnis vor Steuern} + \text{Fremdkapitalzinsen}}{\text{durchschnittl. Gesamtkapital}} \cdot 100\ (\%)$	$\frac{189.000 + 14.000}{951.000} \cdot 100 =$ **= 21,3 %**	$\frac{208.000 + 12.000}{985.000} \cdot 100 =$ **= 22,3 %**

* Auf 100 € gerundet

** Voll mitarbeitender Unternehmer

	2017	2018
● Umsatzrentabilität $\frac{\text{Ergebnis vor Steuern + + Fremdkapitalzinsen}}{\text{Umsatz}} \cdot 100\ (\%)$	$\frac{189.000 + 14.000}{2.387.000} \cdot 100 =$ **= 8,5 %**	$\frac{208.000 + 12.000}{2.708.000} \cdot 100 =$ **= 8,1 %**
● Return on Investment Umsatzrentabilität	**= 8,50**	**= 8,12***
Kapitalumschlagshäufigkeit = $\frac{\text{Umsatz}}{\text{investiertes Kapital}}$	$\frac{2.387.000}{951.000}$ **= 2,51**	**= 2,75***
Return on Investment = Umsatzrentabilität · Kapitalumschlagshäufigkeit	= 8,50 · 2,51 = **21,3 %**	= 8,12 · 2,75 = **22,3 %****

* Das investierte Kapital entspricht dem durchschnittlichen Gesamtkapital.

** Siehe Lösung des Beispiels auf Seite 44.

b) Beurteilung der Kennzahlen

- Der Umsatz je Beschäftigten liegt im Jahr 2018 mit € 225.700,– über dem Branchendurchschnitt von € 212.000,–. Die Zunahme gegenüber 2017 (€ 217.000,–) beträgt € 8.700,–, das sind 4,0 %. Die Zunahme ist deshalb so niedrig, weil im Jahr 2018 ein zusätzlicher Angestellter aufgenommen wurde.
- Der Rohaufschlag beträgt im Jahr 2018 50,4 %. Er ist gegenüber den Vorjahren gestiegen (2015 44,8 %, 2016 44,9 %, 2017 47,3 %) und liegt über dem Branchendurchschnitt von 44 %. Die Steigerung hat sich, in Verbindung mit dem gestiegenen Umsatz, trotz des gestiegenen Personalaufwandes in einer Erhöhung des Gewinnes niedergeschlagen.
- Die Umsatzrentabilität ist im Jahr 2018 gegenüber dem Vorjahr leicht (von 8,5 % auf 8,1 %) gesunken. Dies ist eine Folge des stark gestiegenen Personalaufwandes. Sie liegt jedoch über dem Branchendurchschnitt von 7,5 %.

Üben

SbX ID: 1032

A B C D E

Erika Neumann e. U. Fortsetzung von Ü 1.01, Ü 1.02 und Ü 1.03

SbX **Excel ID: 1032**

Ü 1.07: Errechnung von Kennzahlen – Investitions- und Finanzierungsanalyse

Bilanz per 31. Dez. 2017 (in 1.000 €)

Aktiva			Passiva		
Anlagevermögen			**Kapital**		280
1. Fahrzeuge	40				
2. Geschäftsausst.	82	122	**Rückstellungen**		16
Umlaufvermögen			**Verbindlichkeiten**		
1. Warenvorrat	240		1. Darlehen	80	
2. Lieferforderungen	160		2. Lieferverbindlichk.	160	
3. Kassa, Bank	34		3. Sonstige Verbindl.	32	272
4. Akt. Rechn.-Abgr.	12	446			
		568			568

GuV-Rechnung 2017 (in 1.000 €)

	Warenerlöse	1.990
+	Sonst. betriebliche Erträge	+ 4
	Betriebsleistung	1.994
–	Wareneinsatz	–1.240
–	Personalaufwand	– 400
–	Abschr. auf Sachanlagen	– 38
–	Sonst. betr. Aufwendungen	– 113
	Betriebserfolg	203
–	Zinsenaufwand	– 9
	Bilanzgewinn = (= Ergebnis vor Steuern = = Jahresüberschuss)	194

Aktiva	Bilanz per 31. Dez. 2018 (in 1.000 €)				Passiva
Anlagevermögen			**Kapital**		288
1. Fahrzeuge	30				
2. Geschäftsausst.	76	106	**Rückstellungen**		14
Umlaufvermögen			**Verbindlichkeiten**		
1. Warenvorrat	260		1. Darlehen	70	
2. Lieferforderungen	170		2. Lieferverbindlichk.	180	
3. Kassa, Bank	42		3. Sonstige Verbindl.	42	292
4. Akt. Rechn.-Abgr.	16	488			
		594			594

GuV-Rechnung 2018	(in 1.000 €)
Warenerlöse	2.240
+ Sonst. betriebliche Erträge	+ 3
Betriebsleistung	2.243
– Wareneinsatz	–1.464
– Personalaufwand	– 424
– Abschr. auf Sachanlagen	– 32
– Sonst. betr. Aufwendungen	– 128
Betriebserfolg	195
– Zinsenaufwand	– 8
Bilanzgewinn = (= Ergebnis vor Steuern = = Jahresüberschuss)	187

Folgende Tatbestände sind noch zu berücksichtigen:

1. Das Darlehen ist jährlich mit € 10.000,– zurückzuzahlen (1 Dez.).
2. Die Rückstellungen haben kurzfristigen Charakter. Die Lieferanten gewähren drei Monate Ziel. Die Sonstigen Verbindlichkeiten sind kurzfristig.
3. Cashflow 2017 € 232.000,–, 2016 € 219.000,–
4. Anfangsbestände 2017: Warenvorrat € 220.000,–, Lieferforderungen € 168.000,–, Lieferverbindlichkeiten € 156.000,–, Gesamtkapital € 572.000,–
5. Die HW-Einkäufe betragen 2017 € 1.260.000,– (exkl. USt) und 2018 € 1.484.000,– (exkl. USt).
6. Umsatzsteuer einheitlich 20 %

Lesen Sie vorher bei den entsprechenden Erläuterungen zu den Kennzahlen der Investitions- und Finanzierungsanalyse nach. Soweit dies möglich bzw. notwendig ist, ist auch eine Aussage über den Vergleich mit den Vorjahren bzw. mit der in der Aufgabenstellung angeführten Branchenkennzahl zu treffen.

Aufgabe: a) Errechnen Sie die Kennzahlen der Investitions- und Finanzierungsanalyse. C
Verwenden Sie zur Bearbeitung dieser Aufgabenstellung das Formular Kennzahlen der Investitions- und Finanzierungsanalyse.

b) Geben Sie in möglichst kurzen Sätzen eine Beurteilung zu folgenden Kennzahlen ab. D

- Anlagendeckung
- Lagerumschlagshäufigkeit (Branchendurchschnitt 2018 5,3)
- Debitorenumschlagsdauer (Debitorenumschlagsdauer 2015 33 Tage, 2016 32 Tage, Branchendurchschnitt 2018 35 Tage)

Erika Neumann e. U.
Fortsetzung von Ü 1.01, Ü 1.02 und Ü 1.03

SbX
Excel
ID: 1032

Ü 1.08: Errechnung von Kennzahlen – Liquiditätsanalyse

Aktiva	Bilanz per 31. Dez. 2017 (in 1.000 €)				Passiva
Anlagevermögen			**Kapital**		280
1. Fahrzeuge	40				
2. Geschäftsausst.	82	122	**Rückstellungen**		16
Umlaufvermögen			**Verbindlichkeiten**		
1. Warenvorrat	240		1. Darlehen	80	
2. Lieferforderungen	160		2. Lieferverbindlichk.	160	
3. Kassa, Bank	34		3. Sonstige Verbindl.	32	272
4. Akt. Rechn.-Abgr.	12	446			
		568			568

GuV-Rechnung 2017	(in 1.000 €)
Warenerlöse	1.990
+ Sonst. betriebliche Erträge	+ 4
Betriebsleistung	1.994
– Wareneinsatz	–1.240
– Personalaufwand	– 400
– Abschr. auf Sachanlagen	– 38
– Sonst. betr. Aufwendungen	– 113
Betriebserfolg	203
– Zinsenaufwand	– 9
Bilanzgewinn = (= Ergebnis vor Steuern = = Jahresüberschuss)	194

Aktiva	Bilanz per 31. Dez. 2018 (in 1.000 €)				Passiva
Anlagevermögen			**Kapital**		288
1. Fahrzeuge	30				
2. Geschäftsausst.	76	106	**Rückstellungen**		14
Umlaufvermögen			**Verbindlichkeiten**		
1. Warenvorrat	260		1. Darlehen	70	
2. Lieferforderungen	170		2. Lieferverbindlichk.	180	
3. Kassa, Bank	42		3. Sonstige Verbindl.	42	292
4. Akt. Rechn.-Abgr.	16	488			
		594			594

GuV-Rechnung 2018	(in 1.000 €)
Warenerlöse	2.240
+ Sonst. betriebliche Erträge	+ 3
Betriebsleistung	2.243
– Wareneinsatz	–1.464
– Personalaufwand	– 424
– Abschr. auf Sachanlagen	– 32
– Sonst. betr. Aufwendungen	– 128
Betriebserfolg	195
– Zinsenaufwand	– 8
Bilanzgewinn = (= Ergebnis vor Steuern = = Jahresüberschuss)	187

Folgende Tatbestände sind noch zu berücksichtigen:

1. Den Kunden werden zwei Monate Ziel gewährt.
2. Die Lieferanten gewähren drei Monate Ziel.
3. Die Rückstellungen haben kurzfristigen Charakter.
4. Die Sonstigen Verbindlichkeiten sind kurzfristig.
5. Anfangsbestände 2017: Warenvorrat € 220.000,–, Lieferforderungen € 168.000,–, ARA € 10.000,–, Rückstellungen € 22.000,–, Lieferverbindlichkeiten € 156.000,–, Sonstige Verbindlichkeiten € 36.000,–

Lesen Sie vorher bei den entsprechenden Erläuterungen zu den Kennzahlen der Liquiditätsanalyse nach. Soweit dies möglich bzw. notwendig ist, ist auch eine Aussage über den Vergleich mit den Vorjahren bzw. mit der in der Aufgabenstellung angeführten Branchenkennzahl zu treffen.

Aufgabe: a) Errechnen Sie die Kennzahlen zur Liquiditätsanalyse. C
Verwenden Sie zur Bearbeitung dieser Aufgabenstellung das Formular Kennzahlen der Liquiditätsanalyse.

b) Geben Sie in möglichst kurzen Sätzen eine Beurteilung zu folgenden Kennzahlen ab. D

- Liquidität 2. Grades (Liquidität 2. Grades 2015 109,3 %, 2016 105,7 %; Branchendurchschnitt 2018 128,9 %)
- Working Capital

Erika Neumann e. U.
Fortsetzung von Ü 1.01, Ü 1.02 und Ü 1.03

SbX
Excel
ID: 1032

Ü 1.09: Errechnung von Kennzahlen – Erfolgswirtschaftliche Analyse

Aktiva — Bilanz per 31. Dez. 2017 (in 1.000 €) — Passiva

Aktiva			Passiva		
Anlagevermögen			**Kapital**		280
1. Fahrzeuge	40				
2. Geschäftsausst.	82	122	**Rückstellungen**		16
Umlaufvermögen			**Verbindlichkeiten**		
1. Warenvorrat	240		1. Darlehen	80	
2. Lieferforderungen	160		2. Lieferverbindlichk.	160	
3. Kassa, Bank	34		3. Sonstige Verbindl.	32	272
4. Akt. Rechn.-Abgr.	12	446			
		568			568

GuV-Rechnung 2017 (in 1.000 €)

	Warenerlöse	1.990
+	Sonst. betriebliche Erträge	+ 4
	Betriebsleistung	1.994
–	Wareneinsatz	–1.240
–	Personalaufwand	– 400
–	Abschr. auf Sachanlagen	– 38
–	Sonst. betr. Aufwendungen	– 113
	Betriebserfolg	203
–	Zinsenaufwand	– 9
	Bilanzgewinn = (= Ergebnis vor Steuern = = Jahresüberschuss)	194

Aktiva — Bilanz per 31. Dez. 2018 (in 1.000 €) — Passiva

Aktiva			Passiva		
Anlagevermögen			**Kapital**		288
1. Fahrzeuge	30				
2. Geschäftsausst.	76	106	**Rückstellungen**		14
Umlaufvermögen			**Verbindlichkeiten**		
1. Warenvorrat	260		1. Darlehen	70	
2. Lieferforderungen	170		2. Lieferverbindlichk.	180	
3. Kassa, Bank	42		3. Sonstige Verbindl.	42	292
4. Akt. Rechn.-Abgr.	16	488			
		594			594

GuV-Rechnung 2018 (in 1.000 €)

	Warenerlöse	2.240
+	Sonst. betriebliche Erträge	+ 3
	Betriebsleistung	2.243
–	Wareneinsatz	–1.464
–	Personalaufwand	– 424
–	Abschr. auf Sachanlagen	– 32
–	Sonst. betr. Aufwendungen	– 128
	Betriebserfolg	195
–	Zinsenaufwand	– 8
	Bilanzgewinn = (= Ergebnis vor Steuern = = Jahresüberschuss)	187

Folgende Tatbestände sind noch zu berücksichtigen:

1. Der Personalstand betrug 2017 und 2018: acht Angestellte, zwei Arbeiter. Frau Neumann arbeitet voll mit.
2. Anfangsbestände 2017: Kapital € 268.000,–, Gesamtkapital € 572.000,–

Lesen Sie vorher bei den entsprechenden Erläuterungen zu den Kennzahlen der erfolgswirtschaftlichen Analyse nach. Soweit dies möglich bzw. notwendig ist, ist auch eine Aussage über den Vergleich mit den Vorjahren bzw. mit der in der Aufgabenstellung angeführten Branchenkennzahl zu treffen.

Aufgabe: a) Errechnen Sie die Kennzahlen zur erfolgswirtschaftlichen Analyse. C
Verwenden Sie zur Bearbeitung dieser Aufgabenstellung das Formular Kennzahlen der erfolgswirtschaftlichen Analyse.

b) Geben Sie in möglichst kurzen Sätzen eine Beurteilung zu folgenden Kennzahlen ab. D

- Rohaufschlag (Rohaufschlag 2015 62,4 %, 2016 61,3 %; Branchendurchschnitt 2018 51 %); geben Sie mögliche Ursachen für den Rückgang an.
- Rentabilität des Eigenkapitals
  Zusatzfrage: Zu einer realistischen Beurteilung der Rentabilität des Eigenkapitals müsste welcher Gewinn herangezogen werden?
- Umsatzrentabilität (Umsatzrentabilität 2015 10,2 %, 2016 10,1 %; Branchendurchschnitt 2018 8,0 %)

Fritz Moser e. U. Fortsetzung von Ü 1.04, Ü 1.05 und Ü 1.06

SbX Excel ID: 1032

Ü 1.10: Errechnung von Kennzahlen – Investitions- und Finanzierungsanalyse

Bilanz per 31. Dez. 2017 (in 1.000 €)

Aktiva			Passiva		
Anlagevermögen			**Kapital**		242
1. Fahrzeuge	30				
2. Geschäftsausst.	60	90	**Rückstellungen**		20
Umlaufvermögen			**Verbindlichkeiten**		
1. Warenvorrat	262		1. Darlehen	60	
2. Lieferforderungen	124		2. Lieferverbindlichk.	164	
3. Kassa, Bank	18		3. Sonstige Verbindl.	14	238
4. Akt. Rechn.-Abgr.	6	410			
		500			500

GuV-Rechnung 2017 (in 1.000 €)

Warenerlöse	1.562
+ Sonst. betriebliche Erträge	+ 4
Betriebsleistung	1.566
– Wareneinsatz	– 919
– Personalaufwand	– 320
– Abschr. auf Sachanlagen	– 29
– Sonst. betr. Aufwendungen	– 106
Betriebserfolg	192
– Zinsenaufwand	– 7
Bilanzgewinn = (= Ergebnis vor Steuern = = Jahresüberschuss)	185

Bilanz per 31. Dez. 2018 (in 1.000 €)

Aktiva			Passiva		
Anlagevermögen			**Kapital**		200
1. Fahrzeuge	20				
2. Geschäftsausst.	50	70	**Rückstellungen**		22
Umlaufvermögen			**Verbindlichkeiten**		
1. Warenvorrat	290		1. Darlehen	80	
2. Lieferforderungen	108		2. Lieferverbindlichk.	162	
3. Kassa, Bank	12		3. Sonstige Verbindl.	24	266
4. Akt. Rechn.-Abgr.	8	418			
		488			488

GuV-Rechnung 2018 (in 1.000 €)

Warenerlöse	1.673
+ Sonst. betriebliche Erträge	+ 3
Betriebsleistung	1.676
– Wareneinsatz	–1.027
– Personalaufwand	– 360
– Abschr. auf Sachanlagen	– 30
– Sonst. betr. Aufwendungen	– 120
Betriebserfolg	139
– Zinsenaufwand	– 6
Bilanzgewinn = (= Ergebnis vor Steuern = = Jahresüberschuss)	133

Folgende Tatbestände sind noch zu berücksichtigen:

1. Die Rückstellungen sind zu 50 % mittelfristig, zu 50 % langfristig; die Lieferanten gewähren zwei Monate Ziel, die Sonstigen Verbindlichkeiten sind kurzfristig.
2. Cashflow 2017 € 212.000,–, 2018 € 164.000,–
3. Anfangsbestände 2017: Warenvorrat € 250.000,–, Lieferforderungen € 116.000,–, Lieferverbindlichkeiten € 178.000,–, Gesamtkapital € 559.000,–
4. Die HW-Einkäufe betragen 2017 € 931.000,– (exkl. USt) und für 2018 € 1.055.000,– (exkl. USt).
5. Umsatzsteuer einheitlich 20 %

Lesen Sie vorher bei den entsprechenden Erläuterungen zu den Kennzahlen der Investitions- und Finanzierungsanalyse nach. Soweit dies notwendig bzw. möglich ist, ist auch eine Aussage über den Vergleich mit den Vorjahren bzw. mit der in der Aufgabenstellung angeführten Branchenkennzahl zu treffen.

Aufgabe: a) Errechnen Sie die Kennzahlen der Investitions- und Finanzierungsanalyse. C
Verwenden Sie zur Bearbeitung dieser Aufgabenstellung das Formular Kennzahlen der Investitions- und Finanzierungsanalyse.

b) Geben Sie in möglichst kurzen Sätzen eine Beurteilung zu folgenden Kennzahlen ab. D

- Anlagendeckung
- Eigenmittelquote und fiktive Schuldentilgungsdauer
- Lagerumschlagsdauer (Branchendurchschnitt 2018 96 Tage)

Fritz Moser e. U. Fortsetzung von Ü 1.04, Ü 1.05 und Ü 1.06

SbX Excel ID: 1032

Ü 1.11: Errechnung von Kennzahlen – Liquiditätsanalyse

Bilanz per 31. Dez. 2017 (in 1.000 €)

Aktiva			Passiva		
Anlagevermögen			**Kapital**		242
1. Fahrzeuge	30				
2. Geschäftsausst.	60	90	**Rückstellungen**		20
Umlaufvermögen			**Verbindlichkeiten**		
1. Warenvorrat	262		1. Darlehen	60	
2. Lieferforderungen	124		2. Lieferverbindlichk.	164	
3. Kassa, Bank	18		3. Sonstige Verbindl.	14	238
4. Akt. Rechn.-Abgr.	6	410			
		500			500

GuV-Rechnung 2017 (in 1.000 €)

Warenerlöse	1.562
+ Sonst. betriebliche Erträge	+ 4
Betriebsleistung	1.566
– Wareneinsatz	– 919
– Personalaufwand	– 320
– Abschr. auf Sachanlagen	– 29
– Sonst. betr. Aufwendungen	– 106
Betriebserfolg	192
– Zinsenaufwand	– 7
Bilanzgewinn = (= Ergebnis vor Steuern = = Jahresüberschuss)	185

Aktiva		Bilanz per 31. Dez. 2018 (in 1.000 €)			Passiva
Anlagevermögen			**Kapital**		200
1. Fahrzeuge	20				
2. Geschäftsausst.	50	70	**Rückstellungen**		22
Umlaufvermögen			**Verbindlichkeiten**		
1. Warenvorrat	290		1. Darlehen	80	
2. Lieferforderungen	108		2. Lieferverbindlichk.	162	
3. Kassa, Bank	12		3. Sonstige Verbindl.	24	266
4. Akt. Rechn.-Abgr.	8	418			
		488			488

GuV-Rechnung 2018	(in 1.000 €)
Warenerlöse	1.673
+ Sonst. betriebliche Erträge	+ 3
Betriebsleistung	1.676
– Wareneinsatz	–1.027
– Personalaufwand	– 360
– Abschr. auf Sachanlagen	– 30
– Sonst. betr. Aufwendungen	– 120
Betriebserfolg	139
– Zinsenaufwand	– 6
Bilanzgewinn = (= Ergebnis vor Steuern = = Jahresüberschuss)	133

Folgende Tatbestände sind noch zu berücksichtigen:

1. Kundenziel drei Monate, Lieferantenziel zwei Monate
2. Die Sonstigen Verbindlichkeiten sind kurzfristig fällig.
3. Die Rückstellungen sind zu 50 % mittelfristig, zu 50 % langfristig.
4. Anfangsbestände 2017: Warenvorrat € 250.000,–, Lieferforderungen € 116.000,–, ARA € 5.000,–, Rückstellungen € 24.000,–, Lieferverbindlichkeiten € 178.000,–, Sonstige Verbindlichkeiten € 36.000,–

Lesen Sie vorher bei den entsprechenden Erläuterungen zu den Kennzahlen der Liquiditätsanalyse nach. Soweit dies notwendig bzw. möglich ist, ist auch eine Aussage über den Vergleich mit den Vorjahren bzw. mit der in der Aufgabenstellung angeführten Branchenkennzahl zu treffen.

Aufgabe: a) Errechnen Sie die Kennzahlen zur Liquiditätsanalyse. C
Verwenden Sie zur Bearbeitung dieser Aufgabenstellung das Formular Kennzahlen der Liquiditätsanalyse.

b) Geben Sie in möglichst kurzen Sätzen eine Beurteilung zu folgenden Kennzahlen ab. D

- Liquidität 2. Grades (Branchendurchschnitt 2018 95,2 %)
- Operativer Cashflow (Operativer Cashflow 2015 € 123.000,–, 2016 € 145.000,–; Branchendurchschnitt 2018 € 154.000,–)

Fritz Moser e. U. Fortsetzung von Ü 1.04, Ü 1.05 und Ü 1.06

SbX Excel ID: 1032

Ü 1.12: Errechnung von Kennzahlen – Erfolgswirtschaftliche Analyse

Aktiva		Bilanz per 31. Dez. 2017 (in 1.000 €)			Passiva
Anlagevermögen			**Kapital**		242
1. Fahrzeuge	30				
2. Geschäftsausst.	60	90	**Rückstellungen**		20
Umlaufvermögen			**Verbindlichkeiten**		
1. Warenvorrat	262		1. Darlehen	60	
2. Lieferforderungen	124		2. Lieferverbindlichk.	164	
3. Kassa, Bank	18		3. Sonstige Verbindl.	14	238
4. Akt. Rechn.-Abgr.	6	410			
		500			500

GuV-Rechnung 2017	(in 1.000 €)
Warenerlöse	1.562
+ Sonst. betriebliche Erträge	+ 4
Betriebsleistung	1.566
– Wareneinsatz	– 919
– Personalaufwand	– 320
– Abschr. auf Sachanlagen	– 29
– Sonst. betr. Aufwendungen	– 106
Betriebserfolg	192
– Zinsenaufwand	– 7
Bilanzgewinn = (= Ergebnis vor Steuern = = Jahresüberschuss)	185

Aktiva		Bilanz per 31. Dez. 2018 (in 1.000 €)			Passiva
Anlagevermögen			**Kapital**		200
1. Fahrzeuge	20				
2. Geschäftsausst.	50	70	**Rückstellungen**		22
Umlaufvermögen			**Verbindlichkeiten**		
1. Warenvorrat	290		1. Darlehen	80	
2. Lieferforderungen	108		2. Lieferverbindlichk.	162	
3. Kassa, Bank	12		3. Sonstige Verbindl.	24	266
4. Akt. Rechn.-Abgr.	8	418			
		488			488

GuV-Rechnung 2018	(in 1.000 €)
Warenerlöse	1.673
+ Sonst. betriebliche Erträge	+ 3
Betriebsleistung	1.676
– Wareneinsatz	–1.027
– Personalaufwand	– 360
– Abschr. auf Sachanlagen	– 30
– Sonst. betr. Aufwendungen	– 120
Betriebserfolg	139
– Zinsenaufwand	– 6
Bilanzgewinn = (= Ergebnis vor Steuern = = Jahresüberschuss)	133

Folgende Tatbestände sind noch zu berücksichtigen:

1. Der Personalstand hat sich im Jahr 2018 nicht verändert; er beträgt: sechs Angestellte, zwei Arbeiter. Herr Dipl.-Ing. Moser arbeitet voll mit.
2. Anfangsbestände 2017: Kapital € 251.000,–, Gesamtkapital € 559.000,–

Lesen Sie vorher bei den entsprechenden Erläuterungen zu den Kennzahlen der erfolgswirtschaftlichen Analyse nach. Soweit dies notwendig bzw. möglich ist, ist auch eine Aussage über den Vergleich mit den Vorjahren bzw. mit der in der Aufgabenstellung angeführten Branchenkennzahl zu treffen.

Aufgabe: a) Errechnen Sie die Kennzahlen zur erfolgswirtschaftlichen Analyse. C
Verwenden Sie zur Bearbeitung dieser Aufgabenstellung das Formular Kennzahlen der erfolgswirtschaftlichen Analyse.

b) Geben Sie in möglichst kurzen Sätzen eine Beurteilung zu folgenden Kennzahlen ab. D

- Umsatz je Beschäftigten (Branchendurchschnitt 2018 € 201.000,–)
- Rohaufschlag (Rohaufschlag 2015 76,0 %, 2016 72,4 %; Branchendurchschnitt 2018 59,4 %)
- Umsatzrentabilität (Umsatzrentabilität 2015 12,0 %, 2016 11,8 %; Branchendurchschnitt 2018 7,6 %)

Weitere Übungsbeispiele finden Sie in der Lerneinheit 6 und im Kapitel 3 bzw. mit Lösungen zur Selbstkontrolle im Übungsbuch.

Sichern

SbX ID: 1033

Teilbereiche der kennzahlenorientierten Jahresabschlussanalyse

- Finanzwirtschaftliche Kennzahlen

Investitionsanalyse – Informationen über die Kapitalverwendung

Finanzierungsanalyse – Auskunft über die Kapitalaufbringung

Liquiditätsanalyse – Darstellung des Zusammenhanges zwischen Kapitalaufbringung und Kapitalverwendung

- Erfolgswirtschaftliche Kennzahlen

Ergebnisanalyse, **Rentabilitätsanalyse**, **Break-even-Analyse** } **Einblick in die Ertragskraft des Unternehmens**

Investitions- und Finanzierungsanalyse

Mit der **Investitionsanalyse** wird die **Art und Zusammensetzung des Vermögens** und die Zeitspanne, **wie lange eine Vermögensposition im Unternehmen verbleibt,** untersucht.

Die **Finanzierungsanalyse** gibt Auskunft über die **Herkunft und Zusammensetzung des Kapitals.**

- Kennzahlen der Aktivseite der Bilanz

○ Anteil des Anlagevermögens (Anlagenintensität)

$$\frac{\text{Anlagevermögen}}{\text{Gesamtvermögen}} \cdot 100\ (\%)$$

○ Anteil des Umlaufvermögens

$$\frac{\text{Umlaufvermögen}}{\text{Gesamtvermögen}} \cdot 100\ (\%)$$

- Kennzahlen der Passivseite der Bilanz

○ Anteil des Eigenkapitals (Eigenmittelquote, Eigenkapitalquote)

$$\frac{\text{Eigenkapital}}{\text{Gesamtkapital}} \cdot 100\ (\%)$$

○ Anteil des Fremdkapitals (Fremdkapitalquote)

$$\frac{\text{Fremdkapital}}{\text{Gesamtkapital}} \cdot 100\ (\%)$$

○ Fiktive Schuldentilgungsdauer (Entschuldungsdauer)

$$\frac{\text{Fremdkapital} - \text{Zahlungsmittel}}{\text{Cashflow}}$$

Beziehungszahl zwischen Vermögen und Kapital

Anlagendeckung (Goldene Finanzierungsregel)

$$\frac{\text{langfristiges Kapital}}{\text{Anlagevermögen}} \cdot 100\ (\%)$$

Umschlagskennzahlen

Durchschnittslager = $\frac{\text{Anfangsbestand} + \text{Endbestand}}{2}$

Kennzahlen des Lagerumschlages

Lagerumschlagshäufigkeit

$$\frac{\text{Wareneinsatz}}{\text{Durchschnittslager}}$$

Lagerumschlagsdauer

$$\frac{365}{\text{Lagerumschlagshäufigkeit}}$$

Durchschnittliche Lieferforderungen = $\frac{\text{Anfangsbestand} + \text{Endbestand}}{2}$

Kennzahlen der Debitorenbewegung

Debitorenumschlagshäufigkeit

$$\frac{\text{Umsatz} + \text{Umsatzsteuer}}{\text{durchschnittliche Lieferforderungen}}$$

Debitorenumschlagsdauer

$$\frac{365}{\text{Debitorenumschlagshäufigkeit}}$$

Durchschnittliche Lieferverbindlichkeiten = $\frac{\text{Anfangsbestand} + \text{Endbestand}}{2}$

Kennzahlen der Kreditorenbewegung

Kreditorenumschlagshäufigkeit

$$\frac{\text{Lieferungen (und sonstige Leistungen) an uns} + \text{Vorsteuer}}{\text{durchschnittliche Lieferverbindlichkeiten}}$$

Kreditorenumschlagsdauer

$$\frac{365}{\text{Kreditorenumschlagshäufigkeit}}$$

Durchschnittliches Gesamtkapital = $\frac{\text{Anfangsbestand} + \text{Endbestand}}{2}$

Kennzahl des Kapitalumschlages

Kapitalumschlagshäufigkeit

$$\frac{\text{Umsatz}}{\text{durchschnittliches Gesamtkapital}}$$

Liquiditätsanalyse

Durch die **Liquiditätsanalyse** soll festgestellt werden, ob das Unternehmen in der Lage ist, seinen **Zahlungsverpflichtungen fristgerecht** und ohne wesentliche Beeinträchtigung des Betriebsablaufes **nachzukommen.**

Liquidität

Zahlungsmittel

Kassenbestand
Bank- und PSK-Guthaben

Kurzfristig gebundenes Vermögen (bis drei Monate)

Forderungen mit einer entsprechenden Fälligkeit (z. B. Lieferforderungen)
veräußerbare Wertpapierbestände

Kurzfristige Verbindlichkeiten (bis drei Monate)

Lieferverbindlichkeiten
kurzfristige Bankschulden
kurzfristige Rückstellungen (z. B. Steuerrückstellungen)
sonstige kurzfristige Verbindlichkeiten

Liquidität 2. Grades

$$\frac{\text{Zahlungsmittel} + \text{kurzfristig gebundenes Vermögen}}{\text{kurzfristige Verbindlichkeiten}} \cdot 100\ (\%)$$

Working Capital

	Umlaufvermögen (liquide Mittel, kurzfr. Ford., Warenvorrat, jedoch ohne ARA)
–	kurzfristige Verbindlichkeiten
	Working Capital

Cashflow

Unter **Cashflow** versteht man im Allgemeinen den **aus der Geschäftstätigkeit erwirtschafteten finanziellen Überschuss,** der für **Investitionen,** für die **Tilgung von** (langfristigen) **Verbindlichkeiten** und für **Eigenkapitalentnahmen** oder **Gewinnausschüttungen** zur Verfügung steht.

Jahresüberschuss (-fehlbetrag)
– Gewinne (+ Verluste) aus dem Abgang von Anlagevermögen
+ Abschreibungen auf das Anlagevermögen
+ Bildung (– Auflösung) langfristiger Rückstellungen
± sonstige zahlungsunwirksame Aufwendungen/Erträge

Cashflow aus dem Ergebnis
– Zunahme (+ Abnahme):
Warenvorrat
Geleistete Anzahlungen
ARA
Lieferforderungen
Sonstige Forderungen
+ Zunahme (– Abnahme):
Erhaltene Anzahlungen
PRA
Lieferverbindlichkeiten
Sonstige Verbindlichkeiten
kurz- und mittelfristige Rückstellungen

Operativer Cashflow

Cashflow (Praktiker-Formel)

Jahresüberschuss (-fehlbetrag)
+ Abschreibungen
+ Bildung von langfristigen Rückstellungen
– Auflösung von langfristigen Rückstellungen

Cashflow

Cashflow in Prozent der Betriebsleistung

$$\frac{\text{Cashflow}}{\text{Betriebsleistung}} \cdot 100\ (\%)$$

Erfolgswirtschaftliche Analyse

Mit der **erfolgswirtschaftlichen Analyse** soll die **Ertragskraft** des Unternehmens beurteilt werden, insbesondere die Fähigkeit, in Zukunft Erfolge zu erwirtschaften.

Ergebnisanalyse (Aufwands- und Ertragsanalyse)

Aufwandskennzahlen

Material-/Warenintensität

$$\frac{\text{Material- bzw. Wareneinsatz}}{\text{Betriebsleistung}} \cdot 100\ (\%)$$

Personalintensität

$$\frac{\text{Personalaufwand}}{\text{Betriebsleistung}} \cdot 100\ (\%)$$

Ertragskennzahlen

Umsatz je Beschäftigten

$$\frac{\text{Umsatz}}{\text{Zahl der Beschäftigten}}$$

Umsatz je Arbeiter

$$\frac{\text{Umsatz}}{\text{Zahl der Arbeiter}}$$

Handelsspanne, Rohaufschlag, Gewinn

Handelsspanne

$$\frac{\text{Bruttogewinn}}{\text{Erlöse (exkl. bzw. inkl. USt) – Retourwaren}} \cdot 100\ (\%)$$

Rohaufschlag

$$\frac{\text{Bruttogewinn}}{\text{Wareneinsatz}} \cdot 100\ (\%)$$

Ergebnis vor Steuern	
	Betriebserfolg
±	Finanzerfolg
	Ergebnis vor Steuern
–	Steuern vom Einkommen und Ertrag
	Ergebnis nach Steuern
–	Sonstige Steuern
	Jahresüberschuss (Jahresfehlbetrag)
±	Veränderungen von Rücklagen
±	Gewinnvortrag/Verlustvortrag
	Bilanzgewinn (Bilanzverlust)

Jahresüberschuss (Jahresfehlbetrag)

Bilanzgewinn (Bilanzverlust)

● Rentabilitätsanalyse

Durchschnittliches Eigenkapital = $\frac{\text{Anfangsbestand} + \text{Endbestand}}{2}$

Durchschnittliches Gesamtkapital = $\frac{\text{Anfangsbestand} + \text{Endbestand}}{2}$

○ Rentabilität des Eigenkapitals

$$\frac{\text{Ergebnis vor Steuern}}{\text{durchschnittliches Eigenkapital}} \cdot 100\ (\%)$$

○ Rentabilität des Gesamtkapitals

$$\frac{\text{Ergebnis vor Steuern} + \text{Fremdkapitalzinsen}}{\text{durchschnittliches Gesamtkapital}} \cdot 100\ (\%)$$

○ Umsatzrentabilität

$$\frac{\text{Ergebnis vor Steuern} + \text{Fremdkapitalzinsen}}{\text{Umsatz}} \cdot 100\ (\%)$$

○ Return on Investment (ROI)

Umsatzrentabilität · Kapitalumschlagshäufigkeit

SbX ID: 1033

Zusätzlich zu dieser Zusammenfassung finden Sie im SbX eine Bildschirmpräsentation.

Wissen

SbX ID: 1034

A B C D E

SbX
Aufgaben mit automatischer Aufgabenkontrolle ID: 1034

W 1.06: Zu den liquiden Mitteln zählen: A

a) Kassenbestand . . . . .

b) Wertpapiere . . . .

c) Fahrzeuge . . . .

d) PSK-Guthaben . . . . .

e) Rohstoffe . . . .

W 1.07: Bilanz und Gewinn- und Verlustrechnung 2018 von Hans Müller e. U., Wien:

Aktiva — Bilanz per 31. Dez. 2018 — Passiva

Anlagevermögen		84.000,00	Kapital		142.300,00
Umlaufvermögen			Rückstellungen		16.000,00
1. Warenvorrat	91.400,00		Verbindlichkeiten		
2. Lieferforderungen	82.800,00		1. Darlehen	80.000,00	
3. Kassa, Bank	26.400,00	200.600,00	2. Lieferverbindlichk.	46.300,00	126.300,00
		284.600,00			284.600,00

Gewinn- und Verlustrechnung 2018

	Warenerlöse	821.200,00
+	Sonstige betriebliche Erträge	+ 7.800,00
	Betriebsleistung	829.000,00
–	Wareneinsatz	– 508.000,00
–	Personalaufwand	– 94.200,00
–	Abschreibungen auf Sachanlagen	– 24.200,00
–	Sonstige betriebliche Aufwendungen	– 64.200,00
	Bilanzgewinn (= Ergebnis vor Steuern = Jahresüberschuss)	138.400,00

1. Das Darlehen hat eine Restlaufzeit von acht Jahren und ist mit € 10.000,– jährlich zurückzuzahlen (1 Dez.).
2. Die Rückstellungen haben zu 50 % kurzfristigen, zu 50 % mittelfristigen Charakter.
3. Die Lieferanten gewähren zwei bis drei Monate Ziel, den Kunden werden zwei Monate Ziel gewährt.
4. Eigenkapital per 1. Jan. 2018 € 127.900,–

Aufgabe: Ermitteln Sie folgende Kennzahlen (auf 1 Dez. genau): C

a) Anlagendeckung
b) Liquidität 2. Grades
c) Rohaufschlag
d) Rentabilität des Eigenkapitals

Anlagendeckung

Liquidität 2. Grades

Rohaufschlag

Rentabilität des Eigenkapitals

Berechnungen:

W 1.08: Berechnen Sie

a) das Durchschnittslager,
b) die Lagerumschlagshäufigkeit und
c) die Lagerumschlagsdauer. C

Warenbestand 1. Jan. 2018 € 90.800,–, Warenbestand 31. Dez. 2018 € 87.200,–, Wareneinsatz 2018 € 525.100,–

Durchschnittslager

Lagerumschlagshäufigkeit

Lagerumschlagsdauer

Berechnungen:

SbX
ID: 1034

Weitere Möglichkeiten zur Kompetenzüberprüfung im SbX

Wiederholungsfragen | Weitere Aufgaben mit automatischer Aufgabenkontrolle | $H_2Ö$ MUSTERUNTERNEHMEN

Ein kurzer Kompetenz-Check, bevor's weitergeht!

Kompetenz-Check

	☺	😐	☹
Ich kann die Investitions- und Finanzierungsanalyse erläutern.			
Ich kann Kennzahlen der Aktivseite und der Passivseite der Bilanz ermitteln.			
Ich kann die Goldene Finanzierungsregel anwenden.			
Ich kann Umschlagskennzahlen ermitteln.			
Ich kann die Liquiditätsanalyse erläutern.			
Ich kann die statische Liquiditätsbeurteilung von der dynamischen Liquiditätsbeurteilung unterscheiden.			
Ich kann die einzelnen Liquiditätsgrade erläutern und berechnen.			
Ich kann den Cashflow beschreiben und ihn mittels verschiedener Berechnungsmethoden ermitteln.			
Ich kann die erfolgswirtschaftliche Analyse erläutern.			
Ich kann die Instrumente der erfolgswirtschaftlichen Analyse beschreiben.			
Ich kann Aufwands- und Ertragskennzahlen ermitteln.			
Ich kann die unterschiedlichen Gewinnbegriffe erläutern und berechnen.			
Ich kann Kennzahlen der Rentabilitätsanalyse ermitteln.			
Ich kann den ROI erläutern und berechnen.			

Lerneinheit 4

Kapitalflussrechnung

SbX
Alle SbX-Inhalte zu dieser Lerneinheit finden Sie unter der ID: 1040.

Die Kapitalflussrechnung (Cashflow-Rechnung, Geldflussrechnung) ist, neben der Kennzahlenberechnung, ein wesentlicher Bestandteil jeder Jahresabschlussanalyse. Sie stellt die Zu- und Abgänge der flüssigen (liquiden) Mittel dar und gibt so einen wichtigen Einblick in die Finanzlage des Unternehmens.

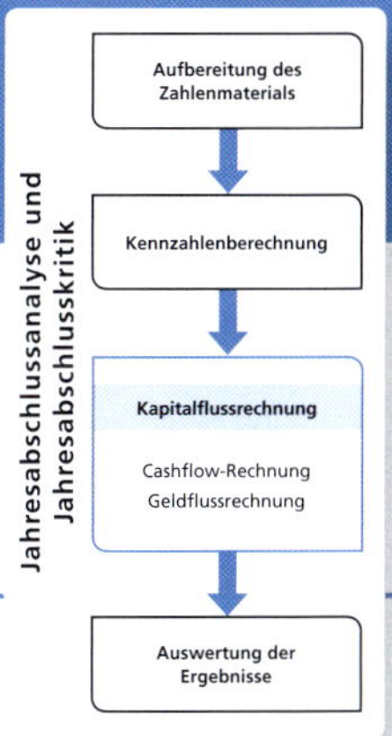

Lernen

SbX ID: 1041

A B C D E

1 Einführung

Markieren Sie im nachfolgenden Text die Antworten auf folgende Fragen:

- **Welche Aufgabe hat die Kapitalflussrechnung?**
- **Welcher Zusammenhang besteht zwischen Bilanz, GuV-Rechnung und Kapitalflussrechnung?**

Kapitalflussrechnung

* In der Praxis werden die Begriffe gleichbedeutend verwendet.

Aufgabe der Kapitalflussrechnung (Geldflussrechnung, Cashflow-Rechnung, Cashflow-Statement)* ist es, für einen **bestimmten, bereits vergangenen Zeitraum Auskunft über Mittelherkunft und Mittelverwendung** zu geben. Kapitalflussrechnungen sind damit ein wesentlicher Bestandteil jeder Jahresabschlussanalyse.

Die Kapitalflussrechnung ist im Gegensatz zur **zeitpunktbezogenen Bilanz** eine **zeitraumbezogene Darstellung der Zu- und Abgänge der flüssigen (liquiden) Mittel** einer Abschlussperiode. Sie gibt einen wichtigen Einblick in die Finanzlage eines Unternehmens. Die Kapitalflussrechnung zeigt die Fähigkeit eines Unternehmens zur Erwirtschaftung von Zahlungsüberschüssen und die Fähigkeit zur Erfüllung von Zahlungsverpflichtungen.

Darstellung: Zusammenhang zwischen der Bilanz, der GuV-Rechnung und der Kapitalflussrechnung

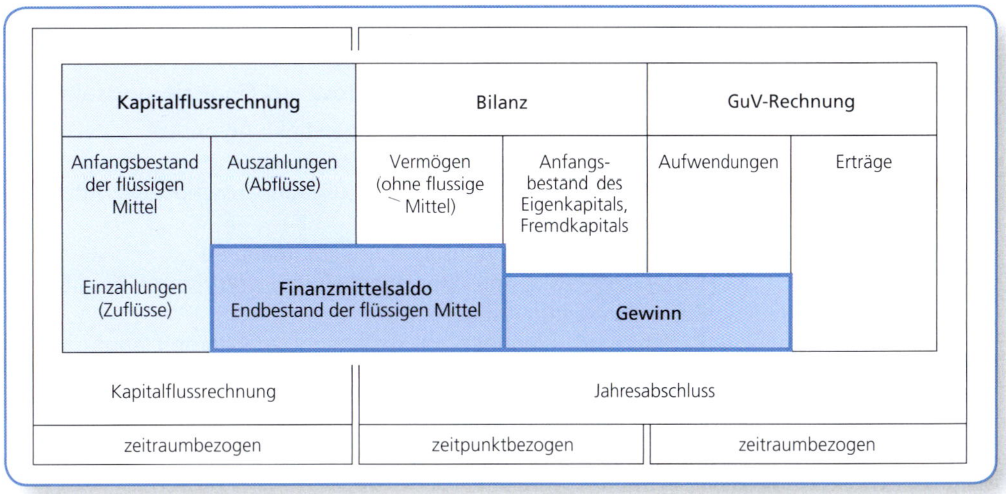

Wie die Darstellung zeigt, ist der **Gewinn** das Bindeglied zwischen der GuV-Rechnung und der Bilanz, der **Endbestand an flüssigen (liquiden) Mitteln** das Bindeglied zwischen der Bilanz und der Kapitalflussrechnung.

Nach den Bestimmungen des UGB hat der Jahresabschluss auch ein **möglichst getreues Bild der Finanzlage** eines Unternehmens zu vermitteln. Vielfach wird es dabei als notwendig angesehen, dass Kapitalflussrechnungen als eine **zeitraumbezogene Analyse der Finanzlage des Unternehmens** den Jahresabschluss (Bilanz, GuV-Rechnung) ergänzen sollen. In einigen Ländern (z.B. in den USA) sind Kapitalflussrechnungen bereits ein Bestandteil des Jahresabschlusses.

Bewegungsbilanz und Erfolgsveränderungsrechnung → **einfache Kapitalflussrechnung**

Kapitalflussrechnungen in ihrer einfachsten Form sind die **Bewegungsbilanz** und die **Erfolgsveränderungsrechnung** (siehe Lerneinheit 2). In zunehmendem Maß werden diese durch **nach Aktivitätsbereichen** (z.B. laufende Geschäftstätigkeit, Investitionstätigkeit, Finanzierungstätigkeit) **gegliederte Kapitalflussrechnungen** ersetzt.

In der Praxis findet man zahlreiche verschiedene Darstellungen der Kapitalflussrechnung. Die bekanntesten davon sind u. a.

* Die ÖVFA im Internet – **www.oevfa.at**

- die **Cashflow-Rechnung** nach der Österreichischen Vereinigung für Finanzanalyse und Asset Management (ÖVFA)* und
- die von der Kammer der Wirtschaftstreuhänder vorgeschlagene **Geldflussrechnung** als Ergänzung des Jahresabschlusses.

Kapitalflussrechnung

Cashflow-Rechnung
Geldflussrechnung

2 Cashflow-Rechnung

Markieren Sie im nachfolgenden Text die Antworten auf folgende Fragen:

- **Wie ist die Cashflow-Rechnung nach der ÖVFA aufgebaut?**
- **Wie wird der Endbestand der flüssigen (liquiden) Mittel ermittelt?**

In der internationalen Entwicklung ist eine Abkehr von der reinen Kennzahl Cashflow und eine Hinwendung zur nachfolgend gezeigten Cashflow-Rechnung (Cashflow-Statement) festzustellen. Die Darstellung der Kapitalflussrechnung in Form einer Cashflow-Rechnung basiert auf der aktuellen Konzeption der ÖVFA.

Es werden folgende Werte ermittelt und analysiert:

Jahresüberschuss (-fehlbetrag)
– Gewinne (+ Verluste) aus dem Abgang von Anlagevermögen
+ Abschreibungen auf das Anlagevermögen
+ Bildung (– Auflösung) langfristiger Rückstellungen
± sonstige zahlungsunwirksame Aufwendungen/Erträge

Cashflow aus dem Ergebnis
– Zunahme (+ Abnahme):
  Warenvorrat
  Geleistete Anzahlungen
  ARA
  Lieferforderungen
  Sonstige Forderungen
+ Zunahme (– Abnahme):
  Erhaltene Anzahlungen
  PRA
  Lieferverbindlichkeiten
  Sonstige Verbindlichkeiten
  kurz- und mittelfristige Rückstellungen

Operativer Cashflow (Cashflow aus der laufenden Geschäftstätigkeit)

1. Operativer Cashflow (Cashflow aus der laufenden Geschäftstätigkeit)

Das Schema zur Berechnung des Operativen Cashflow wurde bereits in der Lerneinheit 3 Liquiditätsanalyse auf Seite 34 dargestellt.

2. Investitions-Cashflow (Cashflow aus Investitionsaktivitäten)

– Investitionen in das Anlagevermögen (einschließlich aktivierter Eigenleistungen)
+ Abgänge aus dem Anlagevermögen (Restbuchwerte + Gewinne [– Verluste] aus dem Abgang von Anlagevermögen)

Investitions-Cashflow

3. Finanzierungs-Cashflow (Cashflow aus Finanzierungsaktivitäten)

+ Einzahlungen aus Kapitalerhöhungen (inkl. Agio)
+ Einzahlungen aus Gesellschafterzuschüssen
– Ausschüttungen an Gesellschafter (Gewinnausschüttung, Rückzahlung von Kapital, Privatentnahmen)
+ Einzahlungen aus kurzfristigen Kreditaufnahmen
+ Einzahlungen aus Anleihen, Darlehen und langfristigen Kreditaufnahmen
– Rückzahlung kurzfristiger Kredite
– Rückzahlung, Tilgungen von Anleihen, Darlehen und langfristigen Krediten

Finanzierungs-Cashflow

4. Unternehmens-Cashflow

± Operativer Cashflow
± Investitions-Cashflow
± Finanzierungs-Cashflow

Unternehmens-Cashflow (= Gesamt-Cashflow = Veränderung der flüssigen Mittel)
+ Anfangsbestand der flüssigen Mittel

Endbestand der flüssigen Mittel

Lösung (in 1.000 €):

Nr.	Position	Betrag
1	Ergebnis vor Steuern	208
2	Überleitung auf den Netto-Geldfluss aus dem Ergebnis vor Steuern	
a)	–/+ Gewinn/Verlust aus dem Abgang von Gegenständen des Investitionsbereiches	
b)	+/– Abschreibungen/Zuschreibungen auf Vermögensgegenstände des Investitionsbereiches	+ 34[1]
c)	+/– sonstige zahlungsunwirksame Aufwendungen/Erträge	
d)	–/+ Zunahme/Abnahme der Forderungen aus Lieferungen und Leistungen sowie anderer Aktiva	+ 6[2]
e)	+/– Zunahme/Abnahme der Rückstellungen, ausgenommen für Ertragsteuern	– 2
f)	+/– Zunahme/Abnahme der Verbindlichkeiten aus Lieferungen und Leistungen sowie anderer Passiva	– 4[3]
3	Netto-Geldfluss aus dem Ergebnis vor Steuern	+242
4 –	Zahlungen für Ertragsteuern	
5	**Netto-Geldfluss aus laufender Geschäftstätigkeit**	**+242**
6	Einzahlungen aus Anlagenabgang (ohne Finanzanlagen)	
7 +	Einzahlungen aus Finanzanlagenabgang und sonstigen Finanzinvestitionen	
8 –	Auszahlungen für Anlagenzugang (ohne Finanzanlagen)	– 62[4]
9 –	Auszahlungen für Finanzanlagenzugang und sonstige Finanzinvestitionen	
10	**Netto-Geldfluss aus der Investitionstätigkeit**	**– 62**
11	Einzahlung von Eigenkapital	
12 –	Rückzahlung von Eigenkapital (Privatentnahmen)[5]	–144
13 –	Auszahlungen aus der Bedienung des Eigenkapital	
14 +	Einzahlungen aus der Begebung von Anleihen und der Aufnahme von sonstigen Finanzkrediten	
15 –	Auszahlungen für die Tilgung von Anleihen und sonstigen Finanzkrediten	– 20
16	**Netto-Geldfluss aus der Finanzierungstätigkeit**	**–164**
17	**zahlungswirksame Veränderung des Finanzmittelbestandes** (Z 5 + 10 + 16)	+ 16
18 +/–	wechselkursbedingte und sonstige Wertänderungen des Finanzmittelbestandes	
19 +	Finanzmittelbestand am Beginn der Periode	+ 66[6]
20	**Finanzmittelbestand am Ende der Periode**	**+ 82**

[1] Abschreibungen + 34 (Fahrzeuge + 10, Geschäftsausstattung + 24)

[2] Abnahme des Warenvorrates + 18, Zunahme der Lieferforderungen – 18, Abnahme der Sonstigen Forderungen + 2, Abnahme der aktiven Rechnungsabgrenzung + 4

[3] Abnahme der Lieferverbindlichkeiten – 12, Zunahme der Sonstigen Verbindlichkeiten + 8

[4] Anlagenzugang – 62 (Fahrzeuge – 20, Geschäftsausstattung – 42)

[5] z. B. Ausschüttung an die Anteilseigner

[6] Kassa, Bank per 1. Jan. 2018

Die Geldflussrechnung zeigt eine positive Entwicklung der Finanzkraft und der Liquidität des Unternehmens. Der hohe Netto-Geldfluss aus laufender Geschäftstätigkeit ermöglichte entsprechende Investitionen und Privatentnahmen sowie die ordnungsgemäße Darlehensrückzahlung. Der Finanzmittelbestand am Ende der Periode ist um € 16.000,– höher als der Anfangsbestand.

Üben

SbX ID: 1042

A B C D E

Erika Neumann e. U. Fortsetzung von Ü 1.01 bis Ü 1.03 bzw. Ü 1.07 bis Ü 1.09

SbX **Formular Excel ID: 1042**

Ü 1.13: Cashflow-Rechnung

Bei der Geschäftsausstattung wurden 2018 € 16.000,– investiert; Privatentnahmen 2018 € 179.000,–. Das Darlehen wird jährlich mit € 10.000,– zurückgezahlt. Die Rückstellungen haben kurzfristigen Charakter.

Aktiva — Bilanz per 31. Dez. 2017 (in 1.000 €) — Passiva

Aktiva			Passiva		
Anlagevermögen			**Kapital**		280
1. Fahrzeuge	40				
2. Geschäftsausst.	82	122	**Rückstellungen**		16
Umlaufvermögen			**Verbindlichkeiten**		
1. Warenvorrat	240		1. Darlehen	80	
2. Lieferforderungen	160		2. Lieferverbindlichk.	160	
3. Kassa, Bank	34		3. Sonstige Verbindl.	32	272
4. Akt. Rechn.-Abgr.	12	446			
		568			568

GuV-Rechnung 2017 (in 1.000 €)

Warenerlöse	1.990
+ Sonst. betriebliche Erträge	+ 4
Betriebsleistung	1.994
– Wareneinsatz	–1.240
– Personalaufwand	– 400
– Abschr. auf Sachanlagen	– 38
– Sonst. betr. Aufwendungen	– 113
Betriebserfolg	203
– Zinsenaufwand	– 9
Bilanzgewinn =	
(= Ergebnis vor Steuern =	
= Jahresüberschuss)	194

Aktiva	Bilanz per 31. Dez. 2018 (in 1.000 €)					Passiva
Anlagevermögen			**Kapital**			288
1. Fahrzeuge	30					
2. Geschäftsausst.	76	106	**Rückstellungen**			14
Umlaufvermögen			**Verbindlichkeiten**			
1. Warenvorrat	260		1. Darlehen	70		
2. Lieferforderungen	170		2. Lieferverbindlichk.	180		
3. Kassa, Bank	42		3. Sonstige Verbindl.	42		292
4. Akt. Rechn.-Abgr.	16	488				
		594				594

GuV-Rechnung 2018	(in 1.000 €)
Warenerlöse	2.240
+ Sonst. betriebliche Erträge	+ 3
Betriebsleistung	2.243
– Wareneinsatz	–1.464
– Personalaufwand	– 424
– Abschr. auf Sachanlagen	– 32
– Sonst. betr. Aufwendungen	– 128
Betriebserfolg	195
– Zinsenaufwand	– 8
Bilanzgewinn = (= Ergebnis vor Steuern = = Jahresüberschuss)	187

Aufgabe: Erstellen Sie die Cashflow-Rechnung für 2018 und beurteilen Sie diese. D
Verwenden Sie zur Bearbeitung dieser Aufgabenstellung das Formular Cashflow-Rechnung.

Erika Neumann e. U.
Fortsetzung von Ü 1.01 bis Ü 1.03 bzw. Ü 1.07 bis Ü 1.09

SbX
Formular Excel
ID: 1042

Ü 1.14: Geldflussrechnung

Bei der Geschäftsausstattung wurden 2018 € 16.000,– investiert; Privatentnahmen 2018 € 179.000,–. Das Darlehen wird jährlich mit € 10.000,– zurückgezahlt.

Aktiva	Bilanz per 31. Dez. 2017 (in 1.000 €)					Passiva
Anlagevermögen			**Kapital**			280
1. Fahrzeuge	40					
2. Geschäftsausst.	82	122	**Rückstellungen**			16
Umlaufvermögen			**Verbindlichkeiten**			
1. Warenvorrat	240		1. Darlehen	80		
2. Lieferforderungen	160		2. Lieferverbindlichk.	160		
3. Kassa, Bank	34		3. Sonstige Verbindl.	32		272
4. Akt. Rechn.-Abgr.	12	446				
		568				568

GuV-Rechnung 2017	(in 1.000 €)
Warenerlöse	1.990
+ Sonst. betriebliche Erträge	+ 4
Betriebsleistung	1.994
– Wareneinsatz	–1.240
– Personalaufwand	– 400
– Abschr. auf Sachanlagen	– 38
– Sonst. betr. Aufwendungen	– 113
Betriebserfolg	203
– Zinsenaufwand	– 9
Bilanzgewinn = (= Ergebnis vor Steuern = = Jahresüberschuss)	194

Aktiva	Bilanz per 31. Dez. 2018 (in 1.000 €)					Passiva
Anlagevermögen			**Kapital**			288
1. Fahrzeuge	30					
2. Geschäftsausst.	76	106	**Rückstellungen**			14
Umlaufvermögen			**Verbindlichkeiten**			
1. Warenvorrat	260		1. Darlehen	70		
2. Lieferforderungen	170		2. Lieferverbindlichk.	180		
3. Kassa, Bank	42		3. Sonstige Verbindl.	42		292
4. Akt. Rechn.-Abgr.	16	488				
		594				594

GuV-Rechnung 2018	(in 1.000 €)
Warenerlöse	2.240
+ Sonst. betriebliche Erträge	+ 3
Betriebsleistung	2.243
– Wareneinsatz	–1.464
– Personalaufwand	– 424
– Abschr. auf Sachanlagen	– 32
– Sonst. betr. Aufwendungen	– 128
Betriebserfolg	195
– Zinsenaufwand	– 8
Bilanzgewinn = (= Ergebnis vor Steuern = = Jahresüberschuss)	187

Aufgabe: Erstellen Sie die Geldflussrechnung für 2018 und beurteilen Sie diese. D
Verwenden Sie zur Bearbeitung dieser Aufgabenstellung das Formular Geldflussrechnung.

Fritz Moser e. U.
Fortsetzung von Ü 1.04 bis Ü 1.06 bzw. Ü 1.10 bis Ü 1.12

SbX
Formular
Excel
ID: 1042

Ü 1.15: Cashflow-Rechnung

Im Jahr 2018 wurden bei der Geschäftsausstattung € 10.000,– investiert; Privatentnahmen 2018 € 175.000,–. Ende des Abschlussjahres wurde ein neues Darlehen von € 30.000,– aufgenommen, das jährlich mit € 6.000,– zurückzuzahlen ist (ab 1. Nov. 2019). Das alte Darlehen ist jährlich mit € 10.000,– zurückzuzahlen (Ende des Jahres). Die Rückstellungen sind zu 50 % mittelfristig, zu 50 % langfristig.

Bilanz per 31. Dez. 2017 (in 1.000 €)

Aktiva			Passiva		
Anlagevermögen			**Kapital**		242
1. Fahrzeuge	30				
2. Geschäftsausst.	60	90	**Rückstellungen**		20
Umlaufvermögen			**Verbindlichkeiten**		
1. Warenvorrat	262		1. Darlehen	60	
2. Lieferforderungen	124		2. Lieferverbindlichk.	164	
3. Kassa, Bank	18		3. Sonstige Verbindl.	14	238
4. Akt. Rechn.-Abgr.	6	410			
		500			500

GuV-Rechnung 2017 (in 1.000 €)

Warenerlöse	1.562
+ Sonst. betriebliche Erträge	+ 4
Betriebsleistung	1.566
– Wareneinsatz	– 919
– Personalaufwand	– 320
– Abschr. auf Sachanlagen	– 29
– Sonst. betr. Aufwendungen	– 106
Betriebserfolg	192
– Zinsenaufwand	– 7
Bilanzgewinn = (= Ergebnis vor Steuern = = Jahresüberschuss)	185

Bilanz per 31. Dez. 2018 (in 1.000 €)

Aktiva			Passiva		
Anlagevermögen			**Kapital**		200
1. Fahrzeuge	20				
2. Geschäftsausst.	50	70	**Rückstellungen**		22
Umlaufvermögen			**Verbindlichkeiten**		
1. Warenvorrat	290		1. Darlehen	80	
2. Lieferforderungen	108		2. Lieferverbindlichk.	162	
3. Kassa, Bank	12		3. Sonstige Verbindl.	24	266
4. Akt. Rechn.-Abgr.	8	418			
		488			488

GuV-Rechnung 2018 (in 1.000 €)

Warenerlöse	1.673
+ Sonst. betriebliche Erträge	+ 3
Betriebsleistung	1.676
– Wareneinsatz	–1.027
– Personalaufwand	– 360
– Abschr. auf Sachanlagen	– 30
– Sonst. betr. Aufwendungen	– 120
Betriebserfolg	139
– Zinsenaufwand	– 6
Bilanzgewinn = (= Ergebnis vor Steuern = = Jahresüberschuss)	133

Aufgabe: Erstellen Sie die Cashflow-Rechnung für 2018 und beurteilen Sie diese. D
Verwenden Sie zur Bearbeitung dieser Aufgabenstellung das Formular Cashflow-Rechnung.

Fritz Moser e. U.
Fortsetzung von Ü 1.04 bis Ü 1.06 bzw. Ü 1.10 bis Ü 1.12

SbX
Formular
Excel
ID: 1042

Ü 1.16: Geldflussrechnung

Im Jahr 2018 wurden bei der Geschäftsausstattung € 10.000,– investiert; Privatentnahmen 2018 € 175.000,–. Ende des Abschlussjahres wurde ein neues Darlehen von € 30.000,– aufgenommen, das jährlich mit € 6.000,– zurückzuzahlen ist (ab 1. Nov. 2019). Das alte Darlehen ist jährlich mit € 10.000,– zurückzuzahlen (Ende des Jahres).

Bilanz per 31. Dez. 2017 (in 1.000 €)

Aktiva			Passiva		
Anlagevermögen			**Kapital**		242
1. Fahrzeuge	30				
2. Geschäftsausst.	60	90	**Rückstellungen**		20
Umlaufvermögen			**Verbindlichkeiten**		
1. Warenvorrat	262		1. Darlehen	60	
2. Lieferforderungen	124		2. Lieferverbindlichk.	164	
3. Kassa, Bank	18		3. Sonstige Verbindl.	14	238
4. Akt. Rechn.-Abgr.	6	410			
		500			500

GuV-Rechnung 2017 (in 1.000 €)

Warenerlöse	1.562
+ Sonst. betriebliche Erträge	+ 4
Betriebsleistung	1.566
– Wareneinsatz	– 919
– Personalaufwand	– 320
– Abschr. auf Sachanlagen	– 29
– Sonst. betr. Aufwendungen	– 106
Betriebserfolg	192
– Zinsenaufwand	– 7
Bilanzgewinn = (= Ergebnis vor Steuern = = Jahresüberschuss)	185

Aktiva	Bilanz per 31. Dez. 2018 (in 1.000 €)				Passiva
Anlagevermögen			**Kapital**		200
1. Fahrzeuge	20				
2. Geschäftsausst.	50	70	**Rückstellungen**		22
Umlaufvermögen			**Verbindlichkeiten**		
1. Warenvorrat	290		1. Darlehen	80	
2. Lieferforderungen	108		2. Lieferverbindlichk.	162	
3. Kassa, Bank	12		3. Sonstige Verbindl.	24	266
4. Akt. Rechn.-Abgr.	8	418			
		488			488

GuV-Rechnung 2018	(in 1.000 €)
Warenerlöse	1.673
+ Sonst. betriebliche Erträge	+ 3
Betriebsleistung	1.676
– Wareneinsatz	–1.027
– Personalaufwand	– 360
– Abschr. auf Sachanlagen	– 30
– Sonst. betr. Aufwendungen	– 120
Betriebserfolg	139
– Zinsenaufwand	– 6
Bilanzgewinn = **(= Ergebnis vor Steuern =** **= Jahresüberschuss)**	133

Aufgabe: Erstellen Sie die Geldflussrechnung für 2018 und beurteilen Sie diese. D
Verwenden Sie zur Bearbeitung dieser Aufgabenstellung das Formular Geldflussrechnung.

Weitere Übungsbeispiele finden Sie in der Lerneinheit 6 und im Kapitel 3 bzw. mit Lösungen zur Selbstkontrolle im Übungsbuch.

Sichern

SbX ID: 1043

Kapitalflussrechnung

- Aufgabe

Aufgabe der Kapitalflussrechnung ist es, **Auskunft über Mittelverwendung und Mittelherkunft der flüssigen (liquiden) Mittel** innerhalb eines bestimmten Zeitraums zu geben.

- Arten

In der Praxis kommen u. a. die **Cashflow-Rechnung** nach der ÖVFA und die von der Kammer der Wirtschaftstreuhänder vorgeschlagene **Geldflussrechnung** zum Einsatz.

SbX ID: 1043

Zusätzlich zu dieser Zusammenfassung finden Sie im SbX eine Bildschirmpräsentation.

Wissen

SbX ID: 1044

A B C D E

SbX
Aufgaben mit automatischer Aufgabenkontrolle ID: 1044

W 1.09: Ergänzen Sie nachfolgende Sätze zur Kapitalflussrechnung. A

Aufgabe der Kapitalflussrechnung (______ , ______ , ______) ist es, für einen bestimmten, bereits vergangenen Zeitraum Auskunft über ______ und ______ zu geben. Kapitalflussrechnungen sind damit ein wesentlicher Bestandteil jeder ______ .

W 1.10: Die Cashflow-Rechnung der Peter Gorbach OG, Mattighofen, liefert folgende Zahlen:

Operativer Cashflow	€ 145.00,00
Investitions-Cashflow	– € 35.00,00
Finanzierungs-Cashflow	– € 87.00,00

Der Anfangsbestand der flüssigen Mittel beträgt € 12.500,–.

Berechnen Sie den Endbestand der flüssigen Mittel. C

Der Endbestand der flüssigen Mittel beträgt ______ .

Berechnungen:

SbX
ID: 1044

Weitere Möglichkeiten zur Kompetenzüberprüfung im SbX

Wiederholungsfragen | Weitere Aufgaben mit automatischer Aufgabenkontrolle | H₂Ö MUSTERUNTERNEHMEN

Ein kurzer Kompetenz-Check, bevor's weitergeht!

Kompetenz-Check

	☺	😐	☹
Ich kann die Aufgabe einer Kapitalflussrechnung erläutern.			
Ich kann die verschiedenen Darstellungen der Kapitalflussrechnung nennen.			
Ich kann den Aufbau der Cashflow-Rechnung nach der ÖVFA beschreiben.			
Ich kann die Cashflow-Rechnung nach der ÖVFA durchführen und das Ergebnis beurteilen.			
Ich kann den Aufbau der Geldflussrechnung nach KFS/BW2 der Kammer der Wirtschaftstreuhänder erläutern.			
Ich kann die Geldflussrechnung nach KFS/BW2 durchführen und beurteilen.			

Lerneinheit 5

Auswertung der Ergebnisse

SbX
Alle SbX-Inhalte zu dieser Lerneinheit finden Sie unter der ID: 1050.

Im Anschluss an jede Jahresabschlussanalyse folgt die Auswertung der Ergebnisse. Die durch die Kennzahlenberechnung gewonnenen Daten werden mit Vorjahreswerten, Branchenwerten etc. verglichen, um sich ein Bild über die Lage und die bisherige Entwicklung des Unternehmens zu verschaffen. Daraus sind dann die entsprechenden Schlüsse für die weitere Unternehmensentwicklung zu ziehen.

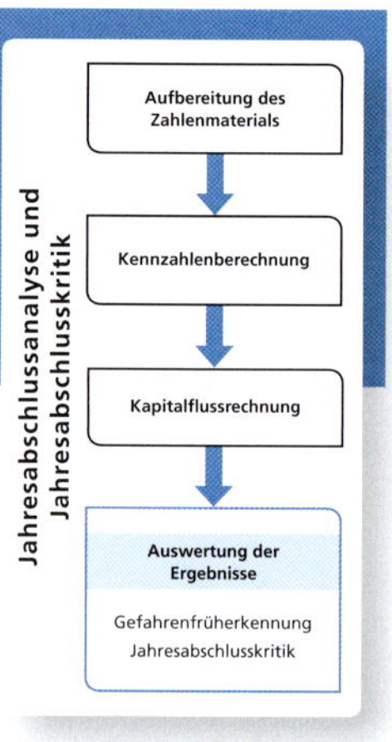

Lernen

SbX ID: 1051

A B C D E

Auswertung der Ergebnisse
Gefahrenfrüherkennung
Jahresabschlusskritik

1 Instrumente zur Gefahrenfrüherkennung

Markieren Sie im nachfolgenden Text die Antworten auf folgende Fragen:

- **Welche Indikatoren werden für eine Gefahrenfrüherkennung u. a. verwendet?**
- **Welche Kennzahlen sieht das Unternehmensreorganisationsgesetz vor?**
- **Was versteht man unter einem Quicktest?**
- **Aus welchen Kennzahlen besteht der Quicktest?**
- **Wie ist eine multiple Diskriminanzanalyse aufgebaut?**
- **Welche Kennzahlen umfasst die multiple Diskriminanzanalyse?**
- **Wie erfolgt die Auswertung dieser Indikatoren?**

Kennzahlen nach dem **Unternehmensreorganisationsgesetz** (URG) sowie der **Quicktest** und die **multiple Diskriminanzanalyse** werden eingesetzt, um mögliche Gefahren und Risiken für ein Unternehmen vorab zu erkennen. Ziel ist es, rechtzeitig **Reorganisationsmaßnahmen zu setzen**, um **eine Insolvenz zu vermeiden.**

Kennzahlen nach dem Unternehmensreorganisationsgesetz (URG)

§§ 23, 24 URG

Das Unternehmensreorganisationsgesetz (URG) sieht folgende Kennzahlen zur Gefahrenfrüherkennung vor:

Eigenmittelquote (Eigenkapitalquote), fiktive Schuldentilgungsdauer siehe Lerneinheit 3.

- Eigenmittelquote
- Fiktive Schuldentilgungsdauer

Nach den Bestimmungen des Bundesgesetzes über die Reorganisation von Unternehmen (Unternehmensreorganisationsgesetz – URG) können Unternehmen, deren **Eigenmittelquote** sich **vorausschauend feststellbar wesentlich und nachhaltig verschlechtert,** einen Antrag auf **Einleitung eines Reorganisationsverfahrens** beim Gerichtshof erster Instanz (in Wien beim Handelsgericht Wien) einbringen. Geschäftsführer bzw. Vorstandsmitglieder von prüfungspflichtigen Kapitalgesellschaften haben unverzüglich ein Reorganisationsverfahren zu beantragen, wenn die

§ 22 URG in Verbindung mit den §§ 23 und 24 URG

- Eigenmittelquote weniger als 8 % und die
- fiktive Schuldentilgungsdauer mehr als 15 Jahre

betragen. Das Reorganisationsverfahren soll durch Verbesserung der Vermögens-, Finanz- und Ertragslage gefährdete, aber noch nicht insolvente Unternehmen vor einer Insolvenz bewahren und eine nachhaltige Weiterführung des Unternehmens ermöglichen.

Quicktest

Quicktest

* Quelle: Kralicek/Böhmdorfer/Kralicek; Kennzahlen für Geschäftsführer, 5. Auflage, mi-Fachverlag

Der Quicktest* ist ein Schnelltest, zu dem **nur vier Kennzahlen** herangezogen werden. Mithilfe dieses Tests, der in der Praxis z. B. von Unternehmensberatern durchgeführt wird, kann eine **rasche Beurteilung der Ertragskraft und der finanziellen Stabilität des Unternehmens** gewonnen werden.

Die hohe Aussagekraft dieses Tests wird dadurch gewährleistet, dass aus jedem Bereich der Jahresabschlussanalyse eine bestimmte Kennzahl ausgewählt wird. Die errechneten Werte werden aufgrund einer fünfteiligen Notenskala beurteilt. Die **Gesamtbeurteilung ergibt sich als Durchschnittswert der vier Einzelbeurteilungen.**

Zur Berechnung der Kennzahlen siehe die Ausführungen in Lerneinheit 3.

** 1 = sehr gut, 2 = gut, 3 = mittel, 4 = schlecht, 5 = insolvenzgefährdet

Der Quicktest besteht aus folgenden vier Kennzahlen

Kennzahlen	Beurteilung		Analysebereich
Eigenmittelquote	30 % und mehr	1	Finanzielle Stabilität
	20 % und mehr	2	
	10 % und mehr	3	
	weniger als 10 %	4	
	negativer Wert	5	
Fiktive Schuldentilgungsdauer	3 Jahre und weniger	1	
	5 Jahre und weniger	2	
	12 Jahre und weniger	3	
	mehr als 12 Jahre	4	
	mehr als 30 Jahre	5	
Cashflow in Prozent der Betriebsleistung	10 % und mehr	1	Ertragskraft
	8 % und mehr	2	
	5 % und mehr	3	
	weniger als 5 %	4	
	negativer Wert	5	
Rentabilität des Gesamtkapitals	15 % und mehr	1	
	12 % und mehr	2	
	8 % und mehr	3	
	weniger als 8 %	4	
	negativer Wert	5	

SbX Formular ID: 1051

Zur Bearbeitung der Beispiele dieses Kapitels finden Sie im SbX das Formular **Quicktest.**

Lehrbeispiel

Oskar Schober e. U. Fortsetzung von L 1.01 bis L 1.06

SbX Excel ID: 1051

L 1.09: Quicktest

Für 2018 beträgt der Cashflow (Praktiker-Formel) € 241.000,–, das durchschnittliche Gesamtkapital € 995.000,–.

Aktiva Bilanz per 31. Dez. 2018 (in 1.000 €) **Passiva**

Aktiva			Passiva		
Anlagevermögen			**Kapital**		410
1. Fahrzeuge	50		**Rückstellungen**		18
2. Geschäftsausst.	232	282	**Verbindlichkeiten**		
Umlaufvermögen			1. Darlehen	200	
1. Warenvorrat	326		2. Lieferverbindlichk.	308	
2. Lieferforderungen	282		3. Sonstige Verbindl.	68	576
3. Sonstige Ford.	14				
4. Kassa, Bank	82				
5. Akt. Rechn.-Abgr.	18	722			
		1.004			1.004

GuV-Rechnung 2018	(in 1.000 €)
Warenerlöse	2.708
+ Sonst. betriebliche Erträge	+ 3
Betriebsleistung	2.711
– Wareneinsatz	–1.800
– Personalaufwand	– 534
– Abschr. auf Sachanlagen	– 34
– Sonst. betr. Aufwendungen	– 123
Betriebserfolg	220
– Zinsenaufwand	– 12
Bilanzgewinn = (= Ergebnis vor Steuern = = Jahresüberschuss)	208

Aufgabe: Führen Sie den Quicktest einschließlich der Gesamtbeurteilung für 2018 durch. C

Lösung:

Berechnung der Kennzahlen für 2018	Beurteilung
Eigenmittelquote = $\frac{\text{Eigenkapital}}{\text{Gesamtkapital}} \cdot 100\ (\%) = \frac{410.000}{1.004.000} \cdot 100 =$ **40,8 %**	1
Fiktive Schuldentilgungsdauer = $\frac{\text{Fremdkapital} - \text{Zahlungsmittel}}{\text{Cashflow (Praktiker-Formel)}} = \frac{594.000 - 82.000}{241.000} =$ **2,1 Jahre**	1
Cashflow in Prozent der Betriebsleistung = $\frac{\text{Cashflow (Praktiker-Formel)}}{\text{Betriebsleistung}} \cdot 100\ (\%) = \frac{241.000}{2.711.000} \cdot 100 =$ **8,9 %**	2
Rentabilität des Gesamtkapitals = $\frac{\text{Ergebnis vor Steuern} + \text{Fremdkapitalzinsen}}{\text{durchschn. Gesamtkapital}} \cdot 100\ (\%) = \frac{208.000 + 12.000}{985.000} \cdot 100 =$ **22,3 %**	1

Die **Gesamtbeurteilung,** als Durchschnittswert der vier Einzelbeurteilungen, beträgt **1,25.**

Multiple Diskriminanzanalyse

Multiple Diskriminanzfunktion/-analyse

Die multiple Diskriminanzanalyse ist eine weitere **Methode zur Früherkennung möglicher Insolvenzgefahren.** Die Diskriminanzfunktion ermöglicht eine Klassifikation, ob das Unternehmen insolvenzgefährdet ist oder nicht.

Die multiple Diskriminanzanalyse nach der einfachen Methode umfasst **sechs Kennzahlen,** welche mit einem vorgegebenen Gewichtungsfaktor multipliziert werden. Anschließend werden die sechs Produkte addiert. Die **Summe** wird als **Diskriminanzfunktion** bezeichnet.

Die Diskriminanzfunktion gibt Auskunft darüber, **ob eine Insolvenzgefährdung vorliegt.** Dabei gilt – **je höher der Wert der Diskriminanzfunktion, desto besser ist das Unternehmen zu klassifizieren.** Bei einem **negativen Wert** gilt das Unternehmen als **(insolvenz-)gefährdet.**

Zur Berechnung der Kennzahlen siehe die Ausführungen in Lerneinheit 3.

Der Cashflow kann nach der Praktiker-Formel ermittelt werden.

Die Position Verbindlichkeiten umfasst auch die Rückstellungen.

Kennzahl	Formel	Kennzahlenberechnung	Kennzahlenwert	Gewichtungsfaktor	gewichtete Kennzahl
1	$\frac{\text{Cashflow}}{\text{Verbindlichkeiten}}$			· 1,5	
2	$\frac{\text{Bilanzsumme}}{\text{Verbindlichkeiten}}$			· 0,08	
3	$\frac{\text{Ergebnis vor Steuern}}{\text{Bilanzsumme}}$			· 10	
4	$\frac{\text{Ergebnis vor Steuern}}{\text{Betriebsleistung}}$			· 5	
5	$\frac{\text{Vorräte}}{\text{Betriebsleistung}}$			· 0,3	
6	$\frac{\text{Betriebsleistung}}{\text{Bilanzsumme}}$			· 0,1	
Diskriminanzfunktion		> 3,0 extrem gut			
		> 2,2 sehr gut			
		> 1,5 gut			
		> 1,0 mittelgut			
		> 0,3 schlecht			
		≤ 0,3 leicht insolvenzgefährdet			
		≤ 0,0 insolvenzgefährdet			
		≤ −1,0 stark insolvenzgefährdet			

SbX
Formular
ID: 1051

Zur Bearbeitung der Beispiele dieses Kapitels finden Sie im SbX das Formular **Multiple Diskriminanzanalyse.**

Lehrbeispiel
Oskar Schober e. U.
Fortsetzung von L 1.01 bis L 1.06

SbX
Formular
Excel
ID: 1051

L 1.10: Multiple Diskriminanzanalyse

Cashflow (Praktiker-Formel) für 2018 € 241.000,–

Bilanz per 31. Dez. 2018 (in 1.000 €)

Aktiva			Passiva		
Anlagevermögen			**Kapital**		410
1. Fahrzeuge	50				
2. Geschäftsausst.	232	282	**Rückstellungen**		18
Umlaufvermögen			**Verbindlichkeiten**		
1. Warenvorrat	326		1. Darlehen	200	
2. Lieferforderungen	282		2. Lieferverbindlichk.	308	
3. Sonstige Ford.	14		3. Sonstige Verbindl.	68	576
4. Kassa, Bank	82				
5. Akt. Rechn.-Abgr.	18	722			
		1.004			1.004

GuV-Rechnung 2018 (in 1.000 €)

Warenerlöse	2.708
+ Sonst. betriebliche Erträge	+ 3
Betriebsleistung	2.711
– Wareneinsatz	–1.800
– Personalaufwand	– 534
– Abschr. auf Sachanlagen	– 34
– Sonst. betr. Aufwendungen	– 123
Betriebserfolg	220
– Zinsenaufwand	– 12
Bilanzgewinn = (= Ergebnis vor Steuern = = Jahresüberschuss)	208

Aufgabe: Führen Sie die multiple Diskriminanzanalyse einschließlich Gesamtbeurteilung für 2018 durch. C

Lösung:

Kennzahl	Formel	Kennzahlen-berechnung	Kennzahlen-wert	Gewichtungs-faktor	gewichtete Kennzahl
1	$\frac{\text{Cashflow}}{\text{Verbindlichkeiten}}$	$\frac{241}{594}$	0,406	· 1,5	0,609
2	$\frac{\text{Bilanzsumme}}{\text{Verbindlichkeiten}}$	$\frac{1.004}{594}$	1,690	· 0,08	0,135
3	$\frac{\text{Ergebnis vor Steuern}}{\text{Bilanzsumme}}$	$\frac{208}{1.004}$	0,207	· 10	2,070
4	$\frac{\text{Ergebnis vor Steuern}}{\text{Betriebsleistung}}$	$\frac{208}{2.711}$	0,077	· 5	0,385
5	$\frac{\text{Vorräte}}{\text{Betriebsleistung}}$	$\frac{326}{2.711}$	0,120	· 0,3	0,036
6	$\frac{\text{Betriebsleistung}}{\text{Bilanzsumme}}$	$\frac{2.711}{1.004}$	2,700	· 0,1	0,270
Diskriminanzfunktion		> 3,0	extrem gut		3,505
		> 2,2	sehr gut		
		> 1,5	gut		
		> 1,0	mittelgut		
		> 0,3	schlecht		
		≤ 0,3	leicht insolvenzgefährdet		
		≤ 0,0	insolvenzgefährdet		
		≤ –1,0	stark insolvenzgefährdet		

Auswertung der Ergebnisse

Gefahrenfrüherkennung
Jahresabschlusskritik

2 Jahresabschlusskritik

Markieren Sie im nachfolgenden Text die Antwort auf folgende Frage:

- **Was soll im Besonderen durch die Jahresabschlusskritik beleuchtet werden?**

Zur Jahresabschlusskritik siehe auch auf Seite 6.

Im Besonderen sollen im Rahmen der **Jahresabschlusskritik** die **wirtschaftliche Struktur**, die **Leistungen**, die **finanzielle Lage**, die **Wirtschaftlichkeit** und die **Rentabilität** des Unternehmens kritisch durchleuchtet werden.

Grundlage (bzw. Vorstufe) **der Jahresabschlusskritik bildet** die **Jahresabschlussanalyse.** Daneben können auch noch Statistiken, bei Aktiengesellschaften (und gegebenenfalls bei GmbH) der Lagebericht, externes Zahlenmaterial (z. B. Marktanalysen) etc. herangezogen werden.

Die im Rahmen der Jahresabschlussanalyse ermittelten Kennzahlen haben aber nicht nur für die Unternehmen selbst interessante Aussagekraft, sondern auch direkten Einfluss auf die **Kreditkonditionen** beim Kreditgeber. Die Kreditinstitute sind im Rahmen der internationalen Aufsichtsregeln für Kreditinstitute (**„Basel III"***) dazu verpflichtet, bei der Vergabe von Krediten angemessene „Risikopolster" in Form von Eigenkapital zu halten, um Verluste aus unerwarteten Kreditausfällen abfedern zu können. Die Höhe des erforderlichen Eigenkapitals der Kreditinstitute hängt dabei von der aktuellen finanziellen Lage (Bonität) des Kreditnehmers ab. Die Bewertung der Bonität des Kreditnehmers wird u. a. mithilfe von Kennzahlen, wie z. B. Eigenmittelquote, fiktive Schuldentilgungsdauer, Cashflow bzw. Ergebnis vor Steuern in Prozent der Betriebsleistung und Rentabilität des Gesamtkapitals berechnet. Die Kreditinstitute berechnen im Rahmen der Kreditvergabe bzw. laufenden Betriebsanalyse üblicherweise noch zusätzliche, u. a. branchenspezifische Kennzahlen, wie z. B. Lager-, Debitoren- bzw. Kreditorenumschlagsdauer und Personalintensität.

* Nähere Informationen zu diesem Thema können unter dem Suchbegriff **„Basel III"** im Internet u. a. unter folgenden Adressen abgerufen werden:
- Oesterreichische Nationalbank – **www.oenb.at**
- Wirtschaftskammer Österreich – **www.wko.at**
- Bundesministerium für Finanzen – **www.bmf.gv.at**

Lehrbeispiel

Oskar Schober e. U.
Fortsetzung von L 1.01 bis L 1.10

L 1.11: Jahresabschlusskritik

Aufgabe: Erstellen Sie eine Kritik zum Jahresabschluss 2018. D

Die Zahlen werden den Lösungen der L 1.01 (Seite 12 und 13), L 1.02 (Seite 14 und 15), L 1.03 (Seite 15), L 1.04 (Seite 29 bis 32), L 1.05 (Seite 36 bis 38), L 1.06 (Seite 44 bis 46), L 1.07 (Seite 59 und 60), L 1.08 (Seite 60 und 61), L 1.09 (Seite 67 und 68) und L 1.10 (Seite 69) entnommen.

Die dargestellte Jahresabschlusskritik behandelt nur die wesentlichen Punkte. In der Praxis kann sie ausführlicher gehalten werden.

Lösung:

Erläuterungen zum Jahresabschluss für das Geschäftsjahr 2018 (Jahresabschlusskritik 2018)

Aus der durchgeführten Jahresabschlussanalyse ergeben sich folgende Schlussfolgerungen bzw. Erkenntnisse:

Investitions- und Finanzierungsanalyse

Der Anteil des Anlagevermögens am Gesamtvermögen hat durch die erfolgten Investitionen (€ 62.000,–) von 26,3 % auf 28,1 % zugenommen.

Beim Umlaufvermögen sind folgende Veränderungen eingetreten:

Die Warenvorräte sind gesunken. Ihr Anteil am Gesamtvermögen beträgt gegenüber der Bilanz 2017 (35,6 %) nur mehr 32,5 %.

Die liquiden Mittel (Kassa und Bank) sind im abgelaufenen Jahr um 24 % gestiegen. Ihr Anteil am Gesamtvermögen beträgt 8,1 %; dieser Wert ist als günstig anzusehen. (Siehe auch die Liquiditätsbeurteilung.) Die Zunahme der Lieferforderungen um 7 % ist durch die Umsatzzunahme (13 %) bedingt. Die durchschnittliche Debitorenumschlagsdauer ist praktisch gleich geblieben (2017 32 Tage, 2018 31 Tage).

Das Eigenkapital hat durch die Kapitalaufstockung aus dem Gewinn 2018 um € 64.000,– zugenommen und beträgt 40,8 % des Gesamtkapitals; dies ist ein sehr günstiger Wert. Insbesondere auch im Hinblick auf die äußerst günstige Rentabilität des Eigenkapitals.

Bei den Schulden wurden für das Darlehen planmäßig € 20.000,– zurückgezahlt.

Die Lieferverbindlichkeiten sind geringfügig (um 4 %) gesunken. Im Hinblick auf die verbesserte Liquidität könnte in Zukunft der Lieferantenskonto mehr als bisher ausgenutzt werden.

Liquiditätsanalyse

Die Auswertungen der Bewegungsbilanz und der Cashflow-Rechnung ergeben, dass sich die finanzielle Lage des Unternehmens günstig entwickelt hat.

Ein ähnlich günstiges Bild ergeben die Liquiditätskennzahlen.

Aufwands- und Ertragsanalyse

Der Umsatz hat betragsmäßig um € 321.000,– zugenommen (prozentmäßige Zunahme 13 %) und betrug im Jahr 2018 € 2.708.000,–.

Der Wareneinsatz ist um € 180.000,–, d. s. 11 %, gestiegen.

Der durchschnittliche Rohaufschlag ist gegenüber den Vorjahren (2015 44,8 %, 2016 44,9 %, 2017 47,3 %) auf 50,4 % gestiegen und liegt über dem Branchendurchschnitt von 44 %.

Die daraus resultierende Erhöhung des Bruttogewinnes um € 141.000,– hat jedoch nur zu einer relativ geringen Erhöhung des Jahresüberschusses (um € 19.000,–) geführt. Die Ursache dafür liegt in einer starken Zunahme der Personalkosten. Diese haben um € 114.000,–, d. s. 27 %, zugenommen.

Das Ergebnis vor Steuern, welches in diesem Fall gleich dem Jahresüberschuss und dem Bilanzgewinn ist, ist von € 189.000,– auf € 208.000,– (Zunahme 10 %) gestiegen.

Rentabilitätsanalyse

Die Rentabilität des Eigenkapitals ist von 57,4 % auf 55,0 % gesunken; sie ist nach wie vor sehr günstig. Die Umsatzrentabilität ist gesunken (2017 8,5 %, 2018 8,1 %). Sie liegt über dem Branchendurchschnitt von 7,5 %. Der Gewinn hat somit mit der Umsatzentwicklung nicht Schritt gehalten. Eine Verbesserung könnte sich in Zukunft durch eine weitere Umsatzsteigerung bei einer verhältnismäßig geringen Steigerung der Personalkosten oder durch eine Verringerung des Personalstandes ergeben.

Zusammenfassung

Zusammenfassend lässt sich feststellen, dass sich das Unternehmen im abgelaufenen Geschäftsjahr im Hinblick auf Umsatz, Gewinn und finanzielle Lage günstig entwickelt hat. Auch Quicktest und multiple Diskriminanzanalyse liefern sehr gute Beurteilungen. Die Rentabilität ist nach wie vor zufriedenstellend, jedoch muss die Entwicklung der Produktivität und der Personalkosten in Zukunft genau verfolgt werden. Sofern sich der Umsatz weiterhin günstig entwickelt und der Personalstand nicht vergrößert wird, ist mit einer Zunahme der Rentabilität des Eigenkapitals zu rechnen.

Üben

SbX ID: 1052

A B C D E

Erika Neumann e. U.
Fortsetzung von Ü 1.01 bis Ü 1.03 bzw. Ü 1.07 bis Ü 1.09

SbX
Formular
Excel
ID: 1052

Ü 1.17: Quicktest

Für 2018 beträgt der Cashflow (Praktiker-Formel) € 219.000,–, das durchschnittliche Gesamtkapital € 581.000,–.

Bilanz per 31. Dez. 2018 (in 1.000 €)

Aktiva			Passiva		
Anlagevermögen			**Kapital**		288
1. Fahrzeuge	30				
2. Geschäftsausst.	76	106	**Rückstellungen**		14
Umlaufvermögen			**Verbindlichkeiten**		
1. Warenvorrat	260		1. Darlehen	70	
2. Lieferforderungen	170		2. Lieferverbindlichk.	180	
3. Kassa, Bank	42		3. Sonstige Verbindl.	42	292
4. Akt. Rechn.-Abgr.	16	488			
		594			594

GuV-Rechnung 2018 (in 1.000 €)

	Warenerlöse	2.240
+	Sonst. betriebliche Erträge	+ 3
	Betriebsleistung	2.243
–	Wareneinsatz	–1.464
–	Personalaufwand	– 424
–	Abschr. auf Sachanlagen	– 32
–	Sonst. betr. Aufwendungen	– 128
	Betriebserfolg	195
–	Zinsenaufwand	– 8
	Bilanzgewinn = (= Ergebnis vor Steuern = = Jahresüberschuss)	187

Aufgabe: Führen Sie den Quicktest einschließlich der Gesamtbeurteilung für 2018 durch. C

Lösung:

Berechnung der Kennzahlen für 2018	**Beurteilung**
Eigenmittelquote $= \frac{\text{Eigenkapital}}{\text{Gesamtkapital}} \cdot 100\ (\%) =$	
Fiktive Schuldentilgungsdauer $= \frac{\text{Fremdkapital} - \text{Zahlungsmittel}}{\text{Cashflow (Praktiker-Formel)}} =$	
Cashflow in Prozent der Betriebsleistung $= \frac{\text{Cashflow (Praktiker-Formel)}}{\text{Betriebsleistung}} \cdot 100\ (\%) =$	
Rentabilität des Gesamtkapitals $= \frac{\text{Ergebnis vor Steuern + Fremdkapitalzinsen}}{\text{durchschn. Gesamtkapital}} \cdot 100\ (\%) =$	

Die **Gesamtbeurteilung,** als Durchschnittswert der vier Einzelbeurteilungen, beträgt ______.

Erika Neumann e. U.
Fortsetzung von Ü 1.01 bis Ü 1.03 bzw. Ü 1.07 bis Ü 1.09

SbX Formular Excel ID: 1052

Ü 1.18: Multiple Diskriminanzanalyse

Cashflow (Praktiker-Formel) für 2018 € 219.000,–

Aktiva – Bilanz per 31. Dez. 2018 (in 1.000 €) – Passiva

Aktiva			Passiva		
Anlagevermögen			**Kapital**		288
1. Fahrzeuge	30		**Rückstellungen**		14
2. Geschäftsausst.	76	106			
Umlaufvermögen			**Verbindlichkeiten**		
1. Warenvorrat	260		1. Darlehen	70	
2. Lieferforderungen	170		2. Lieferverbindlichk.	180	
3. Kassa, Bank	42		3. Sonstige Verbindl.	42	292
4. Akt. Rechn.-Abgr.	16	488			
		594			594

GuV-Rechnung 2018 (in 1.000 €)

Warenerlöse	2.240
+ Sonst. betriebliche Erträge	+ 3
Betriebsleistung	2.243
– Wareneinsatz	–1.464
– Personalaufwand	– 424
– Abschr. auf Sachanlagen	– 32
– Sonst. betr. Aufwendungen	– 128
Betriebserfolg	195
– Zinsenaufwand	– 8
Bilanzgewinn = (= Ergebnis vor Steuern = = Jahresüberschuss)	187

Aufgabe: Führen Sie die multiple Diskriminanzanalyse einschließlich Gesamtbeurteilung für 2018 durch. C

Fritz Moser e. U.
Fortsetzung von Ü 1.04 bis Ü 1.06 bzw. Ü 1.10 bis Ü 1.12

SbX Formular Excel ID: 1052

Ü 1.19: Quicktest

Der Cashflow (Praktiker-Formel) beträgt für 2018 € 164.000,–, das durchschnittliche Gesamtkapital € 494.000,–.

Aktiva – Bilanz per 31. Dez. 2018 (in 1.000 €) – Passiva

Aktiva			Passiva		
Anlagevermögen			**Kapital**		200
1. Fahrzeuge	20		**Rückstellungen**		22
2. Geschäftsausst.	50	70			
Umlaufvermögen			**Verbindlichkeiten**		
1. Warenvorrat	290		1. Darlehen	80	
2. Lieferforderungen	108		2. Lieferverbindlichk.	162	
3. Kassa, Bank	12		3. Sonstige Verbindl.	24	266
4. Akt. Rechn.-Abgr.	8	418			
		488			488

GuV-Rechnung 2018 (in 1.000 €)

Warenerlöse	1.673
+ Sonst. betriebliche Erträge	+ 3
Betriebsleistung	1.676
– Wareneinsatz	–1.027
– Personalaufwand	– 360
– Abschr. auf Sachanlagen	– 30
– Sonst. betr. Aufwendungen	– 120
Betriebserfolg	139
– Zinsenaufwand	– 6
Bilanzgewinn = (= Ergebnis vor Steuern = = Jahresüberschuss)	133

Aufgabe: Führen Sie den Quicktest einschließlich der Gesamtbeurteilung für 2018 durch. C

Lösung:

Berechnung der Kennzahlen für 2018	Beurteilung
Eigenmittelquote = $\frac{\text{Eigenkapital}}{\text{Gesamtkapital}} \cdot 100\ (\%) =$	
Fiktive Schuldentilgungsdauer = $\frac{\text{Fremdkapital} - \text{Zahlungsmittel}}{\text{Cashflow (Praktiker-Formel)}} =$	
Cashflow in Prozent der Betriebsleistung = $\frac{\text{Cashflow (Praktiker-Formel)}}{\text{Betriebsleistung}} \cdot 100\ (\%) =$	
Rentabilität des Gesamtkapitals = $\frac{\text{Ergebnis vor Steuern + + Fremdkapitalzinsen}}{\text{durchschn. Gesamtkapital}} \cdot 100\ (\%) =$	

Die **Gesamtbeurteilung,** als Durchschnittswert der vier Einzelbeurteilungen, beträgt ______.

Fritz Moser e. U.
Fortsetzung von Ü 1.04 bis Ü 1.06 bzw. Ü 1.10 bis Ü 1.12

SbX
Formular Excel ID: 1052

Ü 1.20: Multiple Diskriminanzanalyse

Cashflow (Praktiker-Formel) für 2018 € 164.000,–

Aktiva — Bilanz per 31. Dez. 2018 (in 1.000 €) — **Passiva**

Aktiva			Passiva		
Anlagevermögen			**Kapital**		200
1. Fahrzeuge	20				
2. Geschäftsausst.	50	70	**Rückstellungen**		22
Umlaufvermögen			**Verbindlichkeiten**		
1. Warenvorrat	290		1. Darlehen	80	
2. Lieferforderungen	108		2. Lieferverbindlichk.	162	
3. Kassa, Bank	12		3. Sonstige Verbindl.	24	266
4. Akt. Rechn.-Abgr.	8	418			
		488			488

GuV-Rechnung 2018 (in 1.000 €)

	Warenerlöse	1.673
+	Sonst. betriebliche Erträge	+ 3
	Betriebsleistung	1.676
–	Wareneinsatz	–1.027
–	Personalaufwand	– 360
–	Abschr. auf Sachanlagen	– 30
–	Sonst. betr. Aufwendungen	– 120
	Betriebserfolg	139
–	Zinsenaufwand	– 6
	Bilanzgewinn = (= Ergebnis vor Steuern = = Jahresüberschuss)	133

Aufgabe: Führen Sie die multiple Diskriminanzanalyse einschließlich der Gesamtbeurteilung für 2018 durch. **C**

Lösung:

Kennzahl	Formel	Kennzahlen-berechnung	Kennzahlen-wert	Gewichtungs-faktor	gewichtete Kennzahl
1	$\frac{\text{Cashflow}}{\text{Verbindlichkeiten}}$			· 1,5	
2	$\frac{\text{Bilanzsumme}}{\text{Verbindlichkeiten}}$			· 0,08	
3	$\frac{\text{Ergebnis vor Steuern}}{\text{Bilanzsumme}}$			· 10	
4	$\frac{\text{Ergebnis vor Steuern}}{\text{Betriebsleistung}}$			· 5	
5	$\frac{\text{Vorräte}}{\text{Betriebsleistung}}$			· 0,3	
6	$\frac{\text{Betriebsleistung}}{\text{Bilanzsumme}}$			· 0,1	
Diskriminanz-funktion		> 3,0	extrem gut		
		> 2,2	sehr gut		
		> 1,5	gut		
		> 1,0	mittelgut		
		> 0,3	schlecht		
		≤ 0,3	leicht insolvenzgefährdet		
		≤ 0,0	insolvenzgefährdet		
		≤ −1,0	stark insolvenzgefährdet		

Weitere Übungsbeispiele finden Sie in der Lerneinheit 6 und im Kapitel 3 bzw. mit Lösungen zur Selbstkontrolle im Übungsbuch.

Sichern

SbX ID: 1053

Kennzahlen nach dem Unternehmensreorganisationsgesetz (URG)

Das Unternehmensreorganisationsgesetz sieht bei einer

- **Eigenmittelquote von weniger als 8 % und** einer
- **fiktiven Schuldentilgungsdauer von mehr als 15 Jahren**

einen Reorganisationsbedarf gegeben.

Quicktest

Der Quicktest ist ein **Schnelltest,** zu dem die folgenden vier Kennzahlen herangezogen werden:

- **Eigenmittelquote**
- **Fiktive Schuldentilgungsdauer**
- **Cashflow in Prozent der Betriebsleistung**
- **Rentabilität des Gesamtkapitals**

Multiple Diskriminanzanalyse

Die multiple Diskriminanzanalyse ist eine weitere **Methode zur Früherkennung möglicher Insolvenzgefahren.** Dazu werden **sechs Kennzahlen** mit einem vorgegebenen Gewichtungsfaktor multipliziert, die Ergebnisse addiert. Die **Summe** wird als **Diskriminanzfunktion** bezeichnet. Je **höher der Wert der Diskriminanzfunktion, desto besser ist das Unternehmen zu klassifizieren.**

Jahresabschlusskritik

Im Rahmen der Jahresabschlusskritik werden die **wirtschaftliche Struktur,** die **Leistungen,** die **finanzielle Lage,** die **Wirtschaftlichkeit** und die **Rentabilität** eines Unternehmens kritisch durchleuchtet.

SbX ID: 1053

Zusätzlich zu dieser Zusammenfassung finden Sie im SbX eine Bildschirmpräsentation.

Wissen

SbX ID: 1054

A B C D E

SbX
Aufgaben mit automatischer Aufgabenkontrolle
ID: 1054

W 1.11: Bilanz sowie Gewinn- und Verlustrechnung 2018 von Hans Woller e. U., Graz:

Aktiva		Bilanz per 31. Dez. 2018			Passiva
Anlagevermögen		400.000,00	**Kapital**		500.000,00
Umlaufvermögen			**Verbindlichkeiten**		
1. Warenvorrat	300.000,00		1. Darlehen	300.000,00	
2. Lieferforderungen	200.000,00		2. Lieferverbindlichk.	200.000,00	500.000,00
3. Kassa, Bank	100.000,00	600.000,00			
		1.000.000,00			1.000.000,00

Gewinn- und Verlustrechnung 2018	
Warenerlöse	2.000.000,00
Betriebsleistung	2.000.000,00
– Wareneinsatz	– 1.500.000,00
– Personalaufwand	– 200.000,00
– Abschreibungen auf Sachanlagen	– 15.000,00
– Sonstige betriebliche Aufwendungen	– 155.000,00
Betriebserfolg	130.000,00
– Zinsenaufwand	– 30.000,00
Bilanzgewinn (= Ergebnis vor Steuern = Jahresüberschuss)	100.000,00

Anfangsbestand des Gesamtkapitals € 1.200.000,–

Ermitteln Sie die Kennzahlen nach dem Unternehmensreorganisationsgesetz und führen Sie den Quicktest sowie die multiple Diskriminanzanalyse durch. C

Ergebnis gemäß URG

Gesamtbeurteilung Quicktest

Diskriminanzfunktion

SbX
ID: 1054

Weitere Möglichkeiten zur Kompetenzüberprüfung im SbX

Wiederholungsfragen | **Weitere Aufgaben mit automatischer Aufgabenkontrolle** | H2Ö MUSTERUNTERNEHMEN

Kompetenz-Check

Ein kurzer Kompetenz-Check, bevor's weitergeht!

	☺	😐	☹
Ich kann Instrumente zur Gefahrenfrüherkennung nennen.			
Ich kann die Kennzahlen nach dem URG erläutern und berechen.			
Ich kann den Quicktest zur Gefahrenfrüherkennung erläutern.			
Ich kann den Quicktest einschließlich der Gesamtbeurteilung durchführen.			
Ich kann die multiple Diskriminanzanalyse erläutern.			
Ich kann die multiple Diskriminanzanalyse einschließlich Gesamtbeurteilung durchführen			
Ich kann eine Jahresabschlusskritik erstellen.			

Lerneinheit 6

Jahresabschlussanalyse und Jahresabschlusskritik – Fallbeispiele

SbX Alle SbX-Inhalte zu dieser Lerneinheit finden Sie unter der ID: 1060.

In dieser Lerneinheit werden die bisher getrennt behandelten Teile der Jahresabschlussanalyse in Fallbeispielen zusammengefasst.

Üben

SbX ID: 1062

A B C D E

SbX Formular Excel ID: 1062

Ü 1.21: Fallbeispiel – Jahresabschlussanalyse und Jahresabschlusskritik

Christian Schilowsky e. U. (Einzelhandel mit Schuhen) erstellt für das Jahr 2018 folgenden Jahresabschluss:

Bilanz per 31. Dezember 2018

Aktiva	in €	31.12.2017 in 1.000 €	Passiva	in €	31.12.2017 in 1.000 €
A. Anlagevermögen			A. Eigenkapital	209.000,00	219
1. Fahrzeuge	65.000,00	60			
2. Geschäftsausstattung	131.000,00	122	B. Rückstellungen	24.000,00	28
B. Umlaufvermögen			C. Verbindlichkeiten		
1. Warenvorrat	939.000,00	938	1. Darlehen	700.000,00	750
2. Lieferforderungen	139.000,00	118	2. Lieferverbindlichkeiten	319.000,00	285
3. Sonstige Forderungen	11.000,00	12	3. Sonstige Verbindlichkeiten	97.000,00	69
4. Kassa, Bank	43.000,00	75			
C. Aktive Rechnungsabgrenzung	21.000,00	26			
	1.349.000,00	1.351		1.349.000,00	1.351

Gewinn- und Verlustrechnung 2018

	in €	31.12.2017 in 1.000 €
Warenerlöse	3.223.000,00	3.183
+ Sonstige betriebliche Erträge	5.000,00	6
Betriebsleistung	3.228.000,00	3.189
– Wareneinsatz	1.987.000,00	1.915
– Personalaufwand	719.000,00	665
– Abschreibungen auf Sachanlagen	50.000,00	41
– Sonstige betriebliche Aufwendungen	385.000,00	399
Betriebserfolg	87.000,00	169
– Zinsenaufwand	36.000,00	40
Bilanzgewinn (= Ergebnis vor Steuern = Jahresüberschuss)	51.000,00	129

Folgende Tatbestände sind zu berücksichtigen:

1. Im Jahr 2018 wurden bei den Fahrzeugen € 20.000,– und bei der Geschäftsausstattung € 44.000,– investiert.
2. In der Abrechnungsperiode wurden Privatentnahmen in der Höhe von € 61.000,– getätigt.
3. Die Kunden zahlen in der Regel bar.
4. Die Lieferanten gewähren ein Zahlungsziel von zwei bis drei Monaten.
5. Das Darlehen ist jährlich jeweils am 31. Dez. mit € 50.000,– zurückzuzahlen.
6. Die Rückstellungen sind je zur Hälfte kurz- bzw. langfristig.
7. Die Sonstigen Forderungen und die Sonstigen Verbindlichkeiten haben kurzfristigen Charakter.
8. Im Jahresdurchschnitt waren 14 Mitarbeiter, davon 13 Angestellte und ein Arbeiter, beschäftigt. Der Unternehmer arbeitet voll mit.

Aufgabe: a) Erstellen Sie die Bewegungsbilanz und Erfolgsveränderungsrechnung 2018 (in 1.000 €) samt Indexrechnung (auf Ganze genau). C

b) Errechen Sie die folgenden Kennzahlen für 2018 (auf 1 Dez. genau): C

Investitions- und Finanzierungsanalyse:
- Anteil des Eigenkapitals (Eigenmittelquote, Eigenkapitalquote)
- Fiktive Schuldentilgungsdauer (Cashflow siehe Liquiditätsanalyse)
- Kennzahlen des Lagerumschlages
- Debitorenumschlagsdauer

Liquiditätsanalyse:
- Liquidität 2. Grades
- Cashflow (Praktiker-Formel) in Prozent der Betriebsleistung

Erfolgswirtschaftliche Jahresabschlussanalyse:
- Ergebnisanalyse
  - Materialintensität
  - Personalintensität
  - Rohaufschlag
- Rentabilitätsanalyse
  - Rentabilität des Eigenkapitals
  - Rentabilität des Gesamtkapitals
  - Umsatzrentabilität

c) Erstellen Sie die Kapitalflussrechnung in Form der Cashflow-Rechnung für 2018. C

d) Beurteilen Sie in möglichst kurzen Sätzen die errechneten Kennzahlen und vergleichen Sie diese Werte mit den nachfolgenden Branchenkennzahlen. D

Branchenvergleichswerte – Einzelhandel mit Schuhen			
Anteil des Eigenkapitals (in %)	1,0	Material-/Warenintensität (in %)	57,9
Fiktive Schuldentilgungsdauer (in Jahren)	79,9	Personalintensität (in %)	27,7
Lagerumschlagsdauer (in Tagen)	155,2	Rohaufschlag (in %)	72,7
Debitorenumschlagsdauer (in Tagen)	0,2	Rentabilität des Eigenkapitals (in %)	13,8
Liquidität 2. Grades (in %)	86,8	Rentabilität des Gesamtkapitals (in %)	7,6
Cashflow in Prozent der Betriebsleistung	0,1	Umsatzrentabilität (in %)	4,8

SbX
Formular Excel ID: 1062

Ü 1.22: Fallbeispiel – Jahresabschlussanalyse und Jahresabschlusskritik

Die Markus Burger Installations-GmbH ist ein mittelständisches Unternehmen für Heizungs-, Sanitär- und Solaranlagen.

Der Geschäftsführer möchte zur Finanzierung der Erneuerung der Betriebs- und Geschäftsausstattung und zur Aufstockung des Fuhrparks einen Kredit aufnehmen. Die Jahresabschlussanalyse und Jahresabschlusskritik sind u. a. eine Grundlage für das Kreditgespräch bei der Hausbank des Unternehmens.

Herr Markus Burger, Geschäftsführer der GmbH, ersucht Sie um eine betriebswirtschaftliche Beurteilung des Unternehmens auf Basis des Jahresabschlusses für 20 . . .

Bilanz
per 31. Dezember 20 . .

Aktiva

		Abschlussjahr in €	Vorjahr in 1.000 €
A. Anlagevermögen			
I. Immaterielle Vermögensgegenstände: Datenverarbeitungsprogramme		6.200,00	7,2
II. Sachanlagen:			
1. Grundstücke, grundstücksgleiche Rechte und Bauten, einschließlich der Bauten auf fremdem Grund	794.950,00		878,0
2. Technische Anlagen u. Maschinen	20.400,00		40,2
3. Andere Anlagen, Betriebs- und Geschäftsausstattung	196.000,00	1.011.350,00	82,0
B. Umlaufvermögen			
I. Vorräte:			
1. Roh-, Hilfs- und Betriebsstoffe	309.400,00		
2. Unfertige und fertige Erzeugnisse	82.000,00	391.400,00	410,0
II. Forderungen und sonstige Vermögensgegenstände: Forderungen aus Lieferungen und Leistungen		956.000,00	1.010,2
III. Kassenbestand, Schecks, Guthaben bei Kreditinstituten		32.780,00	12,0
C. Rechnungsabgrenzungsposten		9.600,00	8,4
		2.407.330,00	2.448,0

Passiva

		Abschlussjahr in €	Vorjahr in 1.000 €
A. Eigenkapital			
I. Stammkapital	35.000,00		35,0
II. Gewinnrücklagen	185.000,00		100,0
III. Bilanzgewinn	204.600,00	424.600,00	185,0
Gewinnvortrag			
Bilanzgewinn			
B. Rückstellungen			
1. Rückstellungen für Abfertigungen	82.000,00		76,0
2. Steuerrückstellungen	24.200,00		36,0
3. Sonstige Rückstellungen	42.600,00	148.800,00	38,4
C. Verbindlichkeiten			
1. Verbindlichkeiten gegenüber Kreditinstituten	1.284.000,00		1.383,0
2. Verbindlichkeiten aus Lieferungen und Leistungen	456.000,00		508,4
3. Sonstige Verbindlichkeiten	93.930,00	1.833.930,00	86,2
		2.407.330,00	2.448,0

Gewinn- und Verlustrechnung 20 . .

	Abschlussjahr in €		Vorjahr in 1.000 €
1. Umsatzerlöse		4.480.000,00	4.205
2. Veränderung des Bestands an fertigen und unfertigen Erzeugnissen sowie an nicht abgerechneten Leistungen		65.400,00	78
3. Sonstige betriebliche Erträge:			
a) Erträge aus dem Abgang von Anlagevermögen mit Ausnahme der Finanzanlagen	2.000,00		
b) Übrige	1.600,00	3.600,00	4
Betriebsleistung		4.549.000,00	4.287
4. Aufwendungen für Material und sonstige bezogene Herstellungsleistungen: Materialaufwand		2.405.000,00	2.190
5. Personalaufwand:			
a) Löhne	782.000,00		
b) Gehälter	152.000,00		
c) Aufwendungen für Abfertigungen und Leistungen an betriebliche Mitarbeitervorsorgekassen	46.400,00		
d) Aufwendungen für gesetzlich vorgeschriebene Sozialabgaben sowie vom Entgelt abhängige Abgaben und Pflichtbeiträge	201.000,00	1.181.400,00	1.145
6. Abschreibungen auf Sachanlagen		114.800,00	122
7. Sonstige betriebliche Aufwendungen: Diverse Aufwände		496.000,00	501
8. **Betriebserfolg**		351.800,00	329
9. Zinsen und ähnliche Aufwendungen	69.200,00		
10. **Finanzerfolg**	– 69.200,00	– 69.200,00	– 72
11. **Ergebnis vor Steuern**		282.600,00	257
12. Steuern vom Einkommen und vom Ertrag		78.000,00	71
13. **Jahresüberschuss, Bilanzgewinn**		204.600,00	186

Folgende Tatbestände sind noch zu berücksichtigen:

1. Aktive Rechnungsabgrenzungsposten werden wegen Geringfügigkeit zum Umlaufvermögen gerechnet.
2. Rückstellungen sind mit Ausnahme der Abfertigungsrückstellung kurzfristig fällig.
3. In den Verbindlichkeiten gegenüber Kreditinstituten ist ein langfristig fälliges Darlehen über € 744.000,– enthalten.
4. Lieferverbindlichkeiten und Sonstige Verbindlichkeiten sind kurzfristig fällig.
5. Vom Vorjahresgewinn über € 185.000,– wurden € 85.000,– der Gewinnrücklage zugeführt und € 100.000,– an die Gesellschafter ausbezahlt.
6. Der Bilanzgewinn des Abschlussjahres wird zur Erhöhung des Eigenkapitals und zur Finanzierung von Anschaffungen im Anlagevermögen im Unternehmen belassen.
7. Zum Umsatz gehören auch die Bestandsveränderungen an unfertigen und fertigen Erzeugnissen einschließlich der nicht abgerechneten Leistungen.

In dieser Branche ist der Anteil an unfertigen und fertigen Erzeugnissen sowie an nicht abgerechneten Leistungen oft sehr hoch.

Für den zwischenbetrieblichen Kennzahlenvergleich wird bei Kapitalgesellschaften der Gewinn vor Steuern angesetzt, weil bei Einzelunternehmen und Personengesellschaften die Einkommensteuer im Jahresabschluss nicht berücksichtigt wird.

Aufgabe: a) Errechen Sie die folgenden Kennzahlen für das Abschlussjahr (auf 1 Dez. genau): C

- Kennzahlen der Aktivseite der Bilanz
- Kennzahlen der Passivseite der Bilanz
- Anlagendeckung
- Kennzahlen des Lagerumschlages
- Kapitalumschlagshäufigkeit
- Cashflow nach der Praktiker-Formel
- Cashflow in Prozent der Betriebsleistung
- Aufwandskennzahlen
- Kennzahlen zur Rentabilitätsanalyse

Die Berechnung der Rentabilitätskennzahlen ist auf Basis des EGT (Gewinn vor Steuer) vorzunehmen.

b) Geben Sie in möglichst kurzen Sätzen eine Beurteilung zu folgenden Kennzahlen ab. D

Soweit dies möglich bzw. notwendig ist, ist auch eine Aussage über den Vergleich mit dem Vorjahr bzw. mit den in der Aufgabenstellung angeführten ERFA-Kennzahlen zu treffen.

ERFA-Gruppen = Erfahrungsaustauschgruppen für Betriebsvergleiche, vor allem in Klein- und Mittelbetrieben

- Anteil des Umlaufvermögens (Vorjahreswert 58,8 %)
- Eigenmittelquote (Vorjahreswert 13,1 %)
  Beurteilen Sie die Entwicklung des Eigenkapitals gegenüber dem Vorjahr. Nennen Sie die Gründe für die Veränderung der Eigenmittelquote.
- Anlagendeckung
  Ist das Anlagevermögen ausreichend mit langfristig zur Verfügung stehendem Kapital finanziert?
- Lagerumschlagsdauer (Vorjahreswert 73 Tage, ERFA-Durchschnitt 80 Tage)
- Cashflow (Praktikermethode)
  Können aus dem errechneten Cashflow im kommenden Geschäftsjahr folgende Ausgaben finanziert werden: Investitionen im Sachanlagevermögen € 260.000,–, Darlehenstilgung € 96.000,–, Abbau der durchschnittlichen Lieferverbindlichkeiten zur Ausschöpfung der Lieferantenskonti € 50.000,–? Welche Maßnahmen empfehlen Sie, wenn der Cashflow nicht ausreicht?
- Materialintensität (Vorjahreswert 51,1 %, ERFA Durchschnitt 48 %)
- Personalintensität (Vorjahreswert 26,7 %, ERFA-Durchschnitt 30 %)
- Rentabilität des Gesamtkapitals (Vorjahreswert 13,0 %)
  Für das Darlehen bezahlt der Unternehmer 6 % p. a. Zinsen. Ist der Einsatz des Fremdkapitals aus der Sicht der Rentabilität des Gesamtkapitals vorteilhaft?
- Quicktest
  Erstellen Sie den Quicktest und eine Gesamtbeurteilung des Unternehmens auf Basis der errechneten Unternehmensdaten.

SbX
Formular
Excel
ID: 1062

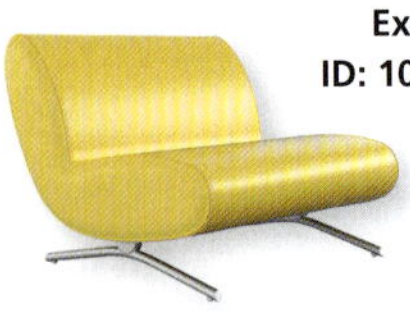

Ü 1.23: Fallbeispiel Quicktest, multiple Diskriminanzanalyse

Mag. Jutta Eidler e. U. betreibt einen Einzelhandel mit Wohnmöbeln. Sie will einen möglichst raschen Überblick über die wirtschaftliche Lage ihres Unternehmens gewinnen und beauftragt Sie, eine Kennzahlenanalyse durchzuführen.

Sie sollen nur einige wichtige Kennzahlen berechnen, die das Informationspotenzial des Jahresabschlusses weitestgehend ausschöpfen, und entschließen sich daher zur Erstellung eines Quicktests sowie einer multiplen Diskriminanzanalyse. Als Arbeitsunterlagen stehen Ihnen die Jahresabschlüsse der vergangenen beiden Jahre des betreffenden Unternehmens zur Verfügung.

Bilanz
per 31. Dezember 2018

Aktiva					Passiva
	in €	31.12.2017 in 1.000 €		in €	31.12.2017 in 1.000 €
A. Anlagevermögen			**A. Eigenkapital**	510.000,00	538
1. Grundstücke und Gebäude	499.200,00	512			
2. Fahrzeuge	91.200,00	114	**B. Rückstellungen**	7.000,00	8
3. Geschäftsausstattung	192.000,00	216			
			C. Verbindlichkeiten		
B. Umlaufvermögen			1. Bankschuld	359.000,00	248
1. Warenvorrat	1.238.600,00	1.198	2. Darlehen	1.030.000,00	1.130
2. Lieferforderungen	86.400,00	31	3. Lieferverbindlichkeiten	242.800,00	172
3. Sonstige Forderungen	1.200,00	1	4. Sonstige Verbindlichkeiten	12.200,00	9
4. Kassa, Bankguthaben	52.400,00	33			
	2.161.000,00	2.105		2.161.000,00	2.105

Gewinn- und Verlustrechnung 2018

	in €	31.12.2017 in 1.000 €
Warenerlöse	2.508.100,00	2.388
+ Sonstige betriebliche Erträge	800,00	1
Betriebsleistung	2.508.900,00	2.389
– Wareneinsatz	1.707.600,00	1.685
– Personalaufwand	608.000,00	496
– Abschreibungen auf Sachanlagen	49.200,00	48
– Sonstige betriebliche Aufwendungen	13.600,00	12
Betriebserfolg	130.500,00	148
– Zinsenaufwand	68.500,00	72
Bilanzgewinn (= Ergebnis vor Steuern = Jahresüberschuss)	62.000,00	76

Die Rückstellungen sind zur Gänze langfristig.

Aufgabe: a) Führen Sie den Quicktest für das Jahr 2018 (Berechnungen auf 1 Dez. genau) durch. C

b) Erstellen Sie eine betriebswirtschaftliche Analyse der errechneten Werte einerseits im Hinblick auf die fünfteilige Beurteilungsskala des Quicktests und andererseits auf die angeführten Branchenvergleichswerte des Einzelhandels mit Wohnmöbeln. D

Weiters möchte Frau Mag. Eidler wissen, wie sich die Höhe des Wareneinsatzes und des Personalaufwandes im Vergleich zum Branchendurchschnitt verhält. Errechnen Sie die Material-/Warenintensität und die Personalintensität und vergleichen Sie diese Werte mit den Branchenvergleichswerten.

Branchenvergleichswerte – Einzelhandel mit Wohnmöbeln	
Anteil des Eigenkapitals (in %)	2,1
Fiktive Schuldentilgungsdauer (in Jahren)	39,6
Cashflow in Prozent der Betriebsleistung	1,2
Rentabilität des Gesamtkapitals (in %)	4,6
Material-/Warenintensität (in %)	62,4
Personalintensität (in %)	20,5

c) Führen Sie die multiple Diskriminanzanalyse für das Jahr 2018 (Berechnungen auf 1 Dez. genau) durch. C

SbX
Formular Excel ID: 1062

Ü 1.24: Fallbeispiel Quicktest, multiple Diskriminanzanalyse

Nach Ablegung der Reife- und Diplomprüfung sind Sie in einer Filiale der Sparkasse an Ihrem Schulstandort in der Kreditabteilung tätig. Da zurzeit eine Sonderkreditaktion mit einem günstigen Zinssatz läuft, müssen in Ihrer Abteilung verhältnismäßig viele Kreditansuchen bearbeitet werden. Jedem Kreditantrag liegen jeweils die Jahresabschlüsse der vergangenen beiden Jahre bei.

Der Filialleiter stellt Ihnen als Arbeitsunterlagen für die Unternehmensanalyse die Jahresabschlüsse der Jahre 2017 und 2018 von Mag. Peter Kogelbauer e. U., Großhandel mit Textilien, zur Verfügung.

Bilanz per 31. Dezember 2017

Aktiva	in €	Passiva	in €
Anlagevermögen		**Kapital**	84.900,00
1. Grundstücke und Gebäude	714.400,00		
2. Fahrzeuge	75.700,00	**Rückstellungen**	105.600,00
3. Geschäftsausstattung	159.300,00		
		Verbindlichkeiten	
Umlaufvermögen		1. Darlehen	1.515.400,00
1. Warenvorrat	844.300,00	2. Lieferverbindlichkeiten	189.200,00
2. Lieferforderungen	67.400,00	3. Sonstige Verbindlichkeiten	9.500,00
3. Sonstige Forderungen	900,00		
4. Kassa, Bank	40.900,00		
Aktive Rechnungsabgrenzung	1.700,00		
	1.904.600,00		1.904.600,00

Bilanz per 31. Dezember 2018

Aktiva	in €	Passiva	in €
Anlagevermögen		**Kapital**	90.300,00
1. Grundstücke und Gebäude	689.400,00		
2. Fahrzeuge	71.100,00	**Rückstellungen**	145.900,00
3. Geschäftsausstattung	149.800,00		
		Verbindlichkeiten	
Umlaufvermögen		1. Darlehen	1.546.800,00
1. Warenvorrat	968.300,00	2. Lieferverbindlichkeiten	201.400,00
2. Lieferforderungen	71.700,00	3. Sonstige Verbindlichkeiten	12.200,00
3. Sonstige Forderungen	1.000,00		
4. Kassa, Bank	43.500,00		
Aktive Rechnungsabgrenzung	1.800,00		
	1.996.600,00		1.996.600,00

Gewinn- und Verlustrechnung 2018

	in €	31.12.2017 in 1.000 €
Warenerlöse	2.122.700,00	2.016
+ Sonstige betriebliche Erträge	600,00	2
Betriebsleistung	2.123.300,00	2.018
– Wareneinsatz	1.379.200,00	1.320
– Personalaufwand	439.800,00	441
– Abschreibungen auf Sachanlagen	49.900,00	28
– Sonstige betriebliche Aufwendungen	119.700,00	108
Betriebserfolg	134.700,00	121
– Zinsenaufwand	25.600,00	29
Bilanzgewinn (= Ergebnis vor Steuern = Jahresüberschuss)	109.100,00	92

Die Rückstellungen sind je zur Hälfte mittel- bzw. langfristig.

Aufgabe: a) Führen Sie den Quicktest für das Jahr 2018 (auf 1 Dez. genau) durch. C

b) Erstellen Sie eine betriebswirtschaftliche Analyse der errechneten Werte im Hinblick auf die fünfteilige Beurteilungsskala des Quicktests und vergleichen Sie die einzelnen Kennzahlen mit den angeführten Branchenvergleichswerten des Großhandels mit Textilien. D

Branchenvergleichswerte – Großhandel mit Textilien	
Anteil des Eigenkapitals (in %)	7,9
Fiktive Schuldentilgungsdauer (in Jahren)	35,9
Cashflow in Prozent der Betriebsleistung	0,9
Rentabilität des Gesamtkapitals (in %)	11,7
Umsatzrentabilität (in %)	4,5
Personalintensität (in %)	18,0

c) Führen Sie die multiple Diskriminanzanalyse für das Jahr 2018 (auf 1 Dez. genau) durch. C

d) Zur Vorbereitung eines Beratungsgespräches mit dem Kunden werden Sie beauftragt, zusätzlich zum Quicktest und zur multiplen Diskriminanzanalyse die Kennzahlen Umsatzrentabilität und Personalintensität zu ermitteln. Errechnen Sie die Kennzahlen und vergleichen Sie diese Werte mit den angeführten Branchenvergleichswerten. D

Weitere Übungsbeispiele finden Sie im Kapitel 3 bzw. mit Lösungen zur Selbstkontrolle im Übungsbuch.

2 CONTROLLING

Worum geht's in diesem Kapitel?

SbX

Alle SbX-Inhalte zu diesem Kapitel finden Sie unter der ID: 2000.

Zum Jahres- oder zum Schulbeginn haben Sie sicherlich auch schon überlegt:

Wie viel Taschengeld bekomme ich von meinen Eltern, wie viel werde ich im Ferialjob verdienen und was kann ich mir mit dem verfügbaren Geld leisten?

Sie erstellen also ein Budget, ohne es vielleicht schriftlich festzuhalten. Wenn schon der Einzelne plant (budgetiert), ist es umso wichtiger, dass Unternehmen planen und die geplanten Soll-Zahlen mit den tatsächlich erreichten Ist-Zahlen vergleichen.

Ihnen ist bei der Durchsicht von Stellenangeboten in den Zeitungen sicher aufgefallen, dass man viele Controllerinnen und Controller sucht. Was macht eigentlich ein Controller? In diesem Kapitel lernen Sie die Aufgaben und den Tätigkeitsbereich eines Controllers in Unternehmen kennen.

Bildungs- und Lehraufgabe sowie **Lehrstoff** des **Lehrplanes** → **Kompetenzen,** die Sie erwerben

Mit der Bearbeitung dieses Kapitels erwerben Sie die in der **Bildungs- und Lehraufgabe** des aktuellen **Lehrplanes** für den **Bereich Controlling** angeführten **Kompetenzen.** Sie können

- **Instrumente der integrierten Unternehmensplanung (Leistungsbudget, Finanzplan und Planbilanz) einsetzen und die Ergebnisse interpretieren,**
- **die Liquidität berechnen und deren Bedeutung auf die wirtschaftliche Situation des Unternehmens darstellen und beurteilen sowie**
- **Abweichungsanalysen interpretieren und Korrekturmaßnahmen vorschlagen.**

Diesen Kompetenzen liegt folgender **Lehrstoff** zugrunde:

- **Controlling**
  Strategisches und operatives Controlling, Planungsrechnung, Liquiditätsanalyse, Abweichungsanalyse

A B C D E

In diesem Kapitel finden Sie Übungsbeispiele und Aufgaben zum Kompetenzerwerb und zur Kompetenzüberprüfung auf den Handlungsebenen A **Wiedergeben,** B **Verstehen,** C **Anwenden** und D **Analysieren & Interpretieren.**

Dieses Kapitel umfasst folgende Inhalte:

Lernen

SbX ID: 2001

1 Controlling-Konzept

Markieren Sie im nachfolgenden Text die Antworten auf folgende Fragen:

- **Welche Aufgaben erfüllt das Controlling?**
- **Was versteht man unter Controlling?**

„Wer den Hafen nicht kennt, in den er segeln will, für den ist kein Wind ein günstiger."
SENECA, römischer Philosoph

Verstärkte Konkurrenz, stagnierende Märkte, Preisdruck durch Globalisierung usw. zwingen die Unternehmen vermehrt zu planen, um ihre Existenz zu sichern. Es müssen rechtzeitig Maßnahmen gesetzt werden, um Verluste und Zahlungsschwierigkeiten zu vermeiden. Unternehmen können längerfristig nur überleben, wenn sie Gewinne erzielen. Gleichzeitig muss ein Unternehmen jederzeit auch in der Lage sein, seine Schulden zu bezahlen.

Aufgaben des Controllings sind die **Erfolgssicherung** durch Erzielung ausreichender **Gewinne** mit einer entsprechenden **Rentabilität** und die Erhaltung und Sicherung der **Liquidität.**

Der Controller als Steuermann

Das Wort **Controlling** kommt vom englischen „to control", das mit steuern, regeln, lenken übersetzt werden kann. Im Deutschen fehlt eine entsprechende Bezeichnung. Das Controlling wird meist anhand folgender bildhafter Darstellung beschrieben:

Das Unternehmen ist wie ein Schiff, das durch ein Meer von Wirtschaftslage und Wettbewerb fährt. Der Unternehmer ist der Kapitän, der das Ziel der Reise bestimmt. Der Buchhalter schaut nach hinten und beschreibt den bereits zurückgelegten Weg. Der **Controller** hingegen blickt nach vorne, wie die Fahrt weitergehen kann. Er ist der **Steuermann,** der darauf achten muss, dass das Schiff – das Unternehmen – auf dem richtigen Kurs bleibt. Sein grundsätzliches Handwerkszeug sind u. a. Kenntnisse in der Buchführung und Kostenrechnung.

In der Fachliteratur gibt es verschiedene Beschreibungen zum Begriff Controlling.

Controlling

Unter **Controlling** versteht man die Steuerung eines Unternehmens durch **Planung, Kontrolle und Information.**

Planung

Mit der **Planung** werden jene **Unternehmensziele** festgelegt, die in Zukunft erreicht werden sollen.

Beispiele

Erhöhung des Marktanteils; Steigerung des Umsatzes; Senkung der Kosten; Durchführung von Investitionen, um konkurrenzfähig zu bleiben; Entwicklung neuer Produkte; Verbesserung der Qualifikation der Mitarbeiter usw.

Kontrolle

Bei der **Kontrolle** werden den **Planwerten (Soll-Werten)** die vergangenheitsbezogenen **Ist-Werte** gegenübergestellt (Soll-Ist-Vergleich). Die Abweichungen zwischen den geplanten und den tatsächlichen Werten werden analysiert **(Abweichungsanalyse).**

Beispiele

	Soll	Ist	Abweichungen	
Erlöse	€ 140.000,00	€ 132.000,00	– € 8.000,00	– 5,7 %
Kosten	€ 120.000,00	€ 123.000,00	+ € 3.000,00	+ 2,5 %

Information

Unternehmensleitung und Mitarbeiter werden durch ein **Berichtswesen (Reporting)** laufend über die Ertrags- und Finanzlage des Unternehmens **informiert.** Ergänzt werden die Berichte mit **Tabellen und Grafiken,** in denen die Entwicklung des Unternehmens dargestellt wird.

Beispiel

Die geplanten Erlöse über € 140.000,– wurden um € 8.000,– verfehlt. Die Kosten haben sich gegenüber der Planung um € 3.000,– erhöht. Der budgetierte Gewinn konnte nicht erreicht werden.

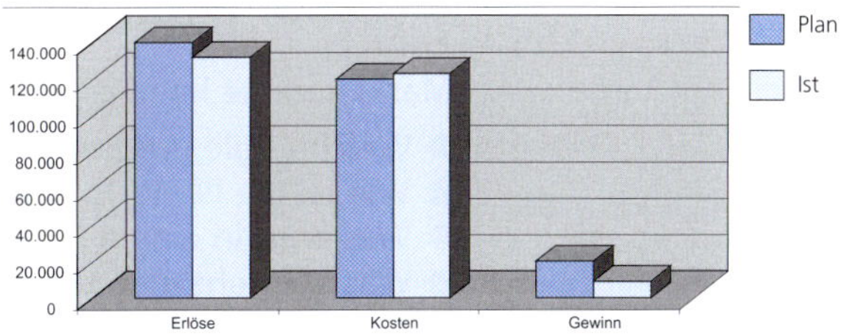

2 Strategisches und operatives Controlling

Markieren Sie im nachfolgenden Text die Antwort auf folgende Frage:

- **Was ist unter strategischem und operativem Controlling zu verstehen?**

Die Aufgaben des Controllings haben sich im Laufe der Zeit stark verändert. Während früher Controller noch ausschließlich mit betriebswirtschaftlicher Beratung und Betreuung, der Kostenrechnung und dem Steuerrecht betraut waren, liegt heute der Schwerpunkt ihrer Tätigkeit auf den Aufgabengebieten **Berichtswesen, strategische bzw. operative Planung und Kontrolle.** Grundsätzlich können die Aufgabengebiete in **strategisches** und **operatives Controlling** gegliedert werden.

Strategisches Controlling

Strategisches Controlling

Aufgabe des strategischen Controllings ist die **langfristige Existenzsicherung** eines Unternehmens durch **Erhaltung bestehender und Schaffung neuer Erfolgspotenziale** (z. B. Produkte, Märkte, Fähigkeiten der Mitarbeiter).

Beispiele

- Welche Stärken und Schwächen hat das Unternehmen?
- Wie wird sich der Marktanteil des Unternehmens langfristig entwickeln?
- Wie wird sich der Tourismusmarkt in den nächsten Jahren in der Region entwickeln und wie wirkt sich dies auf das Unternehmen aus?

Die **Erfolgspotenziale** sind die **Voraussetzungen für den Erfolg eines Unternehmens.** Es wird daher laufend nach Wegen gesucht, wie diese Potenziale verstärkt oder erweitert werden können.

Operatives Controlling

Operatives Controlling

Operatives Controlling ist das **Umsetzen der strategischen Ziele.** Mit dem operativen Controlling will man den **Erfolg** und die **Liquidität** für das **kommende Geschäftsjahr sichern.** Werden diese Ziele nicht erreicht oder sind sie gefährdet, muss mit entsprechenden Maßnahmen rechtzeitig gegengesteuert werden.

Beispiele

- Im Planjahr soll der Umsatz um 5 % erhöht werden.
- Auf das Eigenkapital soll ein Gewinn von mindestens 8 % erreicht werden.
- Die Liquidität (Zahlungsfähigkeit) soll im Planjahr 20 . . verbessert werden.
- Preiserhöhungen im Energiebereich sollen durch Einsparungsmaßnahmen abgefangen werden.

Das **Erzielen operativer Erfolge** im sogenannten **„Tagesgeschäft"** ist **ohne strategisches Controlling nicht möglich.** In der operativen Ebene geht es darum, die auf der strategischen Ebene geschaffenen Erfolgspotenziale zu nutzen und konkrete Erfolge zu realisieren.

3 Planungsrechnung

Markieren Sie im nachfolgenden Text die Antworten auf folgende Fragen:

- **Welche Teile umfasst die Planungsrechnung?**
- **Wie ist die Planerfolgsrechnung (das Leistungsbudget) aufgebaut?**
- **Was wird in einem Finanzplan dargestellt?**
- **Was versteht man unter einer Planbilanz?**

Die **Planungsrechnung** ist ein wichtiges **Instrument des operativen Controllings.**

Im Rahmen der **operativen Planung** wird auf Basis der Teilpläne (Absatzplan, Personalplan usw.) eine **Planungsrechnung – das Budget** – erstellt. Die Zahlen der entsprechenden Pläne stellen **Vorgabewerte für die Mitarbeiter** dar.

Die **Planungsrechnung** (die Budgetierung, das Budget) besteht aus:

Planerfolgsrechnung (Leistungsbudget)	Finanzplan	Planbilanz
Gewinn- und Verlustrechnung für den Planungszeitraum	Ermittlung des zukünftigen Zahlungsmittelbedarfes bzw. Zahlungsmittelüberschusses im Planungszeitraum	Auskunft über die Vermögens- und Kapitalstruktur des Unternehmens am Ende des Planungszeitraumes

In der Praxis erstellen die einzelnen Abteilungen ihre **Teilbudgets** nach den Vorgaben der Unternehmensleitung. Die **Aufgabe des Controllers** ist es in diesem Fall, die **Teilpläne aufeinander abzustimmen** und zu einem **integrierten Gesamtbudget** zusammenzufassen. Abschließend wird das Budget von der Unternehmensleitung genehmigt, welches dann für alle Mitarbeiter verbindlich ist.

Planerfolgsrechnung (Leistungsbudget)

Planerfolgsrechnung (Leistungsbudget)

Die **Planerfolgsrechnung** baut auf **Plandaten der Kostenrechnung** auf und wird daher auch als **Leistungsbudget** bezeichnet. Ziel der Planerfolgsrechnung ist die Ermittlung des **zukünftigen Betriebs- und Unternehmensergebnisses.**

Das **Leistungsbudget** basiert auf Daten der Kostenrechnung.

Finanzplan und **Planbilanz** bauen auf Daten der **Buchführung** auf.

Werden von den **Plan-Erlösen (Leistungen)** die **geplanten variablen und fixen Kosten** abgezogen, erhält man das **Betriebsergebnis** (Betriebsgewinn bzw. Betriebsverlust). Da aber **Finanzplan** und **Planbilanz** auf Daten der Buchführung aufbauen, muss vom Betriebsergebnis, mithilfe einer umgekehrten **Betriebsüberleitung** das Unternehmensergebnis ermittelt werden. Um das **Unternehmensergebnis** zu berechnen, werden zum Betriebsergebnis die **kalkulatorischen Kosten hinzugerechnet** und die **neutralen Aufwendungen abgezogen.**

Unternehmen, die über **keine Kostenrechnung** verfügen, erstellen das **Budget auf Basis der Werte der Buchführung.** Dabei geht man davon aus, dass die **Aufwendungen den Kosten** entsprechen; damit entfällt die Betriebsüberleitung.

Schema der Planerfolgsrechnung (Leistungsbudget)

Die **Ermittlung des Betriebs- und Unternehmensergebnisses** erfolgt in der Praxis im Allgemeinen nach folgendem staffelförmigen Schema:

„Umgekehrte Betriebsüberleitung"

	Geplante Erlöse (Betriebsleistung)	1
–	Geplante variable Kosten	2
	Deckungsbeitrag	3
–	Geplante Fixkosten	4
	Betriebsergebnis	5
±	Betriebsüberleitung	6
	+ Kalkulatorische Kosten	
	– Neutrale Aufwendungen	
	Unternehmensergebnis	7

Erfolgen die Berechnungen auf **Grundlage der Daten der Buchführung,** werden anstatt **der Kosten die Aufwendungen** angesetzt.

Erläuterungen

Erläuterungen zum Leistungsbudget		
1	Erlöse	Erlöse abzüglich Erlösschmälerungen (Kundenskonti, Kundenrabatte) **Betriebsleistung** ist die Summe aus allen Erlösen, den Bestandsveränderungen und den sonstigen betrieblichen Erträgen
2	Variable Kosten	Variable Kosten sind Kosten, deren **Höhe von der Beschäftigung** abhängt. Dazu zählen der Waren- und Materialeinsatz, die Fertigungslöhne und die variablen Gemeinkosten.
3	Deckungsbeitrag (DB)	Der DB dient der Abdeckung der **Fixkosten** und des **Gewinnes.**
4	Fixkosten	Fixe Kosten sind Kosten, die **unabhängig von der Beschäftigung** anfallen. Dazu zählen im Allgemeinen ● Personalkosten: Fixe Personalkosten einschließlich der Lohn- und Gehaltsnebenkosten ● Sonstige Kosten: Kosten für Instandhaltung, Marketing, Verwaltung usw. ● Kalkulatorische Kosten: Kalkulatorische Abschreibungen, kalkulatorische Zinsen, kalkulatorischer Unternehmerlohn, kalkulatorische Wagnisse
5	Betriebsergebnis	Das Betriebsergebnis bezieht sich auf den betrieblichen Bereich (und nicht auf den Unternehmensbereich) und zeigt, wie erfolgreich der betriebliche Leistungsprozess ist.
6	Betriebsüberleitung	Das Betriebsergebnis wird durch eine **umgekehrte Betriebsüberleitung** in das Unternehmensergebnis umgewandelt. Die **Umrechnung** ist eine **Voraussetzung** für die Berechnung des **Finanzplanes** und der **Planbilanz.** Durch die **kalkulatorischen Kosten** erfolgt eine Verminderung des Betriebsergebnisses. Diese werden zur Ermittlung des Unternehmensergebnisses hinzugerechnet. Zu den **neutralen Aufwendungen** gehören die Abschreibungen von Sachanlagen und von Forderungen, der Zinsenaufwand, die Schadensfälle sowie betriebsfremde Aufwände. Die neutralen Aufwendungen werden im Rahmen der Überleitung abgezogen. Wird die Planerfolgsrechnung auf **Basis der Zahlen der Buchführung** erstellt, **entfällt die Betriebsüberleitung.** Das Rechenschema bleibt ansonsten gleich.
7	Unternehmensergebnis	Das **Unternehmensergebnis** entspricht **dem Ergebnis vor Steuern = Ergebnis nach Steuern = Jahresüberschuss/-fehlbetrag = = Bilanzgewinn/-verlust.** Bei Kapitalgesellschaften (AG, GmbH) wird noch die vom Gewinn abhängige Körperschaftsteuer abgezogen

Umgekehrte Betriebsüberleitung:
Betriebsergebnis
\+ Kalkulatorische Kosten
– Neutrale Aufwendungen
Unternehmensergebnis

Betriebsüberleitung entfällt, wenn das Leistungsbudget auf Daten der Buchführung aufbaut.

SbX
Formular
ID: 2001

Zur Bearbeitung der Beispiele dieses Kapitels finden Sie im SbX das Formular **Planerfolgsrechnung – Leistungsbudget.**

Lehrbeispiel

SbX
Excel
ID: 2001

L 2.01: Planerfolgsrechnung – Leistungsbudget

Sie sind als Juniorcontroller/in im Küchenstudio Martina Hauser e. U., Fachgeschäft für Kücheneinrichtungen, beschäftigt und erstellen das Leistungsbudget für das Planjahr 20... Dazu stehen Ihnen folgende Angaben zur Verfügung (Angaben ohne USt):

1. Erlöse: Das Istergebnis aus dem Vorjahr beträgt für Küchenmöbel € 1.551.000,– und für Küchengeräte € 840.000,–. Laut Absatzplan wird im Planjahr eine Erhöhung der Erlöse für Küchenmöbel und Küchengeräte um jeweils 15 % erwartet.

2. Variable Kosten: Der Wareneinsatz beträgt laut den betrieblichen Erfahrungswerten 68 % der Erlöse.
3. Die Personalkosten (inkl. Lohn- und Gehaltsnebenkosten) betragen laut Personalkostenplan € 420.000,–. Für das Folgejahr ist weiters noch zu berücksichtigen, dass ein Lehrling in das Angestelltenverhältnis übernommen wird. Dadurch erhöhen sich die Personalkosten um € 13.000,–.
   Die kollektivvertraglich vorgesehene Erhöhung der Personalkosten wird mit 3 % erwartet.
4. Laut Kostenplanung rechnet man mit sonstigen Kosten von € 160.000,–. Für eine geplante Marketingoffensive sind zusätzliche Werbekosten in Höhe von € 12.000,– zu berücksichtigen.
5. Kalkulatorische Kosten: Abschreibung € 65.000,–, Zinsen € 33.000,–, Unternehmerlohn € 60.000,–
6. Die Abschreibungen von Sachanlagen betragen laut Anlagendatei € 36.000,–.
   Im Jänner des Planjahres ist die Anschaffung eines Klein-Lkw um € 40.000,– vorgesehen; Abschreibung 20 % p. a.
7. Fremdkapitalzinsen: Das Bankdarlehen von € 300.000,– ist mit 5 % p. a. zu verzinsen. Die Anschaffung des Klein-Lkw wird zu 50 % fremdfinanziert; Kreditzinssatz 6 % p. a. für zwölf Monate.

Aufgabe: a) Stellen Sie das Leistungsbudgets für das Planjahr 20.. (in 1.000 €) auf. C
b) Werten Sie das Leistungsbudget aus. D
- Vergleich des ermittelten Leistungsbudgets mit den Vorjahresdaten: Gesamterlöse € 2.391.000,–, DB € 765.000,–, Fixkosten € 719.000,–, Betriebsergebnis € 46.000,–
- Break-even-Analyse:
  Bei welchem Umsatz ist Kostendeckung gegeben (auf € genau)?
  Wie hoch muss der Umsatz sein, wenn man einen Gewinn von € 200.000,– erzielen möchte (auf € genau)?

Lösung:

a) Leistungsbudget für das Planjahr 20.. (in 1.000 €)

Summe der Fixkosten € 776.000,–

Leistungsbudget Küchenstudio Martina Hauser e. U.	Plan 20.. (in 1.000 €)
Geplante Erlöse Küchenmöbel	1.784
+ Geplante Erlöse Küchengeräte	966
Summe geplante Erlöse (Betriebsleistung)	**2.750**
– Geplante variable Kosten	
Wareneinsatz	1.870
Deckungsbeitrag	**880**
– Geplante Fixkosten	
Personalkosten	446
Sonstige Kosten	172
Kalkulatorische Kosten	158
Betriebsergebnis	**104**
± Betriebsüberleitung	
+ Kalkulatorische Kosten	158
– Abschreibungen von Sachanlagen	44
– Zinsenaufwand	16
Unternehmensergebnis	**202**

Nebenrechnungen (in 1.000 €):

Punkt 1: Erlöse Küchenmöbel: 1.551.000 · 1,15 = 1.784.000,00 = 1.784
Erlöse Küchengeräte: 840.000 · 1,15 = 966.000,00 = 966

Punkt 2: Wareneinsatz: 2.750.000 · 0,68 = 1.870.000,00 = 1.870

Punkt 3: Erhöhung der Personalkosten: 420.000 + 13.000 = 433.000 · 1,03 = 446.000,00 = = 446

Punkt 4: Sonstige Kosten 160.000 + 12.000 = 172.000,00 = 172

Punkt 5: Kalkulatorische Kosten: 65.000 + 33.000 + 60.000 = 158.000,00 = 158

Punkt 6: Abschreibungen von Sachanlagen: 36.000 + 8.000 (20 % von 40.000) = 44.000,00 = = 44

Punkt 7: 300.000 · 5 % = 15.000,00
20.000 · 6 % = 1.200,00
16.200,00 = 16

b) Auswertung des Leistungsbudgets

- **Vergleich mit Vorjahresdaten**

Durch die Umsatzerhöhung um 15 % von € 2.391.000,– auf € 2.750.000,– steigt auch der Deckungsbeitrag um € 115.000,–, von € 765.000,– auf € 880.000,–. Obwohl sich die Fixkosten erhöhen, kann das Betriebsergebnis um € 58.000,–, von € 46.000,– auf € 104.000,–, verbessert werden.

Zur Beurteilung der Ertragslage eines Unternehmens ist das Betriebsergebnis heranzuziehen.

- **Break-even-Analyse**

Der **DB in % des Umsatzes gibt an, wie viel Prozent des Umsatzes zur Deckung der fixen Kosten** erforderlich sind (siehe dazu Unternehmensrechnung III).

Kostendeckung:

$$\text{DB in \% des Umsatzes} = \frac{\text{DB} \cdot 100}{\text{Umsatz}} = \frac{880.000}{2.750.000} \cdot 100 = 32{,}0\,\%$$

$$\textbf{Break-even-Umsatz} = \frac{\text{Fixkosten}}{\text{DB in \% des Umsatzes}} \cdot 100 = \frac{776.000}{32} \cdot 100 = \mathbf{2.425.000{,}00}$$

Die **Kostendeckung** wird bei einem **Umsatz von € 2.425.000,–** erreicht.

Berechnung des Umsatzes zur Erzielung des erwünschten Gewinnes:

$$\frac{\text{Fixkosten} + \text{Gewinn}}{\text{DB in \% des Umsatzes}} \cdot 100 = \frac{776.000 + 200.000}{32} \cdot 100 = \mathbf{3.050.000{,}00}$$

Bei einem **Umsatz von € 3.050.000,–** wird der **erwünschte Gewinn** von **€ 200.000,–** erzielt.

Kontrollrechnung (in 1.000 €):

Erlöse (Umsatz)	2.425	3.050
– variable Kosten (68 % vom Erlös)	1.649	2.074
Deckungsbeitrag (32 % vom Erlös)	776	976
– Fixkosten	776	776
Gewinn	**0**	**200**

Finanzplan

Finanzplan

Mithilfe des **Finanzplanes** werden die **geplanten Zahlungsströme** in einem Unternehmen erfasst. Es wird damit festgestellt, welcher **Bedarf an finanziellen Mitteln** zu welchem Zeitpunkt gegeben ist bzw. welcher **Überschuss** entsteht.

Aufgabe der Finanzplanung ist es, die **Zahlungsfähigkeit (= Liquidität) des Unternehmens** in der Zukunft sicherzustellen. Die **erforderlichen finanziellen Mittel** müssen nicht nur in der **richtigen Höhe,** sondern auch zum **richtigen Zeitpunkt** vorhanden sein.

Finanzplanung ↓ **Finanzplan**

Das **Ergebnis der Finanzplanung** ist der **Finanzplan,** der im Wesentlichen über folgende Fragen Auskunft gibt:

- Wie groß ist der **Finanzmittelbedarf bzw. Finanzmittelüberschuss** in der Planperiode?
- Wie kann der **Bedarf an Zahlungsmitteln gedeckt werden** bzw. wie kann der **Überschuss** für das Unternehmen **optimal verwendet werden?**

Plan-Cashflow-Rechnung

Der Finanzplan wird in der Praxis häufig als **Plan-Cashflow-Rechnung** erstellt.

Unter **Cashflow** (= Geldüberschuss) versteht man den **aus der Geschäftstätigkeit erwirtschafteten finanziellen Überschuss,** der für Investitionen, für die Tilgung von langfristigen Verbindlichkeiten, für Privatentnahmen oder Gewinnausschüttungen zur Verfügung steht.

Zu Cashflow bzw. Cashflow-Rechnung siehe Kapitel 1.

Im Rahmen der Plan-Cashflow-Rechnung ist zur Ermittlung des Zahlungsmittelbedarfes bzw. Zahlungsmittelüberschusses folgender Rechengang erforderlich:

	Plan-Jahresüberschuss (-fehlbetrag)	Operativer Cashflow
–	Gewinne (+ Verluste) aus dem Abgang von Anlagevermögen	
+	Abschreibungen auf Sachanlagen	
+	Bildung (– Auflösung) langfristiger Rückstellungen	
±	Sonstige zahlungsunwirksame Aufwendungen/Erträge	
	Plan-Cashflow aus dem Ergebnis	
–	Zunahme (+ Abnahme) von Umlaufvermögen	
+	Zunahme (– Abnahme) von Verbindlichkeiten	
	Plan-Cashflow aus der laufenden Geschäftstätigkeit (1)	
–	Investitionen in das Anlagevermögen	Investitions-Cashflow
+	Abgänge aus dem Anlagevermögen	
	Plan-Cashflow aus der Investitionstätigkeit (2)	
+	Einzahlungen aus Kapitalerhöhungen und Gesellschafterzuschüssen	Finanzierungs-Cashflow
+	Einzahlungen aus Darlehen und Kreditaufnahmen	
–	Ausschüttungen an Gesellschafter (Privatentnahmen)	
–	Rückzahlung von Darlehen und Krediten	
	Plan-Cashflow aus der Finanzierungstätigkeit (3)	
±	Veränderung der flüssigen Mittel **(Saldo 1, 2, 3)**	
+	Anfangsbestand der flüssigen Mittel	
	Endbestand der flüssigen Mittel	

Zahlungsmittelbedarf

Ergibt die Planung einen **Zahlungsmittelbedarf,** müssen Überlegungen angestellt werden, wie die fehlenden Mittel aufzubringen sind, z. B. durch Kapitaleinlagen der Eigentümer, Aufnahme von Krediten, Erhöhung des Kreditrahmens bei der Bank, Herabsetzung von Bankguthaben, Verzicht auf Investitionen, Verringerung der Privatentnahmen bzw. der Gewinnausschüttungen an die Gesellschafter.

Zahlungsmittelüberschuss

Ist laut Planung ein **Zahlungsmittelüberschuss** gegeben, ist zu entscheiden, wie die Mittel verwendet werden sollen, z. B. für die Rückzahlung von Krediten, Vorwegnahme von Investitionen, Verringerung der Lieferantenkredite.

Planbilanz

Planbilanz

Die **Planbilanz** zeigt die **Vermögens- und Kapitalstruktur** des Unternehmens am **Ende der Planungsperiode.** Ausgehend von der Anfangsbilanz wird unter Berücksichtigung der Ergebnisse des Leistungsbudgets und des Finanzplanes die Planbilanz erstellt.

SbX Formular ID: 2001

Zur Bearbeitung der Beispiele dieses Kapitels finden Sie im SbX die Formulare **Finanzplan** und **Planbilanz.**

Lehrbeispiel SbX Excel ID: 2001

L 2.02: Finanzplan

Auf Basis der Bilanz per 1. Jan. 20. . und des Leistungsbudgets ist der Finanzplan für das Küchenstudio Martina Hauser e. U. zu erstellen:

Bilanz per 1. Jänner 20. . (in 1.000 €)

Aktiva			Passiva		
Anlagevermögen		254	Eigenkapital		346
Umlaufvermögen			Fremdkapital		
Warenvorrat	344		Rückstellungen	20	
Lieferforderungen	342		Darlehen	300	
Kassa, Bank	26	712	Lieferverbindlichkeiten	240	
			Sonstige Verbindlichkeiten	60	620
		966			966

Bei der Aufstellung des Finanzplanes ist Folgendes zu berücksichtigen:

1. Unternehmensgewinn laut Leistungsbudget € 202.000,–, Abschreibungen von Sachanlagen € 44.000,–
2. Zur Verringerung der Lagerkosten soll der Warenbestand um € 30.000,– gesenkt werden.
3. Durch zusätzliche Verkäufe auf Ziel werden sich die Lieferforderungen um € 45.000,– erhöhen.
4. Durch bessere Ausnutzung der Lieferantenskonti ist eine Senkung der Lieferverbindlichkeiten um € 35.000,– geplant.
5. Im Jänner des Planjahres ist die Anschaffung eines Klein-Lkw um € 40.000,– vorgesehen. Die Hälfte der Anschaffungskosten wird durch eine weitere Darlehensaufnahme finanziert. Im Planjahr kommt es in diesem Zusammenhang zu keiner Darlehensrückzahlung.
6. Das ausstehende Darlehen (laut Bilanz) wird im Planjahr um € 32.000,– getilgt. Zur Neuaufnahme eines Darlehens siehe Punkt 5.
7. Für Privatentnahmen sind € 36.000,– anzusetzen. Zusätzlich sind für Einkommensteuerzahlungen € 70.000,– zu berücksichtigen.
8. Bei den übrigen Bilanzpositionen sind keine Veränderungen geplant. Bei einem eventuellen Zahlungsmittelbedarf ist der Kreditrahmen der Hausbank in Höhe von € 40.000,– auszuschöpfen.

Dieses Lehrbeispiel kann unabhängig von L 2.01 gelöst werden.

Aufgabe: Erstellen Sie den Finanzplan für das Planjahr 20. . (in 1.000 €) und beurteilen Sie diesen. D

Lösung:

Finanzplan – Plan-Cashflow-Rechnung Küchenstudio Martina Hauser e. U.	Plan 20. . (in 1.000 €)
Plan-Jahresüberschuss (-fehlbetrag)	202
+ Abschreibungen von Sachanlagen	44
Plan-Cashflow aus dem Ergebnis	**246**
+ Abnahme Warenvorrat	30
– Zunahme Lieferforderungen	– 45
– Abnahme Lieferverbindlichkeiten	– 35
Plan-Cashflow aus der laufenden Geschäftstätigkeit (1)	**196**
– Investitionen in das Anlagevermögen	– 40
Plan-Cashflow aus der Investitionstätigkeit (2)	**– 40**
– Rückzahlung Darlehen	– 32
+ Aufnahme neues Darlehen	20
– Privatentnahmen	– 106
Plan-Cashflow aus der Finanzierungstätigkeit (3)	**– 118**

± Veränderung der flüssigen Mittel (Saldo 1, 2, 3)	38
+ Anfangsbestand der flüssigen Mittel	26
Endbestand der flüssigen Mittel	**64**

Erläuterungen:

Die Abschreibung als nicht ausgabewirksamer Aufwand verringert den Gewinn, führt aber zu keiner Ausgabe. Sie wird daher zum Gewinn hinzugerechnet. Durch die Abnahme des Warenvorrates sinkt der Lagerbestand, die Liquidität steigt. Mit der Erhöhung der Lieferforderungen steigt die Kapitalbindung, die Liquidität wird verringert. Die Abnahme der Lieferverbindlichkeiten erfordert zusätzliche Geldmittel, die Liquidität sinkt. Die Aufnahme eines Darlehens bringt weitere Geldmittel, die Liquidität steigt.

Plan-Cashflow aus der laufenden Geschäftstätigkeit (1)	196
Plan-Cashflow aus der Investitionstätigkeit (2)	– 40
Plan-Cashflow aus der Finanzierungstätigkeit (3)	– 118
Zunahme der flüssigen Mittel	**38**

Laut Finanzplan erhöht sich der Endbestand an flüssigen Mitteln um € 38.000,– von € 26.000,– auf € 64.000,–. Damit ist die Liquidität für das Planjahr gesichert. Der Bestand an flüssigen Mitteln kann z. B. zum Abbau von Verbindlichkeiten, für weitere Investitionen oder für höhere Privatentnahmen verwendet werden.

4 Kurzfristige Erfolgsrechnung

Markieren Sie im nachfolgenden Text die Antworten auf folgende Fragen:
- **Was versteht man unter der kurzfristigen Erfolgsrechnung?**
- **Welche Aufgabe hat der Controller bei der Erstellung der kurzfristigen Erfolgsrechnung zu erfüllen?**
- **Wie erfolgt die Erstellung der kurzfristigen Erfolgsrechnung?**

Kurzfristige Erfolgsrechnung

Mithilfe der kurzfristigen Erfolgsrechnung **(KER)** erfolgt eine **laufende Überwachung der Umsatz-, Kosten- und Gewinnentwicklung** durch einen **Soll-Ist-Vergleich** der entsprechenden Werte. Je nach Bedarf wird die kurzfristige Erfolgsrechnung in regelmäßigen Abständen **monatlich, viertel- oder halbjährlich,** in der Hotellerie auch nach Saisonende, erstellt.

Im Rahmen der kurzfristigen Erfolgsrechnung (KER) werden die Plandaten des Leistungsbudgets den Istdaten der Kostenrechnung bzw. der Buchführung in Form eines Soll-Ist-Vergleiches gegenübergestellt und die entstandenen **Abweichungen** ermittelt. Entwickeln sich Umsatz-, Kosten und Gewinn ungünstig, z. B. durch Umsatzrückgang, Kostenerhöhungen oder Preisverfall, so können noch rechtzeitig **Maßnahmen zur Verbesserung** eingeleitet werden.

Bericht

Eine **Vorschaurechnung (Forecast)** ist ein neues Leistungsbudget auf Basis von **geänderten Zahlen.**

Aufgabe des Controllers ist es, in seinem **Bericht** auf **Abweichungen von den geplanten Werten** frühzeitig aufmerksam zu machen, damit ein rechtzeitiges Gegensteuern vorgenommen werden kann. Werden beim Soll-Ist-Vergleich **während des Budgetjahres Abweichungen festgestellt,** wird auf **Basis der geänderten Zahlen** ein neues Leistungsbudget, auch als **Vorschaurechnung (Forecast)** bezeichnet, erstellt.

Beispiel

Die KER zum ersten Halbjahr per 30. Juni 20 . . zeigt, dass aufgrund der gegenwärtigen Umsatzentwicklung die geplanten Erlöse von € 200.000,– nicht mehr erreicht werden. Weiters wurden die Plandaten für die Personalkosten um € 15.000,– überschritten.
- Mit der Vorschaurechnung wird auf Basis der Ergebnisse vom 30. Juni 20 . . das neue Betriebs- und Unternehmensergebnis errechnet.
- Nach einer Analyse der Abweichungen werden Maßnahmen zur Erreichung der Planwerte gesetzt.

Zur **Erstellung der kurzfristigen Erfolgsrechnung** sind **folgende Arbeiten** erforderlich:

Vielfach wird aus Zeitgründen die KER auf Basis der **Buchführungsergebnisse** erstellt. Die meisten Buchführungsprogramme verfügen über eine Soll-Ist-Vergleichs-Software.

- Ermittlung der **Istdaten**
- Feststellung der **Abweichungen** zwischen den Solldaten laut Budget und den Istdaten **(Soll-Ist-Vergleich)**
- **Analyse der Abweichungen** auf ihre Ursachen und Einleitung von Maßnahmen, wenn das Erreichen der Planwerte gefährdet ist **(Abweichungsanalyse)**

Für die Ermittlung der Istdaten ist die **Berechnung des Waren-(Material-)Einsatzes** durchzuführen und die **zeitliche Abgrenzung von Aufwendungen (Kosten) und Erlösen** vorzunehmen.

Ermittlung des **Waren-(Material)-Einsatzes**

Der **Waren-(Material-)Einsatz** kann mithilfe einer
- **Lagerbuchführung** oder durch eine
- **Inventur** ermittelt werden.

Zeitliche Abgrenzung von **Aufwendungen** (Kosten) und **Erträgen.**

Unregelmäßig anfallende Aufwendungen (Kosten) und Erträge werden **zeitlich abgegrenzt.**

Beispiele

Personalaufwand (-kosten)	Abgrenzung der Urlaubsbeihilfe und der Weihnachtsremuneration einschließlich der lohn- und gehaltsabhängigen Abgaben
Energie, Miete, Versicherungen usw.	Vornahme der Abgrenzung
Abschreibungen	Anteilsmäßige Berücksichtigung
Schadensfälle	Besonders hohe Schadensfälle sind gleichmäßig zu verteilen.
Erlöse	Bereits ausgeführte, aber noch nicht fakturierte Lieferungen und Leistungen sind zu erfassen.

SbX
Formular
ID: 2001

Zur Bearbeitung der Beispiele dieses Kapitals finden Sie im SbX das Formular **Kurzfristige Erfolgsrechnung (Soll-Ist-Vergleich).**

Lehrbeispiel

SbX
Excel
ID: 2001

L 2.03: Kurzfristige Erfolgsrechnung (KER, Soll-Ist-Vergleich)

Für das Küchenstudio Martina Hauser e. U. ist eine kurzfristige Erfolgsrechnung mit Soll-Ist-Vergleich für das erste Halbjahr 20. . zu erstellen. Die Solldaten laut Budget sind bereits im Formular eingetragen. Laut EDV-Ausdruck der Buchführung stehen per 30. Juni 20. . folgende Istdaten als staffelförmige GuV-Rechnung zur Verfügung:

Verschiedene Aufwendungen/Kosten werden unter der Position „Sonstige Aufwendungen/Kosten" zusammengefasst, in der Praxis aber entsprechend unterteilt.

Betriebserfolg = = Betriebsergebnis

Unternehmensergebnis = = Bilanzgewinn (= Ergebnis vor Steuern = Ergebnis nach Steuern = Jahresüberschuss)

Gewinn- und Verlustrechnung per 30. Juni 20. .

Erlöse Küchenmöbel	€	842.000,00
+ Erlöse Küchengeräte	€	510.000,00
Summe Erlöse (Betriebsleistung)	€	**1.352.000,00**
– Wareneinsatz	€	938.000,00
– Personalaufwand (-kosten)	€	214.000,00
– Sonstige Aufwendungen/Kosten	€	69.000,00
– Abschreibungen von Sachanlagen	€	0,00
Betriebserfolg	€	**131.000,00**
– Zinsenaufwand	€	11.000,00
Unternehmensergebnis	€	**120.000,00**

Bei der Durchführung der Abgrenzungen per 30. Juni 20. . ist Folgendes zu berücksichtigen:

1. Der Wareneinsatz beträgt laut Lagerbuchführung € 962.000,–.
2. Eine Rechnung über Instandhaltungen von € 4.300,– (exkl. 20 % USt) wurde per 30. Juni noch nicht verbucht.
3. Die Abschreibungen von Sachanlagen betragen für das ganze Jahr € 44.000,–.
4. Der Zinsenaufwand beträgt für das ganze Jahr ca. € 16.000,–.

Dieses Lehrbeispiel kann unabhängig von L 2.01 und L 2.02 gelöst werden.

Aufgabe: a) Stellen Sie die kurzfristige Erfolgsrechnung durch Eintragung der Istdaten per 30. Juni 20. . in die nachfolgend dargestellte Tabelle (in 1.000 € bzw. auf 1 Dez. genau) auf. Die Abgrenzungen sind in Form von Nebenrechnungen durchzuführen. C

b) Führen Sie den Soll-Ist-Vergleich (in 1.000 € bzw. auf 1 Dez. genau) durch. C

c) Erstellen Sie einen Bericht, in dem die Abweichungen der Positionen
- Summe Erlöse,
- Wareneinsatz sowie
- DB und Gewinn

beurteilt werden. D

Die Budgetzahlen bilden die Basis für die Errechnung der Abweichungen in % und betragen daher jeweils 100 %.

Lösung:

a), b) Kurzfristige Erfolgsrechnung und Durchführung des Soll-Ist-Vergleiches (in 1.000 € bzw. auf 1 Dez. genau)

KER (Soll-Ist-Vergleich) (in 1.000 €) **Küchenstudio Martina Hauser e. U.**	**Abgegrenzte Istdaten 1. Halbjahr 20. .**	**Solldaten laut Budget 1. Halbjahr 20. .**	**Abweichungen**	
			€	**%**
Erlöse Küchenmöbel	842	892		
+ Erlöse Küchengeräte	510	483		
Summe Erlöse (Betriebsleistung)	**1.352**	**1.375**	– 23	– 1,7
– Wareneinsatz	962	935	+ 27	+ 2,9
Deckungsbeitrag	**390**	**440**	– 50	– 11,4
– Personalaufwand (-kosten)	214	223	– 9	– 4,0
– Sonstige Aufwendungen/Kosten	73	86	– 13	– 15,1
– Abschreibungen von Sachanlagen	22	22	—	—
– Zinsenaufwand	8	8	—	—
Unternehmensergebnis	**73**	101	– 28	– 27,7

2 Controlling

Abgrenzungen:

Punkt 1: Der Wareneinsatz laut Lagerbuchführung beträgt € 962.000,– = 962

Punkt 2:	Sonstige Aufwendungen/Kosten	69.000,00
	+ noch nicht verbuchte Rechnung über Instandhaltungen	4.300,00
		73.300,00 = 73

Punkt 3: Abschreibungen von Sachanlagen: 44.000 : 2 = 22.000,00 = 22

Punkt 4: Zinsenaufwand: 16.000 : 2 = 8.000,00 = 8

c) Bericht des Controllers

Die Abweichungsanalyse per 30. Juni 20. . zeigt auf, dass

- die geplanten Erlöse um € 23.000,– (1,7 %) verfehlt wurden,
- der Wareneinsatz um € 27.000,– (2,9 %) höher ist als geplant,
- durch die geringeren Erlöse und den erhöhten Wareneinsatz der geplante Deckungsbeitrag von € 440.000,– um € 50.000,– (11,4 %) verfehlt wurde und
- durch den niedrigeren Deckungsbeitrag und die Erhöhung der Aufwendungen sich das Unternehmensergebnis im 1. Halbjahr um 27,7 % gegenüber dem Budget verringert.

Die Abweichungen können z. B. durch zu hohe Zielvorgaben oder durch zu spätes Einleiten von entsprechenden Maßnahmen zur Erreichung der Budgetziele zustande kommen.

In Abstimmung mit den verantwortlichen Mitarbeitern wird der Controller mit den aktuellen Zahlen eine Vorschaurechnung für das Geschäftsjahr erstellen. Nach der Ursachenfeststellung sind entsprechende Maßnahmen zu setzen, um die Situation im 2. Halbjahr zu verbessern.

5 Berufsbild des Controllers

Markieren Sie im nachfolgenden Text die Antworten auf folgende Fragen:

- **Welche fachlichen Anforderungen werden an einen Controller gestellt?**
- **Welche Anforderungen werden an die Persönlichkeit eines Controllers gestellt?**

Im deutschsprachigen Raum wird das Controlling meist über den Tätigkeitsbereich des Controllers definiert. Das ist insofern problematisch, als die Aufgaben, die dem Controller in einem Unternehmen zugewiesen werden, sehr vielfältig sein können und unter anderem von der Größe und dem Gegenstand des Unternehmens abhängen.

In kleinen Unternehmen gibt es meist keinen eigenen Controller. Die Controllingaufgaben werden im Allgemeinen von der Unternehmensführung oder der Rechnungswesenabteilung erledigt. Erst ab einer Größe von 120 bis 150 Mitarbeitern finden sich in der Praxis eigene Controllerstellen.

Der Entwicklungsstand des Controllings im Unternehmen hat wesentlichen Einfluss auf die Anforderungen an den Controller. Eine Analyse der Stellenausschreibungen lässt Kriterien erkennen, denen Controller auf jeden Fall entsprechen müssen.

Beispielhaft können folgende **Anforderungen** zusammengefasst werden.

Fachliche und persönliche Anforderungen

Anforderungsprofil eines Controllers	
fachliche Anforderungen	**persönliche Anforderungen**
• wirtschaftliche Ausbildung (Universität, FH, Handelsakademie) • zwei bis drei Jahre Berufserfahrung • fundierte Rechnungswesenkenntnisse, im Besonderen im Bereich der Kostenrechnung • gute EDV-Kenntnisse • ausgezeichnete Englischkenntnisse	• unternehmerisches Denken • analytisches Denken • Organisationstalent • Zahlenverständnis • Verantwortungsbewusstsein • Leistungsbereitschaft und Belastbarkeit • Kommunikationsfähigkeit • Kreativität

Beispiel

Stellenausschreibung

Controller (m/w)

Ihr Aufgabengebiet umfasst u. a. den Aufbau bzw. die Weiterentwicklung unserer Kostenrechnung und des Berichtswesens (inkl. Abweichungsanalysen), Planungsarbeiten sowie die Unterstützung des Abteilungsleiters bei Projektarbeiten. Die Beratung von und Zusammenarbeit mit Kolleginnen und Kollegen unterschiedlicher Fachbereiche und Standorte erweitern die Aufgaben.

Wir erwarten:

- kaufmännische Ausbildung (HAK, FH, Controlling-Diplom)
- einschlägige Praxis
- Projekterfahrung (Mitarbeit und gegebenenfalls Leitung)
- EDV-Kenntnisse (MS-Office, SAP)
- Serviceorientierung und soziale Kompetenz
- Team- und Kooperationsfähigkeit
- Zuverlässigkeit und Eigenständigkeit
- Verantwortungsbereitschaft und Genauigkeit

Das Bildungsprogramm des Österreichischen Controller-Instituts kann im Internet unter **www.oeci.at** heruntergeladen werden.

Üben

SbX ID: 2002

A B C D E

SbX
Formular
Excel
ID: 2002

Ü 2.01: Planerfolgsrechnung – Leistungsbudget

Gerd Frohner e. U., Metallbau und Fensterfertigung in Gmunden, erzeugt Aluminium- und Holzfenster. Für das Planjahr 20 . . ist das Leistungsbudget zu erstellen. Dazu stehen Ihnen folgende Angaben zur Verfügung (alle Angaben ohne USt):

	Aluminium	Holz
1. Erlöse Fenster: Geplanter Verkauf Verkaufspreis pro Stück	 4.300 Stück € 180,00	 2.950 Stück € 145,00
2. Variable Kosten pro Stück: Fertigungsmaterial Fertigungslöhne Fertigungsgemeinkosten	 € 58,00 € 50,00 € 18,00	 € 27,80 € 35,00 € 14,00

3. Die fixen Personalkosten (inkl. Lohn- und Gehaltsnebenkosten) betragen für den Meister in der Produktion, für die Angestellten in der Verwaltung und im Vertrieb insgesamt € 174.000,–. Die kollektivvertraglich vorgesehene Erhöhung der fixen Personalkosten wird mit 3 % erwartet.
4. Laut Kostenplanung rechnet man mit sonstigen Kosten in Höhe von € 114.000,–.
5. Kalkulatorische Kosten: Abschreibungen € 108.000,–, Zinsen € 48.000,–, Unternehmerlohn € 60.000,–
6. Die Abschreibungen von Sachanlagen betragen laut Anlagendatei € 78.000,–. Im Oktober des Planjahres ist die Anschaffung und Inbetriebnahme einer computergesteuerten Drehbank um € 40.000,– vorgesehen; Abschreibung 20 % p. a. für ein halbes Jahr.
7. Die Fremdkapitalzinsen für das Darlehen der Hausbank über € 210.000,– betragen 5 % p. a. Die Anschaffung der Drehbank erfolgt mit einer 50%igen Fremdfinanzierung; Zinssatz 6 % p. a. für drei Monate.

Die Daten können in das nachfolgende **Formular** eingetragen werden.

Aufgabe: a) Stellen Sie das Leistungsbudget für das Planjahr 20 . . (in 1.000 €) auf. C
b) Werten Sie das Leistungsbudget aus. D
- Das Betriebsergebnis ist in Stichworten zu beurteilen.
- Break-even-Analyse:
  Bei welchem Umsatz ist Kostendeckung gegeben (auf € genau)?
  Wie hoch muss der Umsatz sein, wenn man einen Gewinn von € 80.000,– erzielen möchte (auf € genau)?

Lösung:

a) Leistungsbudget für das Planjahr 20 . . (in 1.000 €)

Leistungsbudget Gerd Frohner e. U., Metallbau und Fensterfertigung	Plan 20 . . (in 1.000 €)
Geplante Erlöse Aluminiumfenster	
+ Geplante Erlöse Holzfenster	
Summe geplante Erlöse (Betriebsleistung)	
– Geplante variable Kosten	
Fertigungsmaterialeinsatz	
Fertigungslöhne	
Fertigungsgemeinkosten	
Deckungsbeitrag	
– Geplante Fixkosten	
Personalkosten	
Sonstige Kosten	
Kalkulatorische Kosten	
Betriebsergebnis	
± Betriebsüberleitung	
+ Kalkulatorische Kosten	
– Abschreibungen von Sachanlagen	
– Zinsenaufwand	
Unternehmensergebnis	

Nebenrechnungen (in 1.000 €):

b) Auswertung des Leistungsbudgets

SbX
Excel
ID: 2002

* Das Übungsbeispiel kann unabhängig von Ü 2.01 gelöst werden.

Ü 2.02: Finanzplan*

Auf Basis der Bilanz per 1. Jan. 20 . . und des Leistungsbudgets ist für Gerd Frohner e. U., Metallbau und Fensterfertigung, der Finanzplan zu erstellen:

Aktiva	Bilanz per 1. Jänner 20 . . (in 1.000 €)		Passiva		
Anlagevermögen		342	Eigenkapital		241
Umlaufvermögen			Fremdkapital		
Materialvorrat	128		Rückstellungen	19	
Lieferforderungen	96		Darlehen	210	
Kassa, Bank	35	259	Lieferverbindlichkeiten	104	
			Sonstige Verbindlichkeiten	27	360
		601			601

Bei der Aufstellung des Finanzplanes ist Folgendes zu berücksichtigen:

1. Unternehmensgewinn laut Leistungsbudget € 48.000,–, Abschreibungen von Sachanlagen € 82.000,–
2. Zur Verringerung der Lagerkosten soll der Materialbestand um € 20.000,– reduziert werden.
3. Durch zusätzliche Verkäufe auf Ziel werden sich die Lieferforderungen um € 25.000,– erhöhen.
4. Durch bessere Ausnutzung der Lieferantenskonti ist eine Verringerung der Lieferverbindlichkeiten um € 30.000,– geplant.
5. Im Oktober des Planjahres ist die Anschaffung einer Drehbank um € 40.000,– geplant. Die Hälfte der Anschaffungskosten wird durch eine weitere Darlehensaufnahme finanziert. Im Planjahr kommt es in diesem Zusammenhang zu keiner Darlehensrückzahlung.
6. Das ausstehende Darlehen (laut Bilanz) wird im Planjahr um € 38.000,– getilgt. Zur Neuaufnahme eines Darlehens siehe Punkt 5.
7. Für Privatentnahmen sind € 36.000,– anzusetzen. Zusätzlich sind für Einkommensteuerzahlungen € 24.000,– zu berücksichtigen.
8. Bei den übrigen Bilanzpositionen sind keine Veränderungen geplant. Bei einem eventuellen Zahlungsmittelbedarf ist der Kreditrahmen der Hausbank in Höhe von € 35.000,– auszuschöpfen.

Die Daten können in das nachfolgende **Formular** eingetragen werden.

Aufgabe: Erstellen Sie den Finanzplan für das Planjahr 20. . (in 1.000 €) und beurteilen Sie diesen. D

Lösung:

Finanzplan – Plan-Cashflow-Rechnung Gerd Frohner e. U., Metallbau und Fensterfertigung	**Plan 20 . . (in 1.000 €)**
Plan-Jahresüberschuss (-fehlbetrag)	
+ Abschreibungen auf Sachanlagen	
Plan-Cashflow aus dem Ergebnis	
Plan-Cashflow aus der laufenden Geschäftstätigkeit (1)	
– Investitionen in das Anlagevermögen	
Plan-Cashflow aus der Investitionstätigkeit (2)	
Plan-Cashflow aus der Finanzierungstätigkeit (3)	

± Veränderung der flüssigen Mittel **(Saldo 1, 2, 3)**	
+ Anfangsbestand der flüssigen Mittel (Kassa, Bankguthaben)	
Endbestand der flüssigen Mittel	

Beurteilung:

SbX
Formular Excel ID: 2002

* Das Übungsbeispiel kann unabhängig von Ü 2.01 und Ü 2.02 gelöst werden.

Ü 2.03: Kurzfristige Erfolgsrechnung (KER, Soll-Ist-Vergleich)*

Der Metallbau und Fensterfertigungsbetrieb Gerd Frohner e. U., kontrolliert vierteljährlich das Budget mittels kurzfristiger Erfolgsrechnung samt Soll-Ist-Vergleich. Die Solldaten des Budgets sind bereits im Formular eingetragen. Laut EDV-Ausdruck der Buchführung stehen per 31. März 20 . . folgende Istdaten als GuV-Rechnung zur Verfügung:

Gewinn- und Verlustrechnung per 31. März 20 . .

Erlöse Aluminiumfenster	€ 215.000,00
+ Erlöse Holzfenster	€ 103.000,00
Summe Erlöse (Betriebsleistung)	**€ 318.000,00**
– Fertigungsmaterialeinsatz	€ 92.000,00
– Fertigungslöhne	€ 65.000,00
– Fertigungsgemeinkosten	€ 23.000,00
– Personalaufwand (-kosten)	€ 39.000,00
– Sonstige Aufwendungen/Kosten	€ 32.000,00
– Abschreibungen von Sachanlagen	€ 0,00
Betriebsergebnis	**€ 67.000,00**
– Zinsenaufwand	€ 2.000,00
Unternehmensergebnis	**€ 65.000,00**

Für die Abgrenzungen per 31. März 20 . . ist Folgendes zu berücksichtigen:

1. Der Fertigungsmaterialeinsatz beträgt laut Inventur € 89.000,–.
2. Die anteiligen 13. und 14. Fertigungslöhne einschließlich Lohnnebenkosten von € 11.000,– sind für das 1. Quartal noch zu erfassen.
3. Der anteilige Personalaufwand (-kosten) einschließlich Personalnebenkosten für das 1. Quartal beträgt € 7.000,–; er ist noch zu erfassen.
4. Die Abschreibungen von Sachanlagen betragen für das ganze Jahr € 82.000,–.
5. Der Zinsenaufwand macht für das ganze Jahr ca. € 11.000,– aus.

Aufgabe: a) Stellen Sie die kurzfristige Erfolgsrechnung durch Eintragung der Istdaten per 31. März 20. . in die nachfolgend dargestellte Tabelle (in 1.000 € bzw. auf 1 Dez. genau) auf. Die Abgrenzungen sind in Form von Nebenrechnungen durchzuführen. C

b) Führen Sie den Soll-Ist-Vergleich (in 1.000 € bzw. auf 1 Dez. genau) durch. C

c) Erstellen Sie einen Bericht, in dem die Abweichungen der Positionen
- Summe Erlöse,
- Fertigungsmaterialeinsatz sowie
- DB und Gewinn

beurteilt werden. D

Die Budgetzahlen bilden die Basis für die Errechnung der Abweichungen in % und betragen daher jeweils 100 %.

Lösung:

a), b) Kurzfristige Erfolgsrechnung und Durchführung des Soll-Ist-Vergleiches (in 1.000 € bzw. auf 1 Dez. genau)

KER (Soll-Ist-Vergleich) (in 1.000 €) Gerd Frohner e. U. Metallbau und Fensterfertigung	Abgegrenzte Istdaten 1. Quartal 20 . .	Solldaten laut Budget 1. Quartal 20 . .	Abweichungen	
			€	%
Erlöse Aluminiumfenster		192		
+ Erlöse Holzfenster		110		
Summe Erlöse (Betriebsleistung)		**302**		
– Fertigungsmaterialeinsatz		82		
– Fertigungslöhne		78		
– Fertigungsgemeinkosten		29		
Deckungsbeitrag		**113**		
– Personalaufwand (-kosten)		45		
– Sonstige Aufwendungen/Kosten		30		
– Abschreibungen von Sachanlagen		21		
– Zinsenaufwand		3		
Unternehmensergebnis		**14**		

Abgrenzungen:

SbX Formular Excel ID: 2002

Ü 2.04: Planerfolgsrechnung – Leistungsbudget

Die Anna Simplon KG in Hard am Bodensee produziert Spezial-Rennräder, Mountainbikes und Active-Lifestyle-Räder im Hochpreissegment. Alle Produkte werden mit einem hohen Anteil an Handfertigung und aus hochwertigem Material hergestellt (Rennräder Modell „Pride" aus Carbon, Mountainbikes Modell „Nimbus" aus besonders leichtem Aluminium). Die Produkte werden über den Fachhandel verkauft; 60 % der Produktion gehen in den Export. Im Unternehmen sind 34 Mitarbeiter in der Produktion, elf Mitarbeiter im kaufmännischen Bereich und zwei Mitarbeiter in der Forschung tätig. Für das Planjahr 20 . . soll das Leistungsbudget erstellt werden.

Folgende Angaben stehen zur Verfügung (alle Angaben ohne USt):

	Mountainbikes	Rennräder
1. Erlöse:		
Geplante Produktion und Verkauf in Stück	12.400	1.900
Verkaufspreis pro Stück an den Fachhandel	€ 820,00	€ 2.100,00
2. Variable Kosten:		
Fertigungsmaterial pro Stück	€ 290,00	€ 760,00
Fertigungslöhne und Fremdleistungskosten pro Stück	€ 115,00	€ 456,00
Fertigungsgemeinkosten in %, auf Basis Fertigungslöhne	120 %	120 %
Vertreterprovision in %, vom geplanten Umsatz	3 %	3 %

3. Die fixen Personalkosten (inkl. Lohn- und Gehaltsnebenkosten) betragen für die Angestellten in der Forschung, im Verwaltungs- und Vertriebsbereich (mit Marketing) € 820.000,–.
   Die kollektivvertraglich vorgesehene Erhöhung der fixen Personalkosten wird mit 3 % erwartet.
4. Laut Kostenplanung rechnet man mit sonstigen Kosten von € 1.260.000,–. Darin sind Werbekosten in Höhe von € 460.000,– und Betreuungskosten für Sportevents von € 200.000,– enthalten.
5. Kalkulatorische Kosten: Abschreibungen € 340.000,–, Zinsen € 360.000,–
6. Die Abschreibungen von Sachanlagen betragen laut Anlagendatei € 270.000,–.
   Im März des Planjahres ist die Anschaffung und Inbetriebnahme einer neuen mobilen Lackierstation um € 160.000,– vorgesehen; Abschreibung 20 % p. a.
7. Die Fremdkapitalzinsen für das ausstehende Darlehen betragen € 210.000,– p. a. Die Anschaffung der Lackierstation wird zu 70 % fremdfinanziert; Zinssatz 5 % p. a. für neun Monate.

Die Daten können in das nachfolgende **Formular** eingetragen werden.

Aufgabe: a) Erstellen Sie das Leistungsbudget für das Planjahr 20 . . (in 1.000 €). C
b) Führen Sie eine Break-even-Analyse durch: D
- Bei welchem Umsatz ist Kostendeckung gegeben (auf € genau)?
- Es ist eine zusätzliche Marketingoffensive geplant. Die Fixkosten dafür werden € 300.000,– betragen. Wie hoch muss der Umsatz sein, wenn ein Gewinn von € 900.000,– erzielt werden soll (auf € genau)?

Lösung:

a) Leistungsbudget für das Planjahr 20 . . (in 1.000 €)

Leistungsbudget Anna Simplon KG	**Plan 20 . . (in 1.000 €)**
Geplante Erlöse Mountainbikes	
+ Geplante Erlöse Rennräder	
Summe geplante Erlöse (Betriebsleistung)	
– Geplante variable Kosten	
Fertigungsmaterial	
Fertigungslöhne	
Fertigungsgemeinkosten	
Vertreterprovision	
Deckungsbeitrag	
– Geplante Fixkosten	
Personalkosten	
Sonstige Kosten	
Kalkulatorische Kosten	
Betriebsergebnis	
± Betriebsüberleitung	
+ Kalkulatorische Kosten	
– Abschreibungen von Sachanlagen	
– Zinsenaufwand	
Unternehmensergebnis	

Nebenrechnungen (in 1.000 €):

b) Break-even-Analyse

Ü 2.05: **Finanzplan**

Auf Basis der Anfangsbilanz per 1. Jan. 20 . . und des Leistungsbudgets ist für den PROFI Baumarkt Franz Huber e. U. der Finanzplan zu erstellen:

Aktiva	Bilanz per 1. Jänner 20 . . (in 1.000 €)		Passiva		
Anlagevermögen		1.200	Eigenkapital		640
Umlaufvermögen			Fremdkapital		
Waren-, Materialvorrat	840		Rückstellungen	180	
Lieferforderungen	610		Darlehen	980	
Kassa, Bank	30	1.480	Lieferverbindlichkeiten	770	
			Sonstige Verbindlichkeiten	110	2.040
		2.680			2.680

Bei der Aufstellung des Finanzplanes ist Folgendes zu berücksichtigen:

1. Der Unternehmensgewinn und die Abschreibungen von Sachanlagen betragen laut Leistungsbudget € 284.000,– bzw. € 189.000,–.
2. Zur Reduktion der Lagerkosten soll der hohe Waren- und Materialbestand um € 50.000,– gesenkt werden.
3. Durch eine bessere Ausnutzung der Lieferantenskonti ist eine Senkung der Lieferverbindlichkeiten um € 80.000,– geplant.
4. Investition Anlagevermögen: Ein neues Regalsystem wird um € 90.000,– angeschafft.
5. Das bestehende Bankdarlehen wird im Planjahr um € 190.000,– getilgt. 80 % der Anschaffungskosten für das neue Regalsystem werden mit einem Bankkredit fremdfinanziert. Mit der Bank wird eine monatliche Tilgungsrate für diesen Kredit in Höhe von € 1.500,– vereinbart; Tilgungsbeginn ab Juli des Planjahres.
6. Für Privatentnahmen und private Steuern sind € 150.000,– anzusetzen.
7. Bei den übrigen Bilanzpositionen sind keine Veränderungen geplant. Für einen eventuellen Zahlungsmittelbedarf ist der nicht ausgeschöpfte Kreditrahmen der Hausbank in Höhe von € 140.000,– zu verwenden.

Die Daten können in das nachfolgende **Formular** eingetragen werden.

Aufgabe: Erstellen Sie den Finanzplan für das Planjahr 20 . . (in 1.000 €) und beurteilen Sie diesen. D

2 Controlling

Lösung:

Finanzplan – Plan-Cashflow-Rechnung PROFI Baumarkt Franz Huber e. U.	**Plan 20 . . (in 1.000 €)**
Plan-Jahresüberschuss (-fehlbetrag)	
+ Abschreibungen von Sachanlagen	
Plan-Cashflow aus dem Ergebnis	
Plan-Cashflow aus der laufenden Geschäftstätigkeit (1)	
– Investitionen in das Anlagevermögen	
Plan-Cashflow aus der Investitionstätigkeit (2)	
Plan-Cashflow aus der Finanzierungstätigkeit (3)	

± Veränderung der flüssigen Mittel **(Saldo 1, 2, 3)**	
+ Anfangsbestand flüssige Mittel (Kassa, Bankguthaben)	
Endbestand der flüssigen Mittel	

Beurteilung:

SbX Formular Excel ID: 2002

Ü 2.06: Kurzfristige Erfolgsrechnung (KER, Soll-Ist-Vergleich)

Für das Ferienhotel-Restaurant Stanglwirt ist eine kurzfristige Erfolgsrechnung mit Soll-Ist-Vergleich für das erste Quartal 20 . . zu erstellen. Die Solldaten des Budgets sind bereits im Formular eingetragen. Laut EDV-Ausdruck der Buchführung stehen per 31. März 20 . . folgende Istdaten als GuV-Rechnung zur Verfügung:

Gewinn- und Verlustrechnung per 31. März 20 . .

	Erlöse Logis	€	112.000,00
+	Erlöse Küche	€	46.000,00
+	Erlöse Keller	€	23.000,00
	Summe Erlöse (Betriebsleistung)	€	**181.000,00**
–	Wareneinsatz	€	24.000,00
–	Personalaufwand (-kosten)	€	62.000,00
–	Sonstige Aufwendungen/Kosten	€	46.000,00
–	Abschreibungen auf Sachanlagen	€	0,00
	Betriebsergebnis	€	**49.000,00**
–	Zinsenaufwand	€	14.000,00
	Unternehmensergebnis	€	**35.000,00**

Für die Abgrenzungen per 31. März 20 . . ist Folgendes zu berücksichtigen:

1. Der Wareneinsatz an Lebensmitteln und Getränken beträgt laut Inventur € 28.000,–.
2. Die anteiligen 13. und 14. Löhne/Gehälter einschließlich der Lohn- und Gehaltsnebenkosten für das 1. Quartal in Höhe von € 9.000,– sind noch zu erfassen.
3. Abschreibungen von Sachanlagen für das ganze Jahr € 118.000,–
4. Der Zinsenaufwand beträgt für das ganze Jahr ca. € 45.000,–.

Aufgabe: a) Stellen Sie die kurzfristige Erfolgsrechnung durch Eintragung der Istdaten per 31. März 20 . . in die nachfolgend dargestellte Tabelle (in 1.000 € bzw. auf 1 Dez. genau) auf. Die Abgrenzungen sind in Form von Nebenrechnungen durchzuführen. C

b) Führen Sie den Soll-Ist-Vergleich (in 1.000 € bzw. auf 1 Dez. genau) durch. C

c) Erstellen Sie einen Bericht, in dem die Abweichungen der Positionen
- Summe Erlöse,
- Wareneinsatz sowie
- DB und Gewinn

beurteilt werden. D

Die Budgetzahlen bilden die Basis für die Errechnung der Abweichungen in % und betragen daher jeweils 100 %.

Lösung:

a), b) Kurzfristige Erfolgsrechnung und Durchführung des Soll-Ist-Vergleiches (in 1.000 € bzw. auf 1 Dez. genau)

KER (Soll-Ist-Vergleich) (in 1.000 €) **Ferienhotel – Restaurant Stanglwirt**	**Abgegrenzte Istdaten 1. Quartal 20 . .**	**Solldaten laut Budget 1. Quartal 20 . .**	**Abweichungen** €	**Abweichungen** %
Erlöse Logis		124		
+ Erlöse Küche		50		
+ Erlöse Keller		20		
Summe Erlöse (Betriebsleistung)		**194**		
– Wareneinsatz		20		
Deckungsbeitrag		**174**		
– Personalaufwand (-kosten)		67		
– Sonstige Aufwendungen/Kosten		54		
– Abschreibungen von Sachanlagen		30		
– Zinsenaufwand		11		
Unternehmensergebnis		12		

Abgrenzungen:

Weitere Übungsbeispiele finden Sie im Kapitel 3 bzw. mit Lösungen zur Selbstkontrolle im Übungsbuch.

Sichern

SbX ID: 2003

Controlling

Aufgaben des Controllings sind die **Erfolgssicherung** durch Erzielung ausreichender **Gewinne** mit einer entsprechenden **Rentabilität** und die Erhaltung und Sicherung der **Liquidität.**

Unter Controlling versteht man die Steuerung eines Unternehmens durch **Planung, Kontrolle** und **Information.**

Strategisches Controlling

Aufgabe des strategischen Controllings ist die **langfristige Existenzsicherung** eines Unternehmens durch **Erhaltung bestehender und Schaffung neuer Erfolgspotenziale.**

Operatives Controlling

Operatives Controlling ist das **Umsetzen der strategischen Ziele.** Es dient der Sicherung des **Erfolges** und der **Liquidität** für das **kommende Geschäftsjahr.**

Planungsrechnung (Budgetierung, Budget)

Im Rahmen der **operativen Planung** wird auf Basis der Teilpläne (Absatzplan, Personalplan usw.) eine **Planungsrechnung – das Budget** – erstellt. Die Zahlen der entsprechenden Pläne sind **Vorgaben für die Mitarbeiter.**

Zusammensetzung der Planungsrechnung

- **Planerfolgsrechnung (Leistungsbudget):** Gewinn- und Verlustrechnung für den Planungszeitraum
- **Finanzplan:** Ermittlung des zukünftigen Zahlungsmittelbedarfes bzw. Zahlungsmittelüberschusses im Planungszeitraum
- **Planbilanz:** Auskunft über die Vermögens- und Kapitalstruktur des Unternehmens am Ende des Planungszeitraumes

Schema der Planerfolgsrechnung (Leistungsbudget)

	Geplante Erlöse (Betriebsleistung)
–	Geplante variable Kosten
	Deckungsbeitrag
–	Geplante Fixkosten
	Betriebsergebnis
±	Betriebsüberleitung
	+ Kalkulatorische Kosten
	– Neutrale Aufwendungen
	Unternehmensergebnis

Finanzplan

Mit dem Finanzplan werden die **geplanten Zahlungsströme** in einem Unternehmen erfasst.

Der Finanzplan gibt über folgende Fragen Auskunft:

- Wie groß ist der **Finanzmittelbedarf bzw. Finanzmittelüberschuss** in der Planperiode?
- Wie kann der **Bedarf an Zahlungsmitteln gedeckt werden** bzw. wie kann der **Überschuss** für das Unternehmen **optimal verwendet werden?**

Schema der Plan-Cashflow-Rechnung

	Plan-Jahresüberschuss (-fehlbetrag)
–	Gewinne (+ Verluste) aus dem Abgang von Anlagevermögen
+	Abschreibungen auf Sachanlagen
+	Bildung (– Auflösung) langfristiger Rückstellungen
±	Sonstige zahlungsunwirksame Aufwendungen/Erträge
	Plan-Cashflow aus dem Ergebnis
–	Zunahme (+ Abnahme) von Umlaufvermögen
+	Zunahme (– Abnahme) von Verbindlichkeiten
	Plan-Cashflow aus der laufenden Geschäftstätigkeit (1)
–	Investitionen in das Anlagevermögen
+	Abgänge aus dem Anlagevermögen
	Plan-Cashflow aus der Investitionstätigkeit (2)
+	Einzahlungen aus Kapitalerhöhungen und Gesellschafterzuschüssen
+	Einzahlungen aus Darlehen und Kreditaufnahmen
–	Ausschüttungen an Gesellschafter (Privatentnahmen)
–	Rückzahlung von Darlehen und Krediten
	Plan-Cashflow aus der Finanzierungstätigkeit (3)
±	Veränderung der flüssigen Mittel **(Saldo 1, 2, 3)**
+	Anfangsbestand der flüssigen Mittel
	Endbestand der flüssigen Mittel

Planbilanz

Die Planbilanz zeigt die **Vermögens- und Kapitalstruktur** des Unternehmens am **Ende der Planungsperiode.**

KER

Mithilfe der kurzfristigen Erfolgsrechnung (KER) erfolgt eine **laufende Überwachung der Umsatz-, Kosten- und Gewinnentwicklung** durch einen **Soll-Ist-Vergleich** der entsprechenden Werte.

Bericht

Aufgabe des Controllers ist es, in seinem **Bericht** auf **Abweichungen von den geplanten Werten** frühzeitig aufmerksam zu machen, damit ein rechtzeitiges Gegensteuern vorgenommen werden kann.

Vorschaurechnung (Forecast)

Werden beim Soll-Ist-Vergleich **während des Budgetjahres Abweichungen festgestellt,** wird auf **Basis der geänderten Zahlen** das Leistungsbudget neu erstellt. Man spricht dann von einer **Vorschaurechnung (Forecast).**

Vorgangsweise bei Erstellung der kurzfristigen Erfolgsrechnung (KER)

- Ermittlung der **Istdaten**
- Feststellung der **Abweichungen** zwischen den Solldaten laut Budget und den Istdaten **(Soll-Ist-Vergleich)**
- **Analyse der Abweichungen** auf ihre Ursachen und Einleitung von Maßnahmen, wenn das Erreichen der Planwerte gefährdet ist **(Abweichungsanalyse)**

Berufsbild des Controllers

An einen Controller werden eine Reihe von **fachlichen und persönlichen Anforderungen** gestellt. Fachlich sind u. a. fundierte Kenntnisse im Rechnungswesen, insbesondere in der Kostenrechnung, und gute EDV-Kenntnisse notwendig. Die Persönlichkeit eines Controllers sollte vor allem von Leistungsbereitschaft, Verantwortungsbewusstsein, Belastbarkeit und Kommunikationsfähigkeit geprägt sein.

SbX
ID: 2003

Zusätzlich zu dieser Zusammenfassung finden Sie im SbX eine Bildschirmpräsentation.

Wissen

SbX ID: 2004

A B C D E

SbX
Aufgaben mit automatischer Aufgabenkontrolle
ID: 2004

W 2.01: Aufgabe des Controllings ist die ______ und die Sicherung der ______. A

W 2.02: Die Planungsrechnung besteht aus folgenden Teilen: A

______

______

______

W 2.03: In Unternehmen, die über keine Kostenrechnung verfügen, werden anstatt Kosten Aufwendungen geplant. Ist eine Betriebsüberleitung notwendig? C Ja Nein

W 2.04: Das Leistungsbudget baut auf Plandaten der Kostenrechnung auf. Eine umgekehrte Betriebsüberleitung ist deshalb notwendig, weil ______ und ______ auf Daten der Buchführung aufbauen. A

W 2.05: Über welche Fragen gibt der Finanzplan Auskunft? Kreuzen Sie an. B

a) Wie hoch ist das zukünftige Betriebs- und Unternehmensergebnis? ....

b) Wie groß ist der Finanzmittelbedarf bzw. Finanzmittelüberschuss in der Planperiode? ....

c) Wie kann der Bedarf an Zahlungsmitteln gedeckt werden bzw. wie kann der Überschuss für das Unternehmen optimal verwendet werden? ....

d) Wie lautet die Vermögens- und Kapitalstruktur des Unternehmens am Ende der Planungsperiode? ....

W 2.06: Vervollständigen Sie. A

Zur Erstellung der kurzfristigen Erfolgsrechnung sind folgende Arbeiten erforderlich:

- Ermittlung der ______
- Feststellung der ______ zwischen den ______ und den ______ (Soll-Ist-Vergleich)
- ______ auf ihre ______ und ______ von Maßnahmen, wenn das Erreichen der Planwerte gefährdet ist (Abweichungsanalyse)

SbX
ID: 2004

Weitere Möglichkeiten zur Kompetenzüberprüfung im SbX

Wiederholungsfragen | **Weitere Aufgaben mit automatischer Aufgabenkontrolle** | $H_2Ö$ MUSTERUNTERNEHMEN

Ein kurzer Kompetenz-Check, bevor's weitergeht!

Kompetenz-Check

	☺	😐	☹
Ich kann die Aufgaben des Controllings nennen.			
Ich kann erläutern, was man unter Controlling versteht.			
Ich kann strategisches Controlling von operativem Controlling unterscheiden.			
Ich kann die Planerfolgsrechnung (das Leistungsbudget) erläutern.			
Ich kann ein Leistungsbudget erstellen und auswerten.			
Ich kann die Begriffe Finanzplanung und Finanzplan unterscheiden.			
Ich kann einen Finanzplan als Plan-Cashflow-Rechnung erstellen und beurteilen.			
Ich kann die Planbilanz erläutern.			
Ich kann die kurzfristige Erfolgsrechnung beschreiben.			
Ich kann die Arbeitsschritte zur Erstellung einer kurzfristigen Erfolgsrechnung nennen.			
Ich kann eine kurzfristige Erfolgsrechnung aufstellen und diese beurteilen.			

3 EINFACHE BETRIEBSWIRTSCHAFTLICHE FALLSTUDIEN

Worum geht's in diesem Kapitel?

SbX
Alle SbX-Inhalte zu diesem Kapitel finden Sie unter der ID: 3000.

Zur Lösung von Aufgabenstellungen der Praxis sind im Allgemeinen Kenntnisse aus mehreren Fachbereichen, wenn auch in unterschiedlichem Ausmaß, erforderlich.

Vernetztes Denken wird immer wichtiger!

Die Bearbeitung dieser betriebswirtschaftlichen Fallstudien ist fächerübergreifend durchzuführen. Im Besonderen sind dazu Kenntnisse aus den Gegenständen Betriebswirtschaft, Unternehmensrechnung, Wirtschaftsinformatik sowie Officemanagement und angewandte Informatik erforderlich.

Die Fallstudien dienen auf diese Weise der Vorbereitung auf die im Rahmen der Reife- und Diplomprüfung abzulegende Betriebswirtschaftliche Fachklausur und die Aufgabenstellungen der zukünftigen beruflichen Arbeitswelt.

Bildungs- und Lehraufgabe sowie **Lehrstoff** des **Lehrplanes**
↓
Kompetenzen, die Sie anwenden

Mit der Bearbeitung dieses Kapitels wenden Sie die in der **Bildungs- und Lehraufgabe** des aktuellen **Lehrplanes** angeführten **Fach-, Methoden-, Sozial- und Selbstkompetenzen** durch den **Einsatz von Fallstudien** vernetzt an.

Diesen Kompetenzen liegt folgender **Lehrstoff** zugrunde:

- **Betriebswirtschaftliche Fallstudien mit Verknüpfung zu anderen Unterrichtsgegenständen insbesondere den Gegenständen des Clusters „Entrepreneurship – Wirtschaft und Management"**

A B C D E

In diesem Kapitel finden Sie Fallbeispiele zur Kompetenzüberprüfung auf den Handlungsebenen A **Wiedergeben,** B **Verstehen,** C **Anwenden** und D **Analysieren & Interpretieren.**

Üben

SbX ID: 3002

A B C D E
SbX
Formular
Excel
ID: 3002

Ü 3.01: Fallbeispiel – Einnahmen-Ausgaben-Rechnung

Emma Hochsteiger führt im Zentrum von St. Johann im Pongau ein kleines Sportgeschäft mit Schwerpunkt Laufsport. Zahlreiche Marathonläufer zählen zu ihren Kunden und schätzen ihr Fachwissen und ihre Beratung.

Frau Hochsteiger zeichnet die Geschäftsfälle im Rahmen einer Einnahmen-Ausgaben-Rechnung (Nettomethode) auf. Die Besteuerung erfolgt nach vereinbarten Entgelten.

Die laufenden Aufzeichnungen der Geschäftsfälle bis zum 31. Dez. des Abschlussjahres sind bereits durchgeführt. Sie erhalten den Auftrag, den Tagesauszug der Raiffeisenbank vom 31. Dez. und eine Rechnung über die Reparatur der Eingangstüre (Instandhaltung, Erfassung des Nettobetrages) noch in die Verteilungstabelle einzutragen, die Summen zu ermitteln und die Erfolgsermittlung durchzuführen.

Folgende Unterlagen stehen Ihnen zur Verfügung:

Abrechnung 4. Quartal Bankkonto

IBAN: AT56 3300 0000 0108 5034
RAIFFEISENBANK ST. JOHANN IM PONGAU reg. Gen.mbH
TEL.: +43 6412 6161
www.sanktjohann.raiffeisen.at
BIC: RVSAAT2S057
DVR: 0071447
B 209

* Firmenkonto *		WERT	BETRAG IN EUR
ALTER KONTOSTAND			8.235,54
31.12.20..	Sollzinsen	31.12.20..	21,55 –
31.12.20..	Habenzinsen	31.12.20..	10,53
31.12.20..	KESt	31.12.20..	2,63 –
31.12.20..	Buchungs- und Abschlusskosten	31.12.20..	42,20 –

POS

SUMME GUTSCHRIFTEN	10,53
SUMME LASTSCHRIFTEN	61,12 –
NEUER KONTOSTAND GUTHABEN	8.184,95

Emma Hochsteiger e.U.
Ing.-Ludwig-Pech-Straße 4
5600 St. Johann/Pg.

AUSZUG 209/BLATT 001 VOM 31.12.20..

Raiffeisen Meine Bank

Reparatur der Eingangstüre

K718

Glasexpress

Glasexpress GmbH
Salzburger Straße 2 • 5500 Bischofshofen • Tel.: +43 6462 3604 • Mail: office@glasexpress.at • Web: www.glasexpress.at

Emma Hochsteiger e. U.
Sportfachhandel
Ing.-Ludwig-Pech-Straße 4
5600 St. Johann/Pg.

Barrechnung: 1247
Kassa: 1 10:48
Ihre UID-Nr.: ATU62149115

Unsere UID-Nr.: ATU14491101 Leistungsdatum: 31.12.20.. Rechnungsdatum: 31. Dez. 20..

Stunden	Leistungsbeschreibung	Betrag
Material	Glasscheibe Visostar, Kleinteile	210,00 €
Arbeit	Austausch Glasscheibe im Eingangsbereich	180,00 €
	Arbeitszeit: 2,5 Stunden	
	Nettobetrag	390,00 €
	+ 20 % Umsatzsteuer	78,00 €
	Rechnungsbetrag bar	468,00 €

Betrag bar bezahlt!

Lösung:

Verteilungstabelle

Lfd. Nr.	Datum	Beleg	Text	Aufgliederung Einnahmen (netto): Erlöse	Übrige[1] Einnahmen	Aufgliederung Ausgaben (netto): Waren und Material	Personal	Instand-haltungen	Kfz-Kosten	Pflichtver-sicherungs-beiträge	Übrige Betriebs-aus-gaben
			Übertrag	*130.242,15*		*58.608,97*	*28.653,27*	*3.215,15*	*1.754,58*	*1.751,20*	*5.209,69*
925	*29.12.*	*K 715*	*Adidas, E 421*			*384,00*					
926	*29.12.*	*K 716*	*Tageslosung*	*987,54*							
927	*29.12.*	*B 208*	*Gehalt*				*1.900,15*				
928	*30.12.*	*K 717*	*Treibstoff Pkw*						*48,50*		
			Summen								

[1] In der Spalte **Übrige Einnahmen** werden ausschließlich die **Habenzinsen abzüglich der KESt** (Kapitalertragsteuer) angeführt. Diese sind **endbesteuert** und **bei der Erfolgsermittlung nicht zu berücksichtigen.**

Erfolgsermittlung	
Betriebseinnahmen	
Erlöse	
Betriebsausgaben	
Waren und Material	
Personal	
Instandhaltungen	
Kfz-Kosten	
Pflichtversicherungsbeiträge	
Übrige Betriebsausgaben	
Abschreibung (inkl. geringw. Wirtschaftsgüter)*	
Gewinn	

Berechnung der Abschreibung*	

Für die **Ermittlung des Erfolges** ist zu beachten:

Abschreibung: Für die am 1. Jan. des Abschlussjahres vorhandenen Anlagen beträgt die Abschreibung laut Anlagenverzeichnis € 4.544,– (davon € 2.140,– für den Firmen-Pkw).

Im Abschlussjahr wurde für den Shop ein Gerät zur Laufanalyse angeschafft, um den Kunden den idealen Laufschuh empfehlen zu können. Erfassen Sie diese Rechnung im Anlagenverzeichnis und berechnen Sie die Abschreibung.

4. 8.1. S 8 Nachträglicher Preisnachlass der Industrie AG

Industrie AG Computer

Industrie AG | Computer & Peripherie
Hoferstraße 25 | 6020 Innsbruck
Tel: +43 512 22 81 81-0 | Fax: +43 512 22 81 81-10

Mag. Irene Messner GmbH
Adi-Gassler-Gasse 9
9020 Klagenfurt am Wörthersee

EINGEGANGEN 09. Jan. 20 . .

Kunde:	**20451**
Ihre UID-Nr.	ATU12709456
Datum:	08.01.20 . .
Lieferdatum:	
Sachbearbeiter:	Maderegger
Auftrag vom:	02.01.20 . .

Gutschrift Nr.: 11/20 . .

Anzahl	Bezeichnung	Artikelnummer	Einzelpreis	Preis
	Nachträglicher Preisnachlass zu Rechnung 9820		€ 300,00	€ 300,00

Nettobetrag	€ 300,00
+ 20 % Umsatzsteuer	€ 60,00
Bruttobetrag	€ **360,00**

5. 11.1. B 5

Kommerzbank AG

Kontoauszug
Verfüger: Mag. Irene Messner GmbH
IBAN: AT04 2035 1008 1346 0001
BIC: KMAGATWW
Zeitraum: 10.01.20 . . - 11.01.20 . .

Datum	Buchungstext	Valuta	Betrag EUR
11.01.	Gerald Schneider GmbH, R. Nr. 20 . . 0018, Rücks., Skonto	11.01.	9.172,80 –
11.01.	Industrie AG, R. Nr. 9820, GS 11/20 . ., Skonto	11.01.	3.175,20 –

Kontostand 10.01.	Summe Belastungen	Summe Gutschriften	Kontostand 11.01.
34.819,20	12.348,00 –	0,00	**22.471,20**

Auszug 05/1

AT **ERSTE BANK** ERSTE BANK DER OESTERREICHISCHEN SPARKASSEN AG

ZAHLUNGSANWEISUNG
AUFTRAGSBESTÄTIGUNG

EmpfängerIn Name/Firma
Gerald Schneider GmbH, 4020 Linz

IBAN EmpfängerIn
AT802011140310007618

BIC (SWIFT-Code) der Empfängerbank
GIBAATWW

EUR Betrag 9.172,80

Verwendungszweck
R. Nr. 20 . . 0018 € 9.600,– – Rücksendung € 240,– = € 9.360,–
€ 9.360,– – 2 % Skonto €187,20 = € 9.172,80

SB 11. Jan 20 . . KOMMERZBANK AG

IBAN KontoinhaberIn/AuftraggeberIn
AT042035100813460001

KontoinhaberIn/AuftraggeberIn Name/Firma
Mag. Irene Messner GmbH, 9020 Klagenfurt am Wörthersee

Bitte vor Weitergabe des Auftrages abtrennen - verbleibt bei AuftraggeberIn.
Gilt nicht als Durchführungsbestätigung!

AT **Bank Austria** UniCredit Group

ZAHLUNGSANWEISUNG AUFTRAGSBESTÄTIGUNG

EmpfängerIn Name/Firma
Industrie AG, 6020 Innsbruck

IBAN EmpfängerIn
AT811200051430605201

BIC (SWIFT-Code) der Empfängerbank			Betrag	Cent
BKAUATWW		EUR	3.175,20	

Verwendungszweck

RNR 9820	€ 3.600,00
– GS 11/20 . .	€ 360,00
– Skonto	€ 64,80
	€ 3.175,20

SB
11. Jan 20 . .
KOMMERZBANK AG

IBAN KontoinhaberIn/AuftraggeberIn
AT042035100813460001

KontoinhaberIn/AuftraggeberIn Name/Firma
Mag. Irene Messner GmbH, 9020 Klagenfurt am Wörthersee

Bitte vor Weitergabe des Auftrages abtrennen - verbleibt bei AuftraggeberIn.
Gilt nicht als Durchführungsbestätigung!

6. 12.1. A 15 Warenverkauf an die Ing. Walter Koch GmbH (20197), Theatergasse 17, 1060 Wien, 15 Computer Quad Core, Art.-Nr. 1040, à € 300,– + 20 % USt, Bestellung vom 9. Jan., Ausstellung des Lieferscheines und der Faktura, Verbuchung
7. 12.1. A 16 Warenverkauf an Martin Hauser e. U. (20108), Herrengasse 17, 2500 Baden, drei Laserdrucker Print 560, Art.-Nr. 1038, à € 800,– + 20 % USt, Bestellung vom 8. Jan., Ausstellung des Lieferscheines und der Faktura, Verbuchung
8. 14.1. S 12 Die Ing. Walter Koch GmbH hat einen Computer gemäß Telefonat vom 13. Jan. retourniert, Gutschrift € 300,– + 20 % USt; Erstellung der Gutschriftsanzeige, Verbuchung.
9. 15.1. S 15 Preisnachlass an Martin Hauser e.U. auf die A 16 € 100,– + € 20,– USt = = € 120,–
10. 21.1. B 6

Kommerzbank AG

Kontoauszug
Verfüger: Mag. Irene Messner GmbH
IBAN: AT04 2035 1008 1346 0001
BIC: KMAGATWW
Zeitraum: 18.01.20. . - 20.01.20. .

Datum	Buchungstext	Valuta	Betrag EUR
18.01.	Ing. Walter Koch GmbH, AR 15 abz. Gutschr., Skonto	19.01.	4.939,20
20.01.	Martin Hauser e.U., AR 16 abz. Gutschr., Skonto	21.01.	2.704,80

Kontostand 18.01.	Summe Belastungen	Summe Gutschriften	Kontostand 20.01.
22.471,20	0,00	7.644,00	**30.115,20**

Auszug 06/1

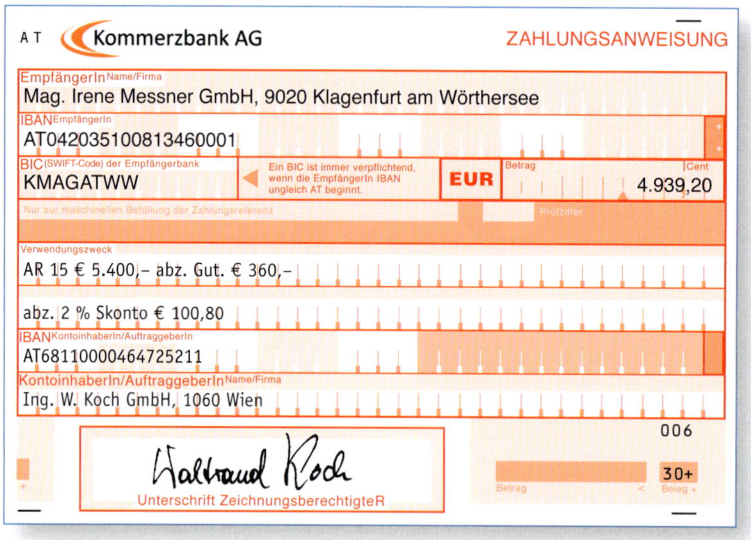
AT Kommerzbank AG ZAHLUNGSANWEISUNG

EmpfängerIn Name/Firma: Mag. Irene Messner GmbH, 9020 Klagenfurt am Wörthersee

IBAN EmpfängerIn: AT042035100813460001

BIC (SWIFT-Code) der Empfängerbank: KMAGATWW

Ein BIC ist immer verpflichtend, wenn die EmpfängerIn IBAN ungleich AT beginnt.

EUR Betrag Cent: 4.939,20

Nur zur maschinellen Befüllung der Zahlungsreferenz Prüfziffer

Verwendungszweck: AR 15 € 5.400,– abz. Gut. € 360,– abz. 2 % Skonto € 100,80

IBAN KontoinhaberIn/AuftraggeberIn: AT681100004647252111

KontoinhaberIn/AuftraggeberIn Name/Firma: Ing. W. Koch GmbH, 1060 Wien

006

Unterschrift ZeichnungsberechtigteR

Betrag < 30+ Beleg +

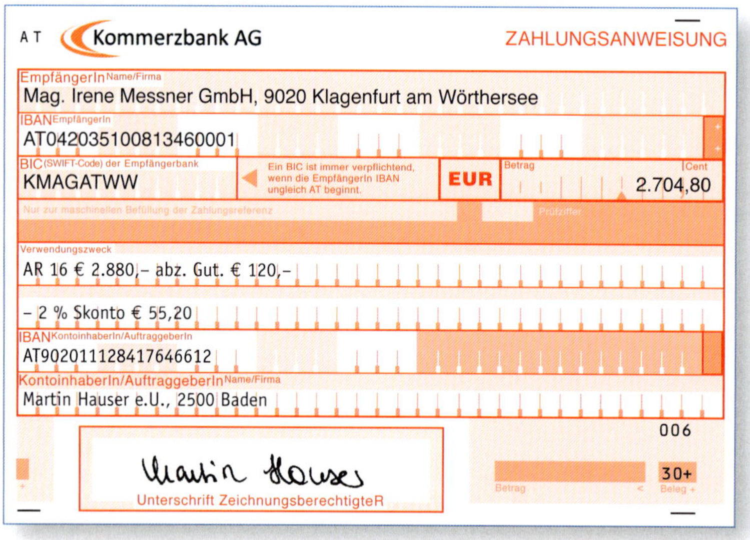
AT Kommerzbank AG ZAHLUNGSANWEISUNG

EmpfängerIn Name/Firma: Mag. Irene Messner GmbH, 9020 Klagenfurt am Wörthersee

IBAN EmpfängerIn: AT042035100813460001

BIC (SWIFT-Code) der Empfängerbank: KMAGATWW

Ein BIC ist immer verpflichtend, wenn die EmpfängerIn IBAN ungleich AT beginnt.

EUR Betrag Cent: 2.704,80

Nur zur maschinellen Befüllung der Zahlungsreferenz Prüfziffer

Verwendungszweck: AR 16 € 2.880,– abz. Gut. € 120,– – 2 % Skonto € 55,20

IBAN KontoinhaberIn/AuftraggeberIn: AT902011128417646612

KontoinhaberIn/AuftraggeberIn Name/Firma: Martin Hauser e.U., 2500 Baden

006

Unterschrift ZeichnungsberechtigteR

Betrag < 30+ Beleg +

Eine Kopiervorlage für **Buchungslisten** und die **Umsatzsteuervoranmeldung** finden Sie im SbX unter der ID: 3002.

Aufgabe:
a) Erstellen Sie die computergerechten Buchungsanweisungen in einer Buchungsliste. C
b) Erfassen Sie die Buchungsanweisungen in der Finanz- und Lagerbuchführung des im computerunterstützten Rechnungswesen eingesetzten Programmpaketes. C
c) Erstellen und verbuchen Sie die Lieferscheine, Fakturen und Gutschriften. C
d) Erstellen Sie die folgenden Ausdrucke und führen Sie die notwendigen Kontrollarbeiten durch:
   - Buchungsjournal
   - Artikeljournal
   - Kontoblatt und Offene-Posten-Auswertung des Kunden Martin Hauser e.U. (20108). C
e) Wie viel Stück der Artikel 1038 und 1040 sind noch auf Lager? Drucken Sie eine Artikelbestandsliste aus. C
f) Erstellen Sie die Umsatzsteuervoranmeldung für Jänner. C

SbX
Formular WINLine Buchungstrainer ID: 3002

Ü 3.03: Fallbeispiel – Doppelte Buchführung

Die Aigner Möbeldesign GmbH ist auf den Handel mit hochwertigen und exklusiven Möbelstücken spezialisiert. Neben einem Store in der Innenstadt von Linz betreibt Robert Aigner mit seinem Team auch einen erfolgreichen Online-Shop. Durch einen umfassenden Kundenservice ist es Herrn Aigner gelungen, sich gegen die großen Anbieter zu behaupten.

AIGNER Möbeldesign

Durch einen Krankheitsfall in der Abteilung Rechnungswesen wurden einige Belege noch nicht bearbeitet. Ihr Vorgesetzter, Herr Aigner, bittet Sie, die unten angeführten Belege zu erfassen. Gerne übernehmen Sie diese Aufgabe.

Beginnen Sie bei der Nummerierung der Belege jeweils mit eins. Die Kontennummern der Sachkonten sind dem Kontenplan im Anhang zu entnehmen.

Auszug aus der Kunden- bzw. Lieferantendatei:

Kunden	Lieferanten
20101 Elisabeth Schmiedbauer	33101 Daniel Kröninger Möbel GmbH – Woody Möbel
20102 Cornelia Lehfeldt	33102 Melanie Buchner GmbH – Die Werbeprofis
	33103 Anna Hofer Werkstattreinigung GmbH
	33104 Geräteservice GmbH
	33105 Verena Wonka OG

1.

AIGNER Möbeldesign

Aigner Möbeldesign GmbH
Hauptplatz 2
4020 Linz
Tel.: +43 732 707 037 67
Fax: +43 732 707 054 37 67
Web: www.aignerdesign.at
Mail: office@aignerdesign.at
UID: ATU36918706

Elisabeth Schmiedbauer
Europastraße 5
5020 Salzburg

Ihre UID Nr.: –
Kundennr.: 20101
Onlinebestellung vom 2. Jänner 20 . .
Linz, 4. Jänner 20 . .

Rechnung: 008 | **Sachbearbeiter:** Markus Berger | **Lieferdatum:** 4. Jänner 20 . . | DPP Austria

Menge	Bezeichnung	Einzelpreis	Gesamtpreis
1	Sofa „Design Retro 1970“	832,50	832,50 €

	Zwischensumme		832,50 €
–	Onlinerabatt	10 %	83,25 €
	Betrag netto		749,25 €
+	Umsatzsteuer	20 %	149,85 €
	Gesamtbetrag		**899,10 €**

2 % Skonto bei Zahlung innerhalb von 14 Tagen

Die Ware bleibt bis zur vollständigen Bezahlung unser Eigentum. Bei Zahlungsverzug verrechnen wir bankübliche Verzugszinsen.

2.

Woody Möbel

Daniel Kröninger Möbel GmbH, Hafenstraße 3, 4020 Linz
Tel. +43 732 521 654-0, Fax +43 732 521 654-10
office@woodymoebel.at • www.woodymoebel.at • ATU49501105 • FN 751121n, LG Linz

Aigner Möbeldesign GmbH
Hauptplatz 2
4020 Linz

Kunde:	**25445**
Ihre UID-Nr.:	ATU36918706
Datum:	6. Jänner 20 . .
Lieferdatum:	6. Jänner 20 . .
Sachbearbeiter:	Matieschek
Vertreter:	Brandstätter
Auftrag vom:	2. Jänner 20 . .

Rechnung Nr.: 2/20 . .

	Einzelpreis	Gesamtpreis
5 Esstisch Viggo	214,00 €	1.070,00 €
5 Esstisch Sander	236,00 €	1.180,00 €
5 Schwingstuhl La Paz (2er-Set)	64,00 €	320,00 €
	Nettobetrag	2.570,00 €
	20 % Mehrwertsteuer	514,00 €
	Bruttobetrag	3.084,00 €

Zahlbar innerhalb von 10 Tagen abz. 3 % Skonto – 30 Tage netto

Woody Möbel – Zählen Sie auf uns!

Die beiden Eingangsrechnungen sind im Buchungsprogramm sofort zu verbuchen.

3.

AIGNER Möbeldesign

Aigner Möbeldesign GmbH
Hauptplatz 2
4020 Linz
Tel.: +43 732 707 037 67
Fax: +43 732 707 054 37 67
Web: www.aignerdesign.at
Mail: office@aignerdesign.at
UID: ATU36918706

Elisabeth Schmiedbauer
Europastraße 5
5020 Salzburg

Ihre UID Nr.: –
Kundennr.: 20101
Onlinebestellung vom 2. Jänner 20 . .
Linz, 8. Jänner 20 . .

Gutschrift: 002	**Sachbearbeiter:**	**Lieferdatum:**	
zu Rechnung Nr. 008	Markus Berger	4. Jänner 20 . .	DPP Austria

Menge	Bezeichnung	Einzelpreis	Gesamtpreis
	Nachträglich gewährter Rabatt aufgrund eines Transportschadens auf der Rückseite des Sofas		60,00 €

Zwischensumme		60,00 €
+ Umsatzsteuer	20 %	12,00 €
Gutschriftsbetrag		**72,00 €**

2 % Skonto bei Zahlung innerhalb von 14 Tagen

Die Ware bleibt bis zur vollständigen Bezahlung unser Eigentum. Bei Zahlungsverzug verrechnen wir bankübliche Verzugszinsen.

4.

Woody Möbel

Daniel Kröninger Möbel GmbH, Hafenstraße 3, 4020 Linz
Tel. +43 732 521 654-0, Fax +43 732 521 654-10
office@woodymoebel.at • www.woodymoebel.at • ATU49501105 • FN 751121n, LG Linz

Aigner Möbeldesign GmbH
Hauptplatz 2
4020 Linz

Kunde:	**25445**
Ihre UID-Nr.:	ATU36918706
Datum:	8. Jänner 20 . .
Lieferdatum:	8. Jänner 20 . .
Sachbearbeiter:	Burgi
Auftrag vom:	2. Jänner 20 . .

Gutschrift Nr.: 1/20 . . zu R2/20 . .

	Einzelpreis	Gesamtpreis
1 Esstisch Viggo Retoursendung lt. Telefonat vom 7. Jänner, Beschädigung Tischbein	214,00 €	214,00 €
	Nettobetrag	214,00 €
	20 % Mehrwertsteuer	42,80 €
	Bruttobetrag	256,80 €

Zahlbar innerhalb von 10 Tagen abz. 3 % Skonto – 30 Tage netto

Woody Möbel – Zählen Sie auf uns!

5.

Die Werbeprofis

Melanie Buchner KG | Werbeagentur
Schallmooser Hauptstraße 12 | 5020 Salzburg

Telefon: +43 662 333 43 42
Fax: +43 662 333 43 42-10
E-Mail: office@werbeprofis.at
Website: www.werbeprofis.at
UID-Nr.: ATU33790403
DVR-Nr.: 0807583

Aigner Möbeldesign GmbH
Hauptplatz 2
4020 Linz

Ihre UID-Nr.: ATU36918706
Kundennr.: 20477
Auftrag vom 2. Jänner 20 . .

Rechnung

Salzburg, 10. Jänner 20 . .

Nummer: 22
Sachbearbeiter: Katharina Hristova
Fertigstellung: 10. Jänner 20 . .

Pos.	Bezeichnung	Einzelpreis	Gesamtpreis
1	Flyer-Frühjahrsaktion 2.000 Stk.	99,90	99,90 €
2	Visitenkarten 500 Stk.	49,00	98,00 €

Wir bedanken uns für Ihren Auftrag!

Zwischensumme		197,90 €
+ Umsatzsteuer	20 %	39,58 €
Gesamtbetrag		**237,48 €**

Die Werbeprofis – Ihr Partner für Ihren Erfolg!

Die Ware bleibt bis zur vollständigen Bezahlung unser Eigentum. Bei Zahlungsverzug verrechnen wir bankübliche Verzugszinsen.
Zahlbar innerhalb von 10 Tagen ohne Abzug!

6.

Hofer
Werkstattreinigung

Anna Hofer
Werkstattreinigung GmbH
Hafenstraße 2a
4020 Linz

www.hofer-reinigung.at
office@hofer-reinigung.at
Tel.: +43 732 712 811-0

Aigner Möbeldesign GmbH
Hauptplatz 2
4020 Linz

Rechnung Nr.: 25

Kundennr.: 205445

Rechnungsdatum:
Linz, 12.1.20 . .

Kd.UID-Nr. ATU36918706 Ihre Auftr. Nr. 5445/20 . . vom 3.1.20 . .

Stunden	Leistung		Nettobetrag
10,00	Werkstatt Grundreinigung lt. Vereinbarung vom 3. Jänner 20 . .	69,00	690,00

Nettobetrag:	EUR	690,00
+ 20 % USt:	EUR	138,00
Gesamtbetrag:	EUR	828,00

Zahlungskonditionen
Zahlungsziel: 30 Tage netto

Es gelten unsere allgemeinen Geschäftsbedingungen!

7.

JET TANKSTELLE
Martin Forsthofer
4040 Linz – Friedhofstraße 28
UID-Nr.: ATU34943407
CONOCO UID-Nr.: ATU33790706

13.01.20.. 10:22 Beleg: 4222

* SÄULENNR. 3 1,099 EUR/Liter*
05 *SUPER 55,20 Liter EUR 60,66*2
ZW. SUMME 60,66 EUR

SUMME EUR 60,66

MWST 2 10,11 EUR
NETTO 50,55 EUR
BANKOMAT: EUR 50,55
08036972 065470 0 12830 A00
00000034050

Verkauf von Treibstoffen u. Wäschen
erfolgt im Namen und Rechnung der
ConocoPhillips Austria GmbH

Daten aus geeichten Anlageteilen sind
durch Sterne (*) gekennzeichnet.

Hinweis: Firmen-Pkw

8.

Kommerzbank AG

Kontoauszug
Verfüger: Aigner Möbeldesign GmbH
IBAN: AT47 2035 1008 0000 1322
BIC: KMAGATWW
Zeitraum: 03.01.20. . - 15.01.20. .

Datum	Buchungstext	Valuta	Betrag EUR
13.01.	Schmiedbauer, R008 abz. GS 002, −2% Skonto	13.01.	810,56
13.01.	JET Tankstelle, Bankomat 08036972 – Jet T(D)ankt!	13.01.	60,66 –
14.01.	Daniel Kröninger – Möbel GmbH, R2/20. . abz. GS 1/20. . abz. 3% Skonto	14.01.	2.742,38 –
14.01.	Finanzamt Linz FA 46, USt, L, DB, DZ	14.01.	3.263,45 –
14.01.	Melanie Buchner KG, R22	14.01.	237,48 –
15.01.	Anna Hofer Werkstattreinigung GmbH, R25	15.01.	828,00 –

Kontostand 03.01.	Summe Belastungen	Summe Gutschriften	Kontostand 14.01.
14.245,45	7.131,97 –	810,56	**7.924,04**

Auszug 01/1

Auftrag 1 — **Kommerzbank AG**

Empfänger: Daniel Kröninger – Möbel GmbH, Hafenstraße 3, 4020 Linz
IBAN AT383400000001033992
BIC RZOOAT2L
Raiffeisenlandesbank OÖ

Überweisung
Betrag: EUR 2.742,38
Verwendungszweck: R2/20. . abz. GS 1/20. . abz. 3% Skonto
Kundendaten: 25445

Zu überweisen am: 14.01.20. .

Art: Inlandsüberweisung
Datum: 14.01.20. .
TAN: 3345511
Uhrzeit: 08:20

Auftraggeber: Aigner Möbeldesign GmbH
IBAN/BIC: AT472035100800001322 / BIC = KMAGATWW

Auftrag 2 — **Kommerzbank AG**

Empfänger: Finanzamt Linz FA 46, Bahnhofplatz 7, 4020 Linz
IBAN AT030100000005524464
BIC BUNDATWW
BAWAG P.S.K.

Überweisung
Betrag: EUR 3.263,45
Steuernummer: 46 159/4412
Abgabenart:
U 11/20. . EUR 1.724,35
L 12/20. . EUR 814,90
DB 12/20. . EUR 663,00
DZ 12/20. . EUR 61,20

Zu überweisen am: 14.01.20. .

Art: Finanzamtsüberweisung
Datum: 14.01.20. .
TAN: 2133557
Uhrzeit: 08:23

Auftraggeber: Aigner Möbeldesign GmbH
IBAN/BIC: AT472035100800001322 / BIC = KMAGATWW

Auftrag 3 — **Kommerzbank AG**

Empfänger: Melanie Buchner KG, Schallmooser Hauptstraße 12, 5020 Salzburg
IBAN AT223500000000041335
BIC RVSAAT2S
Raiffeisenverband Salzburg eGen

Überweisung
Betrag: EUR 237,48
Verwendungszweck: R22
Kundendaten: 20477

Zu überweisen am: 15.01.20. .

Art: Inlandsüberweisung
Datum: 15.01.20. .
TAN: 532212
Uhrzeit: 16:30

Auftraggeber: Aigner Möbeldesign GmbH
IBAN/BIC: AT472035100800001322 / BIC = KMAGATWW

Auftrag 4 — **Kommerzbank AG**

Empfänger: Anna Hofer Werkstattreinigung GmbH, Hafenstraße 2a, 4020 Linz
IBAN AT556000000002203001
BIC BAWAATWW
BAWAG P.S.K.

Überweisung
Betrag: EUR 828,00
Verwendungszweck: R25
Kundendaten: 205445

Zu überweisen am: 15.01.20. .

Art: Inlandsüberweisung
Datum: 15.01.20. .
TAN: 665442
Uhrzeit: 16:35

Auftraggeber: Aigner Möbeldesign GmbH
IBAN/BIC: AT472035100800001322 / BIC = KMAGATWW

9.

SATURN

SATURN Linz Passage Linz
ELECTRO-HANDELSGES.M.B.H.
Landstraße 17–25

4020 LINZ

Tel.: 01 54 633

UID-Nr. ATU49501105

Belegart:	Beleg-Nr.:	Datum:	Lieferart:	Seite:
Kreditkarte	3201	15.01.20 . .	Mitnahme	1 / 1

104122
AIGNER MÖBELDESIGN GMBH
HAUPTPLATZ 2
4020 LINZ
USt-id ATU36918706

SATURN Linz
Ware ausgefolgt

Verkäufer: 6140
GERALD GESSNER

*	Pos.	Menge	Art-Nr.	Bezeichnung	Fil.	Lg.	Abt.	MwSt	Einzel-Vk	Gesamt
	1	1	244	Acer Desktop PC Aspire TC-700	633	5	19	20,00	699,00	699,00 EUR
	2	10	268	Kopierpapier Avery Zweckform 80 g/m²	633	5	19	20,00	4,99	49,90 EUR

MwSt	Netto-Summe	MwSt-Summe	Brutto-Summe
20,00 %	624,08 EUR	124,82 EUR	748,90 EUR

Gesamtsumme 748,90 EUR

Mastercard 5453221123134456

Hinweis zum Datenschutz: Ihre Daten werden gemäß den geltenden datenschutzrechtlichen Bestimmungen in einer automatisierten Datei verarbeitet.

Es gelten die umseitig abgedruckten allgemeinen Geschäftsbedingungen.

10.

Abfallentsorgung • Andreas Stadler
Rathausstraße 1 • 3300 Amstetten
Tel.: +43 7472 601-0 • Fax: +43 7472 601-5
www.abfallentsorgung.at • office@abfallentsorgung.at

ABFALLENTSORGUNG Stadler

Aigner Möbeldesign GmbH
Hauptplatz 2
4020 Linz

Kundennummer: 205887

Ihre UID-Nr.: ATU36918706
Ihr Auftrag vom: 04. Jänner 20 . .

Datum: 16. Jänner 20 . .
14:20

Barrechnung: 63/20 . .
Kassa: 1

Pos.	Bezeichnung	Gesamtpreis
1	Fachgerechte Entsorgung Altmaterial, Lacke etc. lt. Vereinbarung vom 4. Jänner 20 . .	730,50 €

Summe	730,50 €
20 % USt	146,10 €
Bruttobetrag	**876,60 €**
	Barzahlung

Betrag dankend erhalten!

11.

Geräteservice GmbH
Wir reparieren!

Geräteservice GmbH, Alser Straße 33, 1080 Wien
Tel.: +43 1 40 17 22 • Fax: +43 1 40 17 23

reparatur@geraeteservice.at • www.geraeteservice.at • ATU55685501 • Firmenbuch: LG Wien 215854h

Aigner Möbeldesign GmbH
Hauptplatz 2
4020 Linz

Kunde:	**204555**
Ihre UID-Nr.:	ATU36918706
Datum:	17.1.20 . .
Annahme:	17.1.20 . .
Techniker:	Moshammer

Rechnung 45

Position		Einzelpreis in €	Preis in €
1	Reparatur Registrierkassa Cash 2000	380,00 €	380,00 €

Nettobetrag	380,00 €
20 % Mehrwertsteuer	76,00 €
Bruttobetrag	**456,00 €**

Zahlbar prompt nach Erhalt der Rechnung!

12.

AIGNER Möbeldesign

Aigner Möbeldesign GmbH
Hauptplatz 2
4020 Linz
Tel.: +43 732 707 037 67
Fax: +43 732 707 054 37 67
Web: www.aignerdesign.at
Mail: office@aignerdesign.at
UID: ATU36918706

Cornelia Lehfeldt
Kärntnerstraße 16
4020 Linz

Ihre UID Nr.: –
Kundennr.: 20102
Onlinebestellung vom 12. Jänner 20 . .
Linz, 18. Jänner 20 . .

Rechnung: 009

Sachbearbeiter: Markus Berger

Lieferdatum: 18. Jänner 20 . . Spedition Schenker

Menge	Bezeichnung	Einzelpreis	Gesamtpreis
1	Komplett-Schlafzimmer deli.Line Material und Montage	11.200,00	11.200,00 €

Zwischensumme		11.200,00 €
– Aktionsrabatt	5 %	560,00 €
Betrag netto		10.640,00 €
+ Umsatzsteuer	20 %	2.128,00 €
Gesamtbetrag		**12.768,00 €**

2 % Skonto bei Zahlung innerhalb von 14 Tagen

Die Ware bleibt bis zur vollständigen Bezahlung unser Eigentum. Bei Zahlungsverzug verrechnen wir bankübliche Verzugszinsen.

13.

VERENAWONKA
Raumausstattung

Verena Wonka OG – Raumausstattung
Schwedenplatz 2, 1010 Wien
Mail: office@raumausstattung.at
Web: www.raumausstattung.at

Aigner Möbeldesign GmbH
Hauptplatz 2
4020 Linz

UID-Nr.:	ATU37794008
Ihre UID-Nr.:	ATU36918706
DVR-Nr.:	85677
Kundennummer:	204211

Wien, 18. Jänner 20 . .

Lieferdatum:	18. Jänner 20 . .
Ihr Auftrag vom:	10. Jänner 20 . .

Rechnung Nr. 41
Kurzzeichen: AH

Pos.	Bezeichnung	Preis	Betrag
1	Installation Jalousien/Sonnenschutz im Showroom	€ 840,00	€ 840,00

Betrag exkl. USt	€ 840,00
+ 20 % USt	€ 168,00
Gesamtbetrag	**€ 1.008,00**

Zahlbar nach Erhalt der Rechnung ohne Abzug

14.

Kommerzbank AG

Kontoauszug

Verfüger:	Aigner Möbeldesign GmbH
IBAN:	AT47 2035 1008 0000 1322
BIC:	KMAGATWW
Zeitraum:	16.01.20 . . - 25.01.20 . .

Datum	Buchungstext	Valuta	Betrag EUR
19.01.	Geräteservice GmbH R45	19.01.	456,00 –
22.01.	Lehfeldt A009 – 2 % Skonto	22.01.	12.512,64
24.01.	Verena Wonka OG, R41	24.01.	1.008,00 –
25.01.	Hutchison Drei Austria GmbH Internet 26.12.–25.1. R23213555585	25.01.	89,00 –
25.01.	Linz AG für Energie, R4551122, Strom	25.01.	481,15 –

Kontostand 16.01.	Summe Belastungen	Summe Gutschriften	Kontostand 25.01.
7.924,04	2.034,15 –	12.512,64	**18.402,53**

Auszug 02/1

Auftrag 1			Kommerzbank AG
Empfänger	Geräteservice GmbH Alser Straße 33 1080 Wien	**IBAN** **BIC**	AT591200000660016502 BKAUATWW UniCredit Bank Austria AG
Überweisung Betrag Verwendungszweck Kundendaten	 EUR 456,00 R45 204555		
Zu überweisen am	19.01.20. .	Art: Datum: TAN: Uhrzeit:	Inlandsüberweisung 19.01.20. . 5423222 15:45
Auftraggeber IBAN/BIC	Aigner Möbeldesign GmbH AT47 2035 1008 0000 1322 / BIC = KMAGATWW		

Auftrag 2			Kommerzbank AG
Empfänger	Verena Wonka OG Schwedenplatz 2 1010 Wien	**IBAN** **BIC**	AT222011100001200046 GIBAATWW Erste Bank der österreichischen Sparkassen AG
Überweisung Betrag Verwendungszweck Kundendaten	 EUR 1.008,00 R41 204211		
Zu überweisen am	22.01.20. .	Art: Datum: TAN: Uhrzeit:	Inlandsüberweisung 22.01.20. . 5456222 15:50
Auftraggeber IBAN/BIC	Aigner Möbeldesign GmbH AT47 2035 1008 0000 1322 / BIC = KMAGATWW		

Eine Kopiervorlage für **Buchungslisten** und die **Umsatzsteuervoranmeldung** finden Sie im SbX unter der ID: 3002.

Aufgabe: a) Nummerieren und kontieren Sie die Belege. C
b) Erstellen Sie anhand der Kontierungen auf den Belegen eine computergerechte Buchungsliste. C
c) Erfassen Sie die Buchungen in der Finanzbuchführung des im computerunterstützten Rechnungswesen eingesetzten Programmpaketes. C
d) Drucken Sie das Buchungsjournal aus. C
e) Erstellen Sie die Umsatzsteuervoranmeldung für Jänner 20 . . (Finanzamt Linz, Bahnhofplatz 7, 4020 Linz, Finanzamtsnummer – Steuernummer 46 159/4412). C

SbX
Excel
ID: 3002

Ü 3.04: Fallbeispiel – Kostenrechnung

Die Freizeit & Sport Handels GmbH, Villach, führt die Warengruppen Sportfischereiausstattung, Tauch- und Surfartikel.

Aufgabe: a) Stellen Sie den nachfolgend abgebildeten BAB (in 1.000 €, auf 1 Dez. genau) fertig. Verteilen Sie die folgenden Gemeinkosten auf die entsprechenden Warengruppen, führen Sie die Umlage der Kostenstelle Verwaltung durch und berechnen Sie die Gemeinkostensummen.

Kostenarten	Aufteilungsschlüssel	Gesamtbetrag	Warengruppe			Verwaltung
			Sportfischereiausstattung	Tauchartikel	Surfartikel	
Raumkosten	m²-Anteil	80,0	20 %	42 %	32 %	6 %
Werbung	Umsatzanteil	184,0				
Umlage Verwaltung			22 %	48 %	30 %	

Teilen Sie die Gemeinkostensumme der Kostenstelle Verwaltung auf die übrigen Kostenstellen im angegebenen Verhältnis auf. Tragen Sie in der Kostenstelle Verwaltung den aufgeteilten Betrag mit einem negativen Vorzeichen ein. C

b) Errechnen Sie die folgenden Werte (Prozentsätze auf 1 Dez. genau), gesamt und für die einzelnen Warengruppen:

Gesamtkosten, Betriebserfolg, Gemeinkostenzuschlagssatz, Bruttogewinn, Handelsspanne, Rohaufschlag exkl. USt, Kalkulationsfaktor inkl. 20 % USt (auf 2 Dez. genau) C

c) Bestimmen Sie die Warengruppe mit dem höchsten Rohaufschlag. C
d) Bestimmen Sie die Warengruppe mit dem höchsten Betriebsgewinn. C
e) Erläutern Sie, warum bei der Warengruppe Sportfischereiausstattung trotz eines höheren Rohaufschlages der Gewinn niedriger ist als bei der Warengruppe Tauchartikel. D
f) Nennen Sie einige Maßnahmen, die zu einer Vergrößerung des Gewinnes bei der Warengruppe Surfartikel führen könnten. D

3 Betriebswirtschaftliche Fallstudien

Lösung:

	Gesamtbetrag	Warengruppe Sportfischereiausstattung	Tauchartikel	Surfartikel	Verwaltung
Wareneinsatz	3.100,0	600,0	1.500,0	1.000,0	
Personalkosten	420,0	70,0	140,0	120,0	90,0
Raumkosten					
Werbung					
Sonstige Gemeinkosten	470,0	80,0	190,0	110,0	90,0
Gemeinkostensummen					
Umlage Verwaltung					
Gemeinkostensummen					
Gesamtkosten					
Umsatz	4.600,0	1.000,0	2.200,0	1.400,0	
Betriebserfolg					
Gemeinkostenzuschlagssatz					
Bruttogewinn					
Handelsspanne					
Rohaufschlag exkl. USt					
Kalkulationsfaktor inkl. 20 % USt (auf 2 Dez. genau)					

SbX Formular Excel Buchungstrainer ID: 3002

Ü 3.05: Fallbeispiel – Bilanzierung (Bewertung)

Die Sauer & Hauser GmbH, Graz, hat per 31. Dez. 2018 folgende Saldenbilanz:

Konto-Nr.	Kontenbezeichnung	Saldenbilanz Soll	Haben
0200	Unbebaute Grundstücke	62.000,00	
0210	Bebaute Grundstücke	68.000,00	
0300	Gebäude	123.000,00	
0640	Lkw	35.040,00	
0660	Betriebs- und Geschäftsausstattung	64.000,00	
0920	Festverzinsliche Wertpapiere des Anlagevermögens	10.000,00	
1600	HW-Vorrat	221.440,00	
2000	Lieferforderungen	102.150,00	
2080	Einzelwertberichtigungen zu Lieferforderungen Inland		3.320,00
2400	Lohn- und Gehaltsvorschüsse	1.000,00	
2700	Kassa	8.450,00	
3030	Rückstellungen für Körperschaftsteuer		
3045	Rückstellungen für Prozesskosten		
3050	Rückstellungen für nicht konsumierte Urlaube		4.000,00
	Übertrag	695.080,00	7.320,00

Konto-Nr.	Kontenbezeichnung	Saldenbilanz	
		Soll	Haben
	Übertrag	695.080,00	7.320,00
3110	Bank		52.300,00
3150	Darlehen		150.000,00
3160	Verbindlichkeiten aus Darlehenszinsen		
3300	Lieferverbindlichkeiten		128.530,00
3500	Umsatzsteuer		
3520	USt-Zahllast		12.160,00
3580	Einbehaltene KESt		
35/36	Verschiedene Verbindlichkeiten		16.500,00
3720	Verbindlichkeiten Gesellschafterin Hanna Sauer		
3721	Verbindlichkeiten Gesellschafter Christian Hauser		
4000/ 4010	HW-Erlöse, Erlöse aus ig. Lieferungen		2.657.715,00
4840	Fremdwährungskursgewinne		830,00
4870	Erträge aus der Auflösung von WB zu Forderungen		
Div.	Diverse Erträge		8.240,00
5010	HW-Einsatz	1.973.320,00	
Kl. 6	Personalaufwand	373.700,00	
7010	Abschreibungen von Sachanlagen		
76..	Spenden, Repräsentationsaufwand	9.500,00	
7750	Rechts- und Beratungsaufwand		
7800	Abschreibungen von Vorräten		
7802	Abschreibungen von Forderungen 20 %		
7815	Fremdwährungskursverluste	370,00	
Div.	Diverse Aufwände	196.950,00	
8060	Steuerpflichtige Zinsenerträge für Wertpapiere des AV		1.035,00
8280	Zinsenaufwand für Bankkredite	4.500,00	
8290	Zinsenaufwand für Darlehen	6.750,00	
8500	Körperschaftsteuer	30.020,00	
9000	Stammkapital		160.000,00
9310	Freie Rücklage		95.560,00
9390	Bilanzgewinn		
		3.290.190,00	3.290.190,00

Abschlussangaben (alle Berechnungen auf € genau):

1. Bewertung der Handelsware

   Die Bewertung des Warenvorrats erfolgt mit dem Identitätspreisverfahren. Dabei ergeben sich für den Artikel Bohrmaschine Black & Mektor 2000 folgende Werte per 31. Dez. 2018:

Datum	Text	Menge (Stk.)	Preis	Betrag (€)
31.12.	Soll-Endbestand	20	156,00	3.120,00
31.12.	Schwund			
31.12.	Ist-Endbestand	19		
31.12.	Abwertung			
31.12.	Bilanzansatz			

   Preis am Abschlussstichtag: € 154,–

   Bei den übrigen Artikeln entspricht der Einstandspreis per 31. Dez. dem letzten Einstandspreis. Fehlbestände sind nicht vorhanden bzw. konnten aufgeklärt werden. Der Bilanzansatz (Endbestand per 31. Dez.) der übrigen Artikel beträgt € 215.127,–.

2. Beim Gebäude wurde der Dachboden zu Büroräumen ausgebaut, Kosten laut Aufstellung des Baumeisters Kurt Schubel GmbH € 81.360,–.

   Die Kosten wurden auf dem Konto 7200 Instandhaltung durch Dritte (in den Diversen Aufwänden enthalten) verbucht. Der Betrag ist zu aktivieren und auf die restliche Nutzungsdauer des Gebäudes zu verteilen, d.s. vom 1. Jan. des Abschlussjahres an gerechnet 24 Jahre. Der Umbau wurde am 26. April fertiggestellt (Beginn der Bauausführung 29. Nov. 2017); Nutzungsbeginn 30. April 2018.

   Anschaffungswert des bestehenden Gebäudes € 205.000,–; Abschreibung 2,5 % p. a. direkt

3. Abschreibung der Fahrzeuge lt. Anlagendatei € 13.117,–

4. Abschreibung der Betriebs- und Geschäftsausstattung laut nachstehender Abbildung des Ausdruckes der Anlagendatei:

Anlagenverzeichnis vom 31.12.2018 — Seite 2

Inv.-Nr.	Bezeichnung der Anlage Lieferant	Ansch.-D. Inb.-D.	Abg.-D.	Ansch.-Wert	ND J %	BW Beginn	Abschreib.	BW Ende BW abg. Anl.
...	Diverse ...	... ...		116.000,00	... ...	52.000,00	14.200,00	37.800,00
4780	Netzwerkserver Quicksoft GmbH	11.12.2018 11.12.2018		12.000,00	4 25			
Summen				128.000,00		52.000,00		

Die Anlagendatei ist zu vervollständigen.

5. In den Lieferforderungen sind enthalten:
   Charles Clinton (20302), Las Vegas, USD 919,– für einen Export.
   In den Lieferverbindlichkeiten sind enthalten:
   George Miller (33028), Manchester, GBP 20.000,– für einen Warenimport.

Fremdwährungssaldenliste Debitoren

Konto-nummer	Konten-bezeichnung	Saldo Fremdwährung	Entstehungs-kurs	Saldo in € zum Entstehungskurs	Tageskurs	Saldo in € zum Tageskurs	Kursgewinn/ Kursverlust	Bilanzansatz
20302	Charles Clinton	USD 919,00	USD 1,1198	820,68	USD			
Summe		**USD 919,00**		**820,68**				

Fremdwährungssaldenliste Kreditoren

Konto-nummer	Konten-bezeichnung	Saldo Fremdwährung	Entstehungs-kurs	Saldo in € zum Entstehungskurs	Tageskurs	Saldo in € zum Tageskurs	Kursgewinn/ Kursverlust	Bilanzansatz
33028	George Miller	GBP 20.000,00	GBP 0,7778	25.713,55	GBP			
Summe		**GBP 20.000,00**		**25.713,55**				

Kurse am 31. Dez.: USD 1,1141/1,1061
GBP 0,7801/0,7772
Berechnungen zu Kursgewinn bzw. Kursverlust auf € genau

6. Der Debitorenauszug zeigt Folgendes:
   Die Forderung gegen Holbein (20080) in Höhe von € 6.000,– ist vollkommen uneinbringlich, sie enthält 20 % USt.
   Die Forderung gegen W. Seibold (20520) in Höhe von € 8.400,– (€ 7.000,– + € 1.400,– USt) ist zweifelhaft; voraussichtlich sind 60 % einbringlich.
7. Das Darlehen ist mit 6 % p.a. zu verzinsen. Die Zinsen werden jeweils am 1. April und 1. Okt. für ein halbes Jahr im Nachhinein bezahlt.
8. Für Prozesskosten soll eine Rückstellung von € 4.500,– gebildet werden.
9. Im Dezember des Abschlussjahres wurden Gehaltsvorschüsse von € 8.000,– bezahlt und auf dem Konto 6200 Gehälter verbucht.
10. Die Rückstellung für nicht konsumierte Urlaube (Angestellte) per 31. Dez. 2018 wurde mit € 5.200,– errechnet.
11. Umbuchung des Umsatzsteuerkontos

Aufgabe: a) Stellen Sie die Um- und Nachbuchungen samt den erforderlichen Berechnungen auf. C

b)
- Berechnen Sie den vorläufigen Gewinn mithilfe der Plus-Minus-Rechnung. C
- Verbuchen Sie die Körperschaftsteuerrückstellung von € 6.480,–. C
- Berechnen und verbuchen Sie den Bilanzgewinn. C

c) Die Generalversammlung vom 29. April n. J. beschließt:
Vom Gewinn sind € 10.500,– der freien Rücklage zuzuführen. Der danach verbleibende Gewinn wird an die Gesellschafter im Verhältnis ihrer Stammanteile ausgeschüttet.
Beteiligung Hanna Sauer: € 90.000,–
Beteiligung Christian Hauser: € 70.000,–
Stellen Sie die erforderlichen Berechnungen auf (auf € genau) und nehmen Sie die Buchungen vor. C

d) Stellen Sie die Abschlusstabelle auf und erstellen Sie die Bilanz und die GuV-Rechnung ohne die Zahlen des Vorjahres. C

e) In den Aufwänden sind € 700,– nicht absetzbare Spenden und € 3.200,– nicht absetzbare Repräsentationsaufwendungen enthalten.
Erfassen Sie die Bilanzpositionen, die Erträge und Aufwendungen sowie die Werte der steuerlichen Mehr-Weniger-Rechnung in der Körperschaftsteuererklärung (Auszug). C

Das **Formular Körperschaftsteuererklärung** finden Sie im SbX.

Ü 3.06: Fallbeispiel – Jahresabschlussanalyse und Jahresabschlusskritik

Von den Banken durchgeführte Jahresabschlussanalysen

Die Banken führen laufend Jahresabschlussanalysen und interne sowie externe Jahresabschlussvergleiche bzw. Unternehmensanalysen durch – dies vor allem im Rahmen der Börsen-/Wertpapierabteilung zur Analyse der Entwicklung der Aktiengesellschaften. Von den Börsen-/Wertpapierabteilungen werden regelmäßig Jahresabschlussinformationen veröffentlicht.

Unternehmensanalyse

Raiffeisen RESEARCH ist eine Organisationseinheit der Raiffeisen Bank International AG (RBI) – **www.raiffeisenresearch.com**

Die **Mikroökonomie** beschäftigt sich mit dem wirtschaftlichen Verhalten von einzelnen Haushalten und Unternehmen.

Die **Makroökonomie** befasst sich mit gesamtwirtschaftlichen Vorgängen.

EBITDA siehe Seite 41

Enterprise Value (EV) = Marktwert des Unternehmens

Die nachfolgend auszugsweise abgebildeten Unternehmensanalysen wurden von Raiffeisen RESEARCH erstellt. Raiffeisen RESEARCH verfolgt die vielfältigen Trends u. a. auf den Finanzmärkten und ist einer der führenden Anbieter von mikro- und makroökonomischen Analysen sowohl in Österreich als auch in Zentral- und Osteuropa.

Aufgabe: Arbeiten Sie zu den auf den Seiten 131 bis 133 abgebildeten Analysen folgende Aufgabenstellungen aus:

1. Untersuchen Sie, in welchen Branchen die dargestellten Unternehmen tätig sind. C
2. Stellen Sie die Entwicklung der Dividende/Aktie der Flughafen Wien AG dar. C
3. Ermitteln Sie den Aktienkurs der Rosenbauer AG vom 17. 2. 2016. C
4. Untersuchen Sie, bei welchem der drei dargestellten Unternehmen die meisten Mitarbeiter/innen beschäftigt sind. C
5. Ermitteln Sie die Höhe des Umsatzes der Wienerberger AG im Berichtszeitraum. C
6. Stellen Sie dar, bei welchem der drei Unternehmen der höchste Gewinn/Aktie für das Jahr 2016 erwartet wird. C
7. Analysieren Sie die Veränderung der Dividendenrendite der Wienerberger AG. D
8. Überprüfen Sie, bei welchem der dargestellten Unternehmen im Jahr 2016 hinsichtlich Kurs-Gewinn-Verhältnis (KGV) der niedrigste Wert erwartet wird. D
9. Interpretieren Sie die Entwicklung des KGV der Flughafen Wien-Aktie und erörtern Sie, welchen Effekt die Veränderung hat. D
10. Beurteilen Sie, bei welchem der dargestellten Unternehmen der Verschuldungsgrad am höchsten ist und welche Auswirkungen dieser Wert hat. D

SbX
Zusätzliches Übungsbeispiel
ID: 3002

SAP University Alliances

Global Bike Austria GmbH

Sie finden im SbX ein **zusätzliches belegorientiertes Übungsbeispiel**, das die **Aufstellung computergerechter Buchungsanweisungen** zu allen gängigen Geschäftsfällen der Finanzbuchhaltung und deren **Erfassung** im **System SAP®** behandelt.

GBI GLOBAL BIKE INC.

Aktieninfo Flughafen Wien

Branche: Industrie

3. März 2016

Raiffeisen RESEARCH

Periodizität: mehrmals im Jahr

VIE Vienna International Airport

Einschätzung:

Kauf (auf Sicht 12 Monate)

Kurs * in EUR	81,50
ISIN	AT0000911805
Hauptbörse	Wien
Homepage	www.viennaairport.com
Marktkap. in Mio. EUR	1.711,5
Umsatz in Mio. EUR	630,2
Verschuldungsgrad	53,7 %
Anzahl der Mitarbeiter	4.359
Fiskaljahresende	31.12.
Index	ATX Prime
Indexgewichtung	1,38 %

* Kurs vom 02.03.2016, 17:35 MEZ

Quelle: Flughafen Wien, Raiffeisen Centrobank, Wienerbörse

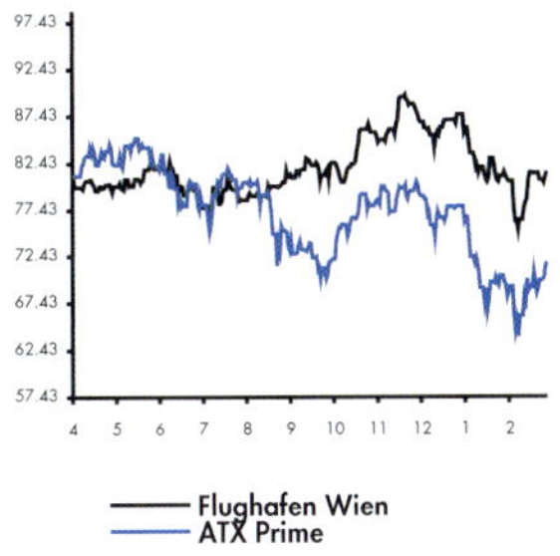

Quelle: Raiffeisen Centrobank

Positiver Ausblick nach vorläufigem Jahresergebnis bestätigt

Der Flughafen Wien ist der östlichste „westliche" Flughafen in Europa und positioniert sich erfolgreich als Transferknotenpunkt zwischen Ost- und Westeuropa. Im Geschäftsjahr 2015 verzeichnete der Wiener Flughafen 22,8 Mio. Passagiere.

Industrie/Transport & Logistik

+ Zunehmende internationale Verkehrsströme.
o Zyklische Entwicklung der Passagierzahlen.
– Hohe Abhängigkeit von nationalen Fluglinien.

Flughafen Wien

+ Das Q4-Ergebnis 2015 konnte dank der niedrigen Kostenbasis erneut die Marterwartungen übertreffen. Das Jahresergebnis 2015 und der Unternehmensausblick für 2016e untermauern den langfristigen Charakter der getätigten Restrukturierungsmaßnahmen der letzten Jahre.
+ Zusätzlicher Treiber für Passagierwachstum: Start der Eurowings-Basis in Wien.
+ Mögliche neue Langstrecken-Destinationen der AUA ab 2017e und 2018e.
+ Erwartete Stabilisierung der Verkehrszahlen von / nach Russland.
+ Generelles Verkehrswachstum in Wien durch andere Fluglinien als AUA.
+ Zusätzliches Umsatzpotenzial im Bereich Shopping & Gastronomie sowie steigende Mieteinnahmen im Zuge der Entwicklung der „airport city".
+ Flughafen Wien hat seine Dividende je Aktie von EUR 1,65 in 2014 auf EUR 2,00 für 2015 angehoben und plant weitere Erhöhungen in den kommenden Jahren. Die avisierte Ausschüttungsquote liegt bei 40-50 %.
o Einer der wichtigsten Punkte für die Bewertung des Flughafen Wiens ist der mittelfristige Investitionsplan des Unternehmens, d. h. die Renovierung des Terminals 2, weitere Expansionen der „airport city" und die potenzielle Errichtung einer dritten Landebahn. Einen ersten Ausblick hierzu erwarten wir im Verlauf des ersten Halbjahres (April, Mai) 2016e.
– Mit einem Marktanteil von knapp 57 % am Flughafen Wien besitzt die Lufthansa-Gruppe eine große Verhandlungsmacht (Tarifdruck) und ist einer der größten Risikofaktoren aus unserer Sicht. Die Restrukturierung von AUA erhöht das Risiko weiterer Zugeständnisse seitens Flughafen Wien, ebenso Kosteneinsparungen der Air Berlin Gruppe (17 % Marktanteil).

Fazit: Das kürzlich veröffentlichte Q4-Ergebnis konnte die Markterwartungen erneut übertreffen. Das vorläufige Jahresergebnis 2015p sowie der Unternehmensausblick für 2016e untermauern aus unserer Sicht den langfristigen Charakter der getätigten Restrukturierungsmaßnahmen der letzten Jahre. Der Fokus wird auf dem mittelfristigen Investitionsplan liegen, zu dem wir im Verlauf des ersten Halbjahres einen ersten Ausblick erwarten. Wir haben unsere Schätzungen unverändert belassen und bestätigen sowohl unser Kursziel von EUR 90,0 je Aktie, als auch unsere „Kauf"-Empfehlung.

	KGV *	Gewinn/ Aktie *	Gewinnwachstum *	EV/ EBITDA	Kurs/ Buchwert	Dividendenrendite	Dividende/ Aktie
2014	19,6	3,93	12,5 %	7,9	1,7	2,1 %	1,65
2015e	18,3	4,78	21,6 %	7,8	1,8	2,3 %	2,00
2016e	16,0	5,10	6,9 %	6,9	1,6	2,8 %	2,25

Quelle: Flughafen Wien, Raiffeisen Centrobank-Schätzung, * Bereinigte Zahlen

Finanzanalyst

Bernd Maurer, CIIA

Bernd.Maurer@rcb.at

Raiffeisen RESEARCH

Raiffeisen CENTROBANK

Aktieninfo Rosenbauer

Branche: Industrie

18. Februar 2016

Raiffeisen RESEARCH

Periodizität: mehrmals im Jahr

rosenbauer

Einschätzung: Kauf (auf Sicht 12 Monate)

Kurs * in EUR	50,60
ISIN	AT0000922554
Hauptbörse	Wien
Homepage	www.rosenbauer.com
Marktkap. in Mio. EUR	344,1
Umsatz in Mio. EUR	813,8
Verschuldungsgrad	77,9 %
Anzahl der Mitarbeiter	2.986
Fiskaljahresende	31.12.
Index	ATX Prime
Indexgewichtung	0,53 %

* Kurs vom 17.02.2016, 17:35 MEZ

Quelle: Rosenbauer, Raiffeisen Centrobank, Wienerbörse

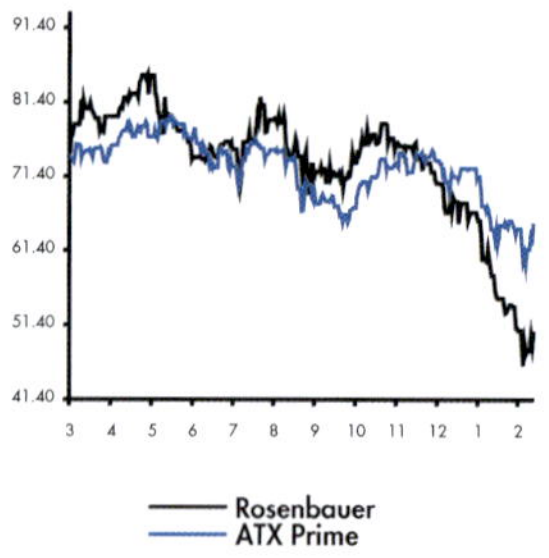

Quelle: Raiffeisen Centrobank

Einstiegspunkt nach Abverkauf – „Kauf"

Rosenbauer ist Weltmarktführer bei Hightech-Löschfahrzeugen und Feuerwehr-Equipment. Mit einer breiten Palette an Löschfahrzeugen und Hubrettungsgeräten nach europäischen sowie US-Normen hebt sich das Unternehmen stark von seiner Konkurrenz ab. Mit einem weltweiten Vertriebs- und Kundendienstnetz ist Rosenbauer in mehr als 100 Ländern ständig vertreten.

Industrie/Löschfahrzeuge

+ Wenige globale Player mit der Kapazität Großaufträge abzuwickeln.
- Hohe Abhängigkeit von Ausgaben der öffentlichen Hand.

Rosenbauer

+ Das vorläufige Jahresergebnis brachte einen Umsatz von EUR 864 Mio., welcher zwar rund 6 % über dem Vorjahresniveau lag, jedoch auch aufgrund verzögerter Auslieferungen hinter dem Unternehmensziel von +10 % und unserer Schätzung von EUR 888 Mio. blieb. Dennoch konnte das EBIT von EUR 50,2 Mio. (+4 % im Jahresvergleich) unsere Erwartung von EUR 48,4 Mio. übertreffen. Die Profitabilität blieb auf Gesamtjahressicht stabil bei 5,8%, in Q4 stieg die Marge jedoch um rund 150 Basispunkte auf 9,5 %. Der Auftragseingang stieg in 2015e um 10 % auf EUR 906 Mio. und lag im Bereich unserer Erwartungen. Der Auftragsbestand von EUR 797 Mio. (+19 %) bietet eine hohe Visibilität für 2016e.

o Obwohl das schwache Ölpreisumfeld die Nachfragedynamik ölfördernder Länder – allen voran den mittleren Osten - negativ beeinflusst, rechnet das Management nicht mit einem deutlichen Marktrückgang. Obwohl wir etwas vorsichtigere Wachstumsaussichten annehmen, sind wir der Meinung, dass Rosenbauer dank seiner globalen Ausrichtung mit etwas schwächeren Marktbedingungen in dieser Region gut umgehen kann.

– Wir haben die Prognosen für 2015e an die vorläufigen Zahlen angeglichen. Für 2016e und 2017e erwarten wir Umsatzwachstum von 5 % bzw. 3 %. Unsere neuen Schätzungen von EUR 908 Mio. bzw. EUR 938 Mio. liegen 4-5 % unter den alten Prognosen. Wir reduzieren die EBIT-Schätzungen um 5-7 % auf EUR 56,9 Mio. und EUR 65,2 Mio. Den Gewinn je Aktie erwarten wir für 2016-17e bei EUR 3,99 (EUR 4,47) und EUR 5,06 (EUR 5,66).

+ Aufgrund zusätzlicher Einsparungsmaßnahmen erwarten wir, dass Rosenbauer in den nächsten Jahren wieder an die in der Vergangenheit gezeigte Profitabilität anschließen wird können. Zusammen mit niedrigen Investitionen und effizienterem Working Capital Management sollte die Verschuldung abgebaut werden.

Fazit: Obwohl wir unser Kursziel von EUR 75,0 auf EUR 67,0 reduzieren, stufen wir die Aktie von Rosenbauer von „Halten" auf „Kauf" hoch. Den starken Kursverfall von fast einem Drittel seit den Q3-Zahlen 2015 erachten wir als übertrieben. Das vorläufige Ergebnis 2015 zeigte eine stärker als erwartete Margenerholung in Q4 und der hohe Auftragsbestand per Ende 2015 sollte das Wachstum in 2016e sicherstellen.

	KGV *	Gewinn/ Aktie *	Gewinn-wachstum *	EV/ EBITDA	Kurs/ Buchwert	Dividenden-rendite	Dividende/ Aktie
2014	17,9	4,00	3,4 %	11,3	2,8	1,7 %	1,20
2015e	20,9	3,18	-20,5 %	10,6	2,4	1,8 %	1,20
2016e	12,7	4,00	25,6 %	7,9	1,7	2,6 %	1,30

Quelle: Rosenbauer, Raiffeisen Centrobank-Schätzung, * Bereinigte Zahlen

Finanzanalyst

Markus Remis, CEFA

Markus.Remis@rcb.at

Raiffeisen RESEARCH

Raiffeisen CENTROBANK

Aktieninfo Wienerberger

Branche: Bau | 4. März 2016 | Periodizität: mehrmals im Jahr

Raiffeisen RESEARCH

Wienerberger

Einschätzung:
Halten (auf Sicht 12 Monate)

Kurs * in EUR	16,45
ISIN	AT0000831706
Hauptbörse	Wien
Homepage	www.wienerberger.com
Marktkap. in Mio. EUR	1.923,9
Umsatz in Mio. EUR	2.972,4
Verschuldungsgrad	28,8 %
Anzahl der Mitarbeiter	15.391
Fiskaljahresende	31.12.
Index	ATX
Indexgewichtung	6,16 %

* Kurs vom 03.03.2016, 17:35 MEZ

Quelle: Wienerberger, Raiffeisen Centrobank, Wienerbörse

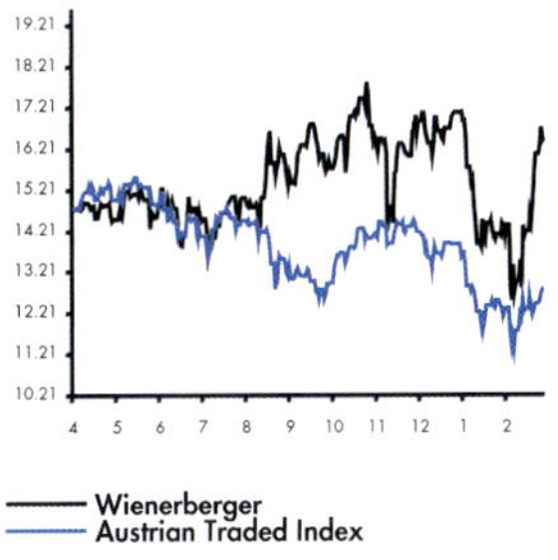

Quelle: Raiffeisen Centrobank

Schätzungen und Kursziel angehoben – weiterhin „Halten"

Wienerberger ist der weltgrößte Hersteller von Ziegel und der Marktführer im Bereich Tondachziegel in Europa. Das Unternehmen betreibt 204 Produktionsstandorte in 30 Ländern. Über 90% des Geschäfts wird in Europa generiert. Wienerberger befindet sich zu 100% im Streubesitz.

Baubranche

– Heterogene Nachfragesituation in den europäischen Märkten, aber grundsätzliche moderate Erholung, US-Markt mit deutlicherem Wachstum.

\+ Das Niedrigzinsumfeld bietet grundsätzlich gute Rahmenbedingung für die Finanzierung von Ein- und Mehrfamilienhäusern.

Wienerberger

o Mit einem operativen EBITDA von EUR 370 Mio. hat Wienerberger gute 2015er Ergebnisse berichtet. Aufgrund niedrigerer Abschreibungen und eines besseren Finanzergebnisses konnte der Gewinn je Aktie von EUR 0,31 die Erwartungen klar übertreffen.

\+ Das Management prognostiziert für 2016 ein moderates Wachstum im europäischen Wohnbausektor, angetrieben von einem starken Rebound in Frankreich, einer weiteren Erholung in den Niederlanden sowie anhaltendem (wenngleich niedrigeren) Wachstum in Großbritannien. Der Ausblick für Osteuropa ist positiv. So wird z.B. zweistelliges Wachstum in Ungarn und Rumänien erwartet und auch die Nachfrage in Tschechien und der Slowakei sollte steigen. Deutschland, Österreich und Polen werden stabil erwartet, während in Belgien und der Schweiz mit Rückgängen gerechnet wird.

o Die Erwartungen für den Renovierungsmarkt (primär relevant für Dachprodukte) sind aufgrund zurückhaltender öffentlicher Ausgaben sowie gedämpfter Investitionen in Phasen niedriger Energiekosten verhaltener.

\+ Für 2016 strebt das Management eine EBITDA-Steigerung von EUR 369 Mio. auf EUR 405 Mio. an und lag damit etwas über den Markterwartungen.

o Im laufenden Jahr sind auch wieder verstärkt Wachstumsinvestition geplant. Dies betrifft sowohl die organische Expansion als auch Übernahmen.

o Wir heben die EBITDA-Erwartung für 2016e um 4 % auf EUR 405 Mio. und erhöhen die Gewinnprognose je Aktie um 25 % auf EUR 0,82. Für 2017e heben wir unsere EBITDA-Schätzung um 1 % auf EUR 440 Mio. sowie unsere Gewinnerwartung je Aktie um 10 % auf EUR 1,15. Zudem implementieren wir explizite Schätzungen für 2018e: Umsatz von EUR 3,27 Mrd., EBITDA von EUR 460 Mio. und Gewinn je Aktie von EUR 1,32.

\+ Wir gehen davon aus, dass Wienerberger auch weiterhin solide Cashflows generieren wird und die Verschuldung weiter sinkt. Das Verkaufsprogramm von nicht betriebsnotwendigem Vermögen sollte in 2016 abgeschlossen werden und den Free Cashflow zusätzlich unterstützen.

Fazit: Angesichts der guten Jahresergebnisse 2015 und des zuversichtlichen Ausblicks für das aktuelle Geschäftsjahr heben wir unser Kursziel von EUR 16,50 auf EUR 18,00 je Aktie. Da wir die Aktie als fair bewertet erwachten, bestätigen wir unsere „Halten"-Empfehlung.

	KGV *	Gewinn/ Aktie *	Gewinn-wachstum *	EV/ EBITDA	Kurs/ Buchwert	Dividenden-rendite	Dividende/ Aktie
2015	54,7	0,31	n.a.	8,5	1,3	1,2 %	0,20
2016e	20,1	0,82	161,8 %	7,3	1,2	1,5 %	0,25
2017e	14,3	1,15	40,3 %	6,5	1,1	1,8 %	0,30

Quelle: Wienerberger, Raiffeisen Centrobank-Schätzung, * Bereinigte Zahlen

Finanzanalyst

Markus Remis, CEFA

Markus.Remis@rcb.at

Raiffeisen RESEARCH

Raiffeisen CENTROBANK

3 Betriebswirtschaftliche Fallstudien

10. SEMESTER

Der Lehrplan der Handelsakademie gliedert die in der Bildungs- und Lehraufgabe angeführten Kompetenzen und den dazugehörenden Lehrstoff in Semester.

Im 10. Semester sind dazu für den Unterrichtsgegenstand Unternehmensrechnung

- wiederholende Aufgabenstellungen unter Einbeziehung des Lehrstoffes aller Jahrgänge

vorgesehen. Diese werden im Kapitel 4 dieses Lern- und Arbeitsbuches dargestellt.

Die Zahl der Übungsbeispiele wurde in diesen Kapiteln so gewählt, um ein Erreichen der in der Bildungs- und Lehraufgabe geforderten Kompetenzen zu gewährleisten.

Je nach individuellem Bedarf bzw. Schwerpunktsetzung im Unterricht finden Sie weitere interessante Übungsmöglichkeiten in Form von

- zahlreichen **weiteren Übungsbeispielen** mit Lösungen zur Selbstkontrolle im **Übungsbuch.**

Dieses Semester umfasst folgendes Kapitel:

4 AUFGABENSTELLUNGEN FÜR DIE VORBEREITUNG AUF DIE SCHRIFTLICHE KLAUSURARBEIT „BETRIEBSWIRTSCHAFTLICHE FACHKLAUSUR“

Worum geht's in diesem Kapitel?

Jetzt sind es nur mehr wenige Wochen bis zum Abschluss Ihrer Ausbildung an der Handelsakademie. Die „Betriebswirtschaftliche Fachklausur“ steht damit unmittelbar bevor.

In diesem Kapitel finden Sie eine große Zahl an Aufgabenstellungen, mit denen Sie sich gut auf diese Herausforderung vorbereiten können. Dazu erscheint es sinnvoll, den jeweiligen Lehrstoff in den entsprechenden Schulbüchern vorerst zu wiederholen und danach die in diesem Kapitel enthaltenen Aufgabenstellungen möglichst selbständig zu lösen. Ergänzt werden sollten diese Aufgabenstellungen um die Fallbeispiele und Fallstudien aus dem Schulbuch „Case Studies“ und um die Wiederholung entsprechender Beispiele aus dem Fachbuch „Einführung in die Personalverrechnung“.

Bildungs- und Lehraufgabe sowie **Lehrstoff** des **Lehrplanes**

↓

Kompetenzen, die Sie anwenden

Mit der Bearbeitung dieses Kapitels überprüfen Sie die **Kompetenzen,** die Sie im Rahmen Ihrer Ausbildung an der Handelsakademie erworben haben. Sie können

- **Ihre erworbenen Fach-, Methoden-, Sozial- und Selbstkompetenzen vernetzt anwenden.**

A B C D E

In diesem Kapitel finden Sie Übungsbeispiele zur Kompetenzüberprüfung auf den Handlungsebenen **C Anwenden** und **D Analysieren & Interpretieren.**

Dieses Kapitel umfasst folgende Inhalte:

1 Wiederholungsbeispiel zur Einnahmen-Ausgaben-Rechnung

2 Wiederholungsbeispiele zur doppelten Buchführung

3 Wiederholungsbeispiele zur Kostenrechnung

4 Wiederholungsbeispiele zur Bilanzierung (Bewertung)

5 Wiederholungsbeispiele zur Steuerlehre

6 Wiederholungsbeispiele zur Jahresabschlussanalyse und Jahresabschlusskritik, Controlling

Üben

SbX ID: 4002

A B C D E

1 Wiederholungsbeispiel zur Einnahmen-Ausgaben-Rechnung

Ü 4.01: Einnahmen-Ausgaben-Rechnung

Marko Essl betreibt einen Handel mit Taschen unter dem Namen „Bags & Co" in Salzburg. Ein ausgefallenes und hochwertiges Markensortiment sind die Erfolgsgeheimnisse von Herrn Essl. Die Marko Essl e.U. führt im Rahmen einer Einnahmen-Ausgaben-Rechnung folgende Aufzeichnungen:

- Kombiniertes Kassa-/Bankbuch mit Verteilungstabelle
- Wareneingangsbuch
- Anlagenverzeichnis
- Lohnkonten

Die Umsatzsteuer wird nach vereinnahmten Entgelten berechnet. Es werden nur Umsätze zu 20 % getätigt. Die Vorsteuer wird nach dem Istsystem berechnet.

Für die Führung der Aufzeichnungen sind folgende Tatbestände zu berücksichtigen:

In der Kassa- bzw. Bankspalte werden die Bruttobeträge der Einnahmen und Ausgaben, in der USt- bzw. VSt-Spalte die USt- bzw. VSt-Beträge eingetragen. In der Verteilungstabelle werden die Nettobeträge der Einnahmen bzw. Ausgaben in der entsprechenden Spalte erfasst.

- **Kombiniertes Kassa-/Bankbuch mit Verteilungstabelle:**

Kassabuch:

Übertrag (Summen 1. Dez. bis 29. Dez. 20..):
Einnahmen € 27.330,60 (brutto)
Ausgaben € 21.199,80 (brutto)

Bankbuch:

Übertrag (Summen 1. Dez. bis 29. Dez. 20..):
Einnahmen € 34.190,58 (brutto)
Ausgaben € 12.372,60 (brutto)

Umsatzsteuer/Vorsteuer:

USt € 5.221,95
VSt € 2.571,90

Einnahmen-Ausgaben-Verteilungstabelle:

Vom 1. Jan. bis 29. Dez. 20.. ergeben sich in der Einnahmen-Ausgaben-Verteilungstabelle folgende Summen:

Betriebseinnahmen (netto):

Verkaufserlöse	€ 342.708,00
Übrige Einnahmen	€ 222,00

Betriebsausgaben (netto):

Waren- und Materialeinkäufe	€ 174.354,00
Personalausgaben	€ 66.190,50
Lkw-Ausgaben	€ 9.430,50
Pflichtversicherung, Selbständigenvorsorge	€ 18.782,25
Übrige Ausgaben:	
Büromaterial	€ 1.386,00
Telefonentgelte	€ 1.933,50
Versicherung	€ 642,00
Bankspesen	€ 468,00

Letzte laufende Nummer: 1122

- **Wareneingangsbuch:**

Übertrag (Summen 1. Jan. 20.. bis 30. Nov. 20..):

Rechnungsbeträge	€ 189.188,84
Vorsteuerbeträg	€ 31.531,47
Preis (Nettobeträge)	€ 157.657,37

Übertrag (Summen 1. Dez. bis 29. Dez. 20..):

Rechnungsbeträge	€	6.798,09
Vorsteuerbeträge	€	1.133,02
Preis (Nettobeträge)	€	5.665,07

Letzte laufende Nummer: 402

- **Umsatzsteuervoranmeldung:**

Ermittlung der Bemessungsgrundlage:

	Umsätze brutto	Umsätze netto
Umsätze Kassabuch vom 1. Dez. bis 29. Dez. 20..	€ 23.504,31 : 1,20 =	€ 19.586,93
+ Umsätze Kassabuch vom 30. Dez. bis 31. Dez. 20..		
+ Umsätze Bankbuch vom 1. Dez. bis 29. Dez. 20..	€ 14.607,52 : 1,20 =	€ 12.172,93
+ Umsätze Bankbuch vom 30. Dez. bis 31. Dez. 20..		
Bemessungsgrundlage		

Ermittlung der USt-Zahllast:

Umsatzsteuer (20 % der Bemessungsgrundlage)	
– Vorsteuer (laut Verteilungstabelle)	
USt-Zahllast für Dezember 20..	

Geschäftsfälle vom 30. und 31. Dezember:

K401

Kofferwelt Arnold

Arnold GmbH
Erdbergstraße 120 – 1031 Wien | www.kofferwelt.at | office@kofferwelt.at | Tel.: +43 1 790 82

Marko Essl e. U.
Bags & Co
Europastraße 2
5020 Salzburg

Datum: 30. 12. 20..
10:59
Kunden-Nr.: 205520
Ihre UID-Nr.: ATU36796400

Rechnung 325/20..
Kassa: 1

Lieferung vom 28. 12. 20..

Pos	Artikelbezeichnung	Menge	USt-Satz	Preis	Gesamt
1	Reisekofferset Jerome	5	20	27,00 €	135,00 €
2	New York Trolley 75 cm	5	20	35,00 €	175,00 €
			Rechnungsbetrag exkl. USt		310,00 €
			Umsatzsteuer 20 %		62,00 €
			Rechnungsbetrag inkl. USt		**372,00 €**

Betrag bar bezahlt!

Hermann Taschengroßhandels GmbH
Rathausstraße 3 • 3300 Amstetten
Tel: +43 7472 651-0 • Fax: +43 7472 651-5
www.hermanntaschen.at • office@hermanntaschen.at

HERMANN TASCHEN H

E379

Marko Essl e. U.
Bags & Co
Europastraße 2
5020 Salzburg

Kundennummer: 207745

Ihre UID-Nr.: ATU36796400
Ihr Auftrag vom: 22. Dez. 20..

Datum: 30. Dez. 20..
Lieferdatum: 28. Dez. 20..

Rechnung: 6474

Pos	Bezeichnung	Menge	Einzelpreis	Gesamtpreis
1	Kosmetiktaschen Hackett London	10	44,00 €	440,00 €
2	Pinko – Soria Umhängetasche	10	32,00 €	320,00 €
3	Hilfiger Poppy Umhängetasche	5	28,00 €	140,00 €
		Summe		900,00 €
		20 % USt		180,00 €
		Bruttobetrag		**1.080,00 €**

Zahlbar nach Erhalt der Rechnung ohne Abzug!

Bürobedarf
Baumgartner

Baumgartner e. U.
Marktstraße 14
5020 Salzburg
Österreich/Austria
Tel.: +43 662 324 08
Fax: +43 662 324 08-1
E-Mail: office@baumgartner.at
www.baumgartner.at

K 402

Marko Essl e. U.
Bags & Co
Europastraße 2
5020 Salzburg

Kunde:	**202144**
Datum	30. 12. 20..
	16:08
UID-Nr.:	ATU61642529
Ihre UID-Nr.:	ATU36796400

Barrechnung 663
Kasse: RK2

Verkauf vom 28. 12. 20..

Pos	Bezeichnung	Menge	Preis	Gesamt
1	Kugelschreiber 5er-Pack	10	3,00 €	30,00 €
2	Kopierpapier 10er	1	2,00 €	2,00 €

Nettobetrag	32,00 €
20 % Umsatzsteuer	6,40 €
Bruttobetrag	**38,40 €**

Betrag bar erhalten!

SOPHIEHOLZAPFEL
Taschen | Koffer | Handtaschen

E 380

Sophie Holzapfel GmbH | Hauptplatz 20 | 8430 Leibnitz
Tel. +43 3452 824 20 | www.holzapfel.at | office@holzapfel.at

Marko Essl e. U.
Bags & Co
Europastraße 2
5020 Salzburg

UID-Nr.:	ATU26137908
Ihre UID-Nr.:	ATU36796400
DVR-Nr.:	85686
Kundennummer:	20156

Rechnung Nr. 482
Kurzzeichen: SW

30. Dezember 20..
Lieferdatum: **22. Dez. 20..**
Ihr Auftrag vom: **15. Dez. 20..**

Menge	Bezeichnung	Preis	Betrag
15	NIKE SB COURTHOUSE RUCKSACK	€ 29,00	€ 435,00
10	NIKE AURALUX RUCKSACK	€ 34,00	€ 340,00
	Betrag exkl. USt.		€ 775,00
	+ 20 % USt		€ 155,00
	Gesamtbetrag		**€ 930,00**

Zahlungsbedingung:
10 Tage 2 % Skonto – 30 Tage netto!

Marko Essl e. U. – Tageslosung
30.12.20.. Kassa 1

K 403

KASSA EIN 20 % USt	EUR 2.155,15
GESAMT 31.12.20..	EUR 2.155,15

KB KREDITBANK AG · SALZBURG B45 Kontoauszug

Behebungen und Gutschriften in EUR.

	Valuta	Alter Kontostand EUR 14.545,32
FUHRTAG TASCHENGROSSHANDELS GMBH, RE. 5552	30.12.	2.121,00–
ZETTL DANIEL, A 542	30.12.	842,00

MARKO ESSL E. U.
BAGS & CO
EUROPASTRASSE 2
5020 SALZBURG

DVR 0076167

GUTSCHRIFTEN	842,00
BELASTUNGEN	2.121,00–
GUTHABEN EUR (Neuer Kontostand)	13.266,32

IBAN	Belege	BIC	Auszug-Nr./Blatt	Datum
AT31 1782 0006 1722 8125	2	KBAGATWW	45/1	30.12. . .

Hinweis: Die Überweisung von € 2.121,00 betrifft den Wareneinkauf E 370 vom 19. 12. 20.. (ohne Abzug). Der Zahlungseingang über 842,– betrifft einen Verkauf über den Online-Shop vom 19. 12. 20. . .

KB KREDITBANK AG-Internet

Übernahmebestätigung

Empfänger:	Fuhrtag Taschengroßhandels GmbH 6844 Altach
BIC / IBAN:	RVVGAT2B402 / AT133740200000602078
Bank Empfänger:	Raiffeisenbank Altach
Auftraggeber:	MARKO ESSL E. U.
BIC / IBAN:	KBAGATWW / AT311782000617228125
Betrag:	2.121,00 EUR
Verwendungszweck:	Re. 5552
Kundendaten:	2486642

Verfüger: MARKO ESSL E. U. **Datum:** 30.12.20 . . **Uhrzeit:** 11:02

Art: Inlandsüberweisung **TAN:** 547896

Waltl
Bags

E381

Lukas Waltl GmbH – Handel mit Taschen
office@waltltaschen.at – www.waltltaschen.at – ATU88912320 – Fn 327690Y – LG Salzburg
5082 Grödig – Dr.-Richard-Hartmann-Straße 2
Tel.: +43 6246 82 40 – Fax.: +43 6246 82 40-1

Marko Essl e. U.
Bags & Co
Europastraße 2
5020 Salzburg

Kunde:	**200144**
Ihre UID-Nr.:	ATU36796400
Datum:	31.12.20..
Lieferdatum:	28.12.20..
Sachbearbeiter:	Frewein
Vertreter:	Geissler
Auftrag vom:	30.12.20..

Rechnung Nr. 1687

Menge/Stk.	Artikel	Art. Nr.	Einzelpreis in €	Preis in €
10	Samsonite Trolley Spinner	7829	52,00 €	520,00 €
10	Samsonite Trolley Termo	8532	59,00 €	590,00 €
			Nettobetrag	1.110,00 €
			20 % Umsatzsteuer	222,00 €
			Bruttobetrag	**1.332,00 €**

2 % Skonto bei Zahlung innerhalb von 8 Tagen, 30 Tage ohne Abzug

Lorenz Reiseaccessoire

K 404

Nina Lorenz e. U. – Zubehör für Taschen und Koffer
Hahnenkammstraße 2a • 6370 Kitzbühel • Tel.: +43 5356 69 42 • E-Mail: office@lorenz.at • www.lorenz.at

Marko Essl e. U.
Bags & Co
Europastraße 2
5020 Salzburg

Barrechnung: **5455**
Kassa: 1 11:16
Ihre UID-Nr.: ATU36796400

Unsere UID-Nr.: ATU38374406 Lieferdatum: 30. Dez. 20.. Datum: 31. Dez. 20..

Anzahl	Artikelbezeichnung	Einzelpreis	Gesamtpreis
10	Kulturtaschen Wenger	14,20 €	142,00 €
5	Gepäckwaage digital	12,10 €	60,50 €
	Nettobetrag		202,50 €
	+ 20 % Umsatzsteuer		40,50 €
	Rechnungsbetrag bar		243,00 €

Betrag bar bezahlt!

Marko Essl e. U: – Tageslosung
31.12.20.. Kassa 1

K 405

KASSA EIN 20 % USt EUR 3.245,45
GESAMT 31.12.20.. EUR 3.245,45

BAG Reisen mit Stil

Telefon: +43 7272 55 40-0
E-Mail: office@bagreisen.at
Website: www.bagreisen.at
UID-Nr.: ATU57329000
DVR-Nr.: 0031310

E 382

Neuhofer GmbH – Großhandel mit Taschen **Stadtplatz 28 – 4070 Eferding**

Marko Essl e. U.
Bags & Co
Europastraße 2
5020 Salzburg

Kundennr.: 201578
Ihre UID Nr.: ATU36796400
Bestellung vom 20. Dezember 20..

Rechnung

Wien, 31. Dezember 20..

Nummer: 4552
Sachbearbeiter: Noah Zinic
Lieferdatum: 31. 12. 20.. durch GLS Austria

Bezeichnung	Menge	Einzelpreis	Gesamtpreis
Eastpak Authentic Reisetasche	10	24,00 €	240,00 €
Eastpak Wyoming Rucksack	10	26,00 €	260,00 €
Eastpak Padded Pak´R	10	28,00 €	280,00 €
			780,00 €
		20 % USt	156,00 €
		Gesamtbetrag	**936,00 €**

Zahlbar bei Erhalt der Rechnung ohne Abzug!

Die **Habenzinsen** sind **abzüglich der KESt** in der Spalte **Übrige Einnahmen** zu erfassen. Diese sind **endbesteuert** und damit **in der Erfolgsermittlung nicht zu berücksichtigen.**

KB KREDITBANK AG · SALZBURG — B 46 — Kontoauszug

Behebungen und Gutschriften in EUR.

	Valuta	Alter Kontostand EUR 13.266,32
REKIK AMAR, A 544	31.12.	420,00
HABENZINSEN	31.12.	28,15
KAPITALERTRAGSTEUER 25 %	31.12.	7,04–
SOLLZINSEN 8,75 %	31.12.	9,20–
KONTOFÜHRUNG 4. QUARTAL	31.12.	25,00–
	GUTSCHRIFTEN	448,15
	BELASTUNGEN	41,24–
	GUTHABEN EUR (Neuer Kontostand)	13.673,23

MARKO ESSL E. U.
BAGS & CO
EUROPASTRASSE 2
5020 SALZBURG

DVR 0076167

IBAN	Belege	BIC	Auszug-Nr./Blatt	Datum
AT31 1782 0006 1722 8125	1	KBAGATWW	46/1	31.12. . .

Der Zahlungseingang über € 420,– betrifft einen Online-Verkauf vom 20. 12. 20 . . .

- Anlagenverzeichnis

Abschreibung:

Für die am 1. Januar des Abschlussjahres vorhandenen Anlagen laut Anlagenverzeichnissen € 6.222,78 (davon 1.800,– für den Lkw)

Das Anlagenverzeichnis zeigt folgendes Bild:

Anlagenverzeichnis

Lfd. Nr.	Inventar Nr.	Gegenstand	Beleg Nr.	Anschaffungsdatum T	M	J	Lieferant Name und Anschrift	Anschaffungswert	Datum Inbetriebnahme T	M	J	Nutzungsdauer	% (Anschaffungsjahr)	Abschreibungsbetrag (Anschaffungsjahr)	Buchwert 20.. (Anschaffungsjahr)
1	2	3	4	5			6	7	8			9	10	11	12
...	...	Diverse Anlagegegenstände	...	..	..	..	Diverse Lieferanten	... ..	..	..	..	...	...	6.222 78	9.212 45
1	13	Registrierkasse Cash 2000	E 189	15	03	..	Digitallösungen Huber GmbH	960 00	16	03	..	8	12,5		
2															
3															

Weitere Investition im Abschlussjahr:

E 223

PIERINGER Ladenbau

Annika Pieringer GmbH – Ladenbau
Untere Hauptstraße 3 | 7100 Neusiedl am See | Tel. +43 2167 25 64 | office@pieringer.at | www.pieringer.at

Marko Essl e. U.
Bags & Co
Europastraße 2
5020 Salzburg

Rechnung: **5211**
Ihre UID-Nr.: ATU36796400

Unsere UID-Nr.: ATU16255601 — Lieferdatum: 26. Juni 20 . . — Datum: 30. Juni 20 . .

Anzahl	Artikelbezeichnung	Preis	Gesamtpreis
1	Regalsystem Profi für Geschäftslokal 18 lfm	1.840,00 €	1.840,00 €
	Messerabatt 10 %		184,00 €
	Nettobetrag		1.656,00 €
	+ 20 % Umsatzsteuer		331,20 €
	Rechnungsbetrag		1.987,20 €

Zahlungsbedingung: Zahlbar nach Erhalt der Rechnung ohne Abzug!

Hinweise: Es handelt sich um ein Regal für den Verkaufsraum; Nutzungsdauer: zehn Jahre; die Rechnung wurde ordnungsgemäß erfasst, ohne Abzug bezahlt und ist noch in das Anlagenverzeichnis einzutragen. Datum der Inbetriebnahme: 02.07.20..

Im **WEB-Sammelblatt** werden monatlich die Summen aller Kolonnen des WEB eingetragen. Am Jahresende werden die Gesamtsummen (Jahressummen) ermittelt.

Aufgabe:
a) Tragen Sie die angegebenen Summen in das kombinierte Kassa-/Bankbuch mit Verteilungstabelle und in das Wareneingangsbuch ein. C
Tragen Sie die Summen vom 1. Jan. bis 30. Nov. in das WEB-Sammelblatt ein.
b) Erfassen Sie die Geschäftsfälle ab 30. Dez. 20.. im kombinierten Kassa-/Bankbuch mit Verteilungstabelle bzw. im Wareneingangsbuch und schließen Sie diese ab. Tragen Sie im WEB-Sammelblatt die Dezembersummen ein und ermitteln Sie anschließend die Gesamtsummen. C
c) Ermitteln Sie die Bemessungsgrundlage für die Umsatzsteuer und der Zahllast für Dezember. D
d) Erstellen Sie die Umsatzsteuervoranmeldung (UVA) für Dezember; Finanzamt Salzburg Stadt (FA 91), Aigner Straße 10, 5026 Salzburg; Finanzamtsnummer-Steuernummer 91 354/2724. C
e) Erstellen Sie das Anlagenverzeichnis für die 20.. gekauften Anlagen. C
Tragen Sie die Rechnung E 223 (Annika Pieringer GmbH) in das Anlagenverzeichnis ein und berechnen Sie die Abschreibungsbeträge bzw. den Buchwert der im Abschlussjahr getätigten Investitionen (Inventarnummer 13 und 14) und bilden Sie die Gesamtsummen.
f) Ermitteln Sie den Erfolg. C

A B C D E

2 Wiederholungsbeispiele zur doppelten Buchführung

Die Waren- bzw. Materialeinkäufe werden bei sämtlichen Beispielen in der **Kontenklasse 5** verbucht, die **Verbuchung der Umsatzsteuer** und auch des **Skontos** erfolgt **generell netto.**

SbX **Buchungstrainer ID: 4002**

Die nachfolgenden Hinweise sollen Ihnen bei der Bildung von Buchungssätzen helfen. Weitere Informationen sind den entsprechenden Kapiteln des I. und II. Jahrganges zu entnehmen.

Die **vier Schritte** zur **Bildung des richtigen Buchungssatzes**

1	2
Welche Konten sind beteiligt?	Aufwands- oder Ertragskonto bzw. aktives oder passives Bestandskonto?
3	**4**
Vermehrung oder Verminderung?	Soll oder Haben?
Buchungssatz:	

Buchungsregeln zur Verbuchung auf **Bestands- und Erfolgskonten**

+ **Vermehrung** (Zunahme)
– **Verminderung** (Abnahme)

Ü 4.02: Bildung von Buchungssätzen

Dittmann Möbel

Günter Dittmann e.U., Weiz, betreibt einen Möbelhandel mit einer angeschlossenen Tischlerei für Sonderanfertigungen. Es ergeben sich u.a. die nachfolgenden Geschäftsfälle:

15.5.20.. A 481 Verkauf einer Sitzgarnitur € 4.418,75 – – € 883,75 Rabatt = € 3.535,– + € 707,– USt = € 4.242,– an Herrn Alfred Polansky (20624). Der Kunde bezahlt die Rechnung mit VISA-Kreditkarte (Beleg S 174). Die Verbuchung erfolgt über das Kundenkonto.

16.5.20.. Einkauf von Matratzen vom Lieferanten Leitner KG (33402), Zahlung mit der Firmen-Bankomatkarte (Beleg S 175), Verbuchung über dasLieferantenkonto

Matratzenstudio • Stefanie Leitner KG
Rathausstraße 1 • 3300 Amstetten
Tel: +43 7472 601-0 • Fax: +43 7472 601-5
www.leitner-matratzen.at • office@leitner-matratzen.at
ATU36871104 • FN 117389g • LG St. Pölten

Matratzen Leitner

Günter Dittmann e.U.
Möbelhandel & Werkstätte
Sonnenstraße 10
8160 Weiz

E 122

Kundennummer: 20586
Ihre UID-Nr.: ATU37794008
Ihr Auftrag vom: 12. Mai 20..
Abholung
Datum: 16. Mai 20..
Lieferdatum: 16. Mai 20..

Rechnung: 6423/20..

Pos.	Bezeichnung	Menge	Einzelpreis	Gesamtpreis
1	Traumprinz Clever	10	119,00 €	1.190,00 €
2	Novagreen Pia	5	139,00 €	695,00 €
3	Federflex Deluxe	2	470,00 €	940,00 €
		Summe		2.825,00 €
		+ 20 % USt		565,00 €
		Bruttobetrag		**3.390,00 €**

Bankomat-Kasse: - 3.390,00
8477224223 - 91018534 4256
EC-CASH

Buchungsregeln

Aktives Bestandskonto	
Soll	**Haben**
+	**–**

Passives Bestandskonto	
Soll	**Haben**
–	**+**

Buchungsregeln

Aufwandskonto	
Soll	**Haben**
+	**–**

Ertragskonto	
Soll	**Haben**
–	**+**

17.5.20 . . Überweisung an die Holzgroßhandels-GmbH (33229) für den Einkauf von Holzplatten:

Bank Austria
Member of UniCredit

B 84

KONTOAUSZUG
01554

Günter Dittmann e.U.

Datum	Auszug/Blatt	Währung	IBAN
17.05.20..	084 0001	EUR	AT26 3818 7000 0178 7333

Buchungsnr./Buchungstitel	Wert	Betrag
17.05. Auftrag vom 17.05. Empfänger: Holzgroßhandels-GmbH IBAN: AT161200000644166506 BIC: BKAUATWW R 22489, 10.05.20..., -3% Skonto	17.05.	2.813,00-

BIC BKAUATWW

Bank Austria
UniCredit Group

ZAHLUNGSANWEISUNG
AUFTRAGSBESTÄTIGUNG

B 84

EmpfängerIn Name/Firma
Holzgroßhandels-GmbH, Handelskai 92, 1200 Wien

IBAN EmpfängerIn
AT161200000644166506

BIC (SWIFT-Code) der Empfängerbank
BKAUATWW

EUR — Betrag: 2.813,00

Verwendungszweck
Rechnung 22489 vom 10. Mai 20 . . EUR 2.900,– – 3 % Skonto EUR 87,–

IBAN KontoinhaberIn/AuftraggeberIn
AT263818700001787333

KontoinhaberIn/AuftraggeberIn Name/Firma
Günter Dittmann e. U., Sonnenstraße 10, 8160 Weiz

Übernommen
UniCredit Bank
Austria AG Fil. Weiz
17. Mai 20 . .

Bitte vor Weitergabe des Auftrages abtrennen - verbleibt bei AuftraggeberIn.
Gilt nicht als Durchführungsbestätigung!

Vertragsstrafen, gleichgültig ob sie wegen Nichterfüllung oder wegen verspäteter Erfüllung bezahlt werden, stellen **Schadenersatz** dar und **unterliegen nicht der Umsatzsteuer** (nicht steuerbarer Umsatz).

B 85 Wegen nicht zeitgerechter Lieferung an den Kunden Stefan Fischer & Sohn OG (20027) zahlen wir eine Vertragsstrafe von € 450,–.

18.5.20 . . B 86 Bankausgang mit € 3.390,–; die Bank hat den Betrag für den Matratzenkauf, Zahlung mit der Firmen-Bankomatkarte (E 122), abgebucht.

19.5.20 . . A 482 Verkauf von Fertigerzeugnissen an den Kunden Otto Knappek (20052)

Dittmann Möbel

Günter Dittmann e.U.
Sonnenstraße 10 – 8160 Weiz
Mail: office@dittmann.at
Web: www.dittmann.at

Otto Knappek
Feldweg 2
8160 Weiz

UID-Nr.:	ATU37794008
Ihre UID-Nr.:	–
DVR-Nr.:	85686
Kundennummer:	20052

Rechnung 482
Kurzzeichen: HB

Weiz, 19. Mai 20..

Lieferdatum:	19. Mai 20..
Ihr Auftrag vom:	21. März 20..

Menge	**Bezeichnung**	**Preis**	**Betrag**
1	Schlafzimmer „Naturtraum" Sonderanfertigung lt. Planung Pauschalpreis lt. Vereinbarung		€ 2.800,00
	Betrag exkl. USt		€ 2.800,00
	+ 20 % USt		€ 560,00
	Gesamtbetrag		**€ 3.360,00**

Zahlungsbedingung: 8 Tage netto ohne Abzug

Werden Ziel-, Stundungszinsen usw. **ausdrücklich** (vertraglich) **vereinbart,** so wird in der Regel für diese Zinsen **Umsatzsteuer in Rechnung gestellt.** Der anzuwendende Steuersatz richtet sich nach dem Steuersatz des Grundgeschäftes.

Nicht ausdrücklich vereinbarte Zinsen (z. B. gesetzliche Verzugszinsen) werden als Schadenersatz betrachtet und **unterliegen nicht der Umsatzsteuer.**

S 176 Der Kunde Walter Koch (20064) wird mit Verzugszinsen von € 38,60 für die A 412 belastet.

22.5.20 . . S 177 Gutschrift an den Kunden Otto Knappek (20052)

Dittmann Möbel

Günter Dittmann e.U.
Sonnenstraße 10 – 8160 Weiz
Mail: office@dittmann.at
Web: www.dittmann.at

Otto Knappek
Feldweg 2
8160 Weiz

UID-Nr.:	ATU37794008
Ihre UID-Nr.:	–
DVR-Nr.:	85686
Kundennummer:	20052

Gutschrift 177
Kurzzeichen: HB

Weiz, 22. Mai 20..

Lieferdatum:	19. Mai 20..
Ihr Auftrag vom:	21. März 20..

Menge	Bezeichnung	Preis	Betrag
0	Ihre Reklamation vom 20. Mai 20.. Lackschaden Schlafzimmerschrank		€ 280,00
	Betrag exkl. USt		€ 280,00
	+ 20 % USt		€ 56,00
	Gutschriftsbetrag		**€ 336,00**

23.5.20 . . B 87 Bankeingang € 3.024,–; der Kunde Otto Knappek (20052) hat die A 482 abzüglich der Gutschrift S 177 ausgeglichen.

28.5.20 . . Gehaltszahlung an die Angestellten

Buchungsbeleg S178

Gehälter	18.301,00
– SV-DNA	3.316,14
– LSt	1.990,13
Auszahlung	12.994,73

Gehaltsnebenkosten

Buchungsbeleg S179

SV-DGA	4.211,06
DB	713,74
DZ	71,37
KommSt	549,03

30.5.20 . . Bankausgang € 2.319,30; Überweisung der Sozialversicherungsbeiträge der Pflichtversicherung des Unternehmers an die Sozialversicherungsanstalt der gewerblichen Wirtschaft

Bank Austria
Member of UniCredit

B 88

KONTOAUSZUG
01554

Günter Dittmann e.U.

Datum	Auszug/Blatt	Währung	IBAN
30.05.20..	088 0001	EUR	AT26 3818 7000 0178 7333

Buchungsnr./Buchungstitel	Wert	Betrag
30.05. Auftrag vom 30.05. Empfänger: Sozialversicherungsanstalt der gewerblichen Wirtschaft IBAN: AT556000000002024001 BIC: BAWAATWW SV-Beiträge fällig bis 31.05.20..	30.05.	2.319,30-

BIC BKAUATWW

BAWAG PSK — BAWAG P.S.K. Bank für Arbeit und Wirtschaft und Österreichische Postsparkasse Aktiengesellschaft — B 88

ZAHLUNGSANWEISUNG
AUFTRAGSBESTÄTIGUNG

EmpfängerIn Name/Firma: SOZIALVERSICHERUNGSANSTALT DER GEWERBLICHEN WIRTSCHAFT, 1051 WIEN

IBAN EmpfängerIn: AT556000000002024001

BIC (SWIFT-Code) der Empfängerbank: BAWAATWW

EUR — Betrag: 2.319,30

Verwendungszweck: SV-BEITRÄGE fällig bis 31.05.20 . . VERSICHERUNGS-NUMMER 0332 13 04 77

KontoinhaberIn/AuftraggeberIn Name und Anschrift:
Günter Dittmann e. U.
Sonnenstraße 10
8160 Weiz

Übernommen UniCredit Bank Austria AG Fil. Weiz 30. Mai 20 . .

IBAN KontoinhaberIn/AuftraggeberIn: AT263818700001787333

Aufgabe: a) Bilden Sie die Buchungssätze. C

b) Geben Sie neben dem gebildeten Buchungssatz in Klammer an, ob sich durch den Geschäftsfall der Gewinn erhöht (↑), vermindert (↓) oder ob es sich um eine erfolgsneutrale Buchung handelt (Ø). D

SbX **Buchungstrainer ID: 4002**

Ü 4.03: Bildung von Buchungssätzen

Das Unternehmen Stephan Türk OG, Stahl- und Leichtmetallbau in Waidhofen/Ybbs, erzeugt Stahlbehälter für Lebensmittel. Im Dezember 20 . . ergeben sich u. a. nachfolgende Geschäftsfälle:

TÜRK STAHL- & LEICHTMETALLBAU

2.12.20 . . A 1928 Verkauf eines Tankbehälters an den Kunden Bernd Zodl (20086)

TÜRK STAHL- & LEICHTMETALLBAU

Stephan Türk OG
Pocksteinerstraße 312
3340 Waidhofen/Ybbs
Tel: +43 7442 511 – Fax: +43 7442 512
www.tuerk-metall.at – kontakt@tuerk-metall.at
UID: ATU52220207

Weingut
Bernd Zodl
Langenloiser Straße 22
3500 Krems

Rechnung:	**1928**
Kundennummer:	20086
Ihre UID-Nr.	ATU36918706
Datum:	02.12.20 . .
Lieferdatum:	01.12.20 . .
Sachbearbeiter:	Machatschek
Auftrag vom:	15.10.20 . .

Menge	Artikelbezeichnung	Preis	Betrag
1	Nirosta-Tank lt. Naturmaßskizze	13.800,00	13.800,00 €
	– 20 % Rabatt		2.760,00 €
			11.040,00 €
	+ Frachtkosten		280,00 €
			11.320,00 €
	+ 20 % Umsatzsteuer		2.264,00 €
	Rechnungsbetrag		**13.584,00 €**

Zahlungsbedingung: 14 Tage 2 % Skonto, 30 Tage netto

3.12.20 . . K 1261 Barkauf von Schmierstoffen € 400,– – € 12,– Skonto = € 388,– + € 77,60 USt = € 465,60

6.12.20 . . E 1392 Einkauf von Aluminium-Bauteilen (Rohstoffe) € 2.500,– + € 500,– USt = = € 3.000,– von der Alu-Baugesellschaft mbH (33014)

E 1393 Speditionsrechnung der Schenker & Co AG (33112) über den Transport der Aluminium-Bauteile € 123,– + € 24,60 USt = € 147,60; Zahlung bei Rechnungserhalt ohne Abzug

7.12.20 . . Zahlung an die Spedition Schenker & Co AG für den Bezug der Aluminium-Bauteile (E 1393)

IBAN: AT20 3290 6000 0043 0141 RAIFFEISENBANK YBBSTAL eGen mbH BIC: RLNWATWWWHY
TEL.: 07442 55 600 B 199 DVR: 0031589
www.rb-ybbstal.at

* Firmenkonto *		WERT	BETRAG IN EUR
ALTER KONTOSTAND			24.312,40
07.12.20..	Schenker & Co AG, Rechnung Nr. 5424/20..	07.12.20..	147,60 -

	POS	SUMME GUTSCHRIFTEN	0,00
Stephan Türk OG		SUMME LASTSCHRIFTEN	147,60 -
Pocksteinerstraße 312		NEUER KONTOSTAND	
3340 Waidhofen/Ybbs		GUTHABEN	24.164,80

AUSZUG 199/BLATT 001 VOM 07.12.20..

Raiffeisen Meine Bank

07.12.20. . **Raiffeisen ELBA-Internet - Aufträge - Druckvorschau** B 199

>> Mein Bankgeschäft >> Zahlungsverkehr >> Aufträge

Auftragsbestätigung

Empfänger:	Schenker & Co AG, Stella-Klein-Löw-Weg 11, 1020 Wien
IBAN / BIC:	AT89 1200 0018 7324 8700 / BKAUATWW
Bank Empfänger:	UniCredit Bank Austria AG
Auftraggeber:	Stephan Türk OG Pocksteinerstraße 312, 3340 Waidhofen/Ybbs
IBAN / BIC:	AT20 3290 6000 0043 0141 / RLNWATWWWHY
Betrag:	147,60 EUR
Verwendungszweck:	Rechnung Nr. 5424/20. .
Kundendaten:	001044218926

Verfüger: Stephan Türk OG **Datum:** 07.12.20. . **Uhrzeit:** 09:22
Art: Inlandsüberweisung **cardTAN:** 4252301

Angemeldet als: Stephan Türk OG © Raiffeisen

12.12.20 . . S 126 Zahlung von € 2.910,– an die Alu-Baugesellschaft mbH (33014) mit der MasterCard-Firmen-Kreditkarte zum Ausgleich der E 1392 (€ 3.000,– – – € 90,– Skonto = € 2.910,–)

14.12.20 . . S 127 Der Lieferant Kurt Mautner OG (33071) belastet uns mit € 44,40 Verzugszinsen.

14.12.20 . . S 128 Nachträglicher Preisnachlass an den Kunden Bernd Zodl (20086)

TÜRK
STAHL- & LEICHTMETALLBAU

Stephan Türk OG
Pocksteinerstraße 312
3340 Waidhofen/Ybbs
Tel: +43 7442 511 – Fax: +43 7442 512
www.tuerk-metall.at – kontakt@tuerk-metall.at
UID: ATU52220207

Weingut
Bernd Zodl
Langenloiser Straße 22
3500 Krems

Gutschrift:	**128/20 . .**
Kundennummer:	20086
Ihre UID-Nr.	ATU36918706
Datum:	18.12.20 . .
Lieferdatum:	
Sachbearbeiter:	Machatschek
Auftrag vom:	15.10.20 . .

Menge	Artikelbezeichnung	Preis	Betrag
	Gutschrift aufgrund Ihrer Mängelrüge vom 5. Dezember 20 . . – Kratzer an der Außenwand	566,00	566,00 €
	Wir bitten den Mangel zu entschuldigen!		
			566,00 €
	+ 20 % Umsatzsteuer		113,20 €
	Gutschriftsbetrag		**679,20 €**

15.12.20 . . S 132 Gutschrift für Rücksendung von Aluminium-Bauteilen an die Alu-Baugesellschaft mbH (33014) € 470,– + € 94,– USt = € 564,–

15.12.20 . . Der Kunde Bernd Zodl (20086) hat die A 1928 abzüglich der Gutschrift S 128 ausgeglichen.

IBAN: AT20 3290 6000 0043 0141 RAIFFEISENBANK YBBSTAL eGen mbH BIC: RLNWATWWWHY
TEL.: 07442 55 600 DVR: 0031589
www.rb-ybbstal.at
B 201

* Firmenkonto *		WERT	BETRAG IN EUR
ALTER KONTOSTAND			18.241,22
15.12.20..	Bernd Zodl, Rechnung Nr. 1928 – GS 128 –2% Skonto (13.584,– – 679,20 – 258,10)	15.12.20..	12.646,70

POS

SUMME GUTSCHRIFTEN	12.646,70
SUMME LASTSCHRIFTEN	0,00 –
NEUER KONTOSTAND GUTHABEN	30.887,92

Stephan Türk OG
Pocksteinerstraße 312
3340 Waidhofen/Ybbs

AUSZUG 201/BLATT 001 VOM 15.12.20..

Raiffeisen
Meine Bank

27.12.20 . .

Buchungsbeleg S133

Bruttolöhne	25.000,00
– SV-DNA	4.530,00
– LSt	2.567,50
Auszahlung	17.902,50

Buchungsbeleg S134

SV-DGA	5.752,50
DB	975,00
DZ	100,00
KommSt	750,00

Die KESt ist im Hinblick auf die Endbesteuerung der Zinsen im Soll des Kontos Zinsenerträge zu verbuchen. Die gesonderte Verbuchung der KESt ist im Hinblick auf die Summenkontrollen bei der Eingabe der Buchungen bzw. der Gegenbuchungen auf dem Bankkonto zweckmäßig.

* Bei einem Bankkonto, das im Allgemeinen ein Guthaben aufweist, kann sich z. B. durch hohe Überweisungen kurzfristig auch eine Schuld ergeben, woduch sich Schuldzinsen (Sollzinsen) ergeben.

28.12.20 . .	S 135	Kauf von vier Stück Winterreifen Goodyear Ultra Grip für den Firmen-Kombi € 430,– + € 86,– USt = € 516.–; Zahlung mit der Firmen-Bankomatkarte
29.12.20 . .	E 1430	Einkauf von Schmierstoffen (Schmiermittelverbrauch) € 1.120,– + € 224,– USt = € 1.344,– von der Chemetall GmbH (33417)
31.12.20 . .		Kontoauszug: Abschluss des Bankkontos

IBAN: AT20 3290 6000 0043 0141
RAIFFEISENBANK YBBSTAL eGen mbH
TEL.: 07442 55 600
www.rb-ybbstal.at
B 205
BIC: RLNWATWWWHY
DVR: 0031589

* Firmenkonto *		WERT	BETRAG IN EUR
ALTER KONTOSTAND			24.664,15
31.12.20..	0,250% Zinsen Haben kestpfl.	31.12.20..	18,27
	25,000% Kapitalertragsteuer		4,57 –
	6,5000% Zinsen Soll		21,78 –*
	Buchungskosten		36,22 –
	Kostenbeitrag für Kontoführung		4,36 –

POS
SUMME GUTSCHRIFTEN 18,27
SUMME LASTSCHRIFTEN 66,93 –

Stephan Türk OG
Pocksteinerstraße 312
3340 Waidhofen/Ybbs

NEUER KONTOSTAND
GUTHABEN 24.615,49

AUSZUG 205/BLATT 001 VOM 31.12.20..

Raiffeisen Meine Bank

Aufgabe: a) Bilden Sie die Buchungssätze. C

b) Geben Sie neben dem gebildeten Buchungssatz in Klammer an, ob sich durch den Geschäftsfall der Gewinn erhöht (↑), vermindert (↓) oder ob es sich um eine erfolgsneutrale Buchung handelt (∅). D

SbX
Formular Buchungstrainer ID: 4002

Ü 4.04: Belegbearbeitung (Nummerierung und Kontierung von Belegen)

Die Tischlerei Erich Seiser e. U., Korneuburg, ist ein Unternehmen, das hochwertige Wohnmöbel herstellt. Gefertigt wird überwiegend in Handarbeit. Im Mittelpunkt steht Qualität und Kundenservice.

SeiSer Tischlerei

Im November 20 . . fallen u. a. die nachfolgend dargestellten Geschäftsfälle an.

Die Kontennummern für die Sachkonten sind dem Kontenplan im Anhang des Schülerbuches zu entnehmen.

Verwendete Beleggruppen:

Beleggruppen	Symbol	Letzte Belegnummer am 31. Oktober 20 . .
Eingangsrechnungen	E	855
Ausgangsrechnungen	A	1290
Kassabelege	K	670
Bankbelege	B	123
Sonstige Belege	S	430

Auszug aus der Kunden- bzw. Lieferantendatei:

Kunden	Lieferanten
20167 Dr. Robert Schreier	33198 Böhmer PC Shop GmbH
20212 Josef Schmerling	33203 Schrauben-Berger GmbH
20873 Maximilian Schmid	

1.

2. Nov. 20..

Private Warenentnahme

Schuhschrank „Shoe-Box Deluxe"

Einstandspreis	EUR	420,00
+ 20 % USt	EUR	84,00
	EUR	**504,00**

Dübel und Schrauben stellen **Hilfsstoffe** dar.

2.

Schrauben | Berger GmbH

Hauptplatz 38 | 2100 Korneuburg | Tel: +43 2262 770 | Fax: +43 2262 770-10 | www.berger.com

Tischlerei
Erich Seiser e.U.
Wiener Ring 10
2100 Korneuburg

Rechnung: 4477/20 . .
Ihre UID-Nr. ATU36758503

Unsere UID-Nr. ATU61323856 Lieferdatum: 5. Nov. 20 . . Datum: 5. Nov. 20 . .

Anzahl	Position	Einzelpreis	Gesamtpreis
20	Kombi Bohrerdübel – Koffer inkl. Schraubensortiment Artikel Nr. 754978	40,00	€ 800,00
	– 10 % Rabatt		€ 80,00
			€ 720,00
	+ 20 % Umsatzsteuer		€ 144,00
	Rechnungsbetrag		€ **864,00**

3.

Österreichische Post AG
UID-Nr: ATU46674503
2100 Korneuburg
Dr.-Karl-Liebleitner-Ring 22
Tel. 0577 677-2100
Internet: www.2100.post.at

Erich Seiser e.U.
Wiener Ring 10
2100 Korneuburg

Es bediente Sie:
Herr Lukas Mirtl Datum: 13.11. 20 . . 16:20

Rechnung Nr.: 21000398720387

Stk	Bezeichnung	EUR	
10	Brief Österreich, Brief S	6,80	0
10	Brief Österreich, Brief M	12,50	0
	SUMME	**19,30**	

0% USt	19,30	0,00

4.

SeiSer Tischlerei

Erich Seiser e. U. I Wiener Ring 10 I 2100 Korneuburg
Tel: +43 2262 2450-0 I Fax: +43 2262 2450-1
office@seiser.at - www.seiser.at
Unsere UID-Nr. ATU36758503

Dr. Robert Schreier
Stockerauer Straße 9
2100 Korneuburg

Lieferdatum: –
Datum: 15. Nov. 20 . .

Gutschrift S 432/20 . .

Menge	Produkt/Leistung	Einzelpreis	Gesamtpreis
1	Gutschrift für Ihre Retourware vom 10.11.20 . . Vorzimmerkästchen „Praktikus"	260,00	€ 260,00
			€ 260,00
	+ 20 % Umsatzsteuer		€ 52,00
	Gutschrift		€ 312,00

5.

SeiSer Tischlerei

Erich Seiser e. U. I Wiener Ring 10 I 2100 Korneuburg
Tel: +43 2262 2450-0 I Fax: +43 2262 2450-1
office@seiser.at - www.seiser.at
Unsere UID-Nr. ATU36758503

Josef Schmerling
Jochingergasse 4
2100 Korneuburg

Lieferdatum: –
Datum: 15. Nov. 20 . .

Belastungsanzeige S 433/20 . .

Menge	Produkt/Leistung	Einzelpreis	Gesamtpreis
	Stundungszinsen für die Verlängerung des Zahlungsziels der AR 620/20 . . um 60 Tage	32,00	€ 32,00
			€ 32,00
	+ 20 % Umsatzsteuer		€ 6,40
	Gesamt		€ 38,40

6.

Pappas Gruppe

Georg Pappas Automobil AG
Pappas Gruppe. Das Beste erfahren.
Autorisierter Vertriebs- und Servicepartner
für Mercedes-Benz, smart, Chrysler
Jeep, Dodge, Mitsubishi Fuso Canter
www.pappas.at

Tischlerei
Erich Seiser e.U.
Wiener Ring 10
2100 Korneuburg

Rechnung Nr. 301122 11/10450

Datum: 15.11.20 . .

Auftragsnummer: 7755 – Annahmedatum: 15.11.20 . .
Mercedes Sprinter – Klein-Lkw

Es betreut Sie:
Florian Grünauer

Leistungen	Material	Menge	Preis	Gesamt
12554498	Ölfilter	1	13,50	13,50
24545533	Katalysator	1	642,50	642,50
24221166	Kleinmaterial	1	44,00	44,00
18446621	Dichtung	3	20,00	60,00
	Arbeitszeit			800,00
				€ 1.560,00
			+ 20 % Umsatzsteuer	€ 312,0
			Gesamtbetrag	**€ 1.872,00**

Zahlung: Maestrokarte
7603009101810900340210 10LP02

7.

Bel.-Nr.:

Eingang — KASSA — ~~Ausgang~~

€		netto	€	
€		+ ___ % Mwst. Vst.	€	
€	= 2.860,–	Gesamtbetrag	€	

In Worten zweitausendachthundertsechzig

von/an Privateinlage

für

Korneuburg (Ort) 16. Nov. 20.. (Datum) Seiser (Unterschrift)

Erich Seiser e. U. – Kasse 1
16.11.20 . . Kassier/in: Gann

KASSA EIN EUR 2.860,00

8.

HANDELSBANK AG **KONTOAUSZUG**

Erich Seiser e.U.

Datum	Auszugsnummer	Währung	IBAN	BIC
18.11.20 . .	124 0001	EUR	AT66 2051 0000 2022 2354	HBAGATWW

Buchungstag/Buchungstext		Valuta	
15.11.	Pappas, 2352 014SP K2 15.11. um 15.32 Ref: 7603009101810900340210 10LP02	15.11.	1.872,00 –

DVR: 0031442

Alter Kontostand	Summe der Belastungen	Summe der Gutschriften	Neuer Kontostand
14.152,82	1.872,00 –	0,00	12.280,82

4 Wiederholungsbeispiele

Verbuchung des Verkaufs über das **Kundenkonto**

9.

SeiSer Tischlerei

Erich Seiser e. U. I Wiener Ring 10 I 2100 Korneuburg
Tel: +43 2262 2450-0 I Fax: +43 2262 2450-1
office@seiser.at - www.seiser.at
Unsere UID-Nr. ATU36758503

Maximilian Schmid
Sonnenallee 5 b
2100 Korneuburg

Lieferdatum: 16. Nov. 20 . .
Datum: 17. Nov. 20 . .

Rechnung S 434/20 . .

Menge	Produkt/Leistung	Einzelpreis	Gesamtpreis
	Verkauf Firmen-Pkw – gebraucht: VW Passat Variant 1,9 TDI 74 kW/101 PS, Erstzulassung 12/20 . . 104.000 km, Diesel	4.200,00	€ 4.200,00
			€ 4.200,00
		+ 20 % Umsatzsteuer	€ 0,00
		Rechnungsbetrag	**€ 4.200,00**

Zahlung: VISA-Firmen-Kreditkarte

10.

Böhmer PC Shop GmbH

Böhmer PC Shop GmbH
2100 Korneuburg, Hauptplatz 1

UID-Nr.: ATU16998809
Tel.: +43 662 45 999-0 FAX: +43 662 45 1845

Nr.: 860	**Datum: 19.11.20 . .**	**Lieferdatum: 19.11.20 . . – Selbstabholung**

Kunde: 20452

Ihre UID-Nr. ATU36758503

Tischlerei
Erich Seiser e.U.
Wiener Ring 10
2100 Korneuburg

Pos.	Menge	WGR-Nr.	Art-Nr.	Bezeichnung	USt	Einzel-Vk	Gesamt
1	1	268	1081874	Acer Aspire M3 Notebook	20,00	600,00	600,00 EUR

USt	**Netto-Summe**	**USt-Summe**	**Brutto-Summe**	**Gesamtsumme**	
20,00 %	**600,00 EUR**	**120,00 EUR**	**720,00 EUR**		**720,00 EUR**

Zahlungsbedingung:
8 Tage 2 % Skonto – 30 Tage netto

11.

HANDELSBANK AG

KONTOAUSZUG

Erich Seiser e.U.

Datum	Auszugsnummer	Währung	IBAN	BIC
28.11.20 . .	125 0001	EUR	AT66 2051 0000 2022 2354	HBAGATWW

Buchungstag	Buchungstext	Valuta	
25.11.	Card Complete Service Bank AG VISA Abr. Per. 20.11.20 . . Re. Nr. 40000019200172457710000 8714 - 429235477441	26.11.	4.072,08
25.11.	Böhmer PC Shop GmbH, Re. Nr. 860 abz. 2 % Skonto	25.11.	705,60 –
27.11.	Sozialversicherungsanstalt der gew. Wirtschaft SV-Beiträge 4. Quartal 20 . .	27.11.	1.875,50 –

DVR: 0031442

Alter Kontostand	Summe der Belastungen	Summe der Gutschriften	Neuer Kontostand
12.280,82	2.581,10 –	4.072,08	13.771,80

```
Empfaenger: ERICH SEISER E.U., 2100 KORNEUBURG
BIC: HBAGATWW, IBAN: AT66205100002022354

EINREICHUNG VOM 17.11... 1 UMS EUR                   4.200,00
                  AUSZAHLUNGSBETRAG BRUTTO           4.200,00
ABZ.            105,00 DIS.    1 UMS        1,60 BUCHUNGSENTGELT
                 21,32 20%MWST;    SUMME DER ABZUEGE   127,92
UID: ATU36758503  RE.NR. 4000001920017245771000087l4-429235477441
VISACARDABR. PER 20.11... 230 200 000
                  UEBERWEISUNGSBETRAG EUR            4.072,08
```

Auftragsbestätigung — **Handelsbank AG**

Empfänger	Böhmer PC Shop GmbH Hauptplatz 1, 2100 Korneuburg	**IBAN** **BIC**	AT5160000000004662314 OPSKATWW BAWAG P.S.K.
Überweisung			
Betrag	EUR 705,60		
Verwendungszweck	R 860 abz. 2 % Skonto		
Kundendaten	20452		
Zu überweisen am	25.11.20. .		Art: Inlandsüberweisung Datum: 25.11.20. . TAN: 5468894 Uhrzeit: 13:24
Auftraggeber IBAN	Erich Seiser e. U. AT662051000020222354	BIC	HBAGATWW

Auftragsbestätigung — **Handelsbank AG**

Empfänger	Sozialversicherungsanstalt der gew. Wirtschaft Hauptplatz 24, 2100 Korneuburg	**IBAN** **BIC**	AT404000041450662025 VSTOAT21XXX Volksbank AG
Überweisung			
Betrag	EUR 1.875,50		
Verwendungszweck	SV-Beiträge 4. Quartal 20. .		
Kundendaten	012724280684		
Zu überweisen am	27.11.20. .		Art: Inlandsüberweisung Datum: 27.11.20. . TAN: 4425631 Uhrzeit: 09:11
Auftraggeber IBAN	Erich Seiser e. U. AT662051000020222354	BIC	HBAGATWW

Eine Kopiervorlage für **Buchungslisten** finden Sie im SbX unter der ID: 4002.

Aufgabe: a) Nummerieren und kontieren Sie die Belege. C

b) Erstellen Sie die computergerechten Buchungsanweisungen in einer Buchungsliste. C

SbX
Formular Buchungstrainer ID: 4002

Ü 4.05: Belegbearbeitung (Nummerierung und Kontierung von Belegen)

Lydia Mirtl e. U., Haus der Geschenke, Steyr, handelt mit kreativen Geschenkartikeln und Bastelbedarf. Eine große Auswahl und ein guter Kundenservice haben das Unternehmen weit über die oberösterreichische Landesgrenze hinaus bekannt gemacht. Seit Kurzem werden die Produkte auch im Internet angeboten.

mirtl geschenke

Im Juni 20 . . fallen u. a. die nachfolgenden Geschäftsfälle an. Die abgebildeten Belege sind bereits sortiert.

Im Unternehmen kommen folgende Beleggruppen zum Einsatz:

Beleggruppen	Symbol	Letzte Belegnummer am 12. Juni 20 . .
Eingangsrechnungen	E	390
Ausgangsrechnungen	A	521
Kassabelege	K	749
Bankbelege	B	33
Sonstige Belege	S	257

Die Kontennummern für die Sachkonten sind dem im Anhang abgebildeten Kontenplan zu entnehmen.

4 Wiederholungsbeispiele

1.

Bel.-Nr.:

Eingang — KASSA — ~~Ausgang~~

€		netto	€
€		+ ___ % Mwst. Vst.	€
€	= 3.180,–	Gesamtbetrag	€

In Worten dreitausendeinhundertachtzig

von/an Abhebung vom Bankkonto

für

Steyr (Ort) 13. Juni 20.. (Datum) Mirtl (Unterschrift)

Lydia Mirtl e. U. – Kasse 1
13.06.20 . . Kassier/in: Mirtl

KASSA EIN EUR 3.180,00

2.

Mirtl – Tageslosung Kasse 1
13.06.20 . . Kassier/in: Andessner

KASSA EIN 20 % USt	EUR	6.870,00
KASSA EIN 10 % USt	EUR	0,00
BANKOMAT EIN 20 % USt	EUR	390,00
VISA EIN 20 % USt	EUR	1.410,00
GESAMT 13.06.20 . .	EUR	8.670,00

3.

AGIP TANKSTELLE DAVID BIOLY
WACHTBERG 5, 4441 BEHAMBERG
UID-NR.: ATU42011700

R E C H N U N G S – NR.: 2456
NR:21818 (01 1 1) 18.06.20..

BESCHREIBUNG MENGE SUMME-EUR M
*ZP04 DIESEL 53.29l 60.40E*B
G E S A M T BETRAG EUR : 60.40
DEBIT KARTE BKASSE 60.40
B-KASSE: E 60.40
027600030200001 82511638 0001 0815

MWST B 20.00% VON 50,33 10.07
MWST GESAMT EUR 10.07

DATEN AUS GEEICHTEN ANLAGETEILEN
SIND DURCH STERNE (*) GEKENNZEICHNET.

ES BEDIENTE: JOSEF MAYR
*DER TREIBSTOFF- U. OFENHEIZÖLVERKAUF
ERFOLGT IM NAMEN UND AUF RECHNUNG
DER AGIP AUSTRIA GMBH (ATU14189607)

Hinweis: Treibstoff für den Firmen-Lkw,
Zahlung mit der Firmen-Bankomatkarte

4.

A1

A1 SHOP
Leopold Werndl Straße 2
4400 Steyr
A1 SHOP Hotline: 0800 664 300

ausgeführt am 19.06.20.. / 16:59:07
Kassier: Anna Forsthuber
Standort: OÖ08
Kassier-ID: AnFo - Verkäufer-ID: AnFo
K-Tag: 19.06.20.. Kasse/Lade:01/01
Bon: 60173

RECHNUNG

Frau Lydia Mirtl

Adresse: Stadtplatz 2, 4400 Steyr

Artikel-Nr. B E Z E I C H N U N G
Menge Einzelpreis MwSt. Betrag

11447 A1 HTC Desire 10 lifestyle
Seriennummer(n): #1: 356129011084297
1,00 ST 99,00 Mwst 20 99,00

RECHNUNGSBETRAG 99,00

Im Betrag enthaltende MWSt:
Mwst 20% 16,50 Netto 82,50

gegeben Maestro/Bankomat (EUR) 99,00
BEZAHLT 06049188 5522 1233

78929

Sie wurden bedient von: Frau Anna Forsthuber
UID der A1 Telekom Austria AG: ATU62895905

Hinweis: Geringwertiges Wirtschaftsgut, Zahlung
mit der Firmen-Bankomatkarte

5.

IBAN: AT22 3408 0000 0192 9675 RAIFFEISENBANK ENNSTAL eGen mbH BIC: RZOOAT2L080
TEL.: 07256 88 420 DVR: 0024413
rb-ennstal@raiffeisen-ooe.at

* Firmenkonto *		WERT	BETRAG IN EUR
ALTER KONTOSTAND			14.781,38
13.06.20..	Abhebung	13.06.20..	3.180,00 –
14.06.20..	SIX PAYMENT SERVICES (AUSTRIA) GMBH, BANKOMATKARTENUMSÄTZE	14.06.20..	390,00
14.06.20..	Wiener Städtische Versicherung KFZ Versicherung Firmen Kombi – Polizze 08-G648.606-J	14.06.20..	1.985,20 –
15.06.20..	Finanzamt Kirchdorf Perg Steyr	15.06.20..	10.167,20 –
15.06.20..	Oberösterreichische Gebietskrankenkasse Konto Nr.: 0171814421, Saldo 05/20..	15.06.20..	5.385,90 –

Lydia Mirtl e.U.
Stadtplatz 2
4400 Steyr

siehe Folgeblatt

AUSZUG 34/BLATT 001 VOM 21.06.20..

Raiffeisen Meine Bank

IBAN: AT22 3480 0000 0192 9675 RAIFFEISENBANK ENNSTAL eGen mbH BIC: RZOOAT2L080
TEL.: 07256 88 420 DVR: 0024413
rb-ennstal@raiffeisen-ooe.at

* Firmenkonto *		WERT	BETRAG IN EUR
15.06.20..	Stadt Steyr Stadtkasse	15.06.20..	390,00 –
18.06.20..	Christina Eisl Immobilienverwaltungs GmbH Miete Geschäftslokal Juni/Juli 20..	18.06.20..	1.325,00 –
18.06.20..	AGIP 44410146P K4 18.06. UM 13.31	18.06.20..	60,40 –
19.06.20..	A1 Shop 4400 Steyr – 060491885221233	19.06.20..	99,00 –
20.06.20..	Card Complete Service Bank AG RE. NR. 30041170-c00000472	21.06.20..	14.266,88

POS		
	SUMME GUTSCHRIFTEN	14.656,88
	SUMME LASTSCHRIFTEN	22.592,70 –
	NEUER KONTOSTAND GUTHABEN	6.845,56

Lydia Mirtl e.U.
Stadtplatz 2
4400 Steyr

AUSZUG 34/BLATT 002 VOM 21.06.20..

Raiffeisen Meine Bank

Bank Austria
UniCredit Group

ZAHLUNGSANWEISUNG
AUFTRAGSBESTÄTIGUNG

111 008 00 - 06.08

EmpfängerIn Name/Firma
Wiener Städtische Versicherung, Schottenring 30, 1010 Wien

IBAN EmpfängerIn
AT891200001873248700

BIC (SWIFT-Code) der Empfängerbank
BKAUATWW

EUR Betrag Cent
1.985,20

Verwendungszweck
KFZ Versicherung Firmen Kombi – Polizze 08-G648.606-J
Motorbez. Versicherungssteuer EUR 310,20 + Haftpflicht KASKO EUR 1.675,–

IBAN KontoinhaberIn/AuftraggeberIn
AT223408000001929675

KontoinhaberIn/AuftraggeberIn Name/Firma
Lydia Mirtl e. U., Stadtplatz 2, 4400 Steyr

Übernommen
Raiffeisenbank Ennstal
14. Juni 20 . .

© STUZZA FN122251G

Bitte vor Weitergabe des Auftrages abtrennen - verbleibt bei AuftraggeberIn.
Gilt nicht als Durchführungsbestätigung!

4 Wiederholungsbeispiele

Empfänger

Finanzamt: 51 Kirchdorf Perg Steyr

IBAN: AT65 0100 0000 0552 4512

Abgabenkontonummer: 51-1191819

Auftraggeber

Lydia Mirtl, AT22 3408 0000 0192 9675

IBAN: AT22 3408 0000 0192 9675 BIC: RZOOAT2L080

Name und Anschrift

Lydia Mirtl e. U.

4400 Steyr, Stadtplatz 2

Abgaben

Art	Zeitraum				Guthaben	Betrag
U	Monat(e)	01 April	01 April	20 . .	☐	8.214,20
L	Monat(e)	01 Mai	01 Mai	20 . .	☐	1.321,20
DB	Monat(e)	01 Mai	01 Mai	20 . .	☐	585,00
DZ	Monat(e)	01 Mai	01 Mai	20 . .	☐	46,80
					☐	0,00

Zusatzinformation

Gewünschtes Durchführungsdatum: 15.06.20 . .

Gesamtbetrag

Betrag (EUR): 10.167,20

Verfügbarer Betrag: 5.339,60 EUR

AT Raiffeisenbank Ennstal

ZAHLUNGSANWEISUNG
AUFTRAGSBESTÄTIGUNG

EmpfängerIn Name/Firma: Oberösterreichische Gebietskrankenkasse

IBAN EmpfängerIn: AT053400000001032549

BIC (SWIFT-Code) der Empfängerbank: RZOOAT2L

EUR Betrag/Cent: 5.385,90

Verwendungszweck: Konto Nr.: 0171814421 Saldo 05/20..

KontoinhaberIn/AuftraggeberIn Name und Anschrift:
Lydia Mirtl e.U.
Stadtplatz 2
4400 Steyr

Übernommen
Raiffeisenbank Ennstal
15. Juni 20 . .

IBAN KontoinhaberIn/AuftraggeberIn: AT223408000001929675

©STUZZA FN122251G

ZAHLUNGSANWEISUNG
AUFTRAGSBESTÄTIGUNG

EmpfängerIn Name/Firma: Stadt Steyr, Stadtkasse

IBAN EmpfängerIn: AT453411400000347821

BIC (SWIFT-Code) der Empfängerbank: RZOOAT2L114

EUR Betrag/Cent: – 390,–

Zahlungsreferenz: 033632445122

IBAN KontoinhaberIn/AuftraggeberIn: AT223408000001929675

Verwendungszweck:
Kommunalst. 05/20 . .
Stadtplatz 2, 4400 Steyr

Übernommen
Raiffeisenbank Ennstal
15. Juni 20 . .

kbprintcom.at ©STUZZA FN122251G

18.06.20. . **Raiffeisen ELBA-Internet - Aufträge - Druckvorschau**

>> Mein Bankgeschäft >> Zahlungsverkehr >> Aufträge

Auftragsbestätigung

Empfänger:	Christina Eisl Immobilienverwaltungs GmbH
IBAN / BIC:	AT97 1200 0031 5724 8711 / BKAUATWW
Bank Empfänger:	UniCredit Bank Austria AG
Auftraggeber:	Lydia Mirtl e. U. Stadtplatz 2, 4400 Steyr
IBAN / BIC:	AT22 3408 0000 0192 9675 / RZOOAT2L080
Betrag:	1.325,00 EUR
Verwendungszweck:	Miete Geschäftslokal Juni/Juli 20. .
Kundendaten:	2200005466

Verfüger: Lydia Mirtl e. U. **Datum:** 18.06.20. . **Uhrzeit:** 10:45
Art: Inlandsüberweisung **cardTAN:** 3152020

Angemeldet als: Lydia Mirtl e. U. © Raiffeisen

```
Empfaenger: LYDIA MIRTL E.U., 4400 STEYR
BIC: RZOOAT2L080, IBAN: AT223408000001929675

EINREICHUNG VOM 12.06... 18 UMS EUR              14.800,00
                 AUSZAHLUNGSBETRAG BRUTTO        14.800,00
ABZ.          442,67 DIS.  18 UMS     1,60 BUCHUNGSENTGELT
               88,85 20%MWST;    SUMME DER ABZUEGE  533,12
UID: ATU49710807  RE.NR. 30041170-C00000472
VISACARDABR. PER 16.06... 240 200 000
                 UEBERWEISUNGSBETRAG EUR         14.266,88
```

6.

Österreichische Post AG
UID-Nr: ATU46674503
4400 Steyr
Dukartstraße 13
Tel. 0577 677-4400
Internet: www.4400.post.at

Mirtl e. U.
4400 Steyr, Stadtplatz 2

Es bediente Sie:
Frau Magdalena Frenkenberger Datum: 21.06. 20 . . 16:20

Rechnung Nr.: 44001803271405

Stk	Bezeichnung		EUR
1	UHU Stick groß		3,99 2
1	Tippex Fluid		2,99 2
	SUMME		**6,98**
	20 % USt.	5,82	1,16 2

7.

MEDIA MARKT TV-HIFI-ELEKTRO
GMBH LEONDING
Im Bäckerfeld 1,
4060 Linz
TEL.: +43 732 673 59 30 / FAX.: +43 732 673 59 8
ATU22677707

440.1098963
128GB Verbatim USB-Stick
Store 'n' Go blau 35,40 b

Total EUR	35,40
Bar EUR	40,00
Rueckgeld EUR	-4,60
incl. 20,00% MwSt (b)	5,90
Netto-Warenwert:	29,50

Vielen Dank
für Ihren Einkauf!

44822 A001 104 12238 22.06.20 . . 13:23

4482200651104200911181323O

Hinweis: Geringwertiges Wirtschaftsgut

8.

PAGRO DISKONT

IHR MARKT FÜR
PAPIER, BÜRO UND HAUSHALT
DANKE FÜR IHREN EINKAUF!

Datum: 23.06.20 . .　　Zeit: 14:12

POST IT-HAFTN.RAIN	C	1,19
ETIKETTEN ZWE 3348	C	8,69
10 X 0,59		
SPIRALBLOCK KARIERT	C	5,90
SUMME	EUR	15,78
Gegeben Bankomat-off		15,78

Betrag dankend erhalten

Geschenkboxen und elektronische
Ladebons kein Umtausch möglich!

C : 20 % MWST von　13,15 =　2,63

PAGRO GMBH 4400 STEYR
HANS-GERSTMAYR-STRASSE 1/C
TEL: +43 7252 71 135
ATU38994004
FN 135342h, LG Wiener Neustadt

Hinweis: Büromaterial, Zahlung mit der Firmen-Bankomatkarte

9.

Emersberger Reinigungs GmbH

4400 Wolfernstraße 43, Steyr
Telefon & FAX +43 7252 730 200
Mail: office@emersberger.at | www.emersberger.at

Lydia Mirtl e. U.
Haus der Geschenke
Stadtplatz 2
4400 Steyr

BEZAHLT
24. Juni 20 . .
Emersberger

Rechnungs-Nr.	R-5412
Rechnungs-Datum	24.06.20 . .
Kunden-Nummer	20354
Ihre UID-Nr.	ATU49710807
Kasse	RK 1　10:27

Lieferung Reinigungsmaterial vom 15.06.20 . .

Pos.	Artikel/Dienstleistung	Menge	USt	Preis	Gesamt EUR
1	Eilfix Kristall-Klar Glasreiniger	2	1	3,41	6,82
2	Bodenreiniger „Strahler XL"	2	1	9,22	18,44

Nettobetrag EUR	20,00 % USt		25,26
25,26	5,05	Rechnungsbetrag EUR	30,31

Zahlbar innerhalb 8 Tagen netto

UniCredit Bank Austria AG, Gerichtsstand Linz

FN 164876s + HG Linz + ATU44106409 + IBAN AT89 2015 1004 3826 5605 + BIC BKAUATWW

Bei uns werden Sie glänzen!

Hinweis: Materialien zur Reinigung z. B. der Schauvitrinen sowie des Geschäftsraumes

Aufgabe: a) Nummerieren und kontieren Sie die Belege. C

b) Stellen Sie die computergerechten Buchungsanweisungen in einer Buchungsliste auf. C

Eine Kopiervorlage für **Buchungslisten** finden Sie im SbX unter der ID: 4002.

SbX
Formular
WINLine
Buchungstrainer
ID: 4002

Ü 4.06: Computergerechte Buchungsanweisungen

Matthias Liebezeit e. U. betreibt einen CD-Fachhandel in Bregenz. Im Sortiment befinden sich neben den aktuellen Musiktrends auch DVDs und Raritäten auf Vinyl-Schallplatten.

Unternehmensdaten:

Matthias Liebezeit e. U.	☎ +43 5574 71 352, 🖷 +43 5574 71 352-10
Hinterfeldgasse 19	E-Mail: sales@liebezeit-cd.at, Website: www.liebezeit-cd.at
6900 Bregenz	UID-Nr.: ATU54821411 – DVR: 0066516

Für den Monat Mai 20 . . ergeben sich u. a. nachfolgende Geschäftsfälle:

1. 12.5. Einkauf von Musik-CDs bei der Josef Mangler GmbH (33109)

MANGLER E 518

Josef Mangler GmbH
Rathausstraße 4, 6900 Bregenz – Telefon: +43 5574 410-0 – office@mangler.at – www.mangler.at – ATU64448609

Matthias Liebezeit e. U.
Hinterfeldgasse 19
6900 Bregenz

Kunde:	**20021**
Ihre UID-Nr.:	ATU54821411
Datum:	12. Mai 20 . .
Lieferdatum:	12. Mai 20 . .
Sachbearbeiter:	Grünauer
Vertreter:	Kabatova
Auftrag vom:	8. Mai 20 . .

Rechnung R13008

Stück	Interpret/Album	Einzelpreis	Rabatt in %	Preis
60	Robbie Williams – Nr. 1 Singles sortiert	€ 7,00		€ 420,00
120	CD Compilations Top 20 – Charts	€ 9,00		€ 1.080,00
		Nettobetrag		€ 1.500,00
		+ 20 % Umsatzsteuer		€ 300,00
30 Tage netto Kassa		Bruttobetrag		**€ 1.800,00**

2. 12.5. E 519 Kauf eines Computers mit Bildschirm und Farblaserdrucker für das Büro, Rechnung R 16042 der Büro AG (33099) € 1.780,– + € 356,– USt = € 2.136,–, Zahlung innerhalb von 14 Tagen ohne Abzug
3. 12.5. Zahlung der Miete für das Geschäftslokal

Kreil Immobilienverwaltung GmbH
6900 Bregenz, Arlbergstraße 1
Tel. +43 5574 123 78 Fax +43 5574 123 78-4
LG Feldkirch, FN 213098f, UID-Nr.: ATU52382005

Bel.-Nr.: K 682

Eingang — KASSA — Ausgang

€ =1.000,– netto €
€ = 200,– +20 % Mwst. Vst. €
€ =1.200,– Gesamtbetrag €

BETRAG ERHALTEN!
Kreil Immobilienverwaltung GmbH

in Worten eintausendzweihundert
von/an Matthias Liebezeit e.U., 6900 Bregenz
Hinterfeldgasse 19
für Miete Geschäftslokal Mai 20..

Bregenz (Ort) 12. Mai 20.. (Datum) i.V. Peter Broger (Unterschrift)

Matthias Liebezeit e. U. – Kasse 1
12.05.20 . . Kassier/in: Liebezeit

KASSA AUS EUR 1.200,00

4 Wiederholungsbeispiele

4. 12.5. Kauf von DVD-Rohlingen für die Datensicherung (Büromaterial)

S 60

PAGRO DISKONT

IHR MARKT FÜR
PAPIER, BÜRO UND HAUSHALT
DANKE FÜR IHREN EINKAUF!

Datum: 12.05.20 . . Zeit: 15:52

DVD-R 1.4GB 4x, 30ER SPINDEL (43573)	C	13,80
SUMME	EUR	13,80
Gegeben Bankomat-off		13,80

Betrag dankend erhalten

Geschenkboxen und elektronische
Ladebons kein Umtausch möglich!

C : 20 % MWST von 11,50 = 2,30

PAGRO 6971 BREGENZ/HARD
RHEINSTRASSE 2
TEL: +43 5574 62 280
ATU38994004
FN 135342h, LG Wiener Neustadt

Hinweis: Zahlung mit der Firmen-Bankomatkarte

5. 13.5. S 61 Preisnachlass von der Warenhandels AG (33125) € 200,– + € 40,– USt = = € 240,– (zu R 2482 vom 2. April) für eine fehlerhafte Lieferung

6. 13.5. S 62 Warenrücksendung an den Lieferanten Josef Mangler GmbH (33109); die gelieferten Musik-CDs entsprechen zum Teil nicht der bestellten Ware.

MANGLER

Josef Mangler GmbH
Rathausstraße 4, 6900 Bregenz – Telefon: +43 5574 410-0 – office@mangler.at – www.mangler.at – ATU64448609

Matthias Liebezeit e. U.
Hinterfeldgasse 19
6900 Bregenz

Kunde:	**20021**
Ihre UID-Nr.:	ATU54821411
Datum:	13. Mai 20 . .
Lieferdatum:	
Sachbearbeiter:	Grünauer
Vertreter:	Kabatova
Auftrag vom:	8. Mai 20 . .

Gutschrift 452/29 . .

Stück	Interpret/Album	Einzelpreis	Rabatt in %	Preis
60	Robbie Williams – Nr. 1 Singles sortiert Retoursendung vom 13. Mai 20 . . Ware wurde nicht bestellt	€ 7,00		€ 420,00

Nettobetrag	€ 420,00
+ 20 % Umsatzsteuer	€ 84,00
Bruttobetrag	**€ 504,00**

7. 14.5.

HANDELSBANK AG B45 **KONTOAUSZUG**

Matthias Liebezeit e.U.

Datum	Auszugsnummer	Währung	IBAN	BIC
14.05.20 . .	45 0001	EUR	AT35 2051 0000 5455 5577	HBAGATWW

Buchungstag	Buchungstext	Valuta	
12.05.	Pagro dankt – Bon-Nr. 8894 Pos 12 Zeit 15:52 Kas 2	12.05.	13,80 –
12.05.	Top Dancing GmbH, AR 886	13.05.	280,00
13.05.	Ariola Musik GmbH, R 181616 vom 14.4.20 . .	13.05.	1.740,00 –
13.05.	Stadtkasse Bregenz	13.05.	240,00 –
13.05.	Finanzamt Bregenz	13.05.	9.638,00 –

DVR: 0031442

Alter Kontostand	Summe der Belastungen	Summe der Gutschriften	Neuer Kontostand
18.520,44	11.631,80 –	280,00	7.168,64

AT **Allgemeine Wirtschaftsbank AG** B45 ZAHLUNGSANWEISUNG

EmpfängerIn Name/Firma: Matthias Liebezeit e.U., 6900 Bregenz

IBAN EmpfängerIn: AT352051000054555577

BIC (SWIFT-Code) der Empfängerbank: HBAGATWW

Ein BIC ist immer verpflichtend, wenn der EmpfängerIn IBAN ungleich AT beginnt.

EUR Betrag: 280,00

Nur zum maschinellen Befüllung der Zahlungsreferenz — Prüfziffer

Verwendungszweck: AR 886

IBAN KontoinhaberIn/AuftraggeberIn: AT301100000000542111

KontoinhaberIn/AuftraggeberIn Name/Firma: Top Dancing GmbH, 6800 Feldkirch

006

Christa Nagler

Unterschrift ZeichnungsberechtigteR

30+

Hinweis: Der Kunde Top Dancing GmbH wird unter der Kontonummer 20161 geführt.

Auftragsbestätigung **Handelsbank AG**

Empfänger Ariola Musik GmbH, Erlachgasse 134–140, 1100 Wien

B45

IBAN AT971200003157248711
BIC BKAUATWW
UniCredit Bank Austria AG

Überweisung

Betrag	EUR 1.740,00
Verwendungszweck	R 181616 vom 14.4.20..
Kundendaten	22005466
Zu überweisen am	13.05.20. .

Art: Inlandsüberweisung
Datum: 13.05.20. .
TAN: 78-U26R5
Uhrzeit: 11:15

Auftraggeber Matthias Liebezeit e. U.
IBAN AT352051000054555577 BIC HBAGATWW

Hinweis: Überweisung der E 351, Lieferant Ariola Musik GmbH (33611)

ZAHLUNGSANWEISUNG
AUFTRAGSBESTÄTIGUNG

EmpfängerIn Name/Firma
Stadt Bregenz, Stadtkasse

IBAN EmpfängerIn
AT823700000000017160 B 45

BIC (SWIFT-Code) der Empfängerbank
RVVGAT2B

EUR Betrag Cent
-240,-

Zahlungsreferenz
055612775100

IBAN KontoinhaberIn/AuftraggeberIn
AT352051000054555577

Verwendungszweck
Kommunalst. 04/20 . .
Hinterfeldgasse 19
6900 Bregenz

Übernommen
Handelsbank AG
13. Mai 20 . .

Journal Auftragsdaten 13. Mai 20.., 10:18 Uhr

Mathias Liebezeit e. U., Verfüger: 226211

B 45

Auftragsart: Überweisung Finanzamt

Auftraggeber/in

IBAN: AT352051000054555577
Name: Mathias Liebezeit e. U.

Auftragsdetails

Steuernummer 973317522

Zusatzangaben

Geschäftsvorfall Steuerzahlung
Durchführung 13.05.20..

Aufgabenart	**Periode, Format**	**Periode**	**Teilbetrag**
Umsatzsteuer (U)	Monat MM.JJJJ	03.20..	EUR 4.856,76
Lohnsteuer (L)	Monat MM.JJJJ	04.20..	EUR 366,92
Dienstgeberbeitrag (DB)	Monat MM.JJJJ	04.20..	EUR 273,00
Zuschlag zum Dienstgeberbeitrag (DZ)	Monat MM.JJJJ	04.20..	EUR 27,32
Kammerumlage (KU)	Quartal MM.MM.JJ	01.03...	EUR 364,00
Einkommensteuervorauszahlung (E)	Quartal MM.MM.JJ	04.06...	EUR 3.750,00
		Guthaben/Forderung	
		Betrag	EUR 9.638,00

Empfänger/in

Name und Anschrift: Finanzamt Bregenz
IBAN: AT370100000005574971
BIC: BUNDATWW
Bankname: BAWAG P.S.K.

8. 14.5. Kauf von Dieseltreibstoff für den Firmen-Lkw

SHELL SERVICE STATION
DEUTSCHMANN GMBH K 702
6020 INNSBRUCK INNRAIN 44
TEL. +43 512 581 087 UID-ATU18421143

R E C H N U N G S – NR.: 24520
NR: 4013 (03 1 1) 14.05.20 . . 11:25:28

BESCHREIBUNG	MENGE	SUMME-EUR M
*ZP03 DIESEL	35,89 l	49,20*B
G E S A M T BETRAG EUR:		49,20
BAR EUR		49,20

MWST B 20,00 % VON 41,00 8,20
MWST GESAMT EUR 8,20

DATEN AUS GEEICHTEN ANLAGETEILEN
SIND DURCH STERNE (*) GEKENNZEICHNET.

ES BEDIENTE: FR. VICTORIA LÖCKER
TRS & SC-PRÄMIEN I. NAMEN U. A. RECHNUNG
SHELL GMBH; 1220 WIEN; ATU14189803
VIGNETTEN I. NAMEN & RECHNUNG D. ASFINAG

9\. 17.5. Einzug der Telefon- und Internetgebühren für April 20 . . durch die T-Mobile Austria GmbH; die entsprechende Verbindlichkeit wurde am Konto 33280 T-Mobile Austria GmbH erfasst.

HANDELSBANK AG B46 **KONTOAUSZUG**

Matthias Liebezeit e.U.

Datum	Auszugsnummer	Währung	IBAN	BIC
17.05.20 . .	46 0001	EUR	AT35 2051 0000 5455 5577	HBAGATWW

Buchungstag/Buchungstext		Valuta	
17.05.	T-Mobile Austria GmbH Rechnung 04/20 . . Kundennummer 1.17640428 500111569456	17.05.	411,60 –

DVR: 0031442

Alter Kontostand	Summe der Belastungen	Summe der Gutschriften	Neuer Kontostand
7.168,64	411,60 –	0,00	6.757,04

Eine Kopiervorlage für **Buchungslisten** finden Sie im SbX unter der ID: 4002.

Aufgabe: a) Erstellen Sie computergerechte Buchungsanweisungen in einer Buchungsliste. C

b) Erfassen Sie die Buchungsanweisungen in der Finanzbuchführung des im computerunterstützten Rechnungswesen eingesetzten Programmpaketes. C

c) Erstellen Sie folgende Ausdrucke und führen Sie die notwendigen Kontrollarbeiten durch: ● Buchungsjournal ● Kassabuch (Saldovortrag € 2.383,40) ● Kontoblatt und Offene-Posten-Auswertung des Lieferanten Josef Mangler GmbH (33109). C

SbX **Buchungstrainer ID: 4002**

Ü 4.07: Sonstige Geschäftsfälle – Verbuchung von Anzahlungen, Gewinnauswirkung

Die Dr. Schneider GmbH, Linz, richtet für den Geschäftsführer das Büro neu ein. Es ergeben sich in diesem Zusammenhang nachfolgende Geschäftsfälle:

17.2. S 204 Die Tischlerei Martin Guggerbauer e. U. (33090), Gmunden, legt einen Kostenvoranschlag über € 23.250,– (exkl. 20 % USt) vor. Es kommt zum Geschäftsabschluss; eine Anzahlung wird vereinbart, die Anzahlungsrechnung ausgestellt, diese lautet auf € 5.000,– + € 1.000,– USt = € 6.000,–.

19.2. K 212 Kassaausgang € 6.000,–; Ausgleich der Anzahlungsrechnung bar
Hinweis: Anzahlungen für Anlagegüter sind am Konto **0700 Geleistete Anzahlungen für Sachanlagen** zu erfassen.

3.7. E 1017 Lieferung und Rechnungslegung durch die Tischlerei Martin Guggerbauer e. U. Auszug aus der Rechnung:

Pos.	Text		Betrag
1	Büroeinrichtung laut Plan und Kostenvoranschlag		€ 23.250,00
	+ 20 % USt		€ 4.650,00
			€ 27.900,00
	Anzahlung	€ 5.000,00	
	+ 20 % USt	€ 1.000,00	– € 6.000,00
			€ 21.900,00
	Zahlbar innerhalb 30 Tagen ohne Abzug oder innerhalb 8 Tagen abzüglich 2 % Skonto		

1.8. B 81 Ausgleich der E 1017 durch Banküberweisung; die Dr. Schneider GmbH überweist € 21.900,–.

Aufgabe: a) Stellen Sie die Buchungssätze auf. C

b) Geben Sie neben dem gebildeten Buchungssatz in Klammer an, ob sich durch den Geschäftsfall der Gewinn erhöht (↑), vermindert (↓), oder ob es sich um eine erfolgsneutrale (0) Buchung handelt. D

4 Wiederholungsbeispiele

SbX
Buchungstrainer
ID: 4002

Ü 4.08: Sonstige Geschäftsfälle – Verbuchung von Anzahlungen

Für die Geschäftsfälle des **Ü 4.07** ergeben sich bei der Tischlerei Martin Guggerbauer e. U. nachstehende Belege:

17.2. S 317 Der Kunde Dr. Schneider GmbH (20081) bestellt die Büroeinrichtung laut Angebot. Es wird eine Anzahlung vereinbart und eine Anzahlungsrechnung über € 5.000,– + € 1.000,– USt = € 6.000,– ausgestellt.

19.2. K 151 Kassaeingang € 6.000,– für die Anzahlung der Dr. Schneider GmbH

3.7. A 380 Rechnung an die Dr. Schneider GmbH für die Büroeinrichtung (Konto 4100 Fertigerzeugniserlöse)
Rechnungsauszug:

Pos.	Text		Betrag
1	Büroeinrichtung laut Plan und Kostenvoranschlag		€ 23.250,00
	+ 20 % USt		€ 4.650,00
			€ 27.900,00
	Anzahlung	€ 5.000,00	
	+ 20 % USt	€ 1.000,00	– € 6.000,00
			€ 21.900,00
	Zahlbar innerhalb 30 Tagen ohne Abzug oder innerhalb 8 Tagen abzüglich 2 % Skonto		

2.8. B 53 Bankeingang € 21.900,– für den Ausgleich der A 380

Aufgabe: Stellen Sie die Buchungssätze vom Standpunkt der Tischlerei Martin Guggerbauer e. U. auf. C

SbX
Buchungstrainer
ID: 4002

Ü 4.09: Sonstige Geschäftsfälle – Verbuchung von Gutscheinen, Gewinnauswirkung

Im Sportgeschäft Lainer e. U., Saalbach, sind im Jahr 20 . . u. a. folgende Geschäftsfälle in der Buchführung zu erfassen:

1.10. Versendung von Gutscheinen zur Bewerbung der neuen Winterkollektion an Skibekleidung:

3.10. S 801 Verkauf von zwei Paar Atomic Redster Doubledeck 3.0 um € 619,– (inkl. 20 % USt) – Rabatt laut Gutschein € 20,– = € 599,– (inkl. 20 % USt); Zahlung mit der MasterCard-Kreditkarte

10.10. K 1420 Verkauf eines Kaufgutscheines im Wert von € 150,– an die Kundin Anna Zerbst

12.10. S 810 Der Kunde Lukas Berger kauft für seine Freundin als Geschenk einen Kaufgutschein im Wert von € 200,– und zahlt mit der Bankomatkarte.

2.11. S 820 Anna Zerbst löst den Kaufgutschein (Geschäftsfall vom 10.10.) ein und kauft eine Skijacke der Marke Lindeberg um € 499,– inkl. 20 % USt ein. Der Differenzbetrag über € 349,– wird mittels Bankomatkarte beglichen.

18.11. K 1510 Die Freundin von Lukas Berger löst ihren Gutschein ein. Sie kauft eine Tourenskihose um € 179,– (inkl. 20 % USt). Die Differenz zum Kaufgutschein über € 21,– wird ihr bar rückerstattet.

Aufgabe: a) Stellen Sie die Buchungssätze auf. C

b) Geben Sie neben dem gebildeten Buchungssatz in Klammer an, ob sich durch den Geschäftsfall der Gewinn erhöht (↑), vermindert (↓), oder ob es sich um eine erfolgsneutrale (0) Buchung handelt. D

SbX
Buchungstrainer
ID: 4002

Kontenplan

1680 Emballagen-Vorrat
4000 HW-Erlöse 20 %
4001 HW-Erlöse 10 %
4180 Emballagen-Erlöse 20 %
5011 Alkoholfreie Getränke-Einsatz
5012 Bier-Einsatz
5080 Emballagen-Einsatz

Ü 4.10: Sonstige Geschäftsfälle – Verbuchung von Emballagen, Gewinnauswirkung

Im Monat Juli ergeben sich in einem Getränke-Einzelhandelsbetrieb u. a. folgende Geschäftsfälle:

12. 7. E 618 Sammelfaktura für Juni der Hörl Getränke GmbH (33204):

90 Kisten alkoholfreie Getränke à € 6,20		€ 558,00
Gebinde geliefert:		
90 Kisten à € 2,50	€ 225,00	
2.160 Flaschen à € 0,25	€ 540,00	€ 765,00
		€ 1.323,00
+ 20 % USt		€ 264,60
		€ 1.587,60
Gebinde retour:		
70 Kisten à € 2,50	€ 175,00	
1.680 Flaschen à € 0,25	€ 420,00	
	€ 595,00	
+ 20 % USt	€ 119,00	– € 714,00
Rechnungsbetrag		€ 873,60

15. 7. B 90 Bankeinzug der E 618 durch die Hörl Getränke GmbH € 873,60

25. 7. E 730 Lieferung der Kaiserbräu GmbH (33420):

30 Kisten Bier à € 14,49		€ 434,70
Gebinde geliefert		€ 180,00
		€ 614,70
+ 20 % USt		€ 122,94
		€ 737,64
Gebinde retour	€ 90,00	
+ 20 % USt	€ 18,00	– € 108,00
Rechnungsbetrag		€ 629,64

26. 7. K 1120 Tageslosung € 5.774,40

	Nettobetrag	USt	USt-Betrag	Bruttobetrag
HW-Erlöse (netto)	€ 2.120,00	20	€ 424,00	
HW-Erlöse (netto)	€ 2.940,00	10	€ 294,00	
Emballagen verkauft	€ 402,00	20	€ 80,40	
	€ 5.462,00		€ 798,40	€ 6.260,40
Emballagen retour	€ 405,00	20	€ 81,00	– € 486,00
Tageslosung				**€ 5.774,40**

31.12. Emballagen im Wert von € 30,– wurden unbrauchbar und sind abzuschreiben. Auf Lager befinden sich Emballagen im Wert von € 1.320,–; der Anfangsbestand auf dem Konto 1680 Emballagen-Vorrat beträgt € 1.100,–.

Aufgabe: a) Stellen Sie die Buchungssätze auf. C

b) Geben Sie neben dem gebildeten Buchungssatz in Klammer an, ob sich durch den Geschäftsfall der Gewinn erhöht (↑), vermindert (↓), oder ob es sich um eine erfolgsneutrale (Ø) Buchung handelt. D

4 Wiederholungsbeispiele

SbX
Buchungstrainer
ID: 4002

Ü 4.11: Sonstige Geschäftsfälle – Verbuchung von festverzinslichen Wertpapieren des Anlagevermögens

Gerald Schurz e. U., Innsbruck, tätigt folgende Wertpapiergeschäfte:

15.3. . . B 45 Kauf von festverzinslichen Wertpapieren laut nachstehender Abrechnung; Verbuchung auf dem Konto 0920

Kauf, Kassatag 15. März

€ 40.000,00	4,00 % Bundesanleihe mit Jahreszinsschein 20. Mai, Kurs 104,00	€ 41.600,00
	+ 4,00 % Zinsen für 299 Tage	€ 1.310,68
	+ 0,70 % Spesen	€ 291,20
		€ 43.201,88

14.5. . . B 79 Gutschrift von € 1.600,– Zinsen – € 440,– KESt (27,5 %) = € 1.160,–

Von den Bruttozinsen (€ 1.600,–) betreffen € 990,68 das vergangene und € 609,32 das aktuelle Kalenderjahr.

30.1. n. J. B 5 Verkauf von € 10.000,– der 4,00 % Bundesanleihe zum Kurs von 101,–, 0,70 % Spesen, Kassatag 30. Jan.

Aus der Gegenüberstellung von Anschaffungskosten und Veräußerungserlös ergibt sich ein **Kursverlust.** Eine KESt-Besteuerung ist nicht vorzunehmen.

Verkauf, Kassatag 30. Jänner

€ 10.000,00	4,00 % Bundesanleihe mit Jahreszinsschein 20. Mai, Kurs 101,00	€ 10.100,00
	+ 4,00 % Zinsen für 255 Tage	€ 279,45
	– 0,70 % Spesen	€ 70,70
		€ 10.308,75

Aufgabe: Stellen Sie die Buchungssätze auf. C

SbX
Buchungstrainer
ID: 4002

Ü 4.12: Sonstige Geschäftsfälle – Verbuchung von Aktien des Umlaufvermögens

In der Mag. Alexander Moshammer KG, Ranshofen, ergeben sich die nachfolgenden Wertpapiergeschäfte:

15.5.20 . . B 62 Kauf von Aktien aus spekulativen Gründen laut nachstehender Abrechnung:

Kauf	600 Stück	Bergbau AG Aktien, Kurs € 15,51	€ 9.306,00
		+ 1,10 % Spesen	€ 102,37
			€ 9.408,37

2.7.20 . . B 113 Gutschrift von € 791,01 Dividende – € 217,53 KESt (27,5 %) = € 573,48 für die Bergbau AG Aktien

1.4. n. J. B 44 Bankeingang € 9.927,63; Verkauf von 600 Stück Bergbau AG Aktien zum Kurs von € 17,20

* Kursgewinnbesteuerung:

Veräußerungserlös	10.320,00
– Anschaffungskosten	9.306,00
Kursgewinn	1.014,00
KESt 27,5 % =	**278,85**

Verkauf	600 Stück	Bergbau AG Aktien, Kurs € 17,20	€ 10.320,00
		– KESt	€ 278,85*
		– 1,10 % Spesen	€ 113,52
			€ 9.927,63

Aufgabe: Stellen Sie die Buchungssätze auf. C

SbX
Buchungstrainer
ID: 4002

Ü 4.13: Sonstige Geschäftsfälle – Verbuchung eines Leasinggeschäftes, Gewinnauswirkung

Die Karin Gerersdorfer KG, Oberndorf, least einen Pkw zur Erweiterung des Fuhrparkes. Die monatliche Leasingrate beträgt € 298,–, zahlbar bis spätestens 5. eines jeden Monats im Voraus, Laufzeit 36 Monate. Alle angegebenen Beträge enthalten 20 % USt.

Aufgabe:
a) Verbuchen Sie die monatliche Leasingrate, die am 3. Dez. 20. . von der Karin Gerersdorfer KG durch Banküberweisung bezahlt wurde. C
b) Wie lautet die Buchung, wenn die Leasinggesellschaft am 5. eines jeden Monats den Betrag auf ihrem Bankkonto gutschrieben bekommt (Kundenkonto 20544 Karin Gerersdorfer KG)? C
c) Geben Sie neben dem gebildeten Buchungssatz in Klammer an, ob sich durch den Geschäftsfall der Gewinn erhöht (↑), vermindert (↓), oder ob es sich um eine erfolgsneutrale (Ø) Buchung handelt. D

SbX
Buchungstrainer
ID: 4002

Ü 4.14: Verbuchung von Auslandsgeschäften – innergemeinschaftliche Lieferung

Iris Pabinger e. U., Weinhandlung, Hollabrunn, liefert Wein an das Restaurant Peter Heinig GmbH (20804), München:

25.11. A 4983 € 7.700,–, USt-IdNr. DE750812461, zwei Monate Ziel

Weinhandlung Pabinger e.U.

Iris Pabinger e. U. • Dechant-Pfeifer-Straße 3 • 2020 Hollabrunn
Tel.: +43 2952 41 77-0 • UID: ATU20445472
E-Mail: office@pabinger-wein.at • www.pabinger-wein.at

Restaurant
Peter Heinig GmbH
Prichingerstraße 48
81929 München
Deutschland

Rechnung

Belegnummer:	4983
Kundennummer:	20804
Ihre UID Nr.:	DE750812461
Datum:	25. Nov. 20 . .

Art. Nr.	Menge	Einheit	Bezeichnung	Preis	Betrag
2003	576	Fl.	Federspiel	€ 4,94	€ 2.845,44
2009	624	Fl.	Steinfeder	€ 3,81	€ 2.377,44
2010	528	Fl.	Urgesteinsriesling	€ 5,23	€ 2.761,44
					€ 7.984,32
				– Einführungsrabatt	€ 284,32
					€ 7.700,00

Umsatzsteuerfreie innergemeinschaftliche Lieferung!
Zahlungsbedingung: bei Zahlung innerhalb von 14 Tagen 2 % Skonto, 60 Tage netto

29.11. B 180 Überweisung an den Spediteur für den Transport nach Deutschland € 370,– + + € 74,– USt = € 444,–

6.12. B 185 Die Peter Heinig GmbH hat als Teilzahlung € 3.850,– – € 77,– Skonto = = € 3.773,– überwiesen.

Aufgabe: Stellen Sie die Buchungsanweisungen auf. C

SbX
Buchungstrainer
ID: 4002

Ü 4.15: Verbuchung von Auslandsgeschäften – Export

Die Karl Auer GmbH, Handel mit Fitnessgeräten, Linz, exportiert in die Schweiz an die Intertrade GmbH (20368), Zürich:

10.11. A 1033 Tageskurs 1,0475/1,0335

KARL AUER GMBH
Handel mit Fitnessgeräten

4020 Linz, Wiener Straße 201
☎ +43 732 346 105
🖷 +43 732 346 105-10
www.fitness.at – auer@fitness.at

Intertrade GmbH
Schaffhauserstraße 1
8006 Zürich
Schweiz

Rechnung: 1033
Datum: 10. November 20 . .

Ihr Zeichen, Ihr Auftrag vom	Unser Zeichen	Lieferkondition	Lieferdatum
B, 21. Dez. 20 . .	Ko	frei Grenze	10. Nov. 20 . .

Art. Nr.	Menge	Bezeichnung	Preis	Betrag
4112	40 Stk.	Fitnessturm „Arnold“	CHF 1.500,00	**CHF 60.000,00**

60 Tage Ziel, bei Zahlung innerhalb von 10 Tagen 3 % Skonto

18.11.	B 172	Überweisung an den Spediteur € 2.900,– für den Transport
20.11.	B 180	Die Intertrade GmbH hat CHF 20.000,– – CHF 600,– Skonto = CHF 19.400,– überwiesen; Abrechnungskurs 1,0392, € 49,– Spesen.
5.12.	B 188	Die Intertrade GmbH hat CHF 10.000,– überwiesen, die dem Bankkonto zum Kurs von 1,0498 gutgeschrieben werden. Die Bank hat uns mit € 29,– Spesen belastet.
31.12.		CHF-Kurse: 1,0511/1,0371

Aufgabe: a) Stellen Sie die Buchungssätze inkl. der Um- und Nachbuchungen auf. C

b) Stellen Sie am 20. Nov. und am 5. Dez. die Abrechnungen für die Devisenverkäufe als Nebenrechnungen auf. C

SbX
Buchungstrainer
ID: 4002

Ü 4.16: Verbuchung von Auslandsgeschäften – innergemeinschaftlicher Erwerb

Die Möbel Mario Jost OG, Klagenfurt am Wörthersee, kauft Tische und Sessel aus Italien vom Lieferanten Bruno Turchetti S.p.A. (33087), Udine:

17.6. E 855 20 % Erwerbsteuer

nuovi MOBILI

BRUNO TURCHETTI S.p.A.

VIA DELLA MARTORA 2
33100 UDINE
CASELLA POSTALE 56
TEL. +39 432 47 17 88
TELEFAX +39 432 42 58 75

C.C.I.A.A UDINE N. 133399
REG. TRIBUNALE DI UDINE N. 4489
C.F.e P.IVA IT02176450282
COD. IVA CEE IT00457898552

Spett.le
Möbel Mario Jost OG
Neuer Platz 10
9010 Klagenfurt am Wörthersee
Austria

Data/Datum: 05. Dez. . .
P.IVA Cliente: ATU20789644

Fattura 73817

QUANTITA MENGE	NUMERO NUMMER	DESCRIZIONE / BESCHREIBUNG	PREZZO UNITARIO EINZELPREIS	IMPORTO BETRAG
36	2002	Sessel „Grado“	349,99	12.599,64
6	2003	Tisch „Aquilea“	718,24	4.309,44
				EUR 16.909,08
			– 45 % RIDUZIONE DI PREZZO / RABATT	EUR 7.609,08
			TOTALE / TOTAL	EUR **9.300,00**

CONDIZIONI DI PAGAMENTO: Entro 14 gg. d.f. sconto 3 % o 60 gg. d.f. netto
Zahlungsbedingungen

Banca: UNICREDIT BANCA, BIC: UNCRIT2B, IBAN: IT91W0200801820000006036801

Für **Auslandstransaktionen in Euro auf Eurokonten bis € 50.000,–** (EU-Binnenzahlungen) innerhalb der Mitgliedstaaten der Europäischen Union sowie nach Liechtenstein, Island und Norwegen werden im Allgemeinen **keine speziellen Spesen** verrechnet.

21.6. B 85 Überweisung an den Spediteur für den Transport der Waren von Udine nach Klagenfurt am Wörthersee € 550,– + € 110,– USt = € 660,–

30.6. B 89 Überweisung an die Bruno Turchetti S.p.A. € 9.300,– – € 279,– Skonto = = € 9.021,–

Aufgabe: Stellen Sie die Buchungssätze auf. C

SbX
Buchungstrainer
ID: 4002

Ü 4.17: Verbuchung von Auslandsgeschäften – Import

DI Königshofer e. U., Graz, schließt am 10. Sep. einen Vertrag mit der Swiss Technologie AG, Zürich, über die Lieferung von Maschinen (Handelsware) ab.

5.10.

Swiss Technologie AG E 663
Neugasse 10
8810 Horgen, Zürich

EINGEGANGEN 5. Okt. 20 . .

DI Königshofer e. U.
Münzgrabenstraße 71
8010 Graz

Rechnung Nr.: 1722

Ihre Bestellung vom	Unser Zeichen	Lieferdatum	Datum
1. Sep. 20 . .	CH/W	3. Okt. 20 . .	3. Okt. 20 . .

Art. Nr.	Menge	Bezeichnung	Preis CHF	Betrag CHF
6247B	4	Fräsmaschinen CA4+	25.000,00	100.000,00

Lieferung: ab Lager
Zahlung: 2 Monate Ziel, bei Zahlung innerhalb von 10 Tagen 2 % Skonto

Kontonummer Swiss Technologie AG 33710, Kurse 1,0577/1,0466

10.10. B 109 Überweisung an die Swiss Technologie AG:
CHF 60,000,– – CHF 1.200,– Skonto = CHF 58.800,–, abgerechnet zum Kurs von 1,0225 = € 57.506,11 + € 200,– Spesen = € 57.706,11

12.10. B 202 An die Spedition Interlogistik GmbH wurden € 1.975,– Bezugskosten für die Lieferung der Swiss Technologie AG überwiesen.

Aufgabe: Stellen Sie die Buchungssätze für die laufenden Geschäftsfälle auf. C

SbX
Buchungstrainer
ID: 4002

Ü 4.18: Personalverrechnung – Verbuchung von Gehältern, Gewinnauswirkung

Die Summen der Gehaltsliste der Rechtsanwaltskanzlei Peter & Krause, Wels, für April 20 . . ergeben folgende Werte:
Bruttogehälter € 29.980,–, SV-DNA € 5.432,38, Lohnsteuer € 4.912,40

Die gehaltsabhängigen Abgaben betragen: SV-DGA € 6.898,40, 3,9 % DB, 0,36 % DZ, 3 % KommSt von den Bruttogehältern

Aufgabe: a) Errechnen Sie den Auszahlungsbetrag, den DB, den DZ und die KommSt. C

b) Bilden Sie die Buchungssätze für
- die Verbuchung der Gehälter (Verbuchung des Auszahlungsbetrages auf dem Konto 3850),
- die Verbuchung der gehaltsabhängigen Abgaben,
- die Überweisung der Auszahlungsbeträge an die Angestellten (Banküberweisung) und
- den Ausgleich der Verbindlichkeiten durch Banküberweisung. C

c) Sind die Buchungen erfolgserhöhend (↑), erfolgsmindernd (↓) oder erfolgsneutral (∅)? Setzen Sie die entsprechenden Vermerke neben die Buchungssätze. D

SbX
Buchungstrainer
ID: 4002

Ü 4.19: Personalverrechnung – Reisekosten, Gewinnauswirkung

In der Buchmaier GmbH, Graz, ergeben sich u. a. im Jahr 20 . . die nachfolgenden Geschäftsfälle im Zusammenhang mit Reisekosten:

14.4.	K 284	Taxispesen für die Fahrt vom Bahnhof in die Firmenzentrale € 13,80 (inkl. 10 % USt)
28.4.	S 301	Zahlung für einen Flug von Graz nach London und retour € 219,– (inkl. 13 % USt), Zahlung mit der Firmen-Kreditkarte
2.5.	K 315	Lukas Buchmaier rechnet für eine betrieblich veranlasste Reise folgende Ausgaben ab: Tagesgeld gemäß EStG € 52,80 Nächtigungskosten € 89,– (inkl. 13 % USt) Ausgaben für das Arbeitsessen mit einem Kunden € 115,20, davon € 35,10 zu 20 % USt und € 80,10 zu 10 % USt; das Arbeitsesssen ist steuerlich nur zu 50 % absetzbar.
10.5.	B 110	Kauf eines neuen Audi A4 2.0 Tdi € 33.760,– inkl. NoVA und inkl. 20 % USt; die Zahlung erfolgt durch Banküberweisung.
11.5.	S 320	Zahlung Treibstoff für das neue Firmenfahrzeug mit der Firmen-Bankomatkarte € 81,– (inkl. 20 % USt)
12.5.	K 320	Kauf einer Vignette für das neue Fahrzeug € 87,30 (inkl. 20 % USt)
16.5.	S 325	Bahnfahrt von Graz nach Salzburg und retour, Zahlung mit der Firmen-Kreditkarte € 99,60 (inkl. 10 % USt)
20.5.	B 112	Überweisung der motorbezogenen Versicherungssteuer € 498,20 und der Versicherungsprämie € 562,20 für den neuen Audi A4
22.5.	K 325	Der Gesellschafter Reinhart rechnet für April einige betriebliche Fahrten mit dem privaten Pkw ab: 411 km à € 0,42 laut Fahrtenbuch
25.5.	S 323	Parkgebühr für den neuen Pkw in der Innenstadt von Graz € 9,60, Zahlung mit der Firmen-Bankomatkarte

Aufgabe: a) Stellen Sie die Buchungen auf. C

b) Geben Sie neben dem gebildeten Buchungssatz in Klammer an, ob sich durch den Geschäftsfall der Gewinn erhöht (↑), vermindert (↓), oder ob es sich um eine erfolgsneutrale Buchung handelt (Ø). D

A B C D E

3 Wiederholungsbeispiele zur Kostenrechnung

Zur Bearbeitung der Beispiele der Kostenrechnung finden Sie im SbX **Formularvorlagen.**

SbX
Excel
Buchungstrainer
ID: 4002

Ü 4.20: Progressive Bezugskalkulation

Isolde Kropfitsch GmbH, Pflanzen und Gartenprodukte, Feldkirchen

15. 3. E 821 Einkauf von Langzeit-Rasendünger mit Unkrautvernichter bei der WOLF Garten GmbH (33112) gegen spätere Bezahlung; Auszug aus der Eingangsrechnung:

WOLF Garten

Welser Straße 122 • 4614 Marchtrenk • Tel.: +43 7242 60 55 510 • Mail: office@wolf-garten.at • Web: www.wolf-garten.at

Isolde Kropfitsch GmbH
Pflanzen und Gartenprodukte
Neuhofweg 15
9560 Feldkirchen

Rechnung: **2310/20 . .**
Ihre UID-Nr.: ATU37125703

Unsere UID-Nr.: ATU38374406 Lieferdatum: 15. März 20 . . Datum: 15. März 20 . .

Anzahl	Artikelbezeichnung	Preis/Sack	Gesamtpreis
70 Sack	30,00 kg Langzeit-Rasendünger mit Unkrautvernichter LQ 100	€ 45,00	€ 3.150,00
	– 10 % Mengenrabatt		€ 315,00
			€ 2.835,00
	+ Fracht bis Bahnhof Klagenfurt		€ 240,00
	Nettobetrag		€ 3.075,00
	+ 20 % Umsatzsteuer		€ 615,00
	Rechnungsbetrag		**€ 3.690,00**

Zahlungsvereinbarung:
Innerhalb von 10 Tagen ab Rechnungsdatum abzüglich 2 % Skonto, 30 Tage ohne Abzug!

17. 3. B 22 Überweisung an den Spediteur für den Transport ab Bahnhof € 105,– + € 21,– USt = € 126,–

23. 3. B 25 Bankausgang € 3.616,20; Ausgleich der E 821 durch Banküberweisung abzüglich 2 % Skonto (€ 73,80)

Aufgabe: a) Stellen Sie die Buchungen auf. C

b) Berechnen Sie den Gesamteinstandspreis und den Einstandspreis pro kg netto Hausgewicht (Gewichtsverlust beim Transport ca. 1 %). C

c) Für eine Garten- und Freizeitmesse wird von einem Mitbewerber dasselbe Produkt um € 42,– pro Sack, Lieferung frei Bahnhof Klagenfurt am Wörthersee, bei einer Mindestabnahmemenge von 100 Sack, angeboten. Eine Berücksichtigung von Rabatt und Skonto ist aufgrund des günstigen Angebotes nicht mehr möglich.

Berechnen Sie den Gesamteinstandspreis für 100 Sack und den Einstandspreis pro kg netto Hausgewicht (Gewichtsverlust 1 %), wenn die eigenen Bezugsspesen € 160,– + € 32,– USt = € 192,– betragen, mit Einsatz eines Excel-Spreadsheets. Ein Sack enthält 30 kg Langzeit-Rasendünger.

Ist das Angebot des Mitbewerbers das günstigere? C

SbX
Excel
ID: 4002

Ü 4.21: Retrograde Bezugskalkulation

Der Einstandspreis eines Hochdruckreinigers soll € 120,– pro Stück nicht überschreiten. Die Bezugsspesen betragen rund € 470,– für 50 Stück. Der Lieferant gewährt 12 % Rabatt. Die Bezahlung erfolgt innerhalb der Kassafrist unter Abzug von 3 % Skonto.

Aufgabe: a) Errechnen Sie den maximal zulässigen Rechnungspreis. Die Kalkulation ist für ein Stück durchzuführen. C

b) Für eine Messeaktion darf der Einstandspreis des Hochdruckreinigers maximal € 105,– pro Stück betragen. Berechnen Sie den maximal zulässigen Rechnungspreis mithilfe von SbX. C

SbX
Excel
ID: 4002

Ü 4.22: Zeitliche und betriebliche Abgrenzung der Aufwendungen

Die Finanzbuchführung des Kunststofffensterproduzenten Malle GmbH, Linz, weist für Juli 20 . . folgende Aufwendungen aus:

Konto-Nr.	Kontenbezeichnung	Saldenbilanz	
		Soll	Haben
5100	Fertigungsmaterialverbrauch	24.500,00	
5300	Hilfsmaterialverbrauch	6.300,00	
Div.	Sonstiger Materialverbrauch	2.400,00	
Div.	Energieaufwand	3.800,00	
6000	Fertigungslöhne	48.500,00	
6010	Hilfslöhne	11.400,00	
6020	UB und WR Arbeiter	18.000,00	
6200	Gehälter	24.500,00	
6220	UB und WR Angestellte	12.000,00	
Div.	Gesetzliche Lohnabgaben	25.000,00	
Div.	Gesetzliche Gehaltsabgaben	10.800,00	
7010	Abschreibungen von Sachanlagen	8.200,00	
7700	Sachversicherungen	1.800,00	
Div.	Schadensfälle	1.100,00	
Div.	Diverse Aufwände	22.300,00	
8280	Zinsenaufwand für Bankkredite	700,00	

Für die Abgrenzung ist zu beachten (alle Berechnungen in 1.000 €, auf 1 Dez. genau):

Die UB und WR Arbeiter bzw. Angestellte sowie die gesetzlichen Lohn- und Gehaltsabgaben sind auszuscheiden und durch die Kostenarten **Lohnnebenkosten der Fertigungslöhne, Lohnnebenkosten der Hilfslöhne** und **Gehaltsnebenkosten** zu ersetzen.

1. Die durchschnittliche Preissteigerung beim Fertigungsmaterial beträgt 3 %.
2. Der Energieaufwand beträgt rund € 38.000,– für das ganze Jahr.
3. Lohnnebenkosten der Fertigungslöhne 99 %
4. Lohnnebenkosten der Hilfslöhne 90 %
5. Gehaltsnebenkosten 60 %
6. Die Sachversicherungen betragen ca. € 27.000,– für das ganze Jahr.
7. Kalkulatorische Abschreibungen:
   Auszug aus der Anlagendatei:

Maschine	Anschaffungswert (in €)	Anschaffungsindex	Wiederbeschaffungsindex	Nutzungsdauer
Pressen	152.500,00	340	360	10 Jahre
CNC-Maschine	355.000,00	260	275	10 Jahre

   Die kalkulatorische Abschreibung für die übrigen Maschinen und Anlagegegenstände beträgt € 138.200,– für das ganze Jahr.
8. Kalkulatorische Zinsen: € 7.500,– pro Monat
9. Kalkulatorische Wagnisse: € 5.800,– pro Monat

Aufgabe: Stellen Sie den Betriebsüberleitungsbogen auf. (in 1.000 €, auf 1 Dez. genau) C

SbX
Excel
ID: 4002

Ü 4.23: Kostenstellenrechnung

Die Kosten des Handwerksbetriebes Johanna Mairinger KG, Graz, mit den Kostenstellen Lager, Werkstätte 1, Werkstätte 2, Werkstätte 3 und Verwaltung/Vertrieb (eine Kostenstelle) betragen im 1. Quartal 20 . . (auf 100 € genau):

Kostenart	Betrag	Verteilung (in 1.000 €)
1. Fertigungsmaterial	64.000,00	Einzelkosten
2. Fertigungslöhne	65.000,00	Einzelkosten: — : 34,0 : 20,0 : 11,0 : —
3. Hilfsmaterial	20.000,00	im Verhältnis des Verbrauches: — : 1.200 : 725 : 575 : — kg
4. Betriebsmaterial	7.800,00	lt. Entnahmescheinen: 1,0 : 0,9 : 0,6 : 0,9 : 4,4
5. Energiekosten	7.800,00	Verteilung der Energiekosten, getrennt in Entgelt für die Netznutzung € 0,07/kWh und Energiepreis € 0,08/kWh, nach dem Verbrauch Verbrauch in kWh: 1.118 : 20.240 : 16.830 : 12.650 : 1.482
6. Hilfslöhne	23.000,00	lt. Lohnzetteln: 2,5 : 8,0 : 7,0 : 4,5 : 1,0
7. Gehälter	55.000,00	lt. Gehaltslisten: 1,0 : 7,0 : 9,0 : 6,0 : 32,0
8. Lohnnebenkosten der FL	61.100,00	94 % der Fertigungslöhne
9. Lohnnebenkosten der HL	20.700,00	90 % der Hilfslöhne*
10. Gehaltsnebenkosten	31.900,00	58 % der Gehälter*
11. Werbung	16.500,00	nur Vw/Vt
12. Versicherung	7.000,00	im Verhältnis der Versicherungswerte: 10 : 30 : 25 : 20 : 15 %*
13. Sonstige Kosten	41.700,00	lt. diversen Unterlagen: 1,0 : 8,5 : 17,3 : 9,8 : 5,1
14. Kalkulatorische Zinsen	18.300,00	im Verhältnis des betriebsnotwendigen Kapitals 120 : 1.480 : 840 : 490 : 260
15. Kalk. Abschreibungen		Gebäude: AW € 520.000,–, Indexverhältnis 6.500 : 8.500, kalk. Abschreibung 4 % p. a., Verteilung im Verhältnis 10 : 24 : 25 : 20 : 21 % kalk. Abschreibung übrige Anlagen für das ganze Jahr: € 138.000,–, Verteilung: 5,5 : 56,3 : 40,3 : 22,6 : 13,3
16. Kalkulatorische Wagnisse	5.000,00	im Verhältnis: 10 : 15 : 15 : 15 : 45 %*

* Bei einer Verteilungsrechnung kann sich infolge von Rundungen bei der letzten Stelle eine **Differenz** zwischen dem zu **verteilenden Wert** und der **Summe der einzelnen Anteile** von **+ 0,1** oder **– 0,1** ergeben. In diesen Fällen ist der **letzte Anteil entsprechend zu korrigieren.** Diese Vorgangsweise ist bei allen Beispielen einzuhalten!

Aufgabe: a) Stellen Sie den Betriebsabrechnungsbogen auf. (in 1.000 €, auf 1 Dez. genau) C

b) Ermitteln Sie die Gemeinkostenzuschlagssätze auf Basis der Einzel- bzw. Herstellkosten (auf 1 Dez. runden), in der Kostenstelle Werkstätte 2 auf Basis von 1.250 Maschinenstunden (auf Cent genau). C

c) Im Verwaltungsbereich sollen Kosten eingespart werden. Berechnen Sie die Gemeinkostenzuschlagssätze für das 1. Quartal 20 . . mit Einsatz eines Excel-Spreadsheets, unter der Annahme, dass in der Kostenstelle Verwaltung/Vertrieb zwei Mitarbeiter mit einem Bruttogehalt von € 2.100,– bzw. € 2.300,– pro Monat freigesetzt werden. C

SbX
Excel
ID: 4002

Ü 4.24: Betriebsabrechnungsbogen mit Hilfskostenstellen

Ein Erzeugungsbetrieb hat die Kostenstellen Energie, Fertigungshilfsstelle, Material, Fertigung 1, Fertigung 2 und Verwaltung & Vertrieb. Die Kosten verteilen sich wie folgt (auf 100 € genau):

Kostenart	Betrag	Verteilung
1. Fertigungsmaterial	480.000,00	Einzelkosten
2. Fertigungslöhne	375.000,00	Einzelkosten: — : — : — : 180.000 : 195.000 : —
3. Hilfs- u. Betriebsmaterial	103.800,00	Materialentnahmescheine: 21.800 : 16.000 : : 3.000 : 23.000 : 22.000 : 18.000
4. Hilfslöhne	115.000,00	Lohnzettel: 11.000 : 25.000 : 12.000 : 28.000 : : 29.000 : 10.000
5. Gehälter	360.000,00	Gehaltslisten: — : — : — : 55.000 : 65.000 : : 240.000
6. Lohnnebenkosten der FL	352.500,00	94 % der Fertigungslöhne
7. Lohnnebenkosten der HL	103.500,00	90 % der Hilfslöhne
8. Gehaltsnebenkosten	216.000,00	60 % der Gehälter
9. Diverse Kosten	194.700,00	div. Unterlagen: 5.100 : 11.800 : 3.700 : 78.200 : : 66.100 : 29.800
10. Kalk. Zinsen	158.200,00	nach Vermögenseinsatz je Stelle: 3.700 : 4.400 : : 9.800 : 61.800 : 60.500 : 18.000
11. Kalk. Abschreibungen	245.200,00	direkt je Anlagegut: 6.000 : 8.200 : 7.000 : : 92.500 : 103.000 : 28.500
12. Kalk. Wagnisse	31.800,00	nach Risikoträgern in den Stellen: 600 : 1.200 : : 5.800 : 3.400 : 2.300 : 18.500

Umlage der Hilfskostenstellen Energie und Fertigungshilfsstelle

Umlageschlüssel / Kostenstellen		Energie	Fertigungs-hilfsstelle	Material	Fertigung 1	Fertigung 2	Verwaltung-Vertrieb
Energie	75 % im Verhältnis	—	8 %	10%	34 %	26 %	22 %
	25 % im Verhältnis	—	12 %	6 %	36 %	34 %	12 %
Fertigungshilfsstelle		—	—	8 %	47 %	38 %	7 %

Aufgabe: Stellen Sie den BAB auf (Zahlen in 1.000 €, auf 1 Dez. genau) und berechnen Sie die GK-Zuschlagssätze (auf 1 Dez. genau), in der Kostenstelle Fertigung 1 auf Basis von 8.030 Maschinenstunden (auf Cent genau). C

SbX
Excel
ID: 4002

Ü 4.25: Differenzierende Zuschlagskalkulation

Der Unternehmer Florian Oberreiter, Salzburg, erzeugt Gartenbänke und kalkuliert mit folgenden Zuschlagssätzen: MGK 22 %, FGK-1 215 %, FGK-2 240 %, VwGK 9 %, VtGK 12 %

Mithilfe dieser Zuschlagssätze und eines Gewinnzuschlages von 20 % wurde folgender Auftrag kalkuliert:

100 Stück Gartenbänke „Relax", FM-Verbrauch pro Stück € 12,80, FL-1 pro Stück € 12,–, FL-2 pro Stück € 7,20

Die Nachkalkulation ergibt folgende Werte:

Fertigungsmaterialverbrauch insgesamt € 1.310,–, Fertigungslöhne 1 insgesamt € 1.200,–, Fertigungslöhne 2 insgesamt € 720,–

Die Gemeinkostenzuschlagssätze betragen lt. BAB:

MGK 21,5 %, FGK-1 218,0 %, FGK-2 238,0 %, VwGK 9,2 %, VtGK 11,8 %

Aufgabe:
a) Führen Sie die Angebotskalkulation durch (pro Stück auf Cent genau) und ermitteln Sie den Gesamtpreis (auf € genau). C
b) Führen Sie die Nachkalkulation durch (für die Gesamtmenge auf Cent genau) und ermitteln Sie den tatsächlich erzielten Gewinn (betragsmäßig und in Prozent der Selbstkosten). C
c) Durch einen Produktionsausfall im Werk der Materiallieferanten musste eine Ersatzbeschaffung vorgenommen werden. Der Preis für das benötigte Material ist um 35 % höher.
Wie wirkt sich die Preissteigerung auf das Ergebnis des aktuellen Auftrages aus? C

SbX
Excel
Buchungstrainer
ID: 4002

Ü 4.26: Progressive Absatzkalkulation

Hans Eisenböck GmbH, Erzeugung von Heizstrahlern, Wien

Selbstkosten eines Halogen-Infrarot-Heizstrahlers € 60,35, 20 % Gewinn, Transportkosten € 2,50, 7 % Verkaufsprovision, 2 % Skonto, 4 % Rabatt, 30 % Einzelhandelsspanne, 20 % USt

Aufgabe: a) Errechnen Sie den Bruttoverkaufspreis inkl. 20 % USt. C

b) Verkauf von 50 Stück Halogen-Infrarot-Heizstrahlern an den Elektrogeräteeinzelhandel Gomernik & Pichler KG (20100), St. Pölten (A 3345, 28. Oktober 20 . .) zu je € 82,20 (Bruttoverkaufspreis exkl. USt abzüglich Einzelhandelsspanne und Rabatt) = € 4.110,– + € 822,– USt = € 4.932,–; Zahlungskondition: Zahlbar innerhalb von 30 Tagen ohne Abzug
Bankeingang € 4.932,–; Ausgleich der A 3345 durch die Gomernik & Pichler KG
Verbuchen Sie den Verkauf der Halogen-Infrarot-Heizstrahler (Konto 4100 Fertigerzeugniserlöse 20 %) und den Rechnungsausgleich. C

c) Für die Ermittlung eines Aktionspreises sind die Verkaufsprovision, der Skonto und der Rabatt nicht zu berücksichtigen. Wie hoch ist der Bruttoverkaufspreis inkl. 20 % USt?

SbX
Excel
ID: 4002

Ü 4.27: Progressive Absatzkalkulation

Anna Wohlgemuth e. U., Herstellung von landwirtschaftlichen Geräten, Salzburg

Die Selbstkosten einer Spatengabel betragen € 3,60. Es sind 20 % Gewinn, € 0,20 Transportkosten, 6 % Verkaufsprovision, 3 % Skonto und 8 % Rabatt bei 60 % des Umsatzes in der Kalkulation zu berücksichtigen.

Aufgabe: a) Errechnen Sie den Einzelhandelspreis (exkl. USt). C

b) Die Selbstkosten der Spatengabel konnten auf € 3,–, die Transportkosten auf € 0,10 gesenkt werden. Welcher Einzelhandelspreis exkl. USt ergibt sich, wenn alle anderen Bedingungen gleich bleiben?
Ermitteln Sie das Ergebnis mithilfe des Excel-Spreadsheets von SbX. C

SbX
Excel
Buchungstrainer
ID: 4002

Ü 4.28: Retrograde Absatzkalkulation

Der Einzelhandelspreis des Messerschleifgerätes „Rapid Steel" soll bei einer Einzelhandelsspanne von 35 % € 57,90 inkl. 20 % USt nicht überschreiten. Wie hoch dürfen die Selbstkosten sein, wenn 3 % Skonto, 4 % Verkaufsprovision und 25 % Gewinn zu berücksichtigen sind?

Aufgabe: a) Errechnen Sie die Selbstkosten. C

b) Verkauf von 200 Stück des Messerschleifgerätes an die Gastronomieausstattungs-GmbH (20340), Zell am See, für eine Messesonderaktion zu je € 31,36 (= Einzelhandelspreis exkl. USt abzüglich Einzelhandelsspanne) = € 6.272,– + € 1.254,40 USt = € 7.526,40 (A 1205, 15. Mai 20 . .); Zahlungsbedingung: Zahlbar innerhalb von 10 Tagen ab Rechnungsdatum abzüglich 3 % Skonto, innerhalb von 30 Tagen ohne Abzug
Die Gastronomieausstattungs-GmbH überweist am 23. Mai 20 . . € 7.300,61 (A 1205 abzüglich 3 % Skonto).
Verbuchen Sie die Ausgangsrechnung und den Zahlungseingang. C

SbX
Excel
ID: 4002

Ü 4.29: Retrograde Absatzkalkulation

Der Einzelhandelspreis einer Fleischkonserve soll € 1,30 inkl. 10 % USt nicht überschreiten.

Wie hoch darf der Nettoverkaufspreis sein, wenn 4,5 % Verkaufsprovision, 2 % Skonto, 7 % Mengenrabatt bei 70 % des Umsatzes und 55 % Einzelhandelsspanne zu berücksichtigen sind?

Aufgabe: a) Errechnen Sie den Nettoverkaufspreis. C

b) Für einen größeren Auftrag darf der Einzelhandelspreis inkl. 10 % USt € 1,19 pro Dose nicht überschreiten. Wie groß ist der Nettoverkaufspreis bei Wegfall der Verkaufsprovision und des Skontos?
Führen Sie die Berechnung mithilfe des Excel-Spreadsheets von SbX durch. C

SbX
Excel
ID: 4002

Ü 4.30: Differenzkalkulation (Kostenträgererfolgsrechnung)

Der Bruttoverkaufspreis einer Leiter beträgt € 28,– exkl. 20 % USt. In der Kalkulation sind 10 % Mengenrabatt bei 60 % des Umsatzes, 2 % Skonto und 5 % Verkaufsprovision zu berücksichtigen. Die Selbstkosten wurden mit € 22,62 errechnet.

Aufgabe: Errechnen Sie den Gewinn (Verlust), absolut und in Prozenten (auf 1 Dez. genau, Kalkulation auf Cent genau). C

SbX
Excel
ID: 4002

Ü 4.31: Differenzkalkulation (Kostenträgererfolgsrechnung)

Der Einzelhandelspreis des Gartengrillers „Grill Super-Pro" ist im Webshop der Fauna & Flora GmbH mit € 72,– inkl. 20 % USt angeboten. Weitere Daten laut den Kostenrechnungsunterlagen: 3 % Skonto, 4,5 % Verkaufsprovision, 35 % Einzelhandelsspanne, Selbstkosten € 28,50

Aufgabe: a) Ermitteln Sie den Gewinn (Verlust) für das Produkt „Grill Super-Pro", absolut und in Prozenten (auf 1 Dez. genau, Kalkulation auf Cent genau). C

b) Bei der Abnahme von 50 Stück Gartengriller „Grill Super-Pro" betragen die Selbstkosten € 23,80 pro Stück, die Verkaufsprovision wird auf 7 % erhöht. Die übrigen Konditionen bleiben gleich. Der Einzelhandelspreis soll € 64,90 inkl. 20 % USt betragen. Berechnen Sie den Gewinn mithilfe des Excel-Spreadsheets von SbX pro Stück (auf 1 Dez. genau, Kalkulation auf Cent genau). C

SbX
Excel
ID: 4002

Ü 4.32: Istkostenrechnung zu Vollkosten

Ü 4.32 a: Kostenüberleitung

Die Werkzeugfabrik Dipl.-Ing. Konrad Berger GmbH, Wien, weist im 1. Quartal 20 . . folgende Aufwände aus:

Konto-Nr.	Kontenbezeichnung	Saldenbilanz	
		Soll	Haben
5100	Fertigungsmaterialverbrauch	195.000,00	
5500	Werkzeugverbrauch	13.900,00	
5600	Heizölverbrauch	10.200,00	
6000	Fertigungslöhne	149.500,00	
6010	Hilfslöhne	57.800,00	
6020	Nichtleistungslöhne	22.700,00	
6200	Gehälter	123.000,00	
6250	Verkaufsprovisionen	19.200,00	
Div.	Gesetzliche Lohnabgaben (zusammengefasst)	74.000,00	
Div.	Gesetzliche Gehaltsabgaben (zusammengefasst)	36.300,00	
7650	Werbeaufwand	61.500,00	
7700	Versicherungsaufwand	15.500,00	
Div.	Schadensfälle (zusammengefasst)	6.500,00	
Div.	Diverse Aufwände (zusammengefasst)	111.800,00	
8280	Zinsenaufwand für Bankkredite	25.000,00	
8500	Körperschaftsteuer	37.000,00	

Für die zeitliche und betriebliche Abgrenzung ist Folgendes zu beachten (alle Berechnungen in 1.000 €, auf 1 Dez. genau):

1. Die durchschnittliche Preissteigerung, bezogen auf den Anschaffungszeitpunkt, beträgt beim Fertigungsmaterial 5 %, bei den Werkzeugen 8 %.
2. Der jährliche Heizölverbrauch beträgt rund € 15.000,–.
3. Die ausgewiesenen Fertigungslöhne sind Leistungslöhne.
   Lohnnebenkosten der Fertigungslöhne (Kostenartennummer 650) 98 %
4. Lohnnebenkosten der Hilfslöhne (Kostenartennummer 651) 90 %
5. Die Verkaufsprovisionen betragen 2 % der Erlöse von € 1.149.800,–.
6. Gehaltsnebenkosten (Kostenartennummer 656) 58 % von den Gehältern und Provisionen

7. Der Werbeaufwand wird im ganzen Jahr rund € 84.000,– betragen.
8. Der jährliche Versicherungsaufwand beträgt € 44.000,–.
9. Die Körperschaftsteuer ist auszuscheiden.
10. Kalkulatorische Zinsen (Kostenartennummer 796) € 144.800,– für das laufende Jahr
11. Kalkulatorische Abschreibung (Kostenartennummer 797) € 356.500,– im laufenden Jahr
12. Kalkulatorische Wagnisse (Kostenartennummer 798) € 38.300,– für das ganze Jahr

Aufgabe: Führen Sie auf einem Betriebsüberleitungsbogen die zeitliche und betriebliche Abgrenzung durch (Zahlen in 1.000 €, auf 1 Dez. genau). C

Fortsetzung von Ü 4.32 a

Ü 4.32 b: Betriebsabrechnungsbogen

Die Zahlen des Betriebsüberleitungsbogens sind in nachstehender Reihenfolge in einen BAB zu übernehmen:

Kostenverteilung (in 1.000 €, auf 1 Dez. genau):

Kostenart	Kostenstellen							
	Heizung	Reparatur	Allg. Fertigungshilfsstelle	Material (inkl. Einkauf)	Fertigung 1	Fertigung 2	Verwaltung	Vertrieb
510 Fertigungsmaterial								
600 Fertigungslöhne					67,0	82,5		
625 Verkaufsprovisionen (Einzelkosten!)								100 %
550 Werkzeugverbrauch		0,3			7,6	7,1		
560 Heizölverbrauch	100 %							
601 Hilfslöhne	3,0	5,8	4,5	3,0	18,3	18,7		4,5
620 Gehälter			27,0	9,6	11,8	12,0	40,0	22,6
650 Lohnnebenkosten FL	98 % von 600							
651 Lohnnebenkosten HL	90 % von 601							
656 Gehaltsnebenkosten	58 % von 620 + 625							
765 Werbeaufwand								100 %
770 Versicherungsaufwand	3 :	2 :	5 :	15 :	25 :	27 :	12 :	11 %
Diverse Kosten	4,1	7,1	14,2	7,4	23,5	25,0	12,8	17,7
796 Kalk. Zinsen	1,3	1,0	1,5	1,6	10,5	11,6	5,3	3,4
797 Kalk. Abschreibungen	1,5	2,0	3,3	1,5	28,8	34,2	8,8	9,0
798 Kalk. Wagnisse	0,2	0,2		1,7	0,8	1,0	0,7	5,0
Umlage Heizung (%)		2 :	8 :	3 :	29 :	31 :	15 :	12
Umlage Reparatur (h)			41	35	265	287	30	57
Umlage Allg. Fertigungshilfsstelle (%)				3 :	45 :	52		
Fertigungsminuten					294.000	369.500		

Aufgabe: Stellen Sie den BAB auf (in 1.000 €, auf 1 Dez. genau) und errechnen Sie die Gemeinkostenzuschlagssätze (auf 1 Dez. bzw. auf Cent genau). C

Fortsetzung von Ü 4.32 a und b

Ü 4.32 c: Kostenträgerrechnung

Es wurden zwei Produkte hergestellt.

Produkt		Akku-Rasentrimmer	Elektro-Rasentrimmer
Erzeugungsmenge (Stk.)		1.500	2.000
Einzelkosten bzw. Fertigungszeiten pro Stück	Fertigungsmaterial	5,25	3,15
	Fertigungsstelle 1: FL	1,40	1,15
	min.	6	5,1
	Fertigungsstelle 2: FL	1,90	1,35
	min.	8,1	6,2
Bruttoverkaufspreis (exkl. USt) pro Stück		27,90	20,20
Verkaufsprovision		2 %	2 %

Aufgabe: Errechnen Sie die Selbstkosten und den Gewinn (Verlust) pro Stück für die beiden Produkte, absolut und in Prozent der Selbstkosten (auf 1 Dez. genau). C

SbX
Excel
ID: 4002

Ü 4.33: Einstufiges Direct Costing – Kostenstellenrechnung

Die Kosten der Hans Sauer GmbH, Wels, Herstellung von Bohrwerkzeugen, betragen für das 2. Quartal 20 . . :

Kostenart	Betrag €	Kostenverteilung in 1.000 € (Kostenanteil bzw. Kostenanteil und Variator je Kostenstelle)
Fertigungsmaterial	420.000,00	Einzelkosten
Fertigungslöhne	380.000,00	Einzelkosten (F-1 170, F-2 210)
Hilfs- und Betriebsmaterial	32.000,00	3,0 (V 6) : 15,0 (V 7) : 8,0 (V 7) : 6,0 (V 8)
Hilfslöhne	60.000,00	5,0 (V 2) : 20,0 (V 6) : 25,0 (V 5) : 10,0 (V 5)
Gehälter	280.000,00	— : 50,0 (V 0) : 30,0 (V 0) : 200,0 (V 0)
Lohnnebenkosten der FL	361.000,00	im Verhältnis der Fertigungslöhne
Lohnnebenkosten der HL	54.000,00	im Verhältnis der Hilfslöhne
Gehaltsnebenkosten	168.000,00	im Verhältnis der Gehälter
Energiekosten	41.000,00	3,0 (V 4) : 18,0 (V 8) : 14,0 (V 7) : 6,0 (V 6)
Instandhaltungen	23.500,00	1,4 (V 0) : 8,6 (V 5) : 8,0 (V 6) : 5,5 (V 2)
Werbekosten	80.000,00	— : — : — : 80,0 (V 0)
Versicherungskosten	27.000,00	6,0 (V 0) : 6,0 (V 0) : 8,0 (V 0) : 7,0 (V 0)
Sonstige Kosten	108.000,00	10,0 (V 4) : 38,0 (V 5) : 32,0 (V 6) : 28,0 (V 5)
Kalk. Zinsen	72.000,00	12,0 (V 0) : 20,0 (V 0) : 27,0 (V 0) : 13,0 (V 0)
Kalk. Abschreibungen	129.000,00	8,0 (V 0) : 45,0 (V 0) : 60,0 (V 0) : 16,0 (V 0)
Kalk. Wagnisse	27.000,00	5,5 (V 10) : 5,5 (V 10) : 4,0 (V 10) : 12,0 (V 10)

Aufgabe: a) Stellen Sie den BAB in 1.000 € (auf 1 Dez. genau) mit folgenden Kostenstellen auf: Material, Fertigung 1, Fertigung 2, Verwaltung-Vertrieb. C

b) Berechnen Sie die Zuschlagssätze (auf 2 Dez. genau). C

c) Ermitteln Sie die Deckungsbeiträge je Stück. Es werden drei Produkte erzeugt: C

	Eckbohrer	Schlagbohrer	Handbohrer
Menge (Stück)	3.000	6.000	4.000
Fertigungsmaterial je Stück	24,00	38,00	30,00
Fertigungslohn 1 je Stück	9,00	20,00	16,00
Fertigungslohn 2 je Stück	10,00	15,00	13,00
Nettoverkaufspreis je Stück	135,00	222,00	185,00

d) Die Variatoren des Hilfsmaterials sind zu hoch. In Zukunft werden folgende Werte angesetzt: Material (V 4), Fertigung 1 (V 5), Fertigung 2 (V 5), Verwaltung-Vertrieb (V 6).
Berechnen Sie die variablen Gemeinkostensätze mit den geänderten Variatoren mithilfe von SbX. C

e) Führen Sie die Kostenträgerzeitrechnung aufgrund der Ergebnisse von a), b) und c) durch und ermitteln Sie den Betriebserfolg. C

SbX
Excel
ID: 4002

Ü 4.34: Mehrstufiges Direct Costing

Die Tiger GmbH, Linz, erzeugt Polituren für Parkett- und Steinböden. Der Verkauf erfolgt an Baumärkte in Österreich (Absatzgebiet Ost und West) und Süddeutschland.

Für die Regionen Österreich-Ost, Österreich-West und Süddeutschland ergeben sich laut Kostenrechnung folgende Werte:

	Österreich-Ost		Österreich-West		Süddeutschland	
Politur für	Parkettböden	Steinböden	Parkettböden	Steinböden	Parkettböden	Steinböden
Erlöse	1.350.000,00	850.000,00	925.000,00	710.000,00	540.000,00	240.000,00
Variable Kosten	810.000,00	637.500,00	878.750,00	497.000,00	486.000,00	168.000,00

An Lizenzgebühren sind für die Erzeugung der Steinbodenpolitur Fixkosten von insgesamt € 180.000,– angefallen. Diese Kosten sind den Regionen Österreich-Ost, Österreich-West und Süddeutschland im Verhältnis 45 % : 35 % : 20 % zuzuweisen.

Die Personalkosten betragen für Österreich-Ost € 150.000,–, Österreich-West € 200.000,– und Süddeutschland € 120.000,–. Mit den in der Erzeugung anfallenden Fixkosten wird Österreich-Ost mit € 80.000,–, Österreich-West mit € 63.000,– und Süddeutschland mit € 37.000,– belastet. Für spezielle Marketingmaßnahmen zur Markteinführung der Polituren in Süddeutschland wurden € 30.000,– aufgewendet.

Die Unternehmens-Fixkosten betragen € 185.000,–.

Aufgabe: Ermitteln Sie den Betriebserfolg mithilfe des mehrstufigen Direct Costing. C

SbX Excel ID: 4002

Ü 4.35: Break-even-Analyse

Es soll ein Gartengriller in Kugelform auf den Markt gebracht werden. Fixkosten pro Jahr: € 47.000,– + € 60.000,– für Werbung, variable Kosten € 34,70/Stück, Nettoverkaufserlös € 69,–/Stück

Aufgabe: a) Bei welcher Absatzmenge liegt der Break-even-Point und wie hoch ist der entsprechende Break-even-Umsatz? Ermitteln Sie die rechnerische Lösung und erstellen Sie eine grafische Lösung. C

b) Berechnen Sie den Gewinn (Verlust), wenn 2.700 Stück verkauft werden. C

c) Es soll ein Mindestgewinn von € 5.000,– erzielt werden. Berechnen Sie, wie viel Stück des Gartengrillers verkauft werden müssen und wie hoch der Break-even-Umsatz ist. D

SbX Excel ID: 4002

Ü 4.36: Kurzfristige Preisuntergrenze

Laut Betriebsabrechnungsbogen der Aquasiegel GmbH, St. Pölten, ergeben sich für das vergangene Kalenderjahr 20 . . folgende Kosten und Bezugsgrößen. Diese sollen auch für die Kalkulationen im 1. Quartal des kommenden Jahres verwendet werden.

Kostenstelle	Material	Fertigung 1	Fertigung 2	Verwaltung & Vertrieb
Variable Gemeinkosten	456.000,00	1.200.000,00	3.564.000,00	529.500,00
Fixe Gemeinkosten	220.000,00	2.000.000,00	4.200.000,00	1.100.000,00
Bezugsgröße	Materialeinzelkosten 12.000.000,00	Maschinenstunden 4.000 h	Fertigungslöhne 3.960.000,00	Variable Herstellkosten

Aufgabe: Ermitteln Sie die kurzfristige Preisuntergrenze für folgenden Zusatzauftrag: C
Materialeinzelkosten € 12.000,–
Fertigung 1: 200 Maschinenstunden
Fertigungseinzelkosten (Fertigung 2): € 35.000,–

SbX Excel ID: 4002

Ü 4.37: Programmentscheidungen ohne Engpass

Ein Unternehmen erzeugt unter anderem Batterien für Personenkraftwagen, Nutzfahrzeuge und Motorräder. Es entstehen folgende Kosten (in 1.000 €):

	Gesamt	Batterien für		
		Personenkraftwagen	Nutzfahrzeuge	Motorräder
Erzeugte und abgesetzte Menge		10.000	5.000	8.000
Fertigungsmaterial	260.000,00	140.000,00	80.000,00	40.000,00
Fertigungslöhne	275.000,00	150.000,00	70.000,00	55.000,00
Gemeinkosten	975.810,00			
Selbstkosten zu Vollkosten je Stück		82,16	80,65	35,76
Variable Selbstkosten je Stück		47,07	47,03	20,09
Nettoverkaufspreis je Stück		75,00	90,00	42,00

Aufgabe: a) Berechnen Sie die Nettoergebnisse je Stück aufgrund der Vollkostenrechnung (auf Cent genau). C

b) Errechnen Sie die Deckungsbeiträge je Stück (auf Cent genau). C

c) Die Kapazität des Betriebes würde es erlauben, noch zusätzlich entweder
2.000 Stück der Batterien für Personenkraftwagen oder
1.000 Stück der Batterien für Nutzfahrzeuge oder
2.000 Stück der Batterien für Motorräder
zu erzeugen.
Absatzmöglichkeiten sind vorhanden, jedoch müsste für die zusätzliche Menge der Preis für Batterien Personenkraftwagen um € 10,–, für Batterien Nutzfahrzeuge um € 3,– und für Batterien Motorräder um € 7,– gesenkt werden. Der Preis für den bisherigen Absatz ist durch den zusätzlichen Auftrag nicht gefährdet. Entscheiden Sie, welcher Auftrag angenommen werden soll und berechnen Sie den zusätzlichen Gewinn. D

d) Der Absatz für Batterien Nutzfahrzeuge könnte auf 7.000 Stück gesteigert werden, wenn der Preis auf € 79,– reduziert wird. Soll die Preissenkung vorgenommen werden? Begründen Sie Ihre Entscheidung. D

SbX
Excel
ID: 4002

Ü 4.38: Programmentscheidungen mit einem Engpass

Die Frigo GmbH, Salzburg, erzeugt unter anderem Standventilatoren mit unterschiedlichem Durchmesser. Für das Jahr 20 . . sind folgende Produkte im Sortiment:

	Standventilator 36 cm	Standventilator 50 cm
Geplanter Absatz (Stück)	3.000	1.800
Verkaufspreis exkl. 20 % USt/Stück	€ 25,00	€ 45,00
Rabatt	15 %	20 %
Variable Kosten/Stück	€ 14,00	€ 21,00
Fertigungszeit/Stück	20 Minuten	35 Minuten

Die Produktion erfolgt in einer Fertigungseinheit mit einer Kapazität von 105.000 Minuten pro Jahr. Die Fixkosten betragen € 35.420,–.

Aufgabe: a) Ermitteln Sie das gewinnoptimale Produktions- und Absatzprogramm und das Betriebsergebnis. C

b) Die Frigo GmbH möchte einen Standventilator mit 43 cm Durchmesser in das Sortiment aufnehmen. Davon könnten im Jahr 20 . . 1.200 Stück verkauft werden.
Daten der Kostenrechnung und Produktionsplanung (pro Stück): variable Kosten € 18,–, Maschinenbedarf 30 Minuten, Verkaufspreis exkl. 20 % USt € 35,–, 10 % Rabatt
Ermitteln Sie das gewinnoptimale Produktions- und Absatzprogramm und das Betriebsergebnis.
Ist der Standventilator mit 43 cm Durchmesser in das Sortiment aufzunehmen? Begründen Sie die Entscheidung rechnerisch. D

SbX
Excel
ID: 4002

Ü 4.39: Eigenfertigung oder Fremdbezug

Das Auto-Tuning-Unternehmen Lauda GmbH, Linz, lässt 3-Speichen-Sportlenkräder zum Preis von € 320,– fremdfertigen. Durch Rationalisierungsmaßnahmen im Produktionsbereich werden Kapazitäten frei. Die 3-Speichen-Sportlenkräder könnten selbst produziert werden.

Zahlen laut Produktionsunterlagen – 3-Speichen-Sportlenkrad:

Material	€ 85,00
Materialgemeinkosten zu Vollkosten	8 %
Variable Materialgemeinkosten	4 %
Fertigungslöhne	€ 120,00
Fertigungsgemeinkosten zu Vollkosten	120 %
Variable Fertigungsgemeinkosten	50 %
Fertigungsstundensatz zu Vollkosten	€ 150,00
Variabler Fertigungsstundensatz	€ 84,00
Fertigungszeit je Stück	20 Minuten
Verkaufspreis netto	€ 380,00

Aufgabe: Sollen die 3-Speichen-Sportlenkräder eigengefertigt oder fremdbezogen werden? Begründen Sie die Entscheidung rechnerisch. D

4 Wiederholungsbeispiele

Ü 4.40: Ermittlung des Betriebserfolges

Im 1. Quartal 20 . . wurden in der Dr. Josefine Schuschu OG, einem Erzeugungsbetrieb für feinoptische Geräte, Wien, folgende Werte ermittelt:

Erträge (abgegrenzt, entsprechen den Leistungen)	€ 1.670.000,00
Aufwände (abgegrenzt)	€ 1.580.000,00
Anfangsbestand an unfertigen und fertigen Erzeugnissen	€ 180.000,00
Endbestand an unfertigen und fertigen Erzeugnissen	€ 195.000,00
Herstellkosten	€ 1.190.000,00
Herstellkosten der abgesetzten Erzeugnisse	€ 1.175.000,00
Verwaltungs- und Vertriebsgemeinkosten	€ 430.000,00

Aufgabe: a) Ermitteln Sie den Unternehmensgewinn. C

b) Errechnen Sie den Betriebsgewinn nach dem Gesamt- und dem Umsatzkostenverfahren. C

SbX Excel ID: 4002

Ü 4.41: Kalkulation im Handel

Vereinfachte GuV-Rechnung der Gemischtwarenhandlung Klary Annemarie, St. Veit/Glan:

Gewinn- und Verlustrechnung 20 . .

	Umsatzerlöse		851.000,00
–	Wareneinsatz		– 560.000,00
–	Personalaufwand		– 80.000,00
–	Abschreibungen auf Sachanlagen		– 18.000,00
–	Sonstige betriebliche Aufwendungen:		
	Mietaufwand	– 28.000,00	
	Werbung	– 30.000,00	
	Diverse Aufwände	– 11.000,00	– 69.000,00
	Betriebserfolg		124.000,00
–	Zinsenaufwand für Bankkredite		– 7.600,00
	Bilanzgewinn (= Ergebnis vor Steuern = = Jahresüberschuss)		116.400,00

Neutrale Aufwände: Abschreibung € 18.000,–, Zinsenaufwand € 7.600,–
Kalkulatorische Kosten: kalk. Abschreibung € 20.400,–, kalk. Zinsen € 13.000,–, kalk. Unternehmerlohn € 50.000,–
USt einheitlich 20 %

Aufgabe: a) Errechnen Sie den Gemeinkostenzuschlagssatz. C

b) Errechnen Sie den durchschnittlichen Rohaufschlag exkl. und inkl. USt. C

c) Errechnen Sie die Handelsspanne. C

d) Der Einstandspreis einer Ware beträgt € 17,40. Errechnen Sie den Verkaufspreis, wenn mit dem Kalkulationsfaktor kalkuliert wird, der dem bei b) errechneten Rohaufschlag inkl. USt, auf Ganze gerundet, entspricht. Runden Sie den Verkaufspreis auf 10 Cent auf. C

e) Ein in nächster Nähe befindlicher Mitbewerber bietet die in Punkt d) kalkulierte Ware um 1. € 29,99, 2. € 24,99, 3. € 34,– an. Führen Sie Überlegungen an, welche bei der Festlegung des tatsächlichen Verkaufspreises der unter d) kalkulierten Ware anzustellen sind. D

Unter **Handelsspanne** versteht man die prozentmäßige Differenz zwischen dem Einstandspreis und dem Verkaufspreis bezogen auf den Verkaufspreis.

SbX
Excel
ID: 4002

Ü 4.42: Kalkulation im Handel

Die vereinfachte GuV-Rechnung der Designglas Handels GmbH, Eferding, weist folgende Positionen auf:

Gewinn- und Verlustrechnung 20 . .

	Umsatzerlöse	1.520.000,00
–	Wareneinsatz	– 960.000,00
–	Personalaufwand	– 302.000,00
–	Abschreibungen auf Sachanlagen	– 32.000,00
–	Sonstige Aufwendungen	– 128.000,00
	Betriebserfolg	98.000,00
–	Zinsenaufwand	– 15.000,00
	Bilanzgewinn (= Ergebnis vor Steuern = Jahresüberschuss)	83.000,00

Neutrale Aufwände € 90.000,–, kalk. Kosten € 170.000,–
USt einheitlich 20 %

Aufgabe: a) Errechnen Sie den Gemeinkostenzuschlagssatz. C
b) Errechnen Sie den Rohaufschlag exkl. USt. C
c) Errechnen Sie den Rohaufschlag inkl. USt. C
d) Errechnen Sie den Kalkulationsfaktor inkl. USt (auf 2 Dez. aufrunden). C
e) Einstandspreis der Glaskaraffe „Lemon" € 31,–. Berechnen Sie den Verkaufspreis (auf € aufrunden), unter Einbeziehung des Kalkulationsfaktors gemäß d). C

SbX
Excel
ID: 4002

Ü 4.43: Differenzierte Kalkulation im Handel

Die Sportartikelhändlerin Monika Kirchberger e. U., Steyr, bezieht Inlineskates „Salomon Pure Power" um € 240,– abzüglich 40 % Wiederverkäuferrabatt. Monika Kirchberger verkauft die Inlineskates um € 216,– (inkl. 20 % USt).

Aufgabe: a) Ermitteln Sie die Handelsspanne. C
b) Ermitteln Sie den Rohaufschlag exkl. USt. C

Ü 4.44: Differenzierte Kalkulation im Handel

Ein Einzelhändler bezieht eine Elektro-Zitronenpresse um € 19,50 abzüglich 30 % Wiederverkäuferrabatt. Er verkauft sie um € 21,90 inkl. 20 % USt.

Aufgabe: a) Ermitteln Sie die Handelsspanne. C
b) Ermitteln Sie den Kalkulationsfaktor inkl. USt (auf 3 Dez. genau). C
c) Ermitteln Sie den Rohaufschlag exkl. USt. C

Ü 4.45: Differenzierte Kalkulation im Handel

Einstandspreis eines Schleifgerätes € 90,–, Rohaufschlag exkl. USt 31 %; zusätzliche Sonderkosten des Vertriebes: 2,5 % Verkaufsprovision, durchschnittlich 6 % Rabatt

Aufgabe: Errechnen Sie den Verkaufspreis exkl. USt. C

Ü 4.46: Differenzierte Kalkulation im Handel

Einstandspreis eines Elektrogerätes € 210,–; Rohaufschlag 35 %; Sonderkosten des Vertriebes: diverse Sonderkosten € 2,70 je Stück, 3,5 % Verkaufsprovision, 2 % Skonto, 8 % Mengenrabatt bei 40 % des Umsatzes; 20 % USt

Aufgabe: Errechnen Sie den Einzelhandelspreis inkl. USt. C

Ü 4.47: Direct Costing im Handel

Der Einstandspreis eines Rasenmähers beträgt € 155,–. Sonderkosten des Vertriebes: diverse Sonderkosten rund € 3,30 pro Stück, 5 % Verkaufsprovision, 3 % Skonto, 8 % Mengenrabatt bei 70 % des Umsatzes; Bruttoverkaufspreis € 210,– (exkl. USt)

Aufgabe: Errechnen Sie den Deckungsbeitrag. C

4 Wiederholungsbeispiele

Ü 4.48: Direct Costing im Handel

Der Preis einer Obstkonserve beträgt in einem Supermarkt € 1,45 (inkl. 10 % USt). Der Preis soll auf € 1,30 gesenkt werden. Der Einstandspreis beträgt € 0,96 (= variable Kosten); bisheriger Umsatz exkl. USt € 6.970,–.

Aufgabe: a) Um wie viel Prozent muss der mengenmäßige Umsatz steigen, damit der gleiche Deckungsbeitrag erzielt wird? Berechnen Sie die Umsatzsteigerung in Stück und in Prozenten (auf 1 Dez. genau). D

b) Berechnen Sie, wie hoch der neue Umsatz exkl. USt (auf € genau) betragsmäßig sein muss. C

c) Ist zu erwarten, dass die Preissenkung zu der bei a) errechneten Umsatzzunahme führt? Begründen Sie Ihre Antwort. D

Ü 4.49: Direct Costing im Handel

Bisheriger Preis eines 1-kg-Sackes Grassamen € 10,– inkl. 10 % USt, Einstandspreis € 6,50, Absatzmenge/Woche 350 Stück. Der Verkaufspreis soll auf € 9,50 gesenkt werden.

Aufgabe: Berechnen Sie, wie hoch der Einstandspreis nach Durchführung der Preissenkung maximal sein darf, wenn die Absatzmenge/Woche auf 400 Stück steigt und der gleiche Deckungsbeitrag (Bruttogewinn) erzielt werden soll. D

Ü 4.50: Direct Costing im Handel

Bisheriger Verkaufspreis pro Stück einer Ware € 6,50 inkl. 20 % USt, Einstandspreis € 3,10/Stück; neuer Einstandspreis € 3,50/Stück. Die Handelsspanne bleibt gleich.

Aufgabe: Berechnen Sie, um wie viel Prozent der mengenmäßige Absatz bei gleichbleibendem Deckungsbeitrag (Bruttogewinn) sinken kann. C

A B C D E

4 Wiederholungsbeispiele zur Bilanzierung (Bewertung)

SbX
Buchungstrainer
ID: 4002

Das **Anlagevermögen** wird auf der **Aktivseite** (Vermögensseite) **der Bilanz** ausgewiesen:

Aktiva Bilanz der Firma …	per 31. Dez. 20.. Passiva
Anlagevermögen	Eigenkapital
Umlaufvermögen	Rückstellungen
Rechnungsabgrenzungsposten	Verbindlichkeiten
	Rechnungsabgrenzungsposten

Beim **abnutzbaren Anlagevermögen** sind die sich **während der Nutzungsdauer ergebenden Wertminderungen** in Form von **Abschreibungen** zu berücksichtigen.

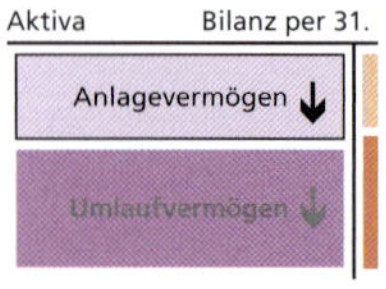

Ü 4.51: Anlagenabschreibung

Bei Werner Plasounig e. U., Villach, ergeben sich u. a. nachfolgende Geschäftsfälle:

1. 15. 6.20 . . K 618 Verkauf einer Fräsmaschine um € 2.000,– + € 400,– USt = € 2.400,–
   31.12.20 . . Ausbuchung der Maschine: AW € 44.000,–, Buchwert am 1. Jan. d. J. € 4.400,–, Nutzungsdauer zehn Jahre, direkte Abschreibung
2. Konten per 1. Jänner 20 . .

Konto-Nr.	Kontenbezeichnung	Saldenbilanz Soll	Saldenbilanz Haben
0300	Gebäude	184.500,00	

10. 5.20 . . E 255 Die Dipl.-Ing. Karl Kellner GmbH (33804) stellt für die Sanierung der Werkstätten- und Ausstellungsräume € 20.650,– + € 4.130,– USt = = € 24.780,– in Rechnung.

17. 5.20 . . B 144 Bankausgang € 24.284,40; Ausgleich der E 255 abzüglich 2 % Skonto (€ 495,60); Konto 7890 Lieferantenskonti auf sonstige betriebliche Aufwendungen

11. 9.20 . . E 482 Rechnung von der Dipl.-Ing. Karl Kellner GmbH (33804) über eine fertiggestellte Garage für den Firmen-Lkw € 38.000,– + € 7.600,– USt = = € 45.600,–

15. 9.20 . . B 214 Ausgleich der E 482

31.12.20 . . AW des Gebäudes € 360.000,–; Nutzungsdauer des Gebäudes bzw. der Garage 50 Jahre

Die **Abschreibung** ist **ab dem Zeitpunkt der Inbetriebnahme** bis zum **Tag des Ausscheidens** vorzunehmen.

Dabei ist die **Halbjahresregel** zu beachten:

Halbjahresregel – Inbetriebnahme von Anlagen

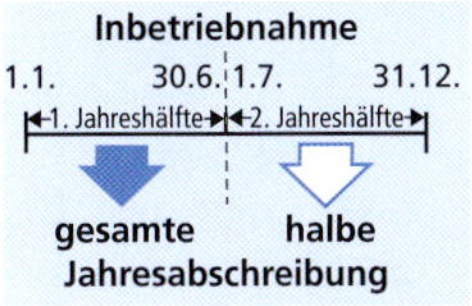

Halbjahresregel – Ausscheiden von Anlagen

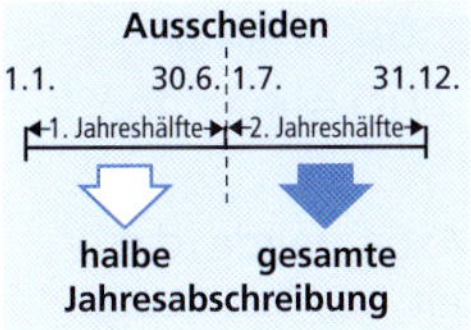

Geringwertige Wirtschaftsgüter sind jene **Anlagegüter**, deren **Anschaffungs- oder Herstellungswert** den Betrag von **€ 400,– (exkl. USt)** nicht übersteigt. Sie **können** im Jahr der Anschaffung oder Herstellung **voll abgeschrieben werden.**

SbX **Buchungstrainer ID: 4002**

Die **Saldierung der Erlöse und der Buchwerte** aus Anlagenverkäufen ist nur **bei Kapitalgesellschaften vorgeschrieben.**

In allen folgenden Beispielen sind Saldierungsbuchungen nur dann durchzuführen, wenn dies in der Aufgabenstellung ausdrücklich gefordert ist.

3. 3. 4.20 . . Kauf eines Farblaserdruckers von der PC-Handels AG, Villach

K 604

PC-HANDELS AG

9500 Villach, Rathausplatz 2
Telefon: +43 4242 23 961-0
Telefax: +43 4242 23 961-15
Website: www.warenhandelsag.at
E-Mail: buero@warenhandelsag.at

WERNER PLASOUNIG E. U.
RENAULT VILLACH
FRIEDENSSTRASSE 24
9500 VILLACH

Seite: 1
Auftrag: 8021

20044 Kundennr. | 1346 Rechnungsnr. | 03.04. . . Rechnungsdatum

RECHNUNG Kassa: 2 17:07

Artikelnr.	Stk.	Artikelbezeichnung	Preis	Betrag
401-111-204	1	HP Color Laser DTN	1.200,00	EUR 1.200,00

BARZAHLUNG 03.04.20 . .

ARA-LNr.: 8201 0006 KARLHEINZ HUBER

Warenwert EUR 1.200,00 Umsatzsteuer 20 % EUR 240,00 Gesamtbetrag EUR 1.440,00

S 204 Verkauf eines gebrauchten Laserdruckers an die Büromaschinen GmbH (33412) um € 200,– + € 40,– USt = € 240,–

31.12.20 . . Ausbuchung des alten Druckers: AW € 2.000,–, bis 1. Jan. d. J. wurden € 1.800,– abgeschrieben; Nutzungsdauer der beiden Drucker fünf Jahre, direkte Abschreibung.

Aufgabe: Stellen Sie die erforderlichen Buchungsanweisungen für 20 . . zu den Fällen 1 bis 3 auf. C

Ü 4.52: Anlagenabschreibung

Im Rahmen der Jahresabschlusserstellung für das Geschäftsjahr 2018 der Neyer & Brogar KG, Wien, sind u. a. folgende Abschlussarbeiten durchzuführen:

1.

Konto-Nr.	Kontenbezeichnung	Saldenbilanz	
		Soll	Haben
0400	Maschinen	152.970,00	
4600	Erlöse aus dem Abgang von Anlagen 20 %		28.700,00

Auf dem Konto 0400 wurden während des Jahres geringwertige Wirtschaftsgüter im Wert von € 1.540,– erfasst; sie sind voll abzuschreiben.

Eine Maschine, AW € 16.000,–, Buchwert per 1. Jan. des Abschlussjahres € 4.800,–, wurde am 5. Sep. des Abschlussjahres bar verkauft. Der Verkaufserlös (€ 2.700,– + € 540,– USt = € 3.240,–) wurde bereits verbucht, die Maschine jedoch nicht ausgebucht; Abschreibung 20 %.

Abschreibung der übrigen Maschinen laut Anlagendatei € 20.800,–

Nach Vornahme dieser Abschreibung ist eine Maschine mit einem AW von € 8.500,– voll abgeschrieben. Die Maschine wurde im November verschrottet.

Aufgabe: a) Stellen Sie die Buchungssätze per 31. Dez. 2018 (einschließlich der Saldierungsbuchungen) auf. C

b) Geben Sie den Saldo an, der sich auf dem Konto 0400 nach Vornahme der erforderlichen Buchungen ergibt. C

2.

Konto-Nr.	Kontenbezeichnung	Saldenbilanz	
		Soll	Haben
0640	Lkw	108.810,00	
4600	Erlöse aus dem Abgang von Anlagen 20 %		28.700,00
7330	Lkw-Betriebsaufwand	23.240,00	

4 Wiederholungsbeispiele

Abschreibung der Fahrzeuge laut nachstehender Abbildung der Anlagendatei:

Anlagenverzeichnis vom 31.12.2018

Inv.-Nr.	Bezeichnung der Anlage / Lieferant	Ansch.-D. / Inb.-D.	Abg.-D.	Ansch.-Wert	ND J / %	BW Beginn	Abschreib.	BW Ende / BW abg. Anl.
6401	Lkw Mercedes Axor / Georg Pappas AG	26.11.2014 / 28.11.2014		96.200,00	5 / 20	28.860,00		
6402	Lkw Renault Master / Renault Nissan Wien GmbH	15.09.2016 / 19.09.2016		50.800,00	4 / 25	31.750,00		
6403	Lkw Mitsubishi Fuso Canter / Wolfgang Denzel AG	12.09.2018 / 12.09.2018		48.200,00	4 / 25			
	Summen			195.200,00		60.610,00		

Der Lkw Renault Master wurde am 4. Oktober um € 26.000,– + € 5.200,– USt = € 31.200,– verkauft, die Ausbuchung jedoch noch nicht durchgeführt.

Im Zuge der durchgeführten Generalüberholung des Lkw Mercedes Axor wurde dieser mit einer Hebebühne ausgestattet. Damit wird die Gebrauchsmöglichkeit des Fahrzeuges wesentlich verändert. Auszug aus der Rechnung der Steyr-Service GmbH (33511) vom 31. Dez. 2018:

Aufwendungen für den Umbau und die Erweiterung von Anlagen sind auf dem entsprechenden **Anlagenkonto** in der **Kontenklasse 0** zu verbuchen und auf die **Restnutzungsdauer des Anlagegutes verteilt abzuschreiben.**

Instandhaltung und Instandsetzung		€ 4.700,00
Service		
Reparaturen Bremssystem		
diverse Kleinunfallschäden, Lackiererei		
Motorwartung		
Einbau der Hebebühne		€ 8.000,00
		€ 12.700,00
	+ 20 % USt	€ 2.540,00
		€ 15.240,00

In diesem Zusammenhang wurde noch keine Buchung vorgenommen.

Der Lkw Mitsubishi Fuso Canter wurde am 12. Sep. des Abschlussjahres angeschafft und in Betrieb genommen.

Aufgabe: a) Vervollständigen Sie die Anlagendatei. C

b) Stellen Sie die Buchungsanweisungen für die sich in diesem Zusammenhang ergebenden Um- und Nachbuchungen (inkl. der Saldierungsbuchungen) auf. C

SbX Buchungstrainer ID: 4002

Ü 4.53: Anlagenabschreibung

Bei Johanna Zdimal e.U., Wien, ergeben sich im Rahmen der Jahresabschlusserstellung 2018 u.a. folgende Geschäftsfälle:

1.

Konto-Nr.	Kontenbezeichnung	Saldenbilanz	
		Soll	Haben
0300	Gebäude	360.000,00	
0710	Anlagen in Bau	80.000,00	

Das im September 2000 in Nutzung genommene Betriebsgebäude, AW € 640.000,–, Abschreibung 2,5 % p.a., ist auf dem Konto 0300 Gebäude mit dem BW per 1. Jan. des Abschlussjahres ausgewiesen.

Anlagen in Bau sind Anlagegegenstände, **die zum Abschlussstichtag nicht fertiggestellt** sind. Ihre Herstellung erstreckt sich über einen größeren Zeitraum.

Im Gebäude wurde in den Jahren 2017 und 2018 der Keller zu einem neuen Produktionsbereich ausgebaut. Entsprechend dem Baufortschritt des Kellerumbaus wurden für diese in Bau befindliche Anlage mehrere Teilzahlungen an den Baumeister Kollitsch Bau GmbH (33150) geleistet und auf dem Konto 0710 Anlagen in Bau verbucht.

Ab Mitte 2017 erfolgte auch eine Generalsanierung der bestehenden Bausubstanz.

Aufwendungen für den Umbau und die Erweiterung von Anlagen sind auf dem jeweiligen **Anlagenkonto** in der **Kontenklasse 0** zu verbuchen und auf die **Restnutzungsdauer des Anlagegutes verteilt abzuschreiben.**

Hingegen sind **Aufwendungen für Instandhaltungen und Instandsetzungen** im Jahr der Durchführung auf dem **Aufwandskonto 7200 Instandhaltung durch Dritte zu verbuchen.**

Nach Fertigstellung des Kellerausbaus und der Generalsanierung wurde folgende Endabrechnung (Auszug) durch den Baumeister gestellt:

Kellerausbau lt. Plan		
lt. beiliegender Abrechnung		€102.000,00
abzüglich Teilzahlungen	–	€ 80.000,00
		€ 22.000,00
Generalsanierung Betriebsgebäude		
lt. beiliegender Abrechnung		€ 28.000,00
		€ 50.000,00
+ 20 % Umsatzsteuer		€ 10.000,00
Restbetrag		**€ 60.000,00**

Der Produktionsbereich im Kellergeschoß wird am 7. November 2018 in Betrieb genommen.

2.

Konto-Nr.	Kontenbezeichnung	Saldenbilanz Soll	Saldenbilanz Haben
0400	Maschinen	165.800,00	

Am 5. Dez. des Abschlussjahres wurde eine bis dahin genutzte Maschine um € 600,– + + € 120,– USt = € 720,– verkauft. Der Käufer hatte den Verkaufspreis mit Kreditkarte bezahlt; in diesem Zusammenhang wurde bisher gebucht:

2800 Bank / 2790 Forderungen MasterCard 720,00

Das Anlagenstammblatt zur Maschine zeigt u. a. folgende Werte:

Anlagenstammblatt

Inventar-Nr.	4054	Datum – Anschaffung:	23.01.2007
Anlagegenstand:	**Notstromaggregat**	Inbetriebnahme:	25.01.2007
Lieferant:	Franz Rosenberger KG Pernerstorfergasse 20 1100 Wien	Abgang:	05.12.2018
Konto Anlagen:	0400 Maschinen	Anschaffungswert:	4.380,00
Konto Abschreibungen:	7010 Abschreibungen von Sachanlagen	Nutzungsdauer:	15 Jahre
		Jahres-Abschreibung:	292,00
		Buchwert 1. Jan.	1.168,00
		bisherige Abschreibungen	3.212,00

Erzeugt ein Unternehmen eine **Anlage zur eigenen Verwendung,** spricht man von selbsterstellten Anlagen.

Am 19. Sep. des Abschlussjahres wurde eine im Unternehmen selbst hergestellte Maschine in Betrieb genommen. Bei der Herstellung ergaben sich Kosten von € 55.500,–. Die Maschine ist zu aktivieren; 20 % Abschreibung.

Abschreibung der übrigen Maschinen € 35.400,–

Aufgabe: Stellen Sie die Um- und Nachbuchungen per 31. Dez. 2018 (inklusive Saldierungsbuchungen) auf. C

SbX

Buchungstrainer ID: 4002

Bewertung des Umlaufvermögens

Abwertung → **Ist der Teilwert niedriger,** so muss dieser angesetzt werden **(strenges Niederstwertprinzip).**

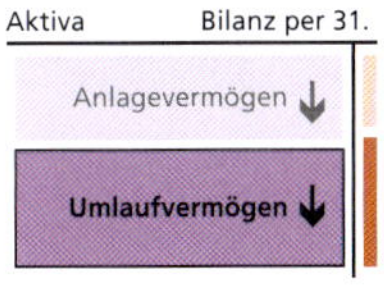

Ü 4.54: Verbrauchsermittlung und Vorratsbewertung

Im Großhandel für Beleuchtungskörper Martin Forsthuber GmbH, Salzburg, ergeben sich für den Abschlussstichtag per 31. 12. 20.. u. a. nachfolgende Daten.

1. Bewertung nach dem Identitätspreisverfahren

a) Stehlampe „Sun"

Anfangsbestand:		40 Stk. à € 38,–
Zukäufe:	15. März	30 Stk. à € 40,–
	2. Juli	50 Stk. à € 42,–
Abfassungen:	vom Anfangsbestand	35 Stk.
	vom 1. Zukauf	25 Stk.
	vom 2. Zukauf	40 Stk.

Schwund: vom Anfangsbestand ist eine Lampe gebrochen, sie wurde vernichtet.

Der Preis am Bilanzstichtag beträgt € 41,–/Stk.

Identitätspreisverfahren ➜ **tatsächlicher Einstandspreis**

b) Halogenlampen

Anfangsbestand: € 12.810,–

Zukäufe während des Jahres: € 38.430,–

Vorrat am 31. Dez.: 440 Stück Halogenlampen „Deluxe", Einstandspreis € 6,50 je Stück
920 Stück Halogenlampen „Spirit", Einstandspreis € 7,20 je Stück

Am 31. Dez. beträgt der Einkaufspreis (= Einstandspreis) für die Halogenlampe „Deluxe" € 6,30 und für die Halogenlampe „Spirit" € 7,50.

Fifo-Verfahren ➜ **ältester Einstandspreis**

2. Bewertung nach dem Fifo-Verfahren

a) Scheinwerfer „Stage"

Anfangsbestand: 120 Stk. à € 118,–

Zukäufe: 2. März 50 Stk. à € 120,–
4. Mai 40 Stk. à € 125,–
28. August 30 Stk. à € 122,–

Abfassungen: 215 Stk.

Endbestand lt. Inventur: 23 Stk.

Der Preis am Bilanzstichtag beträgt € 120,–.

b) Lampenschirm „Feeling"

Anfangsbestand Lampenschirm „Feeling" am 1. Jan.: € 6.220,–

Zukäufe während des Jahres: € 30.154,–

Letzte Zukäufe: 15. Okt. 40 Stück à € 29,–
2. Dez. 20 Stück à € 32,–

Soll-Endbestand laut Lagerbuchführung 30 Stück, Ist-Endbestand aufgrund der Inventur 28 Stück

Der Preis (Einstandspreis) am Bilanzstichtag beträgt € 30,–.

Gleitendes Durchschnittspreisverfahren ➜ **neuer Durchschnittspreis nach jedem Zukauf**

3. Bewertung nach dem gleitenden Durchschnittspreisverfahren

a) Nachtlämpchen „Sleepy"

Anfangsbestand: 505 Stk. zu € 19,–

Zukäufe: 4. März 300 Stk. zu € 20,–
2. Nov. 200 Stk. zu € 21,–

Abfassungen lt. Lagerbuchführung: 5. Apr. 420 Stk.
15. Nov. 500 Stk.

Ist-Endbestand 83 Stk.

Der Schwund ist nicht aufklärbar.

Preis am Bilanzstichtag: € 19,–

b) Hängelampe „Shine"

Anfangsbestand: 200 Stk. à € 15,–

Zukäufe: 15. Feb. 250 Stk. à € 13,–
25. Mai 300 Stk. à € 16,–

Abfassungen: 20. Jän. 150 Stk.
15. März 80 Stk.
5. April 200 Stk.
28. Aug. 90 Stk.
30. Okt. 80 Stk.

Endbestand lt. Inventur: 149 Stk.

Der Schwund ist nicht aufklärbar.

Preis am Abschlussstichtag: € 15,50/Stk.

Aufgabe: a) Ermitteln Sie die Wertansätze (Bilanzansatz, Wareneinsatz, Schwund, Abwertung). C

b) Errechnen Sie den jeweiligen Differenzbetrag zwischen Endbestand (Bilanzansatz) und Anfangsbestand. C

c) Stellen Sie die Buchungsanweisungen per 31. Dez. 20 . . auf. C

d) Sind die Buchungen vom 31. Dez. erfolgserhöhend (↑), erfolgsmindernd (↓) oder erfolgsneutral (0)? Setzen Sie die entsprechenden Vermerke neben die Buchungssätze. D

SbX
Buchungstrainer ID: 4002

Ü 4.55: Einzelbewertung von Forderungen – Inland

In der Bernhard Wiedner GmbH, Imst, ergeben sich per 31. Dez. 2018 u.a. folgende Salden:

Konto-Nr.	Kontenbezeichnung	Saldenbilanz	
		Soll	Haben
2000	Lieferforderungen	447.480,00	
2080	Einzelwertberichtigungen zu Lieferforderungen Inland		4.300,00

Forderungen sind auf der **Aktivseite der Bilanz** unter der Position **Forderungen,** als Teil des Umlaufvermögens, auszuweisen:

Aktiva	Bilanz der Firma ... per 31. Dez. 20.. Passiva
Anlagevermögen	Eigenkapital
Umlaufvermögen	Rückstellungen
Forderungen	Verbindlichkeiten
Rechnungsabgrenzungsposten	Rechnungsabgrenzungsposten

Es sind folgende Tatbestände zu berücksichtigen (alle Forderungen enthalten 20 % USt):

Unter den ausgewiesenen Lieferforderungen befindet sich die Forderung an die Christina Kunze KG (20370) über € 7.200,–. Die Christina Kunze KG hat am 6. Dez. 2018 ein Sanierungsverfahren mit Eigenverwaltung angemeldet; voraussichtliche Quote 30 %.

Die Bewertung von Forderungen erfolgt zu den **Entstehungswerten** (= Betrag der entsprechenden Ausgangsrechnung) **unter Berücksichtigung ihrer Einbringlichkeit.**

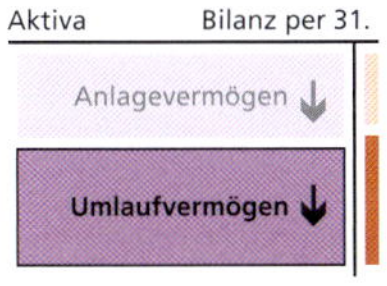

Auszug aus der Insolvenzdatei des Landesgerichtes für Zivilrechtssachen, Graz:

JUSTIZ EDIKTSDATEI — **Insolvenzdatei**

LG für ZRS Graz (638), Aktenzeichen 26 Sa 134/18 f

Bekannt gemacht am 6. Dezember 2018

Firmenbuchnummer: FN 10864b

Schuldner: Christina Kunze KG
Fritz-Pregl-Weg 9
8010 Graz
FN 10864b

Eröffnung: Eröffnung des Sanierungsverfahrens mit Eigenverwaltung: 11.12.2018
Anmeldungsfrist: 09.01.2019

Tagsatzung: Datum: 23.01.2019
um: 11:40 Uhr
Ort: Zimmer 222/II. Stock

Beschluss vom 6. Dezember 2018

Insolvenzen (Konkurse, Sanierungsverfahren u.a.) werden in der **Insolvenzdatei des Bundesministeriums für Justiz** unter der Internetadresse **www.edikte.justiz.gv.at** bekanntgemacht. Die Namen und die sonstigen Daten wurden geändert.

Die Forderung gegen Kurt Holzer e.U. (20091) in Höhe von € 6.120,– ist vollkommen uneinbringlich.

Im Jahr 2019 ergeben sich folgende Tatbestände:

19. 8. B 138 Die Christina Kunze KG hat € 1.800,– überwiesen. Der Rest über € 5.400,– ist endgültig verloren.

20. 9. Die Forderung an Martin Weber e.U. (20190) über € 5.040,– ist zur Gänze uneinbringlich. Der vom Kunden beantragte Konkurs wurde mangels Masse abgewiesen.

31.12. Die Forderung an den Kunden Peter König (20349) über € 11.664,– ist zweifelhaft; sie ist voraussichtlich nur mehr zu 20 % einbringlich.

Aufgabe: Erstellen Sie die sich per 31. Dez. 2018 und im Jahr 2019 ergebenden Buchungssätze. C

Das **Sanierungsverfahren mit Eigenverwaltung** (entspricht dem bisherigen Ausgleich) wird auf Grundlage eines vom Sanierungsverwalter bzw. Gericht genehmigten **Sanierungs- und Zahlungsplans** durchgeführt. Die **Mindestquote** beträgt **30 %,** zahlbar in höchstens zwei Jahren. Der Schuldner bleibt **selbständig verfügungsbefugt.** Bestimmte Geschäfte obliegen jedoch der Genehmigung durch den Sanierungsverwalter.

4 Wiederholungsbeispiele

SbX
Buchungstrainer
ID: 4002

Ü 4.56: Einzelbewertung von Forderungen – Inland

In der Textilienhandels GmbH, Freistadt, stehen zur Bewertung der Forderungen folgende Daten zur Verfügung:

Saldenliste				**Sachkonten**
Datum: 31.12.20 . .				Seite: 1
Kto.-Nr.	Kontoname	Soll	Haben	Saldo
. . .	. . .	. . .	. . .	. . .
2000	Lieferforderungen	5.128.452,00	4.587.495,00	540.957,00
2080	Einzelwertber. zu LF Inland		7.400,00	7.400,00
. . .	. . .	. . .	. . .	. . .
Summe		52.332.673,00	52.332.673,00	

Der Saldo des Kontos 2000 Lieferforderungen gliedert sich wie folgt:

Verschiedene Kunden		€	502.920,00
20021	Fritz Bauer e. U.	€	7.800,00
20045	Primus Roscher KG	€	6.000,00
20047	Brigitte Rosner OG	€	7.236,00
20051	Franz Trattler e. U.	€	4.641,00
20059	Warenhandels AG	€	12.360,00

Der Kunde Fritz Bauer e. U. ist in Konkurs gegangen. Die offene Forderung ist vollkommen uneinbringlich.

Abgrenzung der Stundungszinsen auf Monate genau

Der Primus Roscher KG wurde für die am 1. Dez. fällige Schuld von € 6.000,– ein Zahlungsaufschub bis 1. März n. J. gewährt. Die vereinbarungsgemäß verrechneten Stundungszinsen betragen € 135,– + € 27,– USt = € 162,– und sind noch zu verbuchen und abzugrenzen.

Von der Forderung an die Brigitte Rosner OG sind am 20. Dez. d. J. € 4.824,– bar eingegangen. Der Rest ist verloren. Es wurde bisher nur die Zahlung verbucht. Die Forderung betrug ursprünglich € 12.060,–.

Im **Sanierungsverfahren ohne Eigenverwaltung** (entspricht dem bisherigen Zwangsausgleich) ist nur der Masseverwalter verfügungsbefugt. Die **Mindestquote** beträgt **20 %,** zahlbar in höchstens zwei Jahren.

Im Sanierungsverfahren ohne Eigenverwaltung gegen den Kunden Franz Trattler e. U. haben die Gläubiger der Quote von 20 %, zahlbar innerhalb von 30 Tagen ab Annahme, zugestimmt.

Die Forderung an die Warenhandels AG ist zweifelhaft (schlechte Geschäftslage); sie wird als mit 40 % einbringlich bewertet.

Alle Forderungen enthalten 20 % USt.

Aufgabe: Stellen Sie die Buchungen per 31. Dez. 20.. auf. C

SbX
Buchungstrainer
ID: 4002

Ü 4.57: Bewertung von Forderungen und Verbindlichkeiten – Export

Die Gerhard Prinz OG verkauft an das Mølla Hotell, Lillehammer, Kontonummer 20363, Designer-Möbel.

4.08.

Gerhard Prinz OG • Alter Platz 12 • 9020 Klagenfurt am Wörthersee
www.gprinz.at • office@gprinz.at • +43 463 272 27

Mølla Hotell
Elvegaten 12
2609 Lillehammer

04.08.20..

RECHNUNG A 1274

Lieferung: 02.08.20..

10 Stk. Esstische, Varaplex	NOK 2.800,00	NOK 28.000,00
40 Stk. Stühle, Varaplex	NOK 800,00	NOK 32.000,00
		NOK 60.000,00

Zahlungsbedingungen:
50 % bei Erhalt der Ware abzüglich 2% Skonto, 50 % nach Ablauf von 30 Tagen
Tageskurse: 8,5606/8,4902

6.08. K 1201 Zahlung an die Flix Speditions-GmbH für den Transport € 670,–
9.09. B 298 Mølla Hotell hat NOK 30.000,– – NOK 600,– Skonto = NOK 29.400,– überwiesen. Gutschrift in Euro zum Kurs von 8,5263 abzüglich € 14,50 Spesen
31.12. U 88 Kurse: 8,5770/8,4999

Aufgabe: a) Bilden Sie die Buchungsanweisungen. C
Am 9. Sep. ist als Nebenrechnung die Abrechnung für den Verkauf der NOK aufzustellen.
b) Geben Sie den Bilanzansatz für die Forderungen gegen P. Kronstet per 31. Dez. an. C
c) Stellen Sie das Kundenkonto 20363 Mølla Hotell dar. C

SbX
Buchungstrainer
ID: 4002

Ü 4.58: Bewertung von Forderungen und Verbindlichkeiten – Import

Die Walter Hofbauer KG, Maschinenhandel in Linz, importiert Schleifmaschinen von K. F. Moore (33047), New York:

23.11. E 1040 USD 70.000,–, Tageskurs 1,1200/1,1100

K.F. MOORE
810 SEVENTH AVENUE AT 52nd & 53rd STREET
NEW YORK, NY 10019 I UNITED STATES

Walter Hofbauer KG
Aubrunnerweg 12
4045 Linz
Austria/Europe

Invoice: 12191

Customer 319100 | Agent John Stark | Date November 23, 20 . .

Product Code	Piece	Description	Price USD	Total USD
12187	5	grinding machine X99	14,000.00	**70,000.00**

Our terms of payment are 2%, 10 days or net 60

26.11. B 170 Überweisung an die Spedition für Transport, Zoll etc. € 2.060,–
3.12. B 180 Überweisung an K. F. Moore USD 35.000,– – USD 700,– Skonto = USD 34.300,– als Teilzahlung; Abrechnungskurs 1,1134, € 78,– Spesen
31.12. Kurs 1,1121/1,1031

Aufgabe: a) Stellen Sie die Buchungsanweisungen und am 3. Dez. die Abrechnung für den Devisenkauf als Nebenrechnung auf. C
b) Berechnen Sie den Bilanzansatz der Verbindlichkeit per 31. Dez. C
c) Stellen Sie das Personenkonto 33047 K. F. Moore dar. C

Ü 4.59: Bewertung von Forderungen und Verbindlichkeiten – Export, Import

Thomas Graf, Import und Export von Handelswaren, Klosterneuburg

In den Lieferforderungen sind enthalten:
Pete Miller (20769), Boston, USD 1.150,– für einen Export.

In den Lieferverbindlichkeiten sind enthalten:
Tim Glooc (33171), Liverpool, GBP 10.500,– für einen Warenimport.

Fremdwährungssaldenliste Debitoren

Kontonummer	Kontenbezeichnung	Saldo Fremdwährung	Entstehungskurs	Saldo in € zum Entstehungskurs	Tageskurs	Saldo in € zum Tageskurs	Kursgewinn/ Kursverlust	Bilanzansatz
20769	Pete Miller	USD 1.150,00	USD 1,1202	1.026,60	USD			
Summe		USD 1.150,00		1.026,60				

Fremdwährungssaldenliste Kreditoren

Konto-nummer	Konten-bezeichnung	Saldo Fremdwährung	Entstehungs-kurs	Saldo in € zum Entstehungskurs	Tageskurs	Saldo in € zum Tageskurs	Kursgewinn/ Kursverlust	Bilanzansatz
33171	Tim Glooc	GBP 10.500,00	GBP 0,7933	13.235,85	GBP			
Summe		**GBP 10.500,00**		**13.235,85**				

Kurse am 31. Dez.: USD 1,1184/1,1062
GBP 0,7995/0,7915
Berechnungen zu Kursgewinn bzw. Kursverlust auf € genau

Aufgabe: Ergänzen Sie die Tabelle.
Führen Sie die Bewertung der offenen Forderungen und Verbindlichkeiten zum Abschlussstichtag durch und ermitteln Sie den Bilanzansatz. C

SbX **Buchungstrainer ID: 4002**

Ü 4.60: Rechnungsabgrenzungen

In der Christian Eder OG, Wien, ergeben sich u.a. nachfolgend dargestellte Sachverhalte:

1. Das Zahlungsziel der am 6. Dez. 2018 fälligen Forderung gegen die Otto Gruber OG (20480) über € 9.000,– (inkl. 20 % USt) wird am 3. Dez. 2018 um drei Monate verlängert. Für die Verlängerung des Zahlungsziels werden € 180,– Zinsen + € 36,– USt = € 216,– zur bisherigen Forderung dazugeschlagen und am 3. Dez. verbucht (Konto 8135 Sonstige Zinsenerträge 20 %).
2. Am 13. Jan. 2019 erhalten wir die Miete für Dezember 2018 in Höhe von € 1.400,– + € 280,– USt = € 1.680,– (K 73) im Nachhinein.
3. Am 5. Nov. 2018 erfolgt die Zahlung der Prämie der Betriebsbündelversicherung für ein Jahr im Voraus (K 814, 815).

Vorauszahlungen sind unter den Bilanzpositionen **aktive** bzw. **passive Rechnungsabgrenzungsposten** auszuweisen:

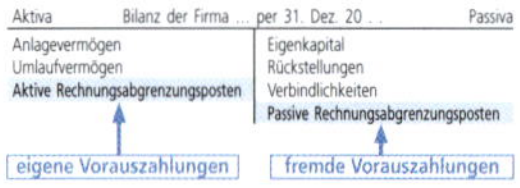

Vorauszahlungen sind Aufwände und Erträge, die **ganz oder zum Teil in das nächste Jahr** gehören. Der **Zahlungsvorgang** erfolgt **im Abschlussjahr** – Beleg im Abschlussjahr. Sie sind am Abschlussstichtag **auszubuchen:**

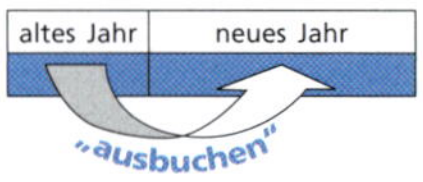

BAWAG PSK — BAWAG P.S.K. Bank für Arbeit und Wirtschaft und Österreichische Postsparkasse Aktiengesellschaft

ZAHLUNGSANWEISUNG
AUFTRAGSBESTÄTIGUNG

111 008 00 - 06.08

EmpfängerIn Name/Firma: Allgemeine Versicherungs AG, 1010 Wien — K 814

IBAN EmpfängerIn: AT876000000001912104

BIC (SWIFT-Code) der Empfängerbank: OPSKATWW — EUR — Betrag: 2.540,00

Verwendungszweck: Betriebsbündelversicherung 05.11.2018–04.11.2019
Polizze Nr. 91z21 18248971

(Stempel: WIEN b 5.-11.18.-0 1190)

IBAN KontoinhaberIn/AuftraggeberIn:

KontoinhaberIn/AuftraggeberIn Name/Firma: Christian Eder OG, Strehlgasse 32, 1190 Wien

©STUZZA FN122251G

Bitte vor Weitergabe des Auftrages abtrennen - verbleibt bei AuftraggeberIn.
Gilt nicht als Durchführungsbestätigung!

Fremde Rückstände sind als Forderungen, **eigene Rückstände** als **Verbindlichkeiten** auszuweisen:

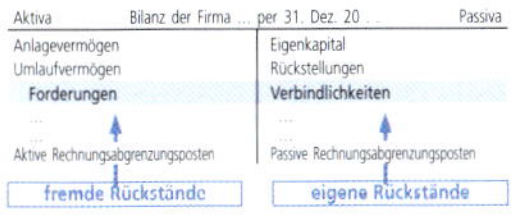

Rückstände sind Aufwände und Erträge, die **ganz oder zum Teil in das Abschlussjahr** gehören, die aber erst **im neuen Jahr** einen **Zahlungsvorgang** auslösen – Beleg im neuen Jahr. Sie sind am Abschlussstichtag **einzubuchen:**

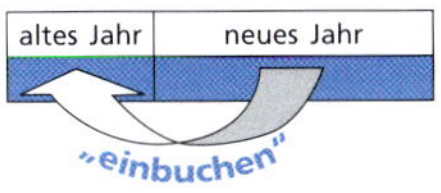

Österreichische Post AG
UID-Nr: ATU46674503
1190 Wien
Würthgasse 7-9
Tel. 0810 01 100
Internet: www.1190.post.at

K815

....
....
....

Es bediente Sie: Frau Eva Wagner
Datum: 05.11.2018 10:51

Entgeltbestätigung

Stk	Bezeichnung	EUR
1	Entgelt für Bareinzahlung	4,70
	SUMME	**4,70**

Mwst 0
Umsatzsteuerfrei 4,70

WIR DANKEN FÜR IHR KOMMEN

4. Auszug aus der Berechnung der gehaltsabhängigen Abgaben für Dez. 2018 (S 412):

SV-DGA:	Gesamtbeitrag	€ 6.628,80
	– SV-DNA	€ 2.891,20
	SV-DGA	€ 3.737,60

Der Ausdruck des Kontos 3600 Verbindlichkeiten Krankenkasse per 31. Dez. (vor Vornahme der Um- und Nachbuchungen) zeigt folgendes Bild:

Kontoblatt

Eder OG
Mandant EDER
Jahr 2018
Seite 1
Datum 31.12.2018

3600 Verbindlichkeiten Krankenkasse

B.nr.	Datum	Per.	BA	Bel.Nr.	Text	Kontonr.	EUR Soll	EUR Haben	%	SZ	Steuer
13280	07.11.2018	11	B	B122	SV-Gesamt/17	2800	6.835,95				
14612	29.11.2018	11	B	S1280	SV-DNA/18	6200		5.622,40			
14620	29.11.2018	11	B	S1288	SV-DGA/18	6560		7.395,20			
14941	07.12.2018	12	B	B136	SV-Gesamt/18	2800	13.017,60				
15940	27.12.2018	12	B	S1410	SV-DNA/19	6200		2.891,20			

Salden lt. Ausdruck	**3.944,75**	Umsatz lt. Ausdruck	**19.853,55**	**15.908,80**
Ausdr. mit Vorz.	**-82,86**	Umsatz mit Vorz.	**73.381,11**	**73.463,97**
Konto	**3.861,89**	Summe	**93.234,66**	**89.372,77**
EB/AB	**-2.891,20**	Summen o. EB/AB	**86.481,57**	**89.372,77**

Der Dienstgeberanteil zur Sozialversicherung Dezember wurde noch nicht verbucht.
Die Überweisung des Gesamtbetrages für Dezember an die Krankenkasse erfolgt am 8. Jan. 2019 (B 4).

Aufgabe: Stellen Sie die Buchungen für 2018 und 2019 auf. C

4 Wiederholungsbeispiele

SbX
Buchungstrainer ID: 4002

Die Verbuchung des Umsatzbonus erfolgt auf den Konten **5890 Umsatzbonus auf Wareneinkauf 20 %**, **2500 Vorsteuer** und dem **Lieferantenkonto.**

Ü 4.61: Rechnungsabgrenzungen

Bei der Erstellung des Jahresabschlusses der Adolf Zeltner KG, Neunkirchen, ergeben sich u. a. folgende Tatbestände:

1. Für die Einkäufe im Geschäftsjahr 2018 gewährt die Frikus GmbH (33080) einen Umsatzbonus per 31. Dez. 2018 von € 270,– + € 54,– USt = € 324,–. Die Überweisung des Umsatzbonus erfolgt mit 18. Jan. 2019 (B 8).

2. Die von der Adolf Zeltner KG für das 4. Quartal 2018 zu bezahlende Kammerumlage beträgt € 230,–. Am 15. Feb. 2019 werden an das Finanzamt laut nachfolgender Aufstellung insgesamt € 6.916,– überwiesen. Ein entsprechender Kontoauszug liegt vor (B 25).

Empfänger	Auftraggeber
Finanzamt: 33 Neunkirchen Wr. Neustadt	Adolf Zeltner Giro, AT82 3286 5000 0004 1521
IBAN: AT65 0100 0000 0550 4336	IBAN: AT82 3286 5000 0004 1521 BIC: RLNWATWWNSM
Abgabenkontonummer: 33-0914581	Name und Anschrift: Adolf Zeltner KG, 2620 Neunkirchen, Talgasse 12

Abgaben

Art	Zeitraum				Guthaben	Betrag
U	Monat(e)	12 Dezember	12 Dezember	2018	☐	4.543,60
KU	Quartal	4. Quartal	4. Quartal	2018	☐	230,00
L	Monat(e)	01 Jänner	01 Jänner	2019	☐	1.358,40
DB	Monat(e)	01 Jänner	01 Jänner	2019	☐	720,00
DZ	Monat(e)	01 Jänner	01 Jänner	2019	☐	64,00
					☐	

Zusatzinformation	Gesamtbetrag
Gewünschtes Durchführungsdatum: 15.02.2019	Betrag (EUR): 6.916,00
	Verfügbarer Betrag: 19.245,54 EUR

3. Die Rechnung der Struzzi OG (33190) für eine im Abschlussjahr an einer Maschine durchgeführte Reparatur wird mit Datum 28. Dez. 2018 im Jänner 2019 ausgestellt: € 1.500,– + + € 300,– USt = € 1.800,–. Der Ausgleich der Rechnung erfolgt am 16. Jan. 2019 durch PSK-Überweisung (P 12).

4. Für den Zeitraum Juli bis Dezember hat die Adolf Zeltner KG aus dem Verkauf von Industriestaubsaugern einen Provisionsanspruch gegenüber der Walter Schall GmbH erworben. Die Abrechnung erfolgt am 8. Jan. n. J. mit Datum 31. Dez.; Zahlung der Provision am 15. Jan. n. J. durch Banküberweisung (B 6).

WALTER SCHALL Gesellschaft mbH WS

Walter Schall GmbH
Krichbaumgasse 10
1120 Wien

Vertragspartner:	Adolf Zeltner KG Talgasse 12 2620 Neunkirchen
Provisionsstaffel (in Prozenten des Nettoumsatzes):	12 % → bis € 10.000,00 Nettoumsatz 15 % → von € 10.000,01 bis € 25.000,00 Nettoumsatz 20 % → über € 25.000,01 Nettoumsatz
Nettoumsatz Juli bis Dezember 2018:	€ 20.000,00
Provisionsbetrag per 31. Dez. 2018:	**€ 3.000,00 + € 600,00 USt = € 3.600,00**

Der Provisionsertrag ist per 31. Dez. in der Buchführung zu erfassen; Gegenkonto 20411 Walter Schall GmbH. Die Umsatzsteuer ist im Dezember zu verbuchen.

Aufgabe: Stellen Sie die Buchungen für 2018 und 2019 auf. C

SbX
Buchungstrainer ID: 4002

Ü 4.62: Rechnungsabgrenzungen

Bei Dr. Eva Mratschnig e. U. ergeben sich bei der Erstellung des Jahresabschlusses 2018 folgende Sachverhalte:

1. Im Dezember 2018 wurde eine unserer Maschinen von der Kitz GmbH (33090) repariert. Die Rechnung wird im Jänner 2019 von der Kitz GmbH mit dem Rechnungsdatum 31. Dez. 2018 ausgestellt und lautet auf € 3.200,– + € 640,– USt = € 3.840,– (E 892). Die Zahlung erfolgt am 25. Jan. 2019 durch Banküberweisung (B 12).

2. Für die Miete einer Lagerhalle wurde, entsprechend dem Mietvertrag, am 29. Nov. 2018 die Miete für drei Monate (Dezember bis Februar n. J.) im Voraus bezahlt. Gebucht wurde:
   7400 Mietaufwand 3.600,00 / 2700 Kassa 4.320,00
   2500 Vorsteuer 720,00 /

3. Als Kapitalanlage hat Dr. Eva Mratschnig festverzinsliche Wertpapiere (BKS Bank AG, Obligationen, Zinstermin 28. Feb. im Nachhinein) mit einem Nominale von € 60.000,– angeschafft. Die auf das Jahr 2018 entfallenden Zinsenerträge sind einzubuchen.
   Die Gutschrift der Zinsen für den Zeitraum 1. März 2018 bis 28. Februar 2019 erfolgt am 4. März 2019 im Nachhinein. Ein entsprechender Kontoauszug liegt vor (B 24).

Die Kapitalertragsteuer ist auf dem Konto 9600 Privat zu erfassen.

BKS Bank 3 Banken Gruppe — **Wertpapier-Abrechnung** — Ertrag 726323- 01.03.2019

Depotbezeichnung	Depotnummer	Betreuer
Mratschnig Eva Dr.	215-010715	15 0

Wertpapiernummer	Bezeichnung		Nominale/Stück	
AT0000A08LZ2	BKS BANK AG OBLIGATION 2015-2020/1		EUR	60.000,00
Ertrag Kupon	4,25 % jährlich 28.02.2019	Zinsen f. 365 Tage	EUR	2.550,00
		Kapitalertragsteuer	EUR	-701,25
		Summe	EUR	1.848,75

KESt-pflichtiges Wertpapier.

Extag 28.02.2019

Verwahrart, Positionsdaten: Sammelverwahrung

Verrechnung: Wert 04.03.2019 **EUR** **1.848,75** zu Gunsten Konto 410-619843

AAA040001532 Rechtsform: Aktiengesellschaft Sitz: St.-Veiter Ring 43, Klagenfurt, Firmenbuch-Nr. FN 91810s/Klagenfurt, DVR 0063703, UID-Nr. ATU25231503

4. Dem Kunden Christian Hüttinger wurde ein Darlehen über € 20.000,– gewährt. Die Rückzahlung des Darlehens (Tilgung und Zinsen) erfolgt halbjährlich jeweils am 1. Dezember und am 1. Juni jeden Jahres. Entsprechend dem Tilgungsplan hat Herr Hüttinger am 3. Dezember 2018 auf das Bankkonto € 5.430,– überwiesen (B 122). Vom Überweisungsbetrag entfallen € 3.510,– auf die Darlehensrückzahlung und € 1.920,– auf Zinsen für sechs Monate im Voraus. Die Zinsen wurden auf dem Konto 8110 Zinsenerträge aus gewährten Darlehen verbucht.

Aufgabe: Stellen Sie die Buchungen für 2018 und 2019 auf. C

SbX
Buchungstrainer ID: 4002

Ü 4.63: Rückstellungen

Auszug aus der Saldenbilanz der Max Moser GmbH, Baden, per 31. Dez. 2018 (vor Vornahme der Um- und Nachbuchungen):

Konto-Nr.	Kontenbezeichnung	Saldenbilanz Soll	Saldenbilanz Haben
3040	Rückstellungen für Rechts- und Beratungsaufwand		320,00
3050	Rückstellungen für nicht konsumierte Urlaube		3.000,00
3060	Garantierückstellungen		29.100,00
3061	Rückstellungen für Schadenersatzverpflichtungen		5.000,00
3090	Sonstige Rückstellungen		

Rückstellungen werden für **ungewisse Verbindlichkeiten** gebildet und sind, als Teil des Fremdkapitals, auf der **Passivseite der Bilanz** auszuweisen:

Aktiva — Bilanz der Firma … per 31. Dez. 20 …	Passiva
Anlagevermögen	Eigenkapital
Umlaufvermögen	**Rückstellungen**
Rechnungsabgrenzungsposten	Verbindlichkeiten
	Rechnungsabgrenzungsposten

1. Der Rückstellungsrest auf dem Konto 3040 ist aufzulösen.

2. Für die Vertretung in einer Rechtsangelegenheit ist eine Rückstellung für Rechts- und Beratungsaufwand in Höhe von € 6.000,– zu bilden.
   Ende April 2019 erhalten wir die Honorarabrechnung des Rechtsanwaltes Dr. Wolfgang Seedoch (33087).

   Dr. Wolfgang Seedoch – Rechtsanwalt

   2700 Wiener Neustadt, Wiener Straße 12
   Telefon: +43 2622 235 70 – E-Mail: wolfgang@seedoch.at

   Max Moser GmbH
   Mühlgasse 65
   2500 Baden

   29. April 2019

   HONORARNOTE

	Abrechnung der Rechtsangelegenheit „Ernst Sperrer" laut beiliegender detaillierter Aufstellung	€ 6.200,00
+	20 % Umsatzsteuer	€ 1.240,00
		€ 7.440,00

   Die Zahlung erfolgt durch Banküberweisung am 9. Mai 2019 (B 81).
3. Die Rückstellung für nicht konsumierte Urlaube (Angestellte) per 31. Dez. 2018 wurde mit € 4.000,– errechnet.
4. Aktennotiz des Unternehmers Max Moser:

   Es ist damit zu rechnen, dass für die per 31. Dez. 2018
   unter Garantie stehenden Leistungen in Höhe von € 1.530.000,–,
   Garantiearbeiten im Ausmaß von 2,5 % anfallen werden.
   Die Rückstellung ist auf den aktuellen Stand zu bringen.

5. Per 31. Dez. 2017 wurde für Schadenersatzansprüche des Kunden Erwin Rosner eine Rückstellung von € 5.000,– gebildet (Konto 3061). Am 23. Aug. 2018 wurden an Herrn Rosner € 4.500,– überwiesen, auf die wir uns geeinigt haben. Gebucht wurde:
   7819 Sonstige Schadensfälle / 2800 Bank 4.500,00
6. Ein Kunde macht Schadenersatzansprüche von € 2.000,– geltend, weil wir im Jahr 2018 einen Auftrag nicht ausgeführt haben. Die Ansprüche sind überhöht; wir rechnen damit, dass wir € 1.000,– zahlen werden müssen. Am 20. Juni 2019 überweisen wir an den Kunden € 1.400,–, auf die wir uns geeinigt haben (P 70).
7. Aus einer Bürgschaft im Betrag von € 8.000,–, die wir für einen Geschäftsfreund im Jahr 2018 übernommen haben, droht die Inanspruchnahme; Bildung einer Rückstellung per 31. Dez. 2018. Am 15. März 2019 überweisen wir € 6.000,– (B 28). Die restlichen € 2.000,– wurden aus dem Nachlass des verstorbenen Geschäftsfreundes bezahlt.

Aufgabe: Stellen Sie die Buchungssätze per 31. Dez. 2018 und für das Jahr 2019 auf. C

SbX
Buchungstrainer
ID: 4002

Ü 4.64: Rückstellungen

1. Der Geschäftsführer der Kucos GmbH, Klagenfurt am Wörthersee, erteilt den Auftrag, im Jahresabschluss per 31. Dez. 2018 eine Rückstellung in Höhe von € 4.500,– für Jahresabschlussarbeiten durch die Wirtschaftstreuhandgesellschaft Saremba & Schinogl GmbH (33244) zu berücksichtigen (U 134).

   Im Jahr 2019 ergeben sich folgende Tatbestände:

   16.4.2019 S 205 Die Honorarnote lautet auf (Auszug):

   Saremba & Schinogl S 205

   Steuerberatungs- und Buchhaltungs GmbH
   Mießtaler Straße 80, 9020 Klagenfurt am Wörthersee
   Tel: +43 463 34 120 Fax: +43 463 34 120-5
   E-mail: saremba@schinogl.at

   Kucos GmbH
   Kumpfgasse 21
   9020 Klagenfurt am Wörthersee

   16. April 2019

   Honorarnote Nr. 254/2019

   Für unsere für Sie geleisteten Bemühungen erlauben wir uns Ihnen unsere Honorarnote zu übermitteln, die sich aus tieferstehender Abrechnung ergibt.

   Wir ersuchen Sie, die Überweisung des zu unseren Gunsten aushaftenden Betrages in Höhe von **€ 6.000,00** mittels beiliegender Zahlungsanweisung vorzunehmen.

   Abrechnung: Erstellung des Jahresabschlusses 2018 sowie die laufende Beratung bis 31. März 2019

Honorar lt. Aufzeichnung	€ 5.400,00
– Sonderrabatt	€ 400,00
	€ 5.000,00
+ 20 % Umsatzsteuer	€ 1.000,00
	€ 6.000,00

   Zahlungsziel: Prompt bei Rechnungserhalt ohne Abzug

   18.4.2019 B 43 Bankausgang € 6.000,–; Ausgleich der Honorarnote

   Aufgabe: a) Erstellen Sie die Buchungsanweisungen. C
   b) Erstellen Sie die Buchungen am 16. April 2019, wenn die Honorarnote der Wirtschaftstreuhandgesellschaft auf € 4.200,– + € 840,– USt = € 5.040,– lautet. C
   c) Sind die unter a) und b) aufgestellten Buchungen erfolgserhöhend (↑), erfolgsmindernd (↓) oder erfolgsneutral (Ø)? Setzen Sie die entsprechenden Vermerke neben die Buchungssätze. D

2. Thomas Gangl e. U., Handel mit Sportartikeln, Bregenz

   Für den Angestellten Hans May ist für zehn nicht verbrauchte Urlaubstage eine Rückstellung zu bilden. Die Berechnung des Rückstellungsbetrages ergibt zum 31. Dezember 2018 pro nicht verbrauchtem Urlaubstag folgende Werte:

Entgelt	€ 150,00 · 12 Tage =	€ 1.800,00
+ Gehaltsnebenkosten	€ 45,00 · 12 Tage =	€ 540,00
Rückstellungsbetrag		€ 2.340,00

   Alle anderen Beschäftigten haben ihren Urlaubsanspruch im Geschäftsjahr verbraucht. In der Bilanz des Vorjahres sind € 5.200,– an Rückstellungen für nicht konsumierte Urlaube ausgewiesen.

   Aufgabe: a) Erstellen Sie die Buchungsanweisungen zum Abschlussstichtag. C
   b) Wie wirkt sich die Abschlussbuchung auf den Erfolg aus? Ist diese erfolgserhöhend (↑) oder erfolgsmindernd (↓)? Setzen Sie den entsprechenden Vermerk neben den Buchungssatz. D

3. Für das Geschäftsjahr 2018 ergibt die Gewinn- und Verlustrechnung der Jürgen Kampa GmbH € 125.000,– als Ergebnis vor Steuern. Das Konto 8500 Körperschaftsteuer weist € 22.250,– auf.

Aufgabe: a) Berechnen Sie die Körperschaftsteuerschuld sowie die erforderliche Körperschaftsteuerrückstellung für das Geschäftsjahr 2018. C

b) Verbuchen Sie die Körperschaftsteuerrückstellung (U 96). C

c) Das Finanzamt legt die Körperschaftsteuerschuld der Jürgen Müller GmbH durch Bescheid für das Jahr 2018 auf € 42.250,– fest. Verbuchen Sie den Ausgleich der Steuerschuld durch Banküberweisung am 22. Okt. 2019 (B 119). C

SbX Buchungstrainer ID: 4002

Ü 4.65: Kontierung von Abschlussbuchungen eines Einzelunternehmens

Auszug aus der Saldenbilanz von Mag. Susanne Steinort e. U., Wien, per 31. Dezember 2018:

Konto-Nr.	Kontenbezeichnung	Saldenbilanz	
		Soll	Haben
0200	Unbebaute Grundstücke	80.000,00	
0400	Maschinen	70.000,00	
0660	Betriebs- und Geschäftsausstattung	83.010,00	
1100	Rohstoffvorrat	160.000,00	
1600	HW-Vorrat	60.450,00	
2000	Lieferforderungen	194.700,00	
2900	ARA	1.234,00	
4015	Exporterlöse		412.300,00
5010	HW-Einsatz	711.550,00	
5100	Rohstoffverbrauch	1.600.000,00	
7200	Instandhaltung durch Dritte	18.000,00	
7400	Mietaufwand	13.000,00	
8290	Zinsenaufwand für Darlehen	6.700,00	

Folgende Tatbestände sind zu berücksichtigen (alle Berechnungen auf € genau):

1. Das unbebaute Grundstück von 2.000 m² wurde vor zehn Jahren um € 60,–/m² gekauft. Vor fünf Jahren wurde eine Teilwertabschreibung vorgenommen. Am 31. Dezember des Abschlussjahres beträgt der Preis pro m² € 75,–.

   Das Grundstück soll mit dem höchstmöglichen Wert in der Bilanz ausgewiesen werden (Habenkonto 4660 Erträge aus der Zuschreibung zum Anlagevermögen).

2. Am 3. Dez. des Abschlussjahres wurde eine neue modulare Lackierkabine GESCHA gekauft und am 11. Dez. 2018 in Betrieb genommen. Die bisher eingesetzte Lackieranlage wurde in Zahlung gegeben. Der Auszug der Rechnung der Hans Singer KG (33920) zeigt folgendes Bild:

	Modulare Lackierkabine GESCHA lt. Angebot		€ 72.000,00
+	20 % Umsatzsteuer		€ 14.400,00
			€ 86.400,00
	abzüglich:		
	Lackieranlage FEIGE	€ 2.800,00	
+	20 % Umsatzsteuer	€ 560,00	– € 3.360,00

   Für den Restbetrag wird ein Zahlungsziel von 30 Tagen vereinbart.

   In diesem Zusammenhang erfolgten noch keine Buchungen.

Auszug aus der Anlagenbuchführung:

Mag. Susanne Steinort e. U. 2018

Seite 1
Datum **31.12.2018**

Anlagenübersicht

Konto-Nr.	Inventar-Nr.	Bezeichnung	Inbetr.-Datum	Anschaffungswert	ND (Jahre)	Buchwert 01.01.2018	Abschreibung
...	...	Diverse Maschinen	...	€ 135.218,00	...	€ 60.844,00	€ 22.296,00
0400	4001	Lackieranlage FEIGE	22.07.2014	€ 30.520,00	5	€ 9.156,00	
0400	4002	Modulare Kabinenlackieranlage GESCHA	11.12.2018	€ 72.000,00	5		
Summen				**€ 237.738,00**		**€ 70.000,00**	

3. Das Konto 0660 Betriebs- und Geschäftsausstattung gliedert sich laut Anlagenbuchführung wie folgt:

Mag. Susanne Steinort e. U. 2018

Seite 1
Datum **31.12.2018**

Anlagenübersicht

Konto-Nr.	Inventar-Nr.	Bezeichnung	Inbetr.-Datum	Anschaffungswert	ND (Jahre)	Buchwert 01.01.2018	Abschreibung
0660	...	Div. Büroeinrichtung	...	€ 87.000,00	10	€ 1,00	
0660	6614	Büroeinrichtung	12.03.2009	€ 18.500,00	10	€ 1.850,00	
0660	6615	Safe	14.09.2014	€ 2.460,00	10	€ 1.599,00	
0660	6616	Computer u. Drucker	23.11.2014	€ 28.000,00	4	€ 3.500,00	
0660	6617	Kopiergerät	09.02.2016	€ 7.000,00	5	€ 4.200,00	
0660	6618	Büro-Kommunikationsanlage	01.12.2016	€ 2.496,00	4	€ 1.560,00	
0660	6619	EDV-Anlage	29.07.2017	€ 36.000,00	4	€ 31.500,00	
0660	6620	Farblaserdrucker	29.07.2017	€ 8.800,00	4	€ 7.700,00	
0660	6621	Panzerschrank	13.03.2018	€ 24.500,00	20		
0660	6622	Besprechungstisch und Sessel	16.10.2018	€ 6.600,00	8		
Summen				**€ 221.356,00**		**€ 51.910,00**	

Die Büroeinrichtung (Inventar-Nr. 6614), der Computer und Drucker (Inventar-Nr. 6616) verbleiben weiterhin im Betrieb; Abschreibung auf den Erinnerungseuro.

Die Unternehmerin Mag. Susanne Steinort, die im März 2018 im Verwaltungsgebäude des Unternehmens einen neuen Panzerschrank einbauen ließ, entnimmt den bisher verwendeten Safe (Inventar-Nr. 6615), um ihn im Keller ihres Privathauses einzumauern. Die Entnahme erfolgt zum Buchwert am 18. April 2018. Dieser entspricht dem Teilwert zum Zeitpunkt der Entnahme.

4. Rohstoffbewertung nach dem Identitätspreisverfahren

1.1.	Anfangsbestand	100.000 kg à € 1,60
1.3.	1. Zukauf	500.000 kg à € 1,80
5.7.	2. Zukauf	350.000 kg à € 2,–

Abfassungen laut Lagerbuchführung: vom Anfangsbestand 80.000 kg
vom 1. Zukauf 450.000 kg
vom 2. Zukauf 350.000 kg

Endbestand: vom Anfangsbestand 20.000 kg
vom 1. Zukauf 49.000 kg

Der Preis am Abschlussstichtag beträgt € 1,70 je kg.

5. Endbestand an Handelswaren laut Inventur € 54.000,–
   Ein Exportauftrag von S. Carter (20080), New York, wurde am 15. Dez. 2018 unter Einschaltung eines Spediteurs ausgeführt. Der Kaufvertrag lautet auf € 15.000,– CIF New York, Versendung via Triest. Laut Mitteilung des Spediteurs erfolgte die Verladung der Ware am 7. Jan. 2019 an Bord des vom Käufer genannten Schiffes „Anno". Die Faktura wurde bei Übergabe der Ware an den Spediteur in Wien verbucht, und zwar:
   20080 S. Carter / 4015 Exporterlöse 15.000,00
   Der Einstandspreis dieser Ware in Höhe von € 11.000,– ist im angegebenen Inventurwert nicht enthalten.
6. Der auf dem Konto 2900 ausgewiesene Betrag stammt aus einer Zinsenvorauszahlung für das Darlehen aus dem Vorjahr. Die Rechnungsabgrenzung ist aufzulösen (zu stürzen).
7. Am 29. Dez. 2018 wurde die Miete für einen Lagerplatz für Jänner 2019 bezahlt. Es wurde gebucht:
   7400 Mietaufwand 1.000,00 / 2800 Bank 1.200,00
   2500 Vorsteuer 200,00 /
   Die Vorauszahlung ist aus der Buchführung auszubuchen.
8. Für eine Reparatur am Betriebsgebäude erhalten wir die Rechnung von der Helmut Lackner OG (33992), Rechnungsdatum 28. Dez. 2018, am 27. Jan. 2019. Sie lautet auf € 6.000,– + € 1.200,– USt = € 7.200,–. Der Rückstand ist in der Buchführung des Abschlussjahres einzubuchen.

Aufgabe: Stellen Sie die erforderlichen Um- und Nachbuchungen auf. Nummerieren Sie die Um- und Nachbuchungen (U 1, U 2 usw.). C

SbX
Excel Buchungstrainer ID: 4002

Ü 4.66: Abschluss OG

Auszug aus der Saldenbilanz per 31. Dez. 2018 der Gruber & Zötsch OG, Graz:

Konto-Nr.	Kontenbezeichnung	Saldenbilanz Soll	Saldenbilanz Haben
0200	Unbebaute Grundstücke	115.000,00	
0300	Gebäude	231.015,00	
0640	Lkw	4.800,00	
0660	Betriebs- und Geschäftsausstattung	68.200,00	
1360	Vorrat Heizöl	4.000,00	
1600	HW-Vorrat	100.000,00	
2000	Lieferforderungen	114.000,00	
2080	Einzelwertberichtigungen zu Lieferforderungen Inland		800,00
2350	Forderungen aus Wertpapierzinsen		
2500	Vorsteuer		
2900	ARA		
3150	Darlehen		40.000,00
3300	Lieferverbindlichkeiten		238.152,00
3500	Umsatzsteuer		
3520	USt-Zahllast		12.400,00
3540	Verbindlichkeiten Finanzamt		8.000,00
4000	HW-Erlöse 20 %		2.045.500,00
4600	Erlöse aus dem Abgang von Anlagen 20 %		
4880	Übrige betriebliche Erträge 20 %		21.000,00
5010	HW-Einsatz	1.500.000,00	
5600	Heizölverbrauch	8.400,00	
Kl. 6	Personalaufwand (zusammengefasst)	384.000,00	
7010	Abschreibungen von Sachanlagen		

Konto-Nr.	Kontenbezeichnung	Saldenbilanz	
		Soll	Haben
7050	Außerplanmäßige Abschreibungen Anlagevermögen		
7800	Abschreibungen von Vorräten		
7802	Abschreibungen von Forderungen 20 %		
7806	Zuweisungen an WB zu Forderungen		
7820	Buchwert abgegangener Anlagen		
Div.	Diverse Aufwendungen (zusammengefasst)	168.513,00	
8270	Abschreibungen auf sonstige Finanzanlagen		
8280	Zinsenaufwand für Bankkredite	23.500,00	
8290	Zinsenaufwand für Darlehen	3.267,00	
9000	Festkapital Mag. Irene Gruber		70.000,00
9010	Festkapital Julia Zötsch		50.000,00
9050	Variables Kapital Mag. Irene Gruber		20.273,00
9060	Variables Kapital Julia Zötsch		22.490,00
9600	Privat Mag. Irene Gruber	125.000,00	
9610	Privat Julia Zötsch	35.000,00	

Folgende Tatbestände sind zu berücksichtigen (alle Berechnungen auf € genau):

1. Auf dem Konto 0200 Unbebaute Grundstücke ist ein Grundstück im Ausmaß von 1.250 m² mit einem seinerzeitigen Anschaffungswert von € 50,–/m² ausgewiesen. Durch den Bau einer Autostraße, die unmittelbar an dem Grundstück vorbeiführt, ist für dieses Grundstück höchstens ein Preis von € 40,–/m² zu erzielen. In der Bilanz ist diesem Sachverhalt durch eine Teilwertabschreibung Rechnung zu tragen.
2. Anschaffungswert des Gebäudes (ohne Zubau) € 249.200,–

   Im Abschlussjahr wurde ein Zubau, Beginn der Bauausführung 5. April, vorgenommen und im September in Verwendung genommen. Die Baukosten von € 41.000,– (netto) wurden auf das Konto 0300 Gebäude gebucht.

   Abschreibung des Gebäudes 2,5 % p.a., bis 1. Jan. 2018 wurde das Gebäude 9,5 Jahre genutzt. Der Zubau ist auf die Restlaufzeit des Gebäudes verteilt abzuschreiben.
3. Am 20. Dez. 2018 wurde der im Februar des Abschlussjahres bestellte VW Transporter Kastenwagen TDI 4Motion geliefert. Wie vereinbart hat der Autohändler Hans Zitz GmbH (33120) einen alten Kastenwagen VW Caddy TDI des Unternehmens in Zahlung genommen. Bei Auslieferung des neuen Kastenwagens TDI 4Motion wurde folgende Rechnung ausgestellt (Auszug):

RECHNUNG Nr. 12783 — 20. Dezember 2018

Bestellnr.	Bestelldatum	Lieferschein Nr.	Lieferdatum	Kundennr.
44182/18	23.02.2018	LS 12783	20.12.2018	20611

Menge	EH	Art. Nr.	Artikelbezeichnung	Einzelpreis in EUR	Gesamtpreis in EUR
1,00		LRBiTDI	Kastenwagen 2,0 TDI 4Motion inkl. Anhängevorrichtung, Laderaumverkleidung	36.000,00	36.000,00
			- 10 % Rabatt		3.600,00
					32.400,00
			+ 20 % USt		6.480,00
					38.880,00
			In Zahlung genommener Kastenwagen VW Caddy TDI 1,9 EUR 3.500,00		
			+ 20 % USt EUR 700,00		- 4.200,00
			Offener Restbetrag		34.680,00

In diesem Zusammenhang sind noch keine Buchungen erfolgt. Nutzungsdauer des neuen Kastenwagens TDI 4Motion fünf Jahre.

Daten laut Anlagendatei für den Kastenwagen VW Caddy TDI: AW € 16.000,–, BW am 1. Jan. 2018 € 4.800,–, Nutzungsdauer fünf Jahre

4. Abschreibung der Betriebs- und Geschäftsausstattung laut Anlagendatei € 11.490,–
5. Die Warenbewertung hat nach dem Identitätspreisverfahren aufgrund folgender Daten zu erfolgen:

Anfangsbestand	100 Stk. à € 1.000,–
1. Zukauf	1.000 Stk. à € 1.200,–
2. Zukauf	200 Stk. à € 1.500,–

Abfassungen:	vom Anfangsbestand	100 Stück
	vom 1. Zukauf	800 Stück
	vom 2. Zukauf	100 Stück
Endbestand:	vom 1. Zukauf	198 Stück
	vom 2. Zukauf	100 Stück

   Der Preis am Abschlussstichtag beträgt € 1.300,– je Stück.
6. Der Kunde Franz Klinger e. U. (20045) hat erhebliche Zahlungsschwierigkeiten. Wir rechnen mit einem Eingang von 60 % der Forderung von € 2.400,– (€ 2.000,– + € 400,– USt). Am 3. Dez. 2018 entnehmen wir der Insolvenzdatei des Bundesministeriums für Justiz, dass die Forderung gegenüber Franz Klinger e. U. verloren ist. Die Forderung ist auszubuchen.

   Auf dem Konto 2000 ist auch die Forderung an den Kunden Klaus Linner GmbH über € 7.700,– + € 1.540,– USt = € 9.240,– laut A 516 enthalten. Am 20. Dez. 2018 hat das Unternehmen ein Sanierungsverfahren mit Eigenverwaltung angemeldet und eine Quote von 30 % angeboten.
7. Laut Anzeige der Tankanlage beträgt der Vorrat an Heizöl am Abschlussstichtag 6.000 l zu € 0,57 pro Liter.
8. Die Zinsenzahlung (Zinssatz 7 % p. a.) für das ausgewiesene Darlehen erfolgt laut Vertrag vierteljährlich im Voraus, und zwar am 1. März, 1. Juni, 1. Sep. und 1. Dez. Die letzte Zahlung wurde mit folgendem Buchungssatz erfasst:

   8290 Zinsenaufwand für Darlehen / 3110 Bank 700,00
9. Die Kammerumlage wurde für das 4. Quartal mit € 312,– errechnet. Das Konto 7780 Kammerumlage ist in den Diversen Aufwendungen enthalten.
10. Umbuchung der Konten Vorsteuer, Umsatzsteuer und Privat

Aufgabe: a) Stellen Sie die sich ergebenden Um- und Nachbuchungen samt den erforderlichen Berechnungen auf. C

b) Ermitteln Sie den Erfolg mithilfe der Plus-Minus-Rechnung, führen Sie die Erfolgsaufteilung durch und stellen Sie die entsprechenden Buchungsanweisungen auf. C

Erfolgsverteilung:

Geschäftsführergehalt Mag. Irene Gruber € 114.800,–, Aufteilung des Restgewinnes im Verhältnis der festen Kapitalanteile der beiden Gesellschafterinnen

SbX
Excel Buchungstrainer ID: 4002

Ü 4.67: Abschluss KG

Auszug aus der Saldenbilanz per 31. Dez. 2018 der Ing. Fritz Bauer KG, St. Pölten:

Konto-Nr.	Kontenbezeichnung	Saldenbilanz	
		Soll	Haben
0640	Lkw	61.250,00	
0660	Betriebs- und Geschäftsausstattung	95.900,00	
1600	Handelswarenvorrat A	113.000,00	
1610	Handelswarenvorrat B	11.200,00	
2000	Lieferforderungen	95.070,00	
2080	Einzelwertberichtigungen zu Lieferforderungen Inland		1.000,00
2810	PSK	34.781,00	
2900	ARA		
3040	Rückstellungen für Rechts- und Beratungsaufwand		500,00
3050	Rückstellungen für nicht konsumierte Urlaube		3.400,00
3500	USt		
3520	USt-Zahllast		5.180,00
3730	Gewinnverrechnung Max Moser		
4000	Handelswarenerlöse A 20 %		641.000,00
4001	Handelswarenerlöse B 20 %		190.430,00
4410	Kundenskonti 20 %	8.160,00	
4600	Erlöse aus dem Abgang von Anlagen 20 %		2.100,00
4630	Erträge aus dem Abgang von Anlagen		
4700	Erträge aus der Auflösung von Rückstellungen		
5010	Handelswareneinsatz A	313.000,00	
5011	Handelswareneinsatz B	110.800,00	
5880	Lieferantenskonti auf Wareneinkauf	8.510,00	
Kl. 6	Personalaufwand	89.710,00	
7010	Abschreibungen von Sachanlagen		
7400	Mietaufwand	20.500,00	
7700	Versicherungsaufwand	5.560,00	
7800	Abschreibungen von Vorräten		
7802	Abschreibungen von Forderungen 20 %	1.000,00	
7806	Zuweisungen an WB zu Forderungen		
7820	Buchwert abgegangener Anlagen		
7830	Verluste aus dem Abgang von Anlagen		
Div.	Sonstige Aufwendungen	44.100,00	
8061	Endbesteuerte Zinsenerträge für Wertpapiere des AV		270,00
9000	Festkapital Ing. Fritz Bauer		180.000,00
9050	Variables Kapital Ing. Fritz Bauer		27.430,00
9100	Einlage Max Moser		60.000,00
9600	Privat Ing. Fritz Bauer	86.000,00	

Abschlussangaben (Berechnungen auf € genau):

1. Abschreibung der Fahrzeuge laut nachstehend abgebildetem Ausdruck der Anlagendatei:

Anlagenverzeichnis vom 31.12.2018 — Seite 1

Inv.-Nr.	Bezeichnung der Anlage Lieferant	Ansch.-D. Inb.-D.	Abg.-D.	Ansch.-Wert	ND J %	BW Beginn	Abschreib.	BW Ende BW abg. Anl.
6401	Lkw 1 ...	24.07.2014 25.07.2014		18.000,00	4 25	2.250,00		
6402	Lkw 2 ...	17.03.2016 18.03.2016		22.000,00	4 25	11.000,00		
6403	Lkw 3	22.05.2017		20.000,00	5	16.000,00		
	...							
Summen						29.250,00		

Am 12. Dez. des Abschlussjahres wurde der Lkw 1 gegen einen neuen Lkw (Lkw 4) eingetauscht und am selben Tag in Betrieb genommen. Gebucht wurde:

0640 Lkw	32.000,00	4600 Erlöse a. d. Abgang von Anlagen 20 %	2.000,00
2500 Vorsteuer	6.400,00	3500 Umsatzsteuer	400,00
		2810 PSK	36.000,00

Abschreibung des neuen Lkw 20 % p. a. direkt; Vornahme der Saldierungsbuchungen

Die Anlagendatei ist zu vervollständigen.

2. Abschreibung der Betriebs- und Geschäftsausstattung laut nachstehend abgebildetem Ausdruck der Anlagendatei:

Anlagenverzeichnis vom 31.12.2018 — Seite 2

Inv.-Nr.	Bezeichnung der Anlage Lieferant	Ansch.-D. Inb.-D.	Abg.-D.	Ansch.-Wert	ND J %	BW Beginn	Abschreib.	BW Ende BW abg. Anl.
...	Diverse Gegenstände Diverse	... ...		196.600,00	10 10	95.600,00	13.660,00	81.940,00
6608	PC W. Hofer, St. Pölten	18.01.2016 18.01.2016		600,00	4 25	300,00		
Summen				197.200,00		95.900,00		

Der PC mit der Inventarnummer 6608 wurde am 27. Sep. des Abschlussjahres um € 100,– + € 20,– USt = € 120,– verkauft.

Der Verkauf wurde im Hauptbuch, nicht jedoch in der Anlagendatei erfasst; Vornahme der Saldierungsbuchungen.

Die Anlagendatei ist zu vervollständigen.

3. Bewertung der Handelswaren:

Ware A: Nach dem Identitätspreisverfahren
Endbestand: 1.400 Stück, Einstandspreis € 5,20/Stück
21.000 Stück, Einstandspreis € 6,–/Stück
Preis am Abschlussstichtag: € 5,80/Stück

Ware B: Nach dem Fifo-Verfahren
Endbestand: 2.000 Stück
Letzter Zukauf: 4.000 Stück à € 4,90
Preis am Abschlussstichtag: € 4,60/Stück

4. Forderungsabschreibung:

Kurt Müller (20015): € 3.000,– (€ 2.500,– + € 500,– USt); im Vorjahr wurde mit einer Einbringlichkeit von 60 % gerechnet. Am 13. Dez. 2018 gingen € 1.200,– bar ein. Weitere Zahlungen sind nicht mehr zu erwarten.

Hans Berger (20169): € 4.500,– (€ 3.750,– + € 750,– USt); voraussichtlich sind nur 20 % einbringlich.

5. Für Feuerversicherung wurde am 4. Okt. des Abschlussjahres die Prämie für ein Jahr im Voraus bezahlt.

BAWAG PSK – BAWAG P.S.K. Bank für Arbeit und Wirtschaft und Österreichische Postsparkasse Aktiengesellschaft

ZAHLUNGSANWEISUNG
AUFTRAGSBESTÄTIGUNG

EmpfängerIn Name/Firma
Allgemeine Versicherungs AG, 1010 Wien

IBAN EmpfängerIn
AT876000000001912104

BIC (SWIFT-Code) der Empfängerbank
OPSKATWW

EUR | Betrag | Cent
640,00

Verwendungszweck
Feuerversicherung Polizzen-Nr. 367.809.002
Folgeprämie 02.10.2018 – 01.10.2019

Übernommen
Bank Austria UniCredit Group
04. Okt. 2018

IBAN KontoinhaberIn/AuftraggeberIn
AT471200000323132711

KontoinhaberIn/AuftraggeberIn Name/Firma
Ing. Fritz Bauer KG, Herzogenburger Straße 68, 3100 St. Pölten

Bitte vor Weitergabe des Auftrages abtrennen - verbleibt bei AuftraggeberIn.
Gilt nicht als Durchführungsbestätigung!

Von den übrigen Versicherungsprämien betreffen € 1.600,– das nächste Jahr. Die entsprechenden Abgrenzungen sind vorzunehmen.

6. Die Rückstellung für nicht konsumierte Urlaube (Angestellte) wurde mit € 4.125,– errechnet.
7. Der Rückstellungsrest auf dem Konto 3040 ist aufzulösen.
   Bildung einer Rückstellung für Rechts- und Beratungsaufwand € 6.000,–; das Konto 7750 ist in den Sonstigen Aufwendungen 20 % enthalten.
8. Umbuchung der Konten Privat und Umsatzsteuer

Aufgabe: a) Stellen Sie die Buchungsanweisungen für die Um- und Nachbuchungen auf. C

b) Errechnen Sie den Gewinn mithilfe der Plus-Minus-Rechnung, führen Sie die Erfolgsverteilung durch und stellen Sie die entsprechenden Buchungsanweisungen auf. C

Erfolgsaufteilung:
Nach den Bestimmungen des Gesellschaftsvertrages erhält der Komplementär Ing. Fritz Bauer ein Geschäftsführergehalt von € 126.000,– und eine Haftungsprovision von 5 % des eingebrachten festen Kapitalanteils.

Gewinn: Verteilen Sie den verbleibenden Gewinn im Verhältnis der eingebrachten Kapitalanteile (Festkapital Ing. Fritz Bauer, Einlage Max Moser).

Verlust: Teilen Sie den um das Geschäftsführergehalt und die Haftungsprovision vermehrten Verlust im Verhältnis des festen Kapitalanteils Ing. Fritz Bauer sowie der einbezahlten Einlage Max Moser auf.

SbX
Excel Buchungstrainer ID: 4002

Ü 4.68: Abschluss einer GmbH

Auszug aus der Saldenbilanz der Karla Ludwig GmbH, Wien, per 31. Dez. 2018:

Konto-Nr.	Kontenbezeichnung	Saldenbilanz	
		Soll	Haben
0120	Datenverarbeitungsprogramme	3.600,00	
0200	Unbebaute Grundstücke	130.000,00	
0210	Bebaute Grundstücke	70.000,00	
0300	Gebäude	150.000,00	
0640	Lkw	72.000,00	
0660	Betriebs- und Geschäftsausstattung	65.000,00	
1600	HW-Vorrat	100.000,00	
2000	Lieferforderungen	169.210,00	
2080	Einzelwertberichtigungen zu Lieferforderungen Inland		2.360,00
2900	ARA		

Konto-Nr.	Kontenbezeichnung	Saldenbilanz	
		Soll	Haben
3030	Rückstellungen für Körperschaftsteuer		
3040	Rückstellungen für Rechts- und Beratungsaufwand		
3150	Darlehen		240.000,00
3500	Umsatzsteuer		
3520	USt-Zahllast		8.500,00
3580	Einbehaltene KESt		
3720	Verbindlichkeiten Gesellschafterin Karla Ludwig		
3721	Verbindlichkeiten Gesellschafter Hans Timischl		
4000	HW-Erlöse 20 %		1.423.300,00
4010	Erlöse aus ig. Lieferungen		435.400,00
4015	Exporterlöse		120.900,00
4600	Erlöse aus dem Abgang von Anlagen 20 %		600,00
Div.	Diverse Erträge		20.465,00
5010	HW-Einsatz	1.300.000,00	
Kl. 6	Personalaufwand	359.080,00	
7010	Abschreibungen von Sachanlagen		
7050	Teilwertabschreibungen		
7750	Rechts- und Beratungsaufwand		
7800	Abschreibungen von Vorräten		
7802	Abschreibungen von Forderungen 20 %		
7806	Zuweisungen an WB zu Forderungen		
7815	Fremdwährungskursverluste	500,00	
Div.	Diverse Aufwände	108.334,00	
8280	Zinsenaufwand für Bankkredite	5.130,00	
8290	Zinsenaufwand für Darlehen	16.800,00	
8500	Körperschaftsteuer	36.720,00	
9000	Stammkapital		110.000,00
9310	Freie Rücklage		60.820,00
9390	Bilanzgewinn		
9880	Gewinnvortrag		1.700,00

Abschlussangaben (Berechnungen auf € genau):

1. Die Bewertung des Warenvorrats erfolgt nach dem gleitenden Durchschnittspreisverfahren. Dabei ergeben sich für den Artikel Dampfreiniger D10 folgende Werte per 31. Dez. 2018:

Datum	Text	Menge (Stk.)	Preis	Betrag (€)
31.12.	Soll-Endbestand	25	175,00	4.375,00
31.12.	Schwund			
31.12.	Ist-Endbestand	24		
31.12.	Abwertung			
31.12.	Bilanzansatz			

Preis am Abschlussstichtag: € 172,–

Bei den übrigen Artikeln entspricht der Einstandspreis per 31. Dez. dem letzten Einstandspreis. Fehlbestände sind nicht vorhanden bzw. konnten aufgeklärt werden. Der Bilanzansatz (Endbestand per 31. Dez.) der übrigen Artikel beträgt € 117.272,–.

2. Das auf dem Konto 0200 ausgewiesene Grundstück wurde mit € 130,–/m² angeschafft. Der Preis ist auf € 100,–/m² gefallen. Es soll eine Teilwertabschreibung vorgenommen werden.
3. Abschreibung Gebäude 2,5 % p. a. direkt vom AW von € 300.000,–
4. Im Abschlussjahr wurde ein Lkw als Ersatz für einen im Vorjahr bei einem Unfall total beschädigten Lkw gekauft und ordnungsgemäß verbucht. In der Anlagendatei wurden u. a. folgende Daten erfasst:

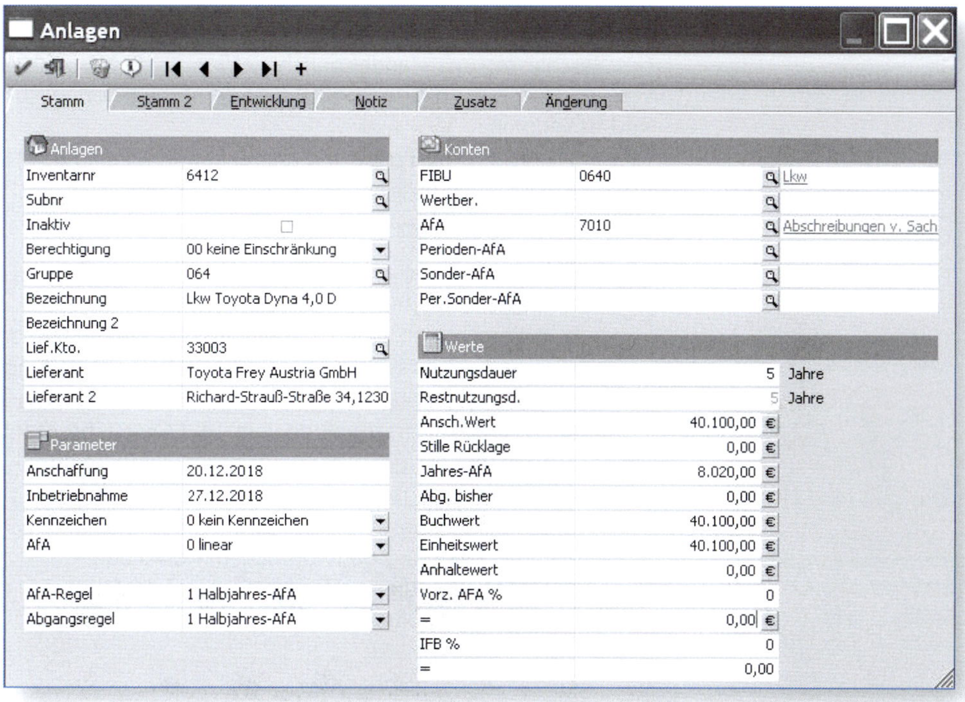

Abschreibung der restlichen Fahrzeuge laut Anlagendatei € 17.185,–

5. Abschreibung der Betriebs- und Geschäftsausstattung lt. Anlagendatei € 13.380,–
6. Am 17. Dez. des Abschlussjahres wurde von der Programma GmbH ein Softwarepaket um € 3.600,– + € 720,– USt = € 4.320,– gekauft und auf dem Konto 0120 erfasst; Nutzungsdauer fünf Jahre.
7. In den Lieferforderungen sind Exportforderungen gegen Hans Huber (20052), Schweiz, von CHF 20.000,– und Fred Brown (20680), USA, von USD 5.000,– laut nachfolgender Fremdwährungssaldenliste enthalten.

Fremdwährungssaldenliste Debitoren

Karla Ludwig GmbH 2018 — Seite 1
Jahr 2018 — Datum 31.12.2018

Kontonummer	Kontenbezeichnung	Saldo Fremdwährung	Entstehungskurs	Saldo in € zum Entstehungskurs	Tageskurs	Saldo in € zum Tageskurs	Kursgewinn/ Kursverlust	Bilanzansatz
20052	Hans Huber	CHF 20.000,00	CHF 1,0476	19.091,26	CHF			
20680	Fred Brown	USD 5.000,00	USD 1,1211	4.459,91	USD			
Summe		**CHF 20.000,00**		**19.091,26**				
Summe		**USD 5.000,00**		**4.459,91**				

Kurse am Abschlussstichtag: CHF 1,0485/1,0398
USD 1,1207/1,1142
Berechnungen zu Kursgewinn bzw. Kursverlust auf € genau

8. Die Darlehenszinsen werden mit 6 % p. a. am 1. März und 4. Sep. für ein halbes Jahr im Voraus bezahlt.

9. Anweisung der Geschäftsführerin Ludwig:

> Wien, am 31. Dezember 2018
>
> Für die Fertigstellung des Jahresabschlusses, die Erstellung der erforderlichen Steuererklärungen und Einreichungsunterlagen zum Firmenbuchgericht ist eine Rückstellung für Rechts- und Beratungsaufwand von € 8.200,– zu bilden.
>
> Karla Ludwig

10. Der Debitorenauszug ergibt Folgendes:
    Die Forderung von € 1.020,– (inkl. 20 % USt) gegen Sandra Hauser (20005) ist aufgrund des Beschlusses des Handelsgerichts Wien im Sanierungsverfahren mit Eigenverwaltung vom 20. Dez. 2018 nur zu 30 % einbringlich. Die Einbringlichkeit der 30 % ist gesichert, der Rest ist verloren.
    Neu zweifelhaft ist die Forderung gegen Robert Samer (20321) in Höhe von € 7.200,– (inkl. 20 % USt); sie ist voraussichtlich zu 20 % einbringlich.
11. Umbuchung des Umsatzsteuerkontos

Aufgabe: a) Stellen Sie die erforderlichen Berechnungen und die Buchungssätze für die Um- und Nachbuchungen auf. C

b) ● Berechnen Sie den vorläufigen Gewinn mithilfe der Plus-Minus-Rechnung. C
● Verbuchen Sie die Körperschaftsteuerrückstellung von € 1.720,–. C
● Berechnen und verbuchen Sie den Bilanzgewinn. C

c) Die Generalversammlung vom 14. Mai n. J. beschließt:
Vom Gewinn sind 5 % der freien Rücklage zuzuführen, der Rest wird im Verhältnis der Stammanteile aufgeteilt und ausgeschüttet.
Die beiden Gesellschafter sind am Stammkapital wie folgt beteiligt: Karla Ludwig mit € 70.000,–, Hans Timischl mit € 40.000,–.
Stellen Sie die nach der Generalversammlung erforderlichen Berechnungen (auf € genau) und die Buchungssätze auf. C

A B C D E

5 Wiederholungsbeispiele zur Steuerlehre

Ü 4.69: Bewertung

In der Peter Writz GmbH sind für die jeweiligen Abschlussstichtage folgende Bewertungen vorzunehmen, wenn ein möglichst niedriger unternehmensrechtlicher und steuerrechtlicher Gewinn ausgewiesen werden soll:

1. Ein Betriebsgrundstück (1.000 m²), das im Jahr 2012 um € 50,–/m² angeschafft wurde, könnte am Abschlussstichtag 31. Dez. 2019 um € 55.000,– veräußert werden. In der Bilanz per 31. Dez. 2018 ist das Grundstück mit € 45.000,– ausgewiesen. Der Grund der Abwertung besteht nicht mehr.

			Buchungssatz (Kontierung)
Bilanzansatz 31.12.2019, Wert nach Unternehmensrecht	€		
Bilanzansatz 31.12.2019, Wert nach Steuerrecht	€		

2. Der Anschaffungswert einer Fräsmaschine beträgt € 11.040,–, Nutzungsdauer acht Jahre, Buchwert am 1. Jän. 2018 € 5.520,–.
   Mit Ende 2019 wird die Produktausrichtung geändert. Der Wert am Abschlussstichtag der Fräsmaschine beträgt am 31. Dez. 2019 € 1.200,–.

Buchungssatz (Kontierung)

31.12.2018:
Bilanzansatz (Wert) nach Unternehmensrecht €

Bilanzansatz (Wert) nach Steuerrecht €

31.12.2019:
Bilanzansatz (Wert) nach Unternehmensrecht €

Bilanzansatz (Wert) nach Steuerrecht €

3. Am 14. Juni 2018 erwirbt die Peter Writz GmbH 7.000 Stück Aktien der Hochbau-AG, Anschaffungskurs € 116,– je Stück. Die Wertpapiere werden auf dem Konto 2620 Aktien des Umlaufvermögens erfasst, und zwar mit dem Buchungssatz

   2620 Aktien des Umlaufvermögens / 2800 Bank 812.000,00.

   Ermitteln Sie die Bilanzansätze für die jeweiligen Abschlussstichtage:

Buchungssatz (Kontierung)

Kurs 31.12.2018: € 125,–
Bilanzansatz (Wert) nach Unternehmensrecht €

Bilanzansatz (Wert) nach Steuerrecht €

Kurs 31.12.2019: € 102,–
Bilanzansatz (Wert) nach Unternehmensrecht €

Bilanzansatz (Wert) nach Steuerrecht €

Aufgabe: Ermitteln Sie die Bilanzansätze und nehmen Sie die Kontierungen per 31. Dez. vor. C

SbX
Formular Buchungstrainer ID: 4002

Ü 4.70: Errechnung des steuerpflichtigen Gewinnes und des Bilanzgewinnes von Hans Theuermann e. U.

Der vorläufige unternehmensrechtliche Gewinn von Hans Theuermann e. U., Wolfsberg, beträgt für das Jahr 2018 € 154.070,–.

Folgende Tatbestände sind zu berücksichtigen:

1. In den Aufwendungen sind enthalten: € 220,– Spenden an nicht begünstigte Institutionen sowie nicht absetzbare Repräsentationsaufwendungen von € 4.100,–.
2. Im März 2018 wurde ein Kombi gekauft, Anschaffungswert € 24.848,– (inkl. 20 % USt). Der Kombi wurde ordnungsgemäß verbucht und die Abschreibung von € 3.106,– (Nutzungsdauer acht Jahre) vorgenommen. Betriebskosten (inkl. Versicherung und Steuer) von € 3.750,– wurden als Aufwand erfasst. Der Kombi wird zu 25 % auch privat genutzt, was bisher nicht berücksichtigt wurde.
3. Für einen ausschließlich betrieblich genutzten Pkw wurden € 4.632,– gewinnmindernd abgeschrieben; Anschaffungswert des Pkw € 18.528,– (inkl. 20 % USt), Abschreibungsbetrag gemäß EStG € 2.316,–.
4. Für langfristige Rückstellungen wurden in der Bilanz € 7.550,– berücksichtigt. Der abgezinste Betrag wurde mit € 7.048,01 errechnet.
5. Stand der pauschalen Rückstellung für Gewährleistungs- und Schadenersatzverpflichtungen per 31. Dez. 2017 € 18.720,–. Die Rückstellung wurde per 31. Dez. 2018 auf € 17.930,– verringert.
6. Im Gewinn sind € 1.566,– durch die KESt endbesteuerte Zinsenerträge für Wertpapiere (€ 2.160,– Zinsen – € 594,– KESt) enthalten; zugehörige Depotgebühren € 61,–.
7. Der Unternehmer hat sich in seiner Privatwohnung einen Raum als Arbeitszimmer eingerichtet, in dem er häufig nach Betriebsschluss für das Unternehmen arbeitet. Für dieses Arbeitszimmer wurden an Stromkosten € 855,– auf dem Konto 5630 Stromverbrauch und als Abschreibung € 600,–, Konto 7010, verbucht.
8. Das Gewinnfreibetrag ist im höchstmöglichen Ausmaß in Anspruch zu nehmen. In der Abschlussperiode wurden begünstigte körperliche Wirtschaftsgüter im Ausmaß von € 26.000,– angeschafft.

Die **Beilage zur Einkommensteuererklärung** finden Sie im SbX.

Aufgabe: a) Errechnen Sie den steuerpflichtigen Gewinn (alle Beträge auf € genau). C
b) Stellen Sie die Buchungsanweisungen auf. C
c) Errechnen Sie den Bilanzgewinn. C
d) Erfassen Sie die Werte der steuerlichen Mehr-Weniger-Rechnung in der Beilage zur Einkommensteuererklärung. C

SbX
Formular
Buchungstrainer
ID: 4002

Ü 4.71: Errechnung des steuerpflichtigen Gewinnes und des Bilanzgewinnes von Edeltraud Weitzer e. U.

Der vorläufige unternehmensrechtliche Gewinn von Edeltraud Weitzer e. U., Wels, beträgt für 2018 € 111.690,–.

1. In den Aufwänden sind enthalten:
   € 2.000,– Spenden für Hilfestellung in Katastrophenfällen und anerkannte Spendenorganisationen, welche zum begünstigten Empfängerkreis lt. Aufstellung des Bundesministeriums für Finanzen gehören,
   € 100,– Spende an den örtlichen Gesangsverein,
   € 850,– nicht absetzbare Repräsentationsaufwendungen im Rahmen der Bewirtung von Geschäftspartnern.
2. Im August 2018 wurde ein Landrover (Pkw) um € 32.400,– (inkl. NoVA) + € 6.480,– USt = = € 38.880,– angeschafft und in der Buchführung erfasst. Der Pkw wird zu 40 % privat genutzt. Die Betriebskosten betragen (inkl. Versicherung und diversen Steuern) € 2.540,–; Nutzungsdauer acht Jahre.
3. Für das Arbeitszimmer in den privaten Räumlichkeiten wurden im laufenden Geschäftsjahr in der Buchführung auf den angeführten Konten erfasst:
   € 400,– Beheizung und Beleuchtung – Konto 5630
   € 1.250,– Geringwertige Wirtschaftsgüter (Schreibtisch, Regale, Beleuchtungskörper) – Konto 7030
4. Für das Firmenhandy wurde bei der letzten Betriebsprüfung ein Privatanteil von 20 % festgelegt; dieser wurde in der Buchführung noch nicht erfasst. Laut den Rechnungen der Mobilkom Austria AG entfallen von dem auf dem Konto 7380 Telefongebühren ausgewiesenen Aufwand € 1.240,– auf das Firmenhandy.
5. Die pauschale Garantierückstellung per 31. Dez. 2017 in Höhe von € 9.200,– wird im Jahresabschluss 2018 auf € 8.000,– verringert.
6. Für einen laufenden Prozess gegenüber einem Bauunternehmen, diverse Baumängel betreffend, wurde im Jahresabschluss eine Rückstellung über € 7.500,– gebildet. Aufgrund der schwierigen Beweislage wird mit einer Prozessdauer von mehr als einem Jahr gerechnet. Der abgezinste Betrag wurde mit € 7.001,33 errechnet.
7. Im Gewinn sind € 1.196,25 durch die KESt endbesteuerte Zinsenerträge (€ 1.650,– – – € 453,75 KESt) enthalten; zugehörige Depotgebühren € 71,–.
8. Der Gewinnfreibetrag ist im höchstmöglichen Ausmaß in Anspruch zu nehmen. In der Abschlussperiode wurden begünstigte körperliche Wirtschaftsgüter im Ausmaß von € 30.100,– angeschafft.

Die **Beilage zur Einkommensteuererklärung** finden Sie im SbX.

Aufgabe: a) Errechnen Sie den steuerpflichtigen Gewinn (alle Beträge auf € genau). C
b) Stellen Sie die Buchungsanweisungen auf. C
c) Errechnen Sie den Bilanzgewinn. C
d) Erfassen Sie die Werte der steuerlichen Mehr-Weniger-Rechnung in der Beilage zur Einkommensteuererklärung. C

Ü 4.72: Berechnung des Gesamtbetrages der Einkünfte

Theresa Gruber ist an der BHAK/BHAS Wolfsberg als Lehrerin teilbeschäftigt. Nebenbei ist sie als Referentin für das WIFI Kärnten tätig.

Im Kalenderjahr 20.. ergeben sich für Theresa Gruber folgende Einkünfte:

1. Die Einkünfte als freie Dienstnehmerin beim WIFI Kärnten setzen sich wie folgt zusammen:

   Einnahmen € 12.000,– (Erträge/Betriebseinahmen gemäß § 109a EStG)

   Abzugsfähige Betriebsausgaben: Abschreibungen (Laptop und Drucker) € 320,–, Internet- und Telefongebühren € 302,–, div. Büromaterial € 108,–, Fahrtkosten € 766,–, sonstige Ausgaben € 162,–.

   Der jeweilige Privatanteil wurde bereits herausgerechnet.

   Der Gewinnfreibetrag ist zu berücksichtigen.

2. Der Lohnzettel und Beitragsgrundlagennachweis für Theresa Grubers Tätigkeit an der BHAK/BHAS Wolfsberg weist folgende Beträge aus (Auszug):

KZ 210	Bruttobezüge	€ 46.846,03
KZ 220	Sonstige Bezüge (innerhalb des Jahressechstels), vor Abzug der Sozialversicherungsbeiträge (SV-Beiträge)	€ 6.642,88
KZ 225	Einbehaltene Sozialversicherungsbeiträge für KZ 220	€ 1.082,88
KZ 230	Insgesamt einbehaltene SV-Beiträge etc. abzüglich jener lt. KZ 225 und KZ 226	€ 7.154,56
KZ 243	Summe übrige Abzüge	€ 962,88
KZ 245	Steuerpflichtige Bezüge	€ 31.708,82
KZ 260	Anrechenbare Lohnsteuer	€ 7.841,58

Das Werbungskostenpauschale in Höhe von € 132,– ist berücksichtigt.

3. Theresa Gruber ist an einem Unternehmen als stille Gesellschafterin beteiligt. Der Gewinnanteil aus dieser Beteiligung beträgt € 3.750,–.
4. Ein Lottogewinn bescherte Theresa Gruber Einnahmen von € 14.500,–.

Aufgabe: Berechnen Sie den Gesamtbetrag der Einkünfte für das Kalenderjahr 20 . . . C

Fortsetzung von Ü 4.72 (Theresa Gruber)

Ü 4.73: Berechnung der Einkommensteuer und der Abgabennachforderung bzw. Abgabengutschrift

Der Gesamtbetrag der Einkünfte von Theresa Gruber beträgt für das Jahr 20 . . € 44.324,36.

Folgende Sonderausgaben und außergewöhnlichen Belastungen werden für das Jahr 20 . . beantragt:

a) Kirchenbeitrag € 339,–
b) Spenden an spendenbegünstigte Einrichtungen € 250,–
c) Theresa Gruber setzt keine Topf-Sonderausgaben an; das Sonderausgabenpauschale von € 60,– ist zu berücksichtigen.
d) Für Sohn Luca, der in Graz studiert, kann ein Pauschale für die auswärtige Berufsausbildung in Höhe von € 1.320,– angesetzt werden.

Theresa Gruber lebt mit ihrem Gatten im gemeinsamen Haushalt. Für die beiden Kinder bezog sie im gesamten Kalenderjahr Familienbeihilfe. Der Kinderfreibetrag für beide Kinder wird nur von Theresa Gruber geltend gemacht.

Die Daten des Lohnzettels und Beitragsgrundlagennachweises für das Jahr 20 . . entnehmen Sie aus **Ü 4.72.** Der Pendlereuro wurde bereits vom Arbeitgeber berücksichtigt.

An Einkommensteuervorauszahlungen wurden von Theresa Gruber für das Kalenderjahr 20 . . € 2.700,– geleistet.

Aufgabe: Berechnen Sie die Einkommensteuer und die Abgabennachforderung bzw. die Abgabengutschrift für das Kalenderjahr 20 . . . C

Ü 4.74: Arbeitnehmerveranlagung

Georg Baumgartner, Buchhalter in einer Steuerberatungskanzlei, möchte für das Kalenderjahr 20.. die Arbeitnehmerveranlagung durchführen. Folgende Daten stehen zur Verfügung:

- Zahlungsbestätigung Kirchenbeitrag € 295,–
- Bestätigung einer Barauslage für Licht ins Dunkel € 100,–
- Rechnung und Zahlungsbestätigung für Fachliteratur € 175,–

Im Rahmen einer beruflichen Weiterbildung sind vom Dienstgeber nicht übernommene Kosten angefallen:

- Kurskosten € 750,–
- Fahrtkosten € 244,–
- Kosten für Schulungsunterlagen € 90,–

Georg Baumgartner ist ledig und kinderlos.

Der Lohnzettel und Beitragsgrundlagennachweis für 20 . . zeigt folgendes Bild (Auszug):

Bruttobezüge gemäß § 25 (ohne § 26 und ohne Familienbeihilfe)	210			48.625,28
Steuerfreie Bezüge gemäß § 68		215	–	529,79
Bezüge gemäß § 67 Abs. 1 und 2 (innerhalb des Jahressechstels), vor Abzug der Sozialversicherungsbeiträge (SV-Beiträge)		220	–	6.873,77
Insgesamt einbehaltene SV-Beiträge, Kammerumlage, Wohnbauförderung	8.566,99			
Abzüglich einbehaltene SV-Beiträge: für Bezüge gemäß Kennzahl 220 (225)	– 1.137,23	230	–	7.429,76
für Bezüge gemäß § 67 Abs. 3 bis 8, soweit steuerfrei bzw. mit festem Steuersatz versteuert (226)	– 0,00			
Landarbeiterfreibetrag gemäß § 104		240	–	0,00
Übrige Abzüge: Auslandstätigkeit gemäß § 3 Abs. 1 Z 10	0,00			
Entwicklungshelfer/innen gemäß § 3 Abs. 1 Z 11	0,00			
Steuerfrei gemäß § 3 Abs. 1 Z 16c	0,00			
Pendler-Pauschale gemäß § 16 Abs. 1 Z 6	0,00			
Pendlereuro, Betrag in Euro (§ 33 Abs. 5 Z 4) (Nicht in Kennzahl 243 berücksichtigt): 0,00				
Einbehaltene freiwillige Beiträge gemäß § 16 Abs. 1 Z 3b	957,74	243	–	**Summe übrige Bezüge** 957,74
Steuerfreie bzw. mit festen Sätzen versteuerte Bezüge gemäß § 67 Abs. 3 bis 8, vor Abzug der SV-Beiträge	0,00			
Sonstige steuerfreie Bezüge	0,00	245	=	**Steuerpflichtige Bezüge** 32.834,22
Insgesamt einbehaltene Lohnsteuer	0,00			
Abzüglich Lohnsteuer mit festen Sätzen gemäß § 67 Abs 3 bis 8	– 8.338,54	260	=	**Anrechenbare Lohnsteuer** 8.338,54

Aufgabe: a) Erfassen Sie die Daten in den Masken der anonymen Steuerberechnung der Arbeitnehmerveranlagung. C

b) Erstellen Sie die Gesamtübersicht der eingegebenen Daten. C

c) Berechnen Sie das voraussichtliche Ergebnis der Arbeitnehmerveranlagung. C

Ü 4.75: Ermittlung der Körperschaftsteuer

Der vorläufige unternehmensrechtliche Bilanzgewinn der Monika Pirker GmbH beträgt für das Jahr 2018 € 85.777,–.

Für die Berechnung des steuerlichen Jahresergebnisses sind noch folgende Sachverhalte zu berücksichtigen:

1. In den Aufwänden sind nicht absetzbare Repräsentationsaufwendungen von € 2.031,– enthalten.
2. Ein ausschließlich betrieblich genutzter Pkw mit einem Anschaffungswert von € 34.760,– wurde mit € 6.952,– (fünf Jahre) unternehmensrechtlich abgeschrieben und verbucht.
3. Im Abschlussjahr wurde ein KSt-Aufwand in Höhe von € 35.350,– gewinnmindernd verbucht.

Die für das Abschlussjahr geleisteten KSt-Vorauszahlungen betragen € 35.350,–.

Aufgabe: a) Berechnen Sie mithilfe der steuerlichen Mehr-Weniger-Rechnung das steuerliche Jahresergebnis bzw. den körperschaftsteuerpflichtigen Gewinn (Einkünfte aus Gewerbebetrieb). C

b) Berechnen Sie

- die Körperschaftsteuer für das Veranlagungsjahr,
- die Körperschaftsteuer-Abschlusszahlung bzw. -Gutschrift für das Veranlagungsjahr und
- den Bilanzgewinn/Bilanzverlust. C

c) Bilden Sie die Körperschaftsteuerrückstellung. C

SbX
Formular
ID: 4002

Ü 4.76: USt-Zahllast, Umsatzsteuervoranmeldung

Sandra Wagner e. U., Sporteinzelhandel, Karmeliterplatz 2, 8010 Graz, handelt mit Sportartikeln aller Art. Alle angeführten Beträge sind, sofern keine weiteren Hinweise, exkl. Umsatzsteuer.

Für März 20 . . ergeben sich folgende Werte:

Vorsteuer:

Für die im Inland bezogenen Waren fällt eine Vorsteuer in Höhe von € 4.460,– an.

Vorsteuer aus innergemeinschaftlichen Erwerben:

Sandra Wagner hat Sportartikel aus Holland um € 3.820,– gekauft.

Einfuhrumsatzsteuer:

Die entrichtete Einfuhrumsatzsteuer für Importe aus Taiwan beträgt im März € 1.240,–.

Erlöse Inland 20 %:

Der Erlös aus Warenverkäufen an österreichische Kunden beläuft sich im März auf € 98.500,–.

Erlöse aus innergemeinschaftlichen Lieferungen:

Ein deutscher Unternehmer hat online Fitnessgeräte um € 12.460,– gekauft. Eine UID-Nummer liegt vor.

Eigenverbrauch 20 %:

Sandra Wagner hat als Weihnachtsgeschenk für ihren Neffen eine Snowboardausrüstung um € 680,– entnommen.

Das **Formular Umsatzsteuervoranmeldung (U 30)** finden Sie im SbX.

Aufgabe: a) Ermitteln Sie die USt-Zahllast für März 20 . . . C

b) Erstellen Sie die Umsatzsteuervoranmeldung für April 20 . . (Finanzamt Graz-Stadt, Conrad-von-Hötzendorf-Straße 14–18, 8010 Graz, Finanzamtsnummer – Steuernummer 68 062/7757). C

Lösung:

a) Tabelle zur Ermittlung der Umsatzsteuerbemessungsgrundlage:

Erlöse	Gesamtbetrag	Nicht steuerbar	Steuerbar	Steuerfrei	Steuerpflichtig	Steuersatz	USt
Erlöse Inland 20 %							
Erlöse aus ig. Lieferungen							
Eigenverbrauch 20 %							
Summen							

Fortsetzung von Ü 4.76 (Sandra Wagner e. U.)

SbX
Formular
ID: 4002

Ü 4.77: Umsatzsteuererklärung

Für Sandra Wagner e. U., ergeben sich im Jahr 20 . . . folgende Werte (Alle angeführten Beträge sind, sofern keine weiteren Hinweise, exkl. Umsatzsteuer):

Vorsteuer:

Für die im Inland bezogenen Waren fällt eine Vorsteuer in Höhe von € 61.240,– an.

Vorsteuer aus innergemeinschaftlichen Erwerben:

Sandra Wagner hat Sportartikel aus Holland um € 52.620,– gekauft.

Einfuhrumsatzsteuer:

Die entrichtete Einfuhrumsatzsteuer für Importe aus Taiwan beträgt € 6.720,–.

USt-Zahllast:

An USt-Vorauszahlungen wurden € 54.200,– geleistet.

Erlöse Inland 20 %:

Im Jahr 20.. wurden Waren an österreichische Kunden um € 592.700,– verkauft.

Erlöse aus innergemeinschaftlichen Lieferungen:

Unternehmer aus den EU-Mitgliedsstaaten haben online Sportartikel um € 43.440,– gekauft. Ein Unternehmer konnte keine gültige UID-Nummer nachweisen; Umsatz: € 440,–.

Exporterlöse:

Die Erlöse aus den Sportartikelverkäufen an Betriebe in die Schweiz beliefen sich auf € 9.930,–.

Erlöse aus dem Abgang von Anlagen 20 %:

Es wurde in diesem Jahr ein Fiat Ducati (Fiskal-Lkw) an einen benachbarten Kollegen um € 6.660,– verkauft.

Eigenverbrauch 20 %:

Der Eigenverbrauch beträgt im Jahr 20.. € 1.980,–.

Sandra Wagner ist kein Kammermitglied.

Das **Formular Umsatzsteuererklärung (U 1)** finden Sie im SbX.

Aufgabe: a) Ermitteln Sie die Umsatzsteuerbemessungsgrundlage von Sandra Wagner e. U. für das Jahr 20 . . und berechnen Sie anschließend die Gutschrift bzw. die Nachforderung. C

b) Füllen Sie die Umsatzsteuererklärung (U 1) aus (Finanzamt Graz-Stadt, Conrad-von-Hötzendorf-Straße 14–18, 8010 Graz, Finanzamtsnummer – Steuernummer 68 062/7757). C

Lösung:

a) Tabelle zur Ermittlung der Umsatzsteuerbemessungsgrundlage:

Erlöse	Gesamtbetrag	Nicht steuerbar	Steuerbar	Steuerfrei	Steuerpflichtig	Steuersatz	USt
Erlöse Inland 20 %							
Erlöse aus ig. Lieferungen							
Exporterlöse							
Erlöse aus dem Abgang von Anlagen 20 %							
Eigenverbrauch 20 %							
Summen							

A B C D E

6 Wiederholungsbeispiele zur Jahresabschlussanalyse und Jahresabschlusskritik, Controlling

SbX Formular Excel ID: 4002

Ü 4.78: Jahresabschlussanalyse und Jahresabschlusskritik

Walter Liesegang e. U., Amstetten, erstellte für 2017 und 2018 folgende Bilanzen:

Bilanz per 31. Dez. 2017

Aktiva			Passiva		
Anlagevermögen			**Kapital**		497.000,00
1. Fahrzeuge	65.000,00		**Rückstellungen**		42.000,00
2. Geschäftsausstattung	238.000,00	303.000,00	**Verbindlichkeiten**		
Umlaufvermögen			1. Darlehen	480.000,00	
1. Warenvorrat	625.000,00		2. Lieferverbindlichkeiten	313.000,00	793.000,00
2. Lieferforderungen	257.000,00				
3. Sonstige Forderungen	33.000,00				
4. Kassa, Bank	101.000,00	1.016.000,00			
Aktive Rechnungsabgrenzung		13.000,00			
		1.332.000,00			1.332.000,00

Bilanz per 31. Dez. 2018

Aktiva			Passiva		
Anlagevermögen			**Kapital**		507.000,00
1. Fahrzeuge	72.000,00		**Rückstellungen**		37.000,00
2. Geschäftsausstattung	243.000,00	315.000,00	**Verbindlichkeiten**		
Umlaufvermögen			1. Darlehen	400.000,00	
1. Warenvorrat	613.000,00		2. Lieferverbindlichkeiten	449.000,00	849.000,00
2. Lieferforderungen	297.000,00				
3. Sonstige Forderungen	29.000,00				
4. Kassa, Bank	131.000,00	1.070.000,00			
Aktive Rechnungsabgrenzung		8.000,00			
		1.393.000,00			1.393.000,00

Gewinn- und Verlustrechnung	2018	2017 (in 1.000 €)
Warenerlöse	5.915.000,00	5.562
+ Sonstige betriebliche Erträge	+ 3.000,00	+ 5
Betriebsleistung	5.918.000,00	5.567
– Wareneinsatz	– 4.578.000,00	– 4.276
– Personalaufwand	– 724.000,00	– 693
– Abschreibungen auf Sachanlagen	– 82.000,00	– 79
– Sonstige betriebliche Aufwendungen	– 315.000,00	– 362
Betriebserfolg	219.000,00	157
– Zinsenaufwand	– 24.000,00	– 30
Bilanzgewinn (= Ergebnis vor Steuern = = Jahresüberschuss)	195.000,00	127

Es sind folgende Tatbestände zu berücksichtigen:

1. Bei den Fahrzeugen wurden 2018 € 34.000,–, bei der Geschäftsausstattung € 60.000,– investiert; Privatentnahmen 2018 € 185.000,–.
2. Die Lieferforderungen und die Sonstigen Forderungen sind kurzfristig.
3. Vom Darlehen sind jeweils € 80.000,– am 19. Dez. zurückzuzahlen.
4. Die Rückstellungen haben zu 50 % kurzfristigen, zu 50 % mittelfristigen Charakter. Die Lieferverbindlichkeiten sind kurzfristig.
5. Im Unternehmen sind elf Dienstnehmer beschäftigt, der Unternehmer arbeitet voll mit.
6. Umsatzsteuer einheitlich 20 %

Aufgabe: a) Erstellen Sie die Prozentbilanz und die prozentuelle GuV-Rechnung für 2018 (in 1.000 €). C

b) Erstellen Sie die Bewegungsbilanz und die Erfolgsveränderungsrechnung für 2018 (in 1.000 €) jeweils samt Indexrechnung (auf Ganze genau). C

4 Wiederholungsbeispiele

c) Errechnen Sie folgende Kennzahlen für 2018 (auf 1 Dez. genau): C
Investitions- und Finanzierungsanalyse:
- Anteil des Eigenkapitals (Eigenmittelquote)
- Fiktive Schuldentilgungsdauer (Cashflow siehe Liquiditätsanalyse)
- Anlagendeckung
- Lagerumschlagshäufigkeit
- Debitorenumschlagsdauer
- Kennzahlen der Kreditorenbewegung (die HW-Einkäufe betragen € 4.566.000,– exkl. USt)

Liquiditätsanalyse:
- Liquidität 2. Grades
- Cashflow (Praktiker-Formel)

Erfolgswirtschaftliche Jahresabschlussanalyse:
- Material-(Waren-)Intensität
- Personalintensität
- Umsatz je Beschäftigten
- Rohaufschlag
- Rentabilität des Eigenkapitals
- Umsatzrentabilität

d) Geben Sie in möglichst kurzen Sätzen eine Beurteilung zu folgenden Kennzahlen ab: D
1. Anteil des Eigenkapitals (2017 37,4 %, Branchendurchschnitt 2018 35 %)
2. Anlagendeckung
3. Umsatz je Beschäftigten (2016 € 454.000,–, 2017 € 464.000,–)
4. Rentabilität des Eigenkapitals (2016 27,2 %, 2017 25,9 %)

e) Erstellen Sie die Kapitalflussrechnung in Form der Cashflow-Rechnung für 2018. C

f) Führen Sie den Quicktest und eine Gesamtbeurteilung der ermittelten Werte durch. D

g) Erstellen Sie eine multiple Diskriminanzanalyse und ermitteln Sie die Diskriminanzfunktion. C

SbX
Formular
Excel
ID: 4002

Ü 4.79: Jahresabschlussanalyse und Jahresabschlusskritik

Franz Geist e. U., Bezau, legt für die Jahre 2017 und 2018 folgende Zahlen vor:

Bilanz per 31. Dez. 2017

Aktiva					Passiva
Anlagevermögen			**Kapital**		286.000,00
1. Grundstücke u. Gebäude	192.000,00				
2. Fahrzeuge	45.000,00		**Rückstellungen**		28.000,00
3. Geschäftsausstattung	69.000,00	306.000,00	**Verbindlichkeiten**		
Umlaufvermögen			1. Darlehen	302.000,00	
1. Warenvorrat	290.000,00		2. Lieferverbindlichkeiten	170.000,00	
2. Lieferforderungen	198.000,00		3. Sonst. Verbindlichkeiten	82.000,00	554.000,00
3. Sonstige Forderungen	24.000,00				
4. Kassa, Bank	35.000,00	547.000,00			
Aktive Rechnungsabgrenzung		15.000,00			
		868.000,00			868.000,00

Bilanz per 31. Dez. 2018

Aktiva					Passiva
Anlagevermögen			**Kapital**		297.000,00
1. Grundstücke u. Gebäude	178.000,00				
2. Fahrzeuge	57.000,00		**Rückstellungen**		26.000,00
3. Geschäftsausstattung	89.000,00	324.000,00	**Verbindlichkeiten**		
Umlaufvermögen			1. Darlehen	287.000,00	
1. Warenvorrat	278.000,00		2. Lieferverbindlichkeiten	181.000,00	
2. Lieferforderungen	190.000,00		3. Sonst. Verbindlichkeiten	87.000,00	555.000,00
3. Sonstige Forderungen	25.000,00				
4. Kassa, Bank	42.000,00	535.000,00			
Aktive Rechnungsabgrenzung		19.000,00			
		878.000,00			878.000,00

Gewinn- und Verlustrechnung	2018	2017 (in 1.000 €)
Warenerlöse	2.450.000,00	2.360
+ Sonstige betriebliche Erträge	+ 8.000,00	+ 6
Betriebsleistung	2.458.000,00	2.366
– Wareneinsatz	– 1.560.000,00	– 1.520
– Personalaufwand	– 542.000,00	– 505
– Abschreibungen auf Sachanlagen	– 32.000,00	– 31
– Sonstige betriebliche Aufwendungen	– 114.000,00	– 113
Betriebserfolg	210.000,00	197
– Zinsenaufwand	– 11.000,00	– 9
Bilanzgewinn (= Ergebnis vor Steuern = = Jahresüberschuss)	199.000,00	188

Folgende Tatbestände sind zu berücksichtigen:

1. Die Investitionen in das Anlagevermögen beliefen sich im Jahr 2018 auf € 73.000,–; davon wurden bei den Fahrzeugen € 38.000,–, bei der Geschäftsausstattung € 35.000,– investiert.
2. Im Jahr 2018 wurden € 165.000,– privat entnommen.
3. Das Darlehen wird jährlich mit € 15.000,– getilgt.
4. Sämtliche Forderungen und Verbindlichkeiten haben kurzfristigen Charakter.
5. Die Rückstellungen sind je zur Hälfte kurz- und langfristig.
6. Umsatzsteuer einheitlich 20 %

Aufgabe: a) Führen Sie den Quicktest für 2018 und eine Gesamtbeurteilung der errechneten Unternehmensdaten durch. D

b) Stellen Sie die multiple Diskriminanzanalyse auf und ermitteln Sie die Diskriminanzfunktion. C

c) Erstellen Sie die Geldflussrechnung für 2018. C

SbX
Formular Excel ID: 4002

Ü 4.80: Planerfolgsrechnung – Leistungsbudget

Sie sind als Controller/in bei Martina Scherz e. U., Spielwarengroßhandel, Steyr, beschäftigt und erstellen das Budget für das Planjahr 20 . .

Folgende Angaben stehen Ihnen für das Planjahr 20 . . zur Verfügung (Angaben ohne USt):

1. Die Erlöse des Vorjahres (Istergebnis) betragen € 2.020.000,–. Laut Absatzplan wird im Planjahr eine Erhöhung der Erlöse um 12 % erwartet.
2. Variable Kosten:
   Der Wareneinsatz beträgt, laut den betrieblichen Erfahrungswerten, 56 % der Erlöse.
   Die umsatzabhängige Vertreterprovision macht 2 % der geplanten Erlöse aus.
3. Die Personalkosten inkl. Lohn- und Gehaltsnebenkosten betragen laut Personalkostenplan € 380.000,–. Für das Folgejahr ist weiters noch zu berücksichtigen, dass zwei Lehrlinge aufgenommen werden. Dadurch erhöhen sich die Personalkosten um € 14.000,–.
   Die kollektivvertraglich vorgesehene Erhöhung der Personalkosten wird mit 3 % erwartet.
4. Laut Kostenplanung rechnet man mit sonstigen Kosten von € 160.000,–. Für eine geplante Marketingoffensive sind zusätzlich Werbekosten in Höhe von € 10.000,– zu berücksichtigen.
5. Kalkulatorische Kosten: Abschreibung, Zinsen, Wagnisse insgesamt € 130.000,–
6. Die Abschreibungen von Sachanlagen betragen laut Anlagendatei € 67.000,–.
   Im Jänner des Planjahres werden zwei Kastenwagen um insgesamt € 46.000,– angeschafft. Abschreibung 20 % p. a.
7. Fremdkapitalzinsen: Das bestehende Bankdarlehen von € 400.000,– ist mit 5 % p. a. zu verzinsen. Die Anschaffung der Kastenwagen wird zu 60 % fremdfinanziert; Kreditzinssatz 5,5 % p. a. (für zwölf Monate).

Aufgabe: a) Erstellen Sie das Leistungsbudget für das Planjahr 20 . . (in 1.000 €). C

b) Führen Sie eine Break-even-Analyse durch und beantworten Sie nachfolgende Fragestellungen: C

- Bei welchem Umsatz ist Kostendeckung gegeben?
- Wie hoch muss der Umsatz sein, wenn man ein Betriebsergebnis von € 300.000,– erzielen möchte und ein zusätzlicher Mitarbeiter eingestellt wird? Die fixen Personalkosten würden sich bei einer Neueinstellung um € 42.000,– (Gehalt inkl. Gehaltsnebenkosten) erhöhen.

4 Wiederholungsbeispiele

Lösung:

a) Leistungsbudget für das Planjahr 20 . . (in 1.000 €)

Leistungsbudget Martina Scherz e. U., Spielwarengroßhandel	Plan 20 . . (in 1.000 €)
Geplante Erlöse	
Summe geplante Erlöse (Betriebsleistung)	
– Geplante variable Kosten	
Wareneinsatz	
Vertreterprovision	
Deckungsbeitrag	
– Geplante Fixkosten	
Personalkosten	
Sonstige Kosten	
Kalkulatorische Kosten	
Betriebsergebnis	
± Betriebsüberleitung	
+ Kalkulatorische Kosten	
– Abschreibungen von Sachanlagen	
– Zinsenaufwand	
Unternehmensergebnis	

Berechnungen (in 1.000 €):

SbX Formular Excel ID: 4002

Ü 4.81: Finanzplan

Auf Basis der Bilanz per 1. Jan. 20 . . und des Leistungsbudgets ist der Finanzplan für das Planjahr 20 . . für Martina Scherz e. U., Spielwarengroßhandel, Steyr, zu erstellen:

Aktiva — Bilanz per 1. Jänner 20 . . (in 1.000 €) — Passiva

Aktiva			Passiva		
Anlagevermögen		840	Eigenkapital		534
Umlaufvermögen			Fremdkapital		
Warenvorrat	238		Rückstellungen	46	
Lieferforderungen	316		Bankdarlehen	400	
Kassa, Bank	48	602	Lieferverbindlichkeiten	390	
			Sonstige Verbindlichkeiten	72	908
		1.442			1.442

Bei der Aufstellung des Finanzplanes sind folgende Tatbestände zu berücksichtigen:

1. Jahresüberschuss laut Leistungsbudget € 207.000,–, Abschreibungen von Sachanlagen € 76.000,–
2. Zur Verringerung der Lagerkosten soll der Warenbestand um € 30.000,– reduziert werden.
3. Durch die Umsatzerhöhung werden sich die Lieferforderungen um € 35.000,– erhöhen.

4. Durch bessere Ausnutzung der Lieferantenskonti ist eine Verringerung der Lieferverbindlichkeiten um € 40.000,– geplant.
5. Im Jänner des Planjahres ist die Anschaffung von zwei Kastenwagen um insgesamt € 46.000,– vorgesehen.
6. Das ausstehende Darlehen wird im Planjahr um € 65.000,– getilgt; 60 % der Anschaffungskosten für die zwei Kastenwagen werden durch einen Bankkredit finanziert.
7. Die Unternehmerin entnimmt insgesamt € 100.000,– als Gewinnanteil.
8. Bei den übrigen Bilanzpositionen sind keine Veränderungen geplant.

Aufgabe: Erstellen Sie einen Finanzplan für das Planjahr 20 . . (in 1.000 €). C

Lösung:

Finanzplan – Plan-Cashflow-Rechnung Spielwarengroßhandel Martina Scherz e. U.	**Plan 20 . . (in 1.000 €)**
Plan-Jahresüberschuss (-fehlbetrag)	
+ Abschreibungen auf Sachanlagen	
Plan-Cashflow aus dem Ergebnis	
+ Abnahme Warenvorrat	
– Zunahme Lieferforderungen	
– Abnahme Lieferverbindlichkeiten	
Plan-Cashflow aus der laufenden Geschäftstätigkeit (1)	
– Investitionen in das Anlagevermögen	
Plan-Cashflow aus der Investitionstätigkeit (2)	
+ Einzahlungen aus Darlehen	
– Rückzahlungen von Darlehen	
– Privatentnahmen	
Plan-Cashflow aus der Finanzierungstätigkeit (3)	

± Veränderung der flüssigen Mittel **(Saldo 1, 2, 3)**	
+ Anfangsbestand der flüssigen Mittel	
Endbestand der flüssigen Mittel	

Berechnungen (in 1.000 €):

SbX
Formular Excel ID: 4002

Ü 4.82: Kurzfristige Erfolgsrechnung (KER, Soll-Ist-Vergleich)

Im Spielwarengroßhandel Martina Scherz e. U., Steyr, wird das Leistungsbudget halbjährlich durch eine kurzfristige Erfolgsrechnung mit Soll-Ist-Vergleich kontrolliert. Die Solldaten des Budgets sind im Formular eingetragen. Aus der Buchführung stehen per 30. Juni 20 . . folgende Istdaten als staffelförmige GuV-Rechnung zur Verfügung:

Gewinn- und Verlustrechnung per 30. Juni 20 . .

	Erlöse (Betriebsleistung)	1.040.000,00
–	Wareneinsatz	640.000,00
–	Vertreterprovision	31.200,00
–	Personalaufwand (-kosten)	195.000,00
–	Sonstige Aufwendungen/Kosten	70.000,00
–	Abschreibungen auf Sachanlagen	0,00
	Betriebserfolg	**103.800,00**
–	Zinsenaufwand	11.000,00
	Unternehmensergebnis	**92.800,00**

Bei der Durchführung der Abgrenzungen zum 30. Juni 20 . . ist Folgendes zu berücksichtigen:

1. Der Wareneinsatz laut Lagerführung beträgt € 655.000,–.
2. Die Auszahlung des Abfertigungsaufwands anlässlich des Ausscheidens eines Mitarbeiters ist im Personalaufwand mit € 4.300,– zu erfassen.
3. In den Sonstigen Aufwendungen sind € 3.000,– für die Anschaffungen geringwertiger Wirtschaftsgüter zu berücksichtigen.
4. Laut Anlagenbuchführung betragen die Abschreibungen für Sachanlagen für das gesamte Jahr € 76.000,–.
5. Der Zinsenaufwand beträgt für das gesamte Jahr ca. € 18.000,–.

Aufgabe: a) Stellen Sie die kurzfristige Erfolgsrechnung durch Eintragung der Istdaten per 30. Juni 20 . . in die nachfolgend angeführte Tabelle auf (in 1.000 € bzw. auf 1 Dez. genau). Führen Sie die Abgrenzungen anhand von Nebenrechnungen durch. C

b) Führen Sie einen Soll-Ist-Vergleich durch (in 1.000 € bzw. auf 1 Dez. genau). C

c) Erstellen Sie einen Bericht, in dem die Abweichungen der Positionen
- Erlöse,
- Wareneinsatz,
- Vertreterprovision sowie
- DB und Gewinn

beurteilt werden.

Die Budgetzahlen bilden die Basis für die Errechnung der Abweichungen in % und betragen daher jeweils 100 %. D

Lösung:

a), b) Kurzfristige Erfolgsrechnung und Durchführung des Soll-Ist-Vergleiches (in 1.000 € bzw. auf 1 Dez. genau)

KER (Soll-Ist-Vergleich) (in 1.000 €) **Spielwarengroßhandel Martina Scherz e. U.**	**Abgegrenzte Istdaten 1. Halbjahr 20 . .**	**Solldaten laut Budget 1. Halbjahr 20 . .**	**Abweichungen**	
			€	**%**
Erlöse		1.131		
– Wareneinsatz		634		
– Vertreterprovision		23		
Deckungsbeitrag		**474**		
– Personalkosten		203		
– Sonstige Aufwendungen/Kosten		85		
– Abschreibungen von Sachanlagen		38		
– Zinsenaufwand		11		
Unternehmensergebnis		**137**		

Berechnungen (in 1.000 €):